# 초크 전과목 단원평가

## 국어·수학·사회·과학

3·2

초등 교과 학습의 달성도를 측정하는
단원평가

어떤 학교, 어떤 교과서라도
초코 전과목 단원평가 한 권이면 충분합니다!

## WRITERS

**미래엔콘텐츠연구회**
No.1 Content를 개발하는 교육 콘텐츠 연구회

## COPYRIGHT

**인쇄일** 2024년 6월 17일(1판1쇄)
**발행일** 2024년 6월 17일

**펴낸이** 신광수
**펴낸곳** (주)미래엔
**등록번호** 제16–67호

**융합콘텐츠개발실장** 황은주
**개발책임** 정은주 **개발** 김지민, 송승아, 마성희, 윤민영, 한솔, 이신성,
백경민, 김현경, 김라영, 박새연, 김수진, 양은선

**디자인실장** 손현지
**디자인책임** 김기욱 **디자인** 윤지혜

**CS본부장** 강윤구
**제작책임** 강승훈

ISBN 979-11-6841-828-8

해야 할 일도 많고 공부할 것도 많은 우리 친구들!
모든 교과목을 따로 따로 공부하기에는 시간이 부족하지 않나요?

초코 전과목 단원평가는 바쁜 우리 친구들을 위해
단 한 권으로 교과 평가를 대비할 수 있게 하였습니다.

개념을 스스로 채워가며 빠르게 정리하고,
실전 문제를 풀면서 학교 시험에 완벽하게 대비할 수 있어요.

초코 전과목 단원평가가 우리 친구들의 학습 부담을
조금이라도 덜어줄 수 있는 소중한 친구가 되었으면 합니다.

그럼, 지금부터 초코 전과목 단원평가를 학습해 볼까요?

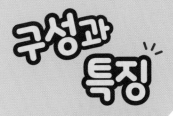

# "빠르고 정확한 전과목 초등 코어 학습으로
# 단원평가 100점!"

## 핵심 개념

○ 과목별 핵심 개념을 스스로 채워가며 기본 실력을 다져요.

○ 핵심 개념을 대표 지문과 자료에 적용하며 응용 실력을 키워요.

> QR코드를 스캔하면
> 핵심 개념을 한눈에
> 모아 보면서 정리할 수
> 있어요.

### 국어

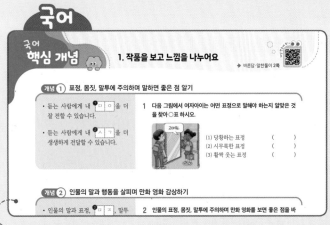

핵심 개념을 익히고, 시험에 자주 나오는 대표 지문과 문제를 한 번에 학습합니다.

### 수학

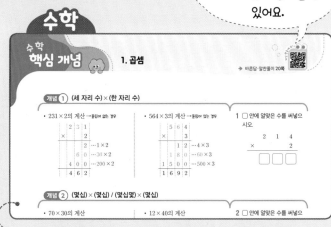

핵심 개념을 익히고, 확인 문제를 통해 익힌 개념을 다시 한 번 학습합니다.

### 사회

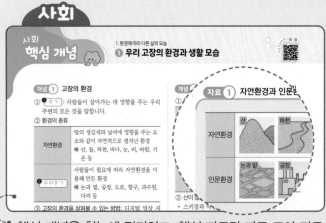

핵심 개념을 한눈에 정리하고, 핵심 자료만 따로 모아 자료 해석 능력을 키웁니다.

### 과학

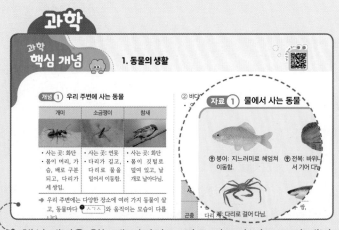

핵심 개념을 한눈에 정리하고, 탐구 자료만 따로 모아 개념과 탐구를 한 번에 학습합니다.

## 단원평가

● 기본/실전 단원평가로 구분한 단계별 학습으로 실전을 대비해요.

● 교과서 통합 문제를 제공하여 모든 교과서의 단원평가를 대비해요.

### 기본

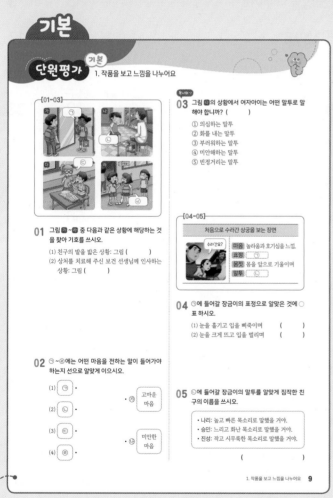

### 실전

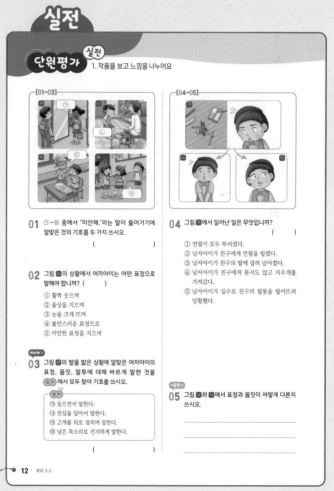

개념 확인 문제부터 단계별 서술형 문제, 출제율 높은 대표 유형 문제를 모두 모아 풀면서 차근차근 학교 시험에 대비합니다.

한 단계 높아진 난이도의 문제와 실전 서술형 문제, 최신 경향 문제까지 다양한 문제를 풀면서 학교 시험에 완벽하게 대비합니다.

# 이 책의 차례

학습을 시작하기 전에 숨은 그림을 찾아보세요.

숨은그림

| 저고리 | 선글라스 | 비옷 | 실 팔찌 | 배턴 | 지렁이 | 별 |

# 국어

### 개념 ① 표정, 몸짓, 말투에 주의하며 말하면 좋은 점 알기

- 듣는 사람에게 내 ❶ ㅁ ㅇ 을 더 잘 전할 수 있습니다.

- 듣는 사람에게 내 ❷ ㅅ ㄱ 을 더 생생하게 전달할 수 있습니다.

**1** 다음 그림에서 여자아이는 어떤 표정으로 말해야 하는지 알맞은 것을 찾아 ○표 하시오.

고마워.

| (1) 당황하는 표정 | ( | ) |
| (2) 시무룩한 표정 | ( | ) |
| (3) 활짝 웃는 표정 | ( | ) |

### 개념 ② 인물의 말과 행동을 살피며 만화 영화 감상하기

- 인물의 말과 표정, ❸ ㅁ ㅈ, 말투에 주의하며 만화 영화를 봅니다.

- 인물의 표정, 몸짓, 말투에 주의하며 만화 영화를 보면 만화 영화의 ❹ ㅈ ㄱ ㄹ 를 이해하는 데 도움이 되고, 만화 영화를 더 재미있게 볼 수 있습니다.

**2** 인물의 표정, 몸짓, 말투에 주의하며 만화 영화를 보면 좋은 점을 바르게 말하지 <u>못한</u> 친구의 이름을 쓰시오.

- 재희: 만화 영화를 자주 볼 수 있어.
- 주원: 만화 영화를 더 재미있게 볼 수 있어.
- 채운: 만화 영화의 줄거리를 이해하는 데 도움이 돼.

( )

### 개념 ③ 인물에게 알맞은 표정, 몸짓, 말투를 생각하며 작품을 읽고 대화 나누기

- 인물의 표정, 몸짓, ❺ ㅁ ㅌ 를 상상하며 글을 읽어 봅니다.

- 이야기에서 ❻ ㅈ ㅁ 에 따라 인물의 표정, 몸짓, 말투가 어떻게 다른지 살펴봅니다.

- 그림으로 표현할 이야기 속 장면을 고르고, 인물의 표정과 몸짓이 잘 드러나게 그림으로 표현해 봅니다.

- 그렇게 표현한 까닭을 이야기해 봅니다.

**3** 다음 ㉠에 어울리는 표정이나 몸짓, 말투는 무엇입니까? ( )

부벨라는 손을 들어 정원사를 가리켰어요. 그러자 손이 점점 더 간지러워지고 따뜻해졌어요. 그리고 깜짝 놀랄 만한 일이 벌어졌어요. 갑자기 정원사가 허리를 꼿꼿하게 펴더니 똑바로 선 거예요. 정원사는 한 발자국 한 발자국 내디뎌 보다가 덩실덩실 춤을 추었어요.
정원사가 웃으며 큰 소리로 외쳤어요.
㉠"이제 하나도 아프지가 않아!"

① 괴로운 표정       ② 미안한 표정
③ 낮고 작은 목소리     ④ 허리를 돌리는 몸짓
⑤ 쪼그리고 앉는 몸짓

**[01~03]**

**01** 그림 **가**~**라** 중 다음과 같은 상황에 해당하는 것을 찾아 기호를 쓰시오.

(1) 친구의 발을 밟은 상황: 그림 (      )

(2) 상처를 치료해 주신 보건 선생님께 인사하는 상황: 그림 (      )

**02** ㉠~㉣에는 어떤 마음을 전하는 말이 들어가야 하는지 선으로 알맞게 이으시오.

(1) ㉠ ·

(2) ㉡ ·

              · ㉮ 고마운 마음

(3) ㉢ ·

              · ㉯ 미안한 마음

(4) ㉣ ·

**꼭나와 ☺**

**03** 그림 **다**의 상황에서 여자아이는 어떤 말투로 말해야 합니까? (      )

① 의심하는 말투

② 화를 내는 말투

③ 부러워하는 말투

④ 미안해하는 말투

⑤ 빈정거리는 말투

**[04~05]**

| 처음으로 수라간 상궁을 보는 장면 | | |
| --- | --- | --- |
|  | 마음 | 놀라움과 호기심을 느낌. |
| | 표정 | ㉠ |
| | 몸짓 | 몸을 앞으로 기울이며 |
| | 말투 | ㉡ |

**04** ㉠에 들어갈 장금이의 표정으로 알맞은 것에 ○표 하시오.

(1) 눈을 흘기고 입을 삐죽이며        (      )

(2) 눈을 크게 뜨고 입을 벌리며        (      )

**05** ㉡에 들어갈 장금이의 말투를 알맞게 짐작한 친구의 이름을 쓰시오.

- 나리: 높고 빠른 목소리로 말했을 거야.
- 승민: 느리고 화난 목소리로 말했을 거야.
- 진성: 작고 시무룩한 목소리로 말했을 거야.

(             )

**[06~08]**

잔칫집을 뛰어다니던 장금이의 강아지가 국수를 쏟아 국수를 못 먹게 되었습니다. 수라간 상궁에게 꾸중을 듣던 장금이는 옥수수 전분으로 올챙이국수를 만들자고 하여 위기를 넘깁니다.

**06** ㉠을 말할 때 인물의 표정, 몸짓, 말투로 알맞은 것을 두 가지 고르시오. (　　,　　)

① 부러운 표정　　② 화가 난 표정
③ 높고 큰 목소리　　④ 울먹이는 목소리
⑤ 머리를 긁적이는 몸짓

**07** ㉠과 같은 말을 들은 장금이는 어떤 마음이 들었겠습니까? (　　)

① 기쁜 마음　　② 귀찮은 마음
③ 속상한 마음　　④ 궁금한 마음
⑤ 부러운 마음

서술형

**08** 이 만화 영화에 나오는 장금이의 표정, 몸짓, 말투를 생각하며, 다음 물음에 답하시오.

(1) 장금이는 어떤 상황에 처했는지 찾아 쓰시오.
• 상궁에게 (　　　　　　　　)을/를 듣는 상황

(2) 문제 (1)번에서 답한 상황에 알맞은 장금이의 표정, 몸짓, 말투를 쓰시오.

_____

_____

**[09~10]**

시험을 볼 수 있다는 소식을 듣고 뒷산에 홀로 올라가는 장면

| 표정 | 눈물을 글썽이며 |
| 몸짓 | ㉠ |
| 말투 | 가늘고 떨리는 목소리로 |

**09** 이 장면에서 장금이의 마음은 어떠했을지 보기에서 찾아 기호를 쓰시오.

보기

㉮ 궁궐 생활에 호기심을 느낌.
㉯ 궁으로 가게 된 것이 무척 기쁨.
㉰ 혼자 산에 올라가서 몹시 두려움.
㉱ 시험을 봐야 한다는 생각에 걱정스러움.

(　　　　　　　　　)

꼭나와

**10** ㉠에 들어갈 장금이의 몸짓으로 가장 알맞은 것은 어느 것입니까? (　　)

① 주저앉으며
② 고개를 푹 숙이며
③ 고개를 갸우뚱거리며
④ 두 손에 힘을 꼭 주며
⑤ 한 발짝 뒤로 물러서며

**[11~12]**

부벨라는 거인이에요. 모든 사람이 부벨라를 무서워했는데 이 자그마한 목소리의 주인공만은 예외였어요.

부벨라는 발 근처 땅바닥을 자세히 들여다보았어요. 땅속에서 지렁이 한 마리가 고개만 빠끔히 내밀고는 말을 하고 있었어요.

이번에는 부벨라가 말을 시작했어요.

"난 부벨라야. 네 이름은 뭐니?"

"이제야 뭔가 제대로 되네. 나는 지렁이라고 해."

"아니, 네 이름 말이야. 제이미나 다니엘 같은."

지렁이는 온몸이 흔들릴 정도로 고개를 가로저었어요.

"지렁이 이름이 제이미라고?"

지렁이는 그렇게 되묻더니 요란하게 웃으며 말을 잇지 못했답니다.

"정말 웃기지도 않네. 우리 지렁이들은 젠체하고 살지 않아. 우리는 그냥 지렁이야."

㉠"너는 내가 무섭지 않니?"

"왜 너를 무서워해야 하는데?"

"내가 너보다 훨씬 덩치가 크니까."

**11** 부벨라에 대한 설명으로 알맞은 것은 어느 것입니까? (      )

① 이름이 없다.　　② 덩치가 작다.
③ 친구가 많다.　　④ 지렁이를 싫어한다.
⑤ 모든 사람이 무서워한다.

서술형 능

**12** 이 글을 읽고, 다음 물음에 답하시오.

(1) 부벨라가 ㉠과 같이 말한 까닭은 무엇인지 쓰시오.

• (                    )이/가 자신을 무서워하지 않는 것 같아서

(2) ㉠을 말하는 부벨라의 표정, 몸짓, 말투는 어떠할지 쓰시오.

_____

_____

**[13~14]**

"아저씨는 도망을 가지 않네요."

"나는 이제 도망 다닐 나이가 아니야, 거인 아가씨."

정원사는 어쩐지 아파 보였어요.

㉠"그런데 무슨 걱정거리라도 있니?"

부벨라는 정원사에게 걱정거리를 솔직히 털어놓았어요.

"지렁이가 저희 집에 차를 마시러 오기로 했어요. 그런데 저는 지렁이가 무얼 먹고 사는지, 무슨 음식을 좋아하는지 모르겠어요. 바나나케이크를 좋아할 것 같지는 않은데……."

꼭나와 ♡

**13** ㉠을 말하는 정원사의 표정으로 알맞은 것은 어느 것입니까? (      )

① 비웃는 표정　　　② 궁금한 표정
③ 깜짝 놀란 표정　　④ 불만스러운 표정
⑤ 자신만만한 표정

**14** 부벨라의 걱정거리는 무엇입니까? (      )

① 정원사가 아파 보이는 것
② 자신의 집 정원이 아름답지 않은 것
③ 자신의 집에 아무도 찾아오지 않는 것
④ 정원사가 자신을 보고도 도망가지 않는 것
⑤ 지렁이가 무슨 음식을 좋아하는지 모르는 것

**15** 다음 이야기에 나오는 형의 말에 가장 어울리는 몸짓은 어느 것입니까? (      )

해설: 서로의 집에 몰래 볏단을 옮겨 놓으려던 형제는 서로 얼굴을 알아보고 깜짝 놀랐습니다.

형: 아우야, 네가 볏단을 옮겨 놓았구나!

① 몸을 부들부들 떨며
② 하늘을 가만히 바라보며
③ 화가 난 듯이 팔짱을 끼며
④ 깜짝 놀라 볏단을 떨어뜨리며
⑤ 무서워 볏단 뒤로 몸을 숨기며

**[01~03]**

**[04~05]**

**01** ㉠~㉣ 중에서 "미안해."라는 말이 들어가기에 알맞은 것의 기호를 두 가지 쓰시오.

( )

**02** 그림 **나**의 상황에서 여자아이는 어떤 표정으로 말해야 합니까? ( )

① 활짝 웃으며
② 울상을 지으며
③ 눈을 크게 뜨며
④ 불만스러운 표정으로
⑤ 미안한 표정을 지으며

어려워

**03** 그림 **라**의 발을 밟은 상황에 알맞은 여자아이의 표정, 몸짓, 말투에 대해 바르게 말한 것을 **보기**에서 모두 찾아 기호를 쓰시오.

**보기**

㉮ 웃으면서 말한다.
㉯ 진심을 담아서 말한다.
㉰ 고개를 뒤로 젖히며 말한다.
㉱ 낮은 목소리로 진지하게 말한다.

( )

**04** 그림 **가**에서 일어난 일은 무엇입니까?

( )

① 연필이 모두 부러졌다.
② 남자아이가 친구에게 연필을 빌렸다.
③ 남자아이가 친구의 발에 걸려 넘어졌다.
④ 남자아이가 친구에게 묻지도 않고 지우개를 가져갔다.
⑤ 남자아이가 실수로 친구의 필통을 떨어뜨려 당황했다.

서술형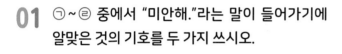

**05** 그림 **나**와 **다**에서 표정과 몸짓이 어떻게 다른지 쓰시오.

_____

_____

_____

**[06~08]**

> ㉠ 수라간에서 오신 분들이다.
>
> ㉡

임금님은 친척의 혼례라 특별히 수라간 상궁들을 보내셨습니다. 강아지를 찾으러 다니던 장금이는 처음 보는 수라간 상궁을 신기하게 바라봅니다.

**06** 장금이는 누구를 처음 보았습니까? ( )

① 임금님      ② 강아지
③ 수라간 상궁      ④ 마을 사람들
⑤ 자신의 친척

**07** ㉠과 같은 말을 들은 장금이의 마음으로 알맞은 것을 두 가지 고르시오. ( , )

① 놀라움을 느꼈다.
② 괴로움을 느꼈다.
③ 그리움을 느꼈다.
④ 호기심이 들었다.
⑤ 원망스러움을 느꼈다.

**08** ㉡에 들어갈 장금이의 표정으로 알맞은 것을 찾아 ○표 하시오.

(1)
( )

(2)
( )

**[09~10]**

> 우리 장금이가 궁녀가 된단 말이야?
>
> 그렇지!
>
> 엄마, 궁에 갈 수 있게 됐어요.

한 상궁의 추천으로 장금이는 수라간의 생각시 선발 시험을 볼 수 있게 되었습니다. 기뻐서 뒷산에 홀로 올라가며 장금이는 돌아가신 엄마를 떠올리고 눈물짓습니다.

**09** 장금이가 기뻐한 까닭으로 알맞은 것을 에서 찾아 기호를 쓰시오.

**보기**
> ㉮ 한 상궁의 추천을 받아서
> ㉯ 시험을 볼 수 있게 되어서
> ㉰ 수라간의 생각시가 되어서
> ㉱ 돌아가신 엄마 얼굴이 떠올라서

( )

**어려워** 💧
**10** 상황에 어울리는 장금이의 표정, 몸짓, 말투를 두 가지 고르시오. ( , )

① 고개를 저으며
② 허리를 숙이며
③ 눈물을 글썽이며
④ 짜증스러운 목소리로
⑤ 가늘고 떨리는 목소리로

**[11~15]**

### 만화 영화 「미미 언니 자두」의 줄거리

**가** 미미는 어른들이 엄마를 '자두 엄마'로만 부르자 섭섭해한다.

**나** 미미는 학교 친구와 선생님도 언니 자두에게만 관심을 기울여 화가 난다. 미미는 짜증을 내며 ㉠"언니랑 같이 다니고 싶지 않아!"라고 말한다.

**다** 자두는 미미를 돋보이게 하고 싶어서 일부러 자신의 무대를 망친다.

**라** 자두는 미미가 언니보다 유명해지고 싶어서 몰래 발레를 배웠다는 사실을 알고 놀랐던 일을 떠올린다.

**마** 학예회에서 인기상을 탄 미미는 자두와 화해한다.

**11** **가** 에서 알 수 있는 미미의 마음으로 알맞은 것은 어느 것입니까? (       )

① 귀찮음               ② 서운함
③ 즐거움               ④ 반가움
⑤ 뿌듯함

**12** **나** 에서 미미가 화가 난 까닭은 무엇입니까?
(       )

① 언니 자두가 자꾸 놀려서
② 언니 자두가 관심을 갖지 않아서
③ 언니 자두가 일부러 무대를 망쳐서
④ 사람들이 엄마를 '미미 엄마'로 불러서
⑤ 사람들이 언니 자두에게만 관심을 기울여서

**13** ㉠과 같은 말을 하는 미미의 표정, 몸짓, 말투로 알맞지 <u>않은</u> 것은 어느 것입니까? (       )

① 인상을 쓰며
② 얼굴을 찡그리며
③ 속삭이는 목소리로
④ 크게 소리를 지르며
⑤ 두 팔을 마구 휘두르며

**14** 이 만화 영화에서 재미있거나 감동받은 부분을 바르게 말한 친구의 이름을 쓰시오.

> • 세아: 미미가 일부러 엉뚱한 춤을 추는 부분이 우스웠어.
> • 연석: 미미가 인기상을 받자 자두가 질투하는 장면이 인상적이었어.
> • 정원: 학예회에서 인기상을 탄 미미가 자두와 화해하는 장면이 기억에 남아.

(                    )

**서술형** 당

**15** 다음 인물이 겪은 일을 보고, 자신이라면 어떤 말과 행동을 했을지 생각하여 쓰시오.

> 미미가 사람들이 자신을 자두 동생이라고 부르는 것이 속상해서 우는 상황

> 미미는 사람들이 자신을 자두 동생이라고 부르는 게 너무 속상해서 울었어. 나라면
> _____
> _____

→ 바른답·알찬풀이 3쪽

## [16~18]

**가** "지렁이들은 멀리 다니지 않으니까 어쩌면 다른 집 정원의 흙을 좋아할 것 같구나. 진흙파이를 만들어 주면 어떻겠니?"

㉠ "아, 그게 좋겠네요! 하지만 어디에서 흙을 구하죠?"

"잠깐 여기서 기다려 봐라."

그러더니 정원사는 돌아서서 집 안으로 들어갔어요.

정원사는 허리가 굽어서 아주 천천히 움직였는데, 움직이는 게 무척이나 힘들어 보였어요.

정원사는 접시를 들고 다시 집 밖으로 나왔어요. 그러고는 천천히 움직이며 정원 세 곳에서 각기 다른 종류의 흙을 접시에 담은 뒤, 접시를 부벨라에게 건네주었어요.

㉡ "지렁이 친구가 정말 좋아할 거야."

㉢ "고맙습니다, 고맙습니다."

부벨라는 얼마나 기쁜지 눈물이 나올 것만 같았어요.

**나** 그리고 깜짝 놀랄 만한 일이 벌어졌어요. 갑자기 정원사가 허리를 꼿꼿하게 펴더니 똑바로 선 거예요. 정원사는 한 발자국 한 발자국 내디뎌 보다가 덩실덩실 춤을 추었어요.

정원사가 웃으며 큰 소리로 외쳤어요.

㉣ "이제 하나도 아프지가 않아!"

**16** 정원사가 부벨라에게 준 것은 무엇입니까?
(     )

① 진흙파이
② 지렁이 친구
③ 정원에 핀 꽃
④ 직접 구운 케이크
⑤ 정원 세 곳에서 담은 다른 종류의 흙

**어려워** ⭐

**17** ㉠~㉢ 중 다음과 같은 표정, 몸짓, 말투가 어울리는 것의 기호를 쓰시오.

> 눈물을 글썽이며 고개를 여러 번 숙이면서 떨리는 말투

(          )

**서술형** ⭐

**18** ㉣을 말하는 정원사의 표정, 몸짓, 말투는 어떠할지 쓰시오.

_____

_____

## [19~20]

"네가 내 친구가 되어 준다면 어디든지 데리고 다닐게. 그러면 가는 곳마다 맛있는 흙으로 만든 훌륭한 파이를 맛보게 될 거야."

지렁이는 생각만 해도 군침이 돌았어요.

"그러면 너에게 좋은 점은 뭐야?"

"나를 무서워하지 않고 늘 진실을 말해 줄 수 있는 좋은 친구가 생기는 거지. 너를 만난 이후로 하루하루가 더없이 즐거워. 난 너와 헤어지고 싶지 않아."

지렁이는 잠시 생각을 해 보더니 미소를 지으며 말했어요.

"그건 나도 마찬가지야."

"너에게 줄 것이 또 있어."

부벨라는 커다란 성냥갑으로 만든 작은 상자를 꺼냈어요. 상자에는 가죽 줄이 달려 있었고, 안은 근사한 검은흙으로 채워져 있었어요.

**19** 부벨라가 지렁이와 함께 있고 싶은 까닭을 두 가지 고르시오. (     ,     )

① 잘난 척을 하지 않아서
② 자신을 무서워하지 않아서
③ 늘 진실을 말해 주는 좋은 친구여서
④ 어디든 쉽게 데리고 다닐 수 있어서
⑤ 가는 곳마다 맛있는 음식을 맛볼 수 있어서

**20** 부벨라가 지렁이에게 선물로 준 것은 무엇인지 (     ) 안에 들어갈 알맞은 말을 쓰시오.

• 가죽 줄이 달려 있고 (                    )
(으)로 채워진 성냥갑 상자

### 개념 ① 아는 내용이나 겪은 일과 관련지어 글을 읽으면 좋은 점

- 글의 내용을 ❶ⓖ⊙하기가 쉽습니다.

- 글 내용을 더 쉽게 이해할 수 있습니다.

- 글 내용에 더 ❷ⓗⓜ를 느끼게 되고, 글을 읽으면서 그 모습을 상상할 수 있습니다.

**1** 아는 내용이나 겪은 일과 관련지어 다음 글을 바르게 읽은 친구를 찾아 ○표 하시오.

> 전통 놀이 가운데에서 지금까지도 잘 보존된 놀이가 줄넘기입니다. 지금도 체육 시간이나 운동 경기로 줄넘기 놀이를 자주 합니다. 언제부터 줄넘기를 했는지는 정확하게 알 수 없습니다.

(1) 수진: 달리기에 대해 아는 내용을 떠올리며 읽었어. ( )
(2) 영훈: 아빠와 제기차기를 한 일을 떠올리며 읽었어. ( )
(3) 지우: 친구와 줄넘기를 한 경험을 떠올리며 읽었어. ( )

### 개념 ② 글을 읽고 중심 생각을 찾는 방법 알기

- 문단의 ❸ⓩⓢⓜⓩ을 찾아보고 중심 생각을 간추립니다.

- 글의 ❹ⓩⓜ을 보고 무엇에 대해 쓴 글인지 생각합니다.

- 글에 있는 ❺ⓢⓩ이나 그림을 보고 글쓴이의 중심 생각을 찾습니다.

**2** 다음 글의 중심 생각으로 알맞은 것은 어느 것입니까? ( )

> 갯벌의 환경은 특별하고 다양합니다. 갯벌과 그 속에 사는 여러 생물은 자연과 사람을 위해 좋은 역할을 많이 합니다. 그러므로 갯벌은 쓸모없는 땅이 아니라 우리와 함께 살아가는 소중한 장소입니다. 소중한 갯벌을 잘 보존해야겠습니다.

① 갯벌을 늘려야 한다.　　② 갯벌을 활용해야 한다.
③ 갯벌은 쓸모없는 땅이다.　　④ 갯벌에는 여러 생물이 산다.
⑤ 소중한 갯벌을 잘 보존해야 한다.

### 개념 ③ 알고 싶은 내용이 담긴 글을 읽고 간추려 발표하기

- 알고 싶은 내용이 담긴 글을 찾아 읽습니다.

- 글을 읽고 ❻ⓩⓢⓢⓖ을 간추려 봅니다.

- 글을 읽고 더 알고 싶은 내용을 조사해 써 봅니다.

- 친구들의 글을 읽고 새롭게 안 내용과 더 알고 싶은 내용을 말해 봅니다.

**3** 다음 글의 내용과 관련하여 더 알고 싶은 내용으로 알맞은 것을 찾아 ○표 하시오.

> **가** 옛날에는 신분에 따라 옷차림이 달랐지만 오늘날에는 직업이나 유행에 따라 다른 경우가 많다. 옛날에는 양반과 평민의 신분에 따라 옷차림이 달랐다. 양반 가운데에서 남자는 소매가 넓은 저고리와 폭이 큰 바지를 입었고, 여자는 폭이 넓고 긴 치마를 입었다. 평민 가운데에서 남자는 비교적 폭이 좁은 저고리와 바지를 입었고, 여자는 폭이 좁은 치마를 입었다.
> **나** 오늘날에는 직업이나 유행에 따라 옷을 입는 경우가 많다. 또 사람들이 입는 옷 종류도 옛날보다 더 다양해졌다.

(1) 조선 시대 여자 한복 ( )
(2) 오늘날 사라진 직업의 종류 ( )

**[01~03]**

닭싸움 놀이는 한쪽 다리를 들어 올려 두 손으로 잡고, 다른 다리로 균형을 잡아 깨금발로 뛰면서 상대를 밀어 넘어뜨리는 놀이입니다. 준비물이 필요하지 않고 놀이 방법이 간단해 요즘도 어린이는 물론 청소년과 어른도 즐기는 놀이입니다.

'닭싸움'은 두 사람이 겨루는 모습이 닭이 싸우는 것과 비슷하다고 해서 지어진 이름입니다. 닭싸움 놀이는 한 발로 서서 하므로 '외발 싸움', '깨금발 싸움'이라고도 부르고, 무릎을 부딪쳐 싸운다고 해서 '무릎 싸움'이라고도 부릅니다. 닭싸움 놀이는 두 명이 할 수도 있고 여러 명이 할 수도 있습니다.

**01** 닭싸움 놀이에 대한 설명으로 알맞은 것은 어느 것입니까? (      )

① 놀이 방법이 복잡하다.
② 간단한 준비물이 필요하다.
③ 요즘 어린이들은 즐기지 않는다.
④ 청소년과 어른도 즐기는 놀이이다.
⑤ 한 명이 할 수도 있고 여러 명이 할 수도 있다.

**02** 닭싸움 놀이의 다른 이름 세 가지를 찾아 쓰시오.

(                               )

꼭나와 ♡

**03** 아는 내용이나 겪은 일과 관련지어 이 글을 읽지 <u>못한</u> 친구의 이름을 쓰시오.

- 병현: 닭을 키웠던 경험을 떠올리며 읽었어.
- 주혁: 닭싸움을 설명한 책의 내용을 떠올리며 읽었어.
- 예성: 친구들과 닭싸움 놀이를 한 경험을 떠올리며 읽었어.

(                          )

**[04~05]**

**가** 첫째, 선생님께서 계시지 않을 때에는 과학 실험을 하지 않습니다. 과학실에는 조심히 다루어야 할 실험 기구와 위험한 화학 약품이 많습니다. 선생님의 말씀에 따라 실험 기구나 화학 약품을 다루어야 사고가 나는 것을 예방할 수 있습니다.

**나** 둘째, 과학실에서는 절대 장난을 치면 안 됩니다. 과학실에는 깨지기 쉽거나 위험한 실험 기구가 많습니다. 장난을 치다가 유리로 만든 실험 기구가 깨지면 날카로운 유리 조각이 생겨 이 유리 조각에 사람이 다칠 수 있습니다. 또 장난을 치다가 알코올램프가 바닥에 떨어지면 과학실에 화재가 발생할 수도 있습니다.

**다** 셋째, 실험할 때 책상에 바짝 다가가지 않습니다. 실험하다가 만약 실험 기구가 넘어지면 깨진 기구의 조각이나 기구 속 화학 약품이 주변에 튈 수 있습니다. 이때 책상에 바짝 다가가 앉아 있으면 다칠 수가 있습니다.

**04** 이 글을 읽을 때 떠올리면 좋을 내용이나 겪은 일을 두 가지 고르시오. (      ,      )

① 유명한 과학자의 일생
② 과학 공부를 했던 경험
③ 우리 학교 과학실의 위치
④ 과학실에서 실험을 했던 경험
⑤ 평소에 들어 보았던 과학 실험 안전 수칙

서술형 ♡

**05** 이 글의 내용을 생각하며, 다음 물음에 답하시오.

(1) 다음은 이 글을 읽고 알고 있는 내용을 정리한 것입니다. 빈칸에 알맞은 말을 쓰시오.

- (                    )께서 계시지 않을 때에는 과학 실험을 하지 않아야 한다.

(2) 이 글을 읽고 새롭게 안 내용을 한 가지 쓰시오.

_____

_____

국어

**[06~08]**

가 바닷물이 육지로 밀려오는 밀물 때 갯벌은 바닷물로 덮여 있어 보이지 않지만 자연과 사람에게 여러 가지 도움을 줍니다.

나 갯벌은 다양한 생물이 살 수 있는 장소입니다. 갯벌에 물이 들어오기도 하고 빠지기도 하면서 생물이 살기에 적합한 환경을 만듭니다. 그래서 게, 조개, 갯지렁이, 불가사리, 물고기 같은 여러 가지 생명체가 삽니다. 또한 갯벌은 철새들이 휴식하거나 번식하려고 이동하는 중간에 머물며 살기도 하는 장소입니다.

다 어민들은 갯벌에서 수산물을 키우고 거두어 돈을 법니다. 어민들은 갯벌에서 조개나 물고기, 낙지 따위를 잡아 팝니다. 또 갯벌은 생물이 살기에 좋은 환경이므로 어민들이 바다 생물들을 직접 키우기도 합니다. 이것을 양식이라고 하는데, 양식은 농민들이 밭이나 논에서 농작물을 키워 파는 것과 비슷합니다.

라 갯벌의 환경은 특별하고 다양합니다. 갯벌과 그 속에 사는 여러 생물은 자연과 사람을 위해 좋은 역할을 많이 합니다. 그러므로 갯벌은 쓸모없는 땅이 아니라 우리와 함께 살아가는 소중한 장소입니다. 소중한 갯벌을 잘 보존해야겠습니다.

**06** 무엇에 대해 설명하는 글입니까? (          )

① 갯벌이 생기는 까닭
② 갯벌을 보존하는 방법
③ 갯벌에서 할 수 있는 체험의 종류
④ 갯벌이 자연과 사람에게 주는 도움
⑤ 우리나라에서 갯벌을 볼 수 있는 곳

**07** 갯벌에 사는 생물이 <u>아닌</u> 것은 어느 것입니까?
(          )

① 조개            ② 고래
③ 물고기          ④ 갯지렁이
⑤ 불가사리

**08** 이 글의 제목은 「갯벌을 보존해야 하는 까닭」입니다. 제목에 담긴 글쓴이의 생각으로 알맞은 것을 보기 에서 찾아 기호를 쓰시오.

보기

㉮ 갯벌에 가 본 경험을 알려 주고 싶다.
㉯ 갯벌을 개발해야 하는 까닭을 강조하고 싶다.
㉰ 갯벌을 보존해야 하는 까닭을 강조하고 싶다.

(                    )

**[09~10]**

여름 날씨를 나타내는 토박이말에는 '마른장마', '무더위', '불볕더위' 같은 말이 있다. 여름이면 어김없이 장마와 더위가 찾아온다. 장마 때에는 비가 많이 오는데, 장마인데도 비가 오지 않거나 적게 오면 '마른장마'라고 한다. 더위는 크게 '무더위'와 '불볕더위'로 나눌 수 있다. '무더위'는 '물+더위'로 물기를 잔뜩 머금은 끈끈한 더위를 뜻하고, '불볕더위'는 '불볕+더위'로 볕이 불덩이처럼 뜨거운 더위를 뜻한다. 장마철에 비가 오거나 날씨가 흐리면서 끈끈하게 더울 때에는 '무더위'라는 말이 어울리고, 장마가 지난 한여름에 물기도 없이 뜨거운 햇볕이 쨍쨍 내리쬘 때에는 '불볕더위'라는 말이 어울린다.

**09** 다음은 어느 계절의 날씨를 나타내는 말입니까?
(          )

마른장마, 무더위, 불볕더위

① 봄            ② 여름            ③ 가을
④ 초겨울        ⑤ 늦겨울

**10** 이 글에 쓰인 '덥다'와 뜻이 반대인 낱말은 무엇입니까? (     )

① 춥다    ② 많다    ③ 적다
④ 없다    ⑤ 뜨겁다

**[11~12]**

　㉠겨울 날씨를 나타내는 토박이말에는 '가랑눈', '진눈깨비', '함박눈', '도둑눈' 같은 말이 있다. ㉡겨울에는 눈이 와야 겨울답다고 한다. 같은 눈이라도 눈의 생김새나 크기에 따라 그 이름이 다르다. '가랑눈'은 조금씩 잘게 부서져서 내리는 눈을 말한다. 가늘게 가루처럼 내리는 비를 '가랑비'라고 하는 것과 같다. 비가 섞여 내리는 눈은 '진눈깨비', 굵고 탐스럽게 내리는 눈은 '함박눈', 밤에 사람들이 모르게 내린 눈은 '도둑눈'이라고 한다. 도둑눈은 사람들 몰래 왔다는 뜻을 담은 말이다.
　㉢이처럼 계절에 따라 알고 쓰면 좋은 토박이말이 많다. ㉣우리가 우리말의 말뜻을 배우고 익혀 제대로 쓰는 일에 더욱 힘을 쏟을 때, 더 아름답고 넉넉한 우리말과 우리글을 쓸 수 있게 될 것이다.

**11** 이 글에서 다음을 뜻하는 말을 찾아 쓰시오.

굵고 탐스럽게 내리는 눈

(                    )

서술형 ✍

**12** 이 글의 내용을 생각하며, 다음 물음에 답하시오.

(1) ㉠~㉣ 중 문단의 중심 문장에 해당하는 것을 두 가지 찾아 기호를 쓰시오.

(                    )

(2) 이 글의 중심 생각을 한 문장으로 쓰시오.

_____

_____

**[13~15]**

**가** 옛날과 오늘날 사람들의 옷차림에는 차이가 많이 있다. 사람들은 옛날에 우리나라 고유한 옷인 한복을 입었다. 오늘날에는 서양 사람들이 입던 차림의 옷인 양복을 주로 입는다. 그리고 명절이나 결혼식같이 특별한 행사가 있을 때에만 한복을 입는 경우가 ㉠많다.

**나** 옛날에는 자연에서 얻은 실로 짠 옷감으로 옷을 만들었지만 오늘날에는 합성 섬유로 옷을 만드는 경우가 많다. 우리 조상은 식물이나 누에고치에서 실을 뽑아 옷감을 얻었다. 식물에서 뽑은 실로 짠 옷감으로는 삼베·모시·무명 따위가 있고, 누에고치에서 뽑은 실로 짠 옷감으로는 비단이 있다. 오늘날에는 옛날처럼 자연에서 얻은 실로 옷감을 짜기도 하지만 공장에서 만든 합성 섬유에서 옷감을 더 많이 얻는다.

**13** 이 글의 내용으로 알맞지 <u>않은</u> 것은 어느 것입니까? (     )

① 옛날 사람들은 한복을 입었다.
② 오늘날 사람들은 한복을 입지 않는다.
③ 무명은 식물에서 뽑은 실로 짠 옷감이다.
④ 옛날에는 자연에서 얻은 실로 옷을 만들었다.
⑤ 오늘날에는 합성 섬유에서 옷감을 많이 얻는다.

꼭나와 ♥

**14** ㉠과 뜻이 비슷한 낱말을 두 가지 고르시오.

(       ,       )

① 다르다    ② 덜하다    ③ 풍족하다
④ 모자라다    ⑤ 무진장하다

**15** 이 글의 중심 생각을 잘 나타내기 위해 넣을 사진이나 그림으로 알맞은 것에 ○표 하시오.

(1) 누에고치에서 실을 뽑는 사진　(       )
(2) 다른 나라의 전통 옷차림 그림　(       )
(3) 옛날과 오늘날의 옷차림 차이를 나타낸 그림

(       )

**[01~02]**

전통 놀이 가운데에서 지금까지도 잘 보존된 놀이가 줄넘기입니다. 지금도 체육 시간이나 운동 경기로 줄넘기 놀이를 자주 합니다. 언제부터 줄넘기를 했는지는 정확하게 알 수 없습니다. 다만 아주 오래전부터 줄을 사용했고, 전국의 어린이들이 줄넘기를 해 온 것으로 보아 오래된 놀이임을 짐작할 수 있을 뿐입니다. 예전에는 칡 줄기나 새끼줄로 줄넘기를 했다는 기록이 남아 있습니다.

줄넘기에는 혼자 하는 줄넘기, 두 사람이 긴 줄 끝을 잡고 돌리면 다른 사람이 그 줄을 넘는 긴 줄 넘기, 줄 양 끝을 두 사람이 잡고 있으면 다른 사람이 줄을 뛰어넘는 놀이가 있습니다.

고정된 줄을 뛰어넘는 줄넘기는 발목 높이에서 시작해 만세를 하듯 두 팔을 든 높이까지 합니다. 누가 더 높은 줄을 넘을 수 있는지 겨루는 놀이랍니다. 혼자서 줄넘기를 할 때에는 앞으로 뛰기, 손 엇걸어 뛰기, 이단 뛰기 같은 여러 놀이 방법이 있습니다. 긴 줄 넘기도 다양한 방법으로 할 수 있는데, 노래에 맞추어 놀이를 하는 특징이 있습니다.

**01** 이 글의 내용을 쉽게 이해하기 위해 떠올리면 좋은 경험은 무엇입니까? (        )

① 노래를 한 경험      ② 줄넘기를 한 경험
③ 윷놀이를 한 경험    ④ 연날리기를 한 경험
⑤ 줄다리기를 한 경험

**02** 이 글의 내용으로 알맞지 <u>않은</u> 것은 어느 것입니까? (        )

① 긴 줄 넘기는 다양한 방법으로 할 수 있다.
② 줄넘기는 지금까지 잘 보존된 전통 놀이이다.
③ 혼자 하는 줄넘기는 반드시 노래에 맞추어 놀이를 한다.
④ 이단 뛰기는 혼자 하는 줄넘기를 하는 방법 중 하나이다.
⑤ 줄넘기에는 혼자 하는 줄넘기, 긴 줄 넘기, 줄 뛰어넘는 놀이가 있다.

**03** 아는 내용이나 겪은 일과 관련지어 글을 읽으면 좋은 점이 <u>아닌</u> 것은 어느 것입니까? (        )

① 글의 내용에 더 흥미를 느끼게 된다.
② 글의 내용을 더 쉽게 이해할 수 있다.
③ 글의 내용을 더 쉽게 기억할 수 있다.
④ 글의 내용을 빠짐없이 기억하게 된다.
⑤ 글을 읽으면서 그 모습을 잘 상상할 수 있다.

**[04~05]**

안전하게 과학 실험을 하려면 과학 실험 안전 수칙을 확인하고 실천해 안전사고의 위험을 줄여야겠습니다. 지금부터 과학 실험 안전 수칙을 알아보겠습니다.

첫째, ㉠선생님께서 계시지 않을 때에는 과학 실험을 하지 않습니다. 과학실에는 조심히 다루어야 할 실험 기구와 위험한 화학 약품이 많습니다. 선생님의 말씀에 따라 실험 기구나 화학 약품을 다루어야 사고가 나는 것을 예방할 수 있습니다. 그러므로 선생님께서 계시지 않을 때에는 과학 실험을 해서는 안 됩니다.

**04** 무엇을 설명하는 글입니까? (        )

① 과학 실험 안전 수칙
② 위험한 화학 약품의 종류
③ 실험 기구의 종류와 사용법
④ 정확한 실험 결과를 얻는 방법
⑤ 과학 실험 보고서를 쓰는 방법

**05** ㉠의 까닭은 무엇인지 빈칸에 알맞은 말을 찾아 쓰시오.

• 선생님의 말씀에 따라 실험 기구나 화학 약품을 다루어야 (                    )을/를 예방할 수 있기 때문이다.

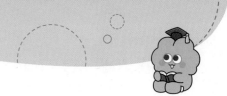

**[06~08]**

**가** 과학실에서는 절대 장난을 치면 안 됩니다. 과학실에는 깨지기 쉽거나 위험한 실험 기구가 많습니다. 장난을 치다가 유리로 만든 실험 기구가 깨지면 날카로운 유리 조각이 생겨 이 유리 조각에 사람이 다칠 수 있습니다. 또 장난을 치다가 알코올램프가 바닥에 떨어지면 과학실에 화재가 발생할 수도 있습니다. 그러므로 과학실에서는 장난을 치지 말고 진지한 자세로 실험을 해야 합니다.

**나** 실험할 때 책상에 바짝 다가가지 않습니다. 실험하다가 만약 실험 기구가 넘어지면 깨진 기구의 조각이나 기구 속 화학 약품이 주변에 튈 수 있습니다. 이때 책상에 바짝 다가가 앉아 있으면 다칠 수가 있습니다. 그러므로 실험을 할 때에는 책상에 너무 바짝 다가가 앉지 않고 실험 기구와 어느 정도 거리를 유지하는 것이 안전합니다.

**06** 이 글에 나타난 과학 실험 안전 수칙을 두 가지 고르시오. ( , )

① 실험 기구를 사용하지 않는다.
② 화학 약품에 손을 대지 않는다.
③ 다른 사람과 가까이 앉지 않는다.
④ 과학실에서는 절대 장난을 치지 않는다.
⑤ 실험할 때 책상에 바짝 다가가지 않는다.

 어려워

**07** 이 글을 읽고 새롭게 안 내용을 바르게 정리한 것을 보기 에서 모두 찾아 기호를 쓰시오.

보기

㉮ 과학실에서 장난을 치면 화재 사고가 날 수도 있다는 것을 알았다.
㉯ 과학실에서 실험할 때에는 실험 기구와 거리를 유지해야 한다는 것을 알았다.
㉰ 과학실에는 위험한 화학 약품이 많으므로 실험할 때 문을 열고 해야 한다는 것을 알았다.

( )

서술형 낭
**08** 이 글을 읽고 더 알고 싶은 내용을 한 가지 쓰시오.

_____

_____

**[09~10]**

갯벌에 가 본 적이 있나요? 갯벌에서 무엇을 보았나요? 바닷물이 빠져나가는 썰물 때에 육지로 드러나는 바닷가의 편평한 곳을 갯벌이라고 불러요. 바닷물이 육지로 밀려오는 밀물 때 갯벌은 바닷물로 덮여 있어 보이지 않지만 자연과 사람에게 여러 가지 도움을 줍니다.

첫째, 갯벌은 다양한 생물이 살 수 있는 장소입니다. 갯벌에 물이 들어오기도 하고 빠지기도 하면서 생물이 살기에 적합한 환경을 만듭니다. 그래서 게, 조개, 갯지렁이, 불가사리, 물고기 같은 여러 가지 생명체가 삽니다. 또한 갯벌은 철새들이 휴식하거나 번식하려고 이동하는 중간에 머물며 살기도 하는 장소입니다.

**09** 갯벌에 대한 설명으로 알맞지 <u>않은</u> 것은 어느 것입니까? ( )

① 썰물 때 바닷물에 덮여 있다.
② 철새들이 휴식하는 장소이다.
③ 게, 조개, 갯지렁이와 같은 생물이 산다.
④ 자연과 사람에게 여러 가지 도움을 준다.
⑤ 바닷물이 빠져나가는 썰물 때에 육지로 드러나는 바닷가의 편평한 곳이다.

**10** 갯벌에 다양한 생물이 살 수 있는 까닭은 무엇인지 빈칸에 알맞은 말을 찾아 쓰시오.

• 갯벌에 물이 들어오기도 하고 빠지기도 하면서 ( )을/를 만들기 때문이다.

**[11~13]**

가 ㉠어민들은 갯벌에서 수산물을 키우고 거두어 돈을 법니다. 어민들은 갯벌에서 조개나 물고기, 낙지 따위를 잡아 팝니다. 또 갯벌은 생물이 살기에 좋은 환경이므로 어민들이 바다 생물들을 직접 키우기도 합니다.

나 ㉡갯벌은 육지에서 나오는 오염 물질을 분해해 좋은 환경을 만듭니다. 갯벌은 겉으로는 그냥 진흙탕처럼 보이지만 작은 생물이 갯벌에 많이 살고 있습니다. 이 생물들은 오염 물질 분해가 잘 이루어지게 합니다.

다 ㉢갯벌은 기후를 조절하고 홍수를 줄여 주는 역할을 합니다. 갯벌 흙은 물을 많이 흡수해 저장했다가 내보내는 기능을 합니다. 그러므로 갯벌은 비가 많이 오면 빗물을 저장해 갑작스러운 홍수를 막아 줍니다.

라 ㉣갯벌의 환경은 특별하고 다양합니다. 갯벌과 그 속에 사는 여러 생물은 자연과 사람을 위해 좋은 역할을 많이 합니다. 그러므로 갯벌은 쓸모없는 땅이 아니라 우리와 함께 살아가는 소중한 장소입니다. ㉤소중한 갯벌을 잘 보존해야겠습니다.

**11** 갯벌이 주는 도움으로 알맞지 <u>않은</u> 것은 어느 것입니까? (        )

① 기후를 조절한다.
② 홍수를 줄여 준다.
③ 공기를 맑게 해 준다.
④ 육지에서 나오는 오염 물질을 분해한다.
⑤ 어민들은 수산물을 키우고 거두어 돈을 벌 수 있다.

어려워 ☺

**12** ㉠~㉤ 중 다음 설명에 해당하지 <u>않는</u> 것은 무엇입니까? (        )

• 문단의 전체 내용을 대표하는 문장이다.
• 글의 중심 생각을 간추릴 때 꼭 필요하다.

① ㉠    ② ㉡    ③ ㉢    ④ ㉣    ⑤ ㉤

서술형 ☺

**13** 이 글을 읽고 새롭게 안 내용과 더 알고 싶은 내용을 한 가지씩 쓰시오.

| 새롭게 안 내용 | (1) |
|---|---|
| 더 알고 싶은 내용 | (2) |

**[14~15]**

봄 날씨를 나타내는 토박이말에는 '꽃샘추위', '꽃샘바람', '소소리바람' 같은 말이 있다. 이른 봄, 꽃이 필 무렵에 찾아오는 추위를 '꽃샘추위'라고 한다. 여기서 '샘'은 시기, 질투라는 뜻이다. 그래서 '꽃샘추위'는 꽃이 피는 것을 시샘하듯 몰아닥친 추위라는 뜻이 된다. 꽃샘추위 때 부는 바람은 '꽃샘바람'인데, 이보다 차고 매서운 바람은 '소소리바람'이다. 이 바람은 이른 봄에 살 속으로 스며드는 듯한 차고 매서운 바람을 일컫는다.

**14** 봄 날씨를 나타내는 토박이말을 두 가지 고르시오. (        ,        )

① 건들바람        ② 꽃샘바람
③ 진눈깨비        ④ 마른장마
⑤ 소소리바람

**15** 이른 봄, 꽃이 필 무렵에 찾아오는 추위를 뜻하는 말을 찾아 쓰시오.

(                    )

**[16~18]**

**가** 가을 날씨를 나타내는 토박이말에는 '건들바람', '건들장마', '무서리', '올서리', '된서리' 같은 말이 있다. 여름이 지나고 가을이 되면 서늘한 바람이 불고 늦가을이 되면 서리가 내린다. 이른 가을날, 가볍고 부드럽게 건들건들 부는 서늘한 바람을 '건들바람'이라고 한다. 이 무렵, 비가 쏟아져 내리다가 번쩍 개고 또 오다기 개는 장마를 '건들장마'라고 한다. 늦가을, 수증기가 땅이나 물체 표면에 얼어붙은 것을 '서리'라고 한다. 처음 생기는 묽은 서리를 '무서리'라고 하는데, '물+서리'로 무더위와 같은 짜임이다.

**나** 겨울 날씨를 나타내는 토박이말에는 '가랑눈', '진눈깨비', '함박눈', '도둑눈' 같은 말이 있다. 겨울에는 눈이 와야 겨울답다고 한다. ㉠같은 눈이라도 눈의 생김새나 크기에 따라 그 이름이 다르다. '가랑눈'은 조금씩 잘게 부서져서 내리는 눈을 말한다.

**16** 다음은 어떤 계절과 관계있는 말인지 쓰시오.

(1) 함박눈: (　　　　　　　　　)

(2) 건들장마: (　　　　　　　　　)

**17** 토박이말과 그 뜻이 바르게 짝 지어지지 <u>않은</u> 것에 ×표 하시오.

(1) 올서리: 처음 생기는 묽은 서리. (　　　)

(2) 가랑눈: 조금씩 잘게 부서져서 내리는 눈. (　　　)

(3) 건들바람: 이른 가을날, 가볍고 부드럽게 건들건들 부는 서늘한 바람. (　　　)

**어려워** 👆

**18** ㉠'같다'와 뜻이 반대인 낱말이 쓰인 문장은 어느 것입니까? (　　　)

① 우리 아빠는 키가 크다.
② 나와 언니는 성격이 다르다.
③ 나와 형은 생김새가 비슷하다.
④ 나는 계절 중에서 가을이 가장 좋다.
⑤ 내 동생은 가끔 엉뚱한 생각을 한다.

**[19~20]**

옛날에는 신분에 따라 옷차림이 달랐지만 오늘날에는 직업이나 유행에 따라 다른 경우가 많다. 옛날에는 양반과 평민의 신분에 따라 옷차림이 달랐다. 양반 가운데에서 남자는 소매가 넓은 저고리와 폭이 큰 바지를 입었고, 여자는 폭이 넓고 긴 치마를 입었다. 평민 가운데에서 남자는 비교적 폭이 좁은 저고리와 바지를 입었고, 여자는 폭이 좁은 치마를 입었다. 그리고 평민이 입는 치마 길이는 양반보다 짧은 편이었다. 하지만 오늘날에는 직업이나 유행에 따라 옷을 입는 경우가 많다. 또 사람들이 입는 옷 종류도 옛날보다 더 다양해졌다.

다음으로, 옛날에는 사람들이 성별에 따라 다른 옷을 입었지만 오늘날에는 자신이 좋아하는 옷을 입는다. 옛날에 남자는 아래에 바지를 입고 위에는 저고리와 조끼, 마고자를 입었다. 그리고 춥거나 나들이를 갈 때에는 겉에 두루마기를 입었다. 여자는 아래에 속바지와 치마를 입고 위에는 저고리를 입었다. 여자도 두루마기를 입지만 남자가 입는 두루마기와 모양이 달랐다. 오늘날에는 남자와 여자의 옷차림을 엄격하게 구분하지 않는다. 대신 각자 좋아하는 옷을 입기 때문에 옷차림이 사람에 따라 다르다.

**19** 이 글의 제목은 「옷차림이 바뀌었어요」입니다. 제목에 담긴 글쓴이의 생각을 바르게 짐작한 친구의 이름을 쓰시오.

- 성하: 옷을 단정하게 입는 것이 중요하다는 것을 말하는 것 같아.
- 재훈: 옛날과 오늘날 사람들의 옷차림에 차이가 많다는 것을 말하는 것 같아.

(　　　　　　　　　)

**서술형** 👆

**20** 이 글의 중심 생각을 한 문장으로 쓰시오.

_____

_____

### 개념 1  기억에 남는 일에 대해 이야기 나누기

- 자신이 ❶ [ㄱ][ㅇ] 일을 떠올려 친구들과 이야기해 봅니다.

- 이야기한 일 가운데에서 ❷ [ㄱ][ㅇ]에 남는 일을 정리해 봅니다.

**1** 자신이 겪은 일을 바르게 말하지 <u>못한</u> 친구의 이름을 쓰시오.

> • 영은: 엄마와 떡볶이를 만들었어.
> • 시훈: 아빠와 숲에 나무를 심었어.
> • 재민: 친구들과 공원에서 자전거를 타고 싶어.

(                    )

### 개념 2  인상 깊은 일을 글로 쓰는 방법 알기

- 겪은 일 가운데에서 어떤 일을 글로 쓸지 정합니다.

- 쓸 내용을 ❸ [ㅈ][ㄹ]합니다.

- 글을 씁니다.

- ❹ [ㄱ][ㅊ][ㅆ][ㄱ]를 합니다.

**2** 다음은 어떤 일을 쓴 글입니까? (          )

> "주혁이가 열이 많이 나는구나. 아무래도 장염에 걸린 것 같다. 이번 가을에만 두 번째네."
> 아빠께서 걱정스럽게 말씀하셨다. 주혁이는 얼굴을 찡그리며 힘들어했다. 아빠께서 병원에 갈 채비를 하시는 동안 나는 주혁이 옆에 앉아 있었다.
> "누나, 나 아파."
> 주혁이가 눈물이 그렁그렁한 얼굴로 말했다.

① '내'가 장염에 걸렸던 일
② 동생 주혁이가 아팠던 일
③ 동생을 병원에 데려다준 일
④ 아픈 아빠를 돌보아 드린 일
⑤ 동생과 다투다가 아빠께 혼난 일

### 개념 3  자신이 쓴 글을 고쳐 쓰기

- 자신이 쓴 글을 친구들과 바꾸어 읽고 고쳐 쓸 점을 이야기해 봅니다.

- ❺ [ㅇ][ㅇ][ㄷ][ㅇ]을 자세히 썼는지, 생각이나 느낌을 잘 표현했는지, ❻ [ㄸ][ㅇ][ㅆ][ㄱ]를 바르게 했는지 점검해 봅니다.

- 자신이 점검한 내용과 친구들의 의견을 바탕으로 하여 자신이 쓴 글을 고쳐 써 봅니다.

**3** 자신이 쓴 글을 고쳐 쓰는 방법으로 알맞은 것을 에서 모두 찾아 기호를 쓰시오.

> **보기**
> ㉮ 잘못된 띄어쓰기를 바르게 고친다.
> ㉯ 있었던 일을 간단히 썼는지 확인한다.
> ㉰ 겪은 일에 대한 생각이나 느낌을 잘 표현했는지 확인한다.

(                    )

**[01~02]**

**01** 사진 **가~다**를 보고 떠올릴 수 있는 일을 선으로 알맞게 이으시오.

(1) **가** ·   · ㉮ 축구하기

(2) **나** ·   · ㉯ 갯벌 체험

(3) **다** ·   · ㉰ 독서 그림 그리기

**02** 사진 **라**를 보고 자신이 겪은 일을 떠올려 알맞게 이야기한 친구의 이름을 쓰시오.

> • 시윤: 남동생과 함께 피자를 만들었어.
> • 민아: 주말에 가족과 공원에서 산책을 했어.
> • 준호: 친구와 함께 도서관에서 책을 빌렸어.

(                              )

꼭나와 ㅂ

**03** 기억에 남는 일을 정리할 때 꼭 들어가야 할 내용이 **아닌** 것은 어느 것입니까? (          )

① 언제 있었던 일인가?
② 어디에서 있었던 일인가?
③ 누구와 무슨 일을 하였는가?
④ 앞으로 바라는 것은 무엇인가?
⑤ 어떤 생각이나 느낌이 들었는가?

**[04~05]**

| 친구들과 함께한 운동회 ||
|---|---|
| ㉠ | ㉡ |
| 5월 | 학교 운동장 |
| ㉢ | ㉣ |
| 친구들과 공 굴리기, 장애물 달리기와 같은 운동을 했다. | 친구들과 함께 여러 가지 운동을 해서 즐거웠다. |

**04** 이 표는 겪은 일 가운데에서 기억에 남는 일을 정리한 것입니다. ㉠~㉣에 들어갈 알맞은 말을 보기 에서 찾아 쓰시오.

> 보기
>
> | 언제 | 있었던 일 |
> |---|---|
> | 어디에서 | 생각이나 느낌 |

(1) ㉠: (                    )
(2) ㉡: (                    )
(3) ㉢: (                    )
(4) ㉣: (                    )

서술형 ㅂ

**05** 이 표에 정리한 일을 생각하며, 다음 물음에 답하시오.

(1) 기억에 남는 일은 무엇인지 빈칸에 알맞은 말을 쓰시오.
  • 친구들과 (                    )을/를 함께한 일

(2) 이와 같이 기억에 남는 일을 정리하면 좋은 점을 한 가지 쓰시오.

_____

_____

**[06~07]**

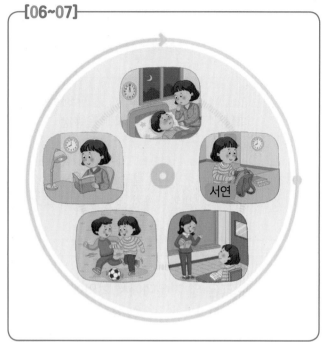

서연

꼭나와 ⓤ

**06** 이 그림으로 보아, 서연이가 하루 동안 겪은 일이 아닌 것은 어느 것입니까? (      )

① 집에서 책을 읽었다.
② 학교에서 공부를 했다.
③ 동생과 그림을 그렸다.
④ 학교에 갈 준비를 했다.
⑤ 친구와 공을 차며 놀았다.

**07** 서연이가 겪은 일 중 다음과 같은 일이 일어난 때는 언제인지 찾아 ○표 하시오.

┌─────────────────────────┐
│       동생이 아팠던 일        │
└─────────────────────────┘

(1) 아침 (        )
(2) 점심 (        )
(3) 오후 (        )
(4) 한밤중 (        )

**[08~10]**

"주혁이가 열이 많이 나는구나. 아무래도 장염에 걸린 것 같다. ㉠이번 가을에만 두번째네."
아빠께서 걱정스럽게 말씀하셨다. 주혁이는 얼굴을 찡그리며 힘들어했다. 아빠께서 병원에 갈 채비를 하시는 동안 나는 주혁이 옆에 앉아 있었다.
"누나, 나 아파."
㉡주혁이가 눈물이 그렁그렁한 얼굴로 말했다.
"병원 다녀오면 금방 나을 거야."
나는 주혁이의 이마에 차가운 물수건을 얹어 주었다.
㉢마음이 아팠다. 동생이 얼른 나았으면 좋겠다.

**08** '내'가 주혁이를 위해 한 일은 무엇입니까?
(      )

① 약을 먹여 주었다.
② 창문을 열어 주었다.
③ 이불을 덮어 주었다.
④ 병원에 데려다주었다.
⑤ 이마에 차가운 물수건을 얹어 주었다.

**09** 이 글에 드러난 '나'의 마음으로 알맞은 것은 어느 것입니까? (      )

① 걱정하는 마음      ② 실망하는 마음
③ 질투하는 마음      ④ 원망스러운 마음
⑤ 자랑스러워하는 마음

서술형 ⓝ

**10** 띄어쓰기 하는 방법을 생각하며, 다음 물음에 답하시오.

(1) ㉠~㉢ 중 띄어쓰기에 맞지 않는 문장의 기호를 쓰시오.
(      )

(2) 문제 (1)번에서 답한 문장을 띄어쓰기에 맞게 고쳐 쓰시오.

_____

_____

**11** 다음 에서 띄어쓰기를 바르게 한 문장을 모두 찾아 기호를 쓰시오.

> **보기**
>
> ㉮ 하늘이∨맑고∨푸르다.
> ㉯ 책을읽으면∨지식이∨쌓인다.
> ㉰ 우정은∨예쁘게∨가꿀수록∨좋다.

( )

**[12~13]**

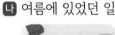

**가** 봄에 있었던 일     **나** 여름에 있었던 일

**다** 가을에 있었던 일

**12** 그림 **가**~**다**는 일 년 동안 경험한 일 가운데에서 인상 깊은 일을 떠올린 것입니다. 다음과 같은 경험을 한 것은 언제인지 쓰시오.

> 가족과 바닷가에 갔다.

( )

**13** 가을에 있었던 인상 깊은 일을 골라 글로 쓰려고 합니다. 글로 쓸 내용을 정리한 것으로 알맞지 <u>않</u>은 것은 어느 것입니까? ( )

① 언제: 가을에
② 어디에서: 수영장에서
③ 있었던 일: 감나무에 달려 있던 감을 땄다.
④ 그때의 마음: 신나고 즐거운 마음이 들었다.
⑤ 그런 마음이 들었던 까닭: 내가 제일 좋아하는 과일인 감을 직접 따 보고 맛있게 먹었기 때문이다.

**14** 글을 쓴 뒤에 고쳐쓰기 하면 좋은 점을 두 가지 고르시오. ( , )

① 잘못된 표현을 고칠 수 있다.
② 많은 사람들이 글을 읽을 수 있다.
③ 그날 있었던 일을 되돌아볼 수 있다.
④ 다른 사람의 생각이나 느낌을 알 수 있다.
⑤ 전하고자 한 내용을 효과적으로 표현했는지 확인할 수 있다.

**15** 우리 반 소식지를 만들 때 가장 먼저 해야 하는 일은 무엇입니까? ( )

① 지금까지 우리 반에서 있었던 일을 떠올린다.
② 다섯 가지 사건으로 모둠별 소식지를 만든다.
③ 모둠별 소식지를 모아 우리 반 소식지를 만든다.
④ 지금까지 우리 반에서 있었던 일과 관련된 사진을 모은다.
⑤ 우리 반에서 있었던 일 가운데에서 기억에 남는 일 다섯 가지를 투표로 정한다.

**01** 다음 사진에 나타난 경험으로 알맞지 <u>않은</u> 것은 어느 것입니까? (        )

① 김밥을 먹은 일     ② 선물을 받은 일
③ 피자를 만든 일     ④ 갯벌 체험을 한 일
⑤ 친구들과 축구한 일

[02~03]

**02** 이 사진을 보고 겪은 일을 떠올린 것으로 가장 알맞은 것은 어느 것입니까? (        )

① 동생과 조개를 잡은 일
② 친구와 눈싸움을 한 일
③ 선생님께 꾸중을 들은 일
④ 할머니와 송편을 만든 일
⑤ 동생과 아이스크림을 먹은 일

**03** 이 사진과 관련된 기억에 남는 일을 정리하는 방법으로 알맞지 <u>않은</u> 것은 어느 것입니까?
(        )

① 언제 갯벌 체험을 갔는지 정리한다.
② 누구와 갯벌 체험을 갔는지 정리한다.
③ 갯벌 체험을 하면서 든 생각을 정리한다.
④ 갯벌 체험으로 가고 싶은 곳을 정리한다.
⑤ 갯벌 체험을 하면서 있었던 일을 정리한다.

[04~05]

| 언제 | 어디에서 |
|---|---|
| 5월 | 학교 운동장 |
| 있었던 일 | 생각이나 느낌 |
| 친구들과 공 굴리기, 장애물 달리기와 같은 운동을 했다. | 친구들과 함께 여러 가지 운동을 해서 즐거웠다. |

**04** 이 표는 겪은 일 가운데에서 어떤 일에 대해 정리한 것입니까? (        )

① 동생과 함께한 줄넘기
② 친구들과 함께한 운동회
③ 가족과 아침 운동을 한 일
④ 친구들과 함께한 교실 청소
⑤ 친구들과 함께 간 현장 체험 학습

서술형 냥

**05** 이와 같이 자신이 겪은 일 가운데에서 기억에 남는 일을 떠올려 간단히 정리하시오.

| 기억에 남는 일 | (1) | |
|---|---|---|
| 언제 | | 어디에서 |
| (2) | | (3) |
| 있었던 일 | | 생각이나 느낌 |
| (4) | | (5) |

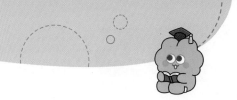

**[06~08]**

종우: 서연아, 너는 여러 가지 겪은 일 가운데에서 왜 동생이 아팠던 일을 골라서 글을 쓰려고 하니?

서연: 동생이 아팠을 때에는 평소와 다른 느낌이 들었거든. 평소에 동생이 장난꾸러기처럼 보여서 밉기도 했는데 아프니까 잘 못해 준 것이 생각나서 미안한 마음이 들었어. 그래서 그 마음을 써 보고 싶었어.

**06** 서연이는 어떤 일을 골라서 글을 쓰려고 합니까?
(          )

① 동생이 아팠던 일
② 동생을 미워한 일
③ 동생에게 장난친 일
④ 평소에 자주 겪은 일
⑤ 동생과 재미있게 논 일

**07** 서연이가 문제 **06**번에서 답한 일을 글로 쓰려는 까닭을 두 가지 고르시오. (       ,       )

① 가끔 겪는 일이어서
② 평소와 다른 느낌이 들어서
③ 친구가 겪은 일과 비슷해서
④ 동생에게 미안한 마음이 들어서
⑤ 평소에 일어나는 일을 자세하게 쓰고 싶어서

**서술형** ⑤

**08** 자신이 서연이라면 어떤 일을 글로 쓰고 싶은지 한 가지 쓰시오.

_____

_____

_____

**[09~10]**

㉠"아이고, 배야."

동생 주혁이가 끙끙 앓는 소리에 잠에서 깼다.

"열이 39도가 넘잖아! 배도 많이 아파하고, 큰일이네."

걱정스럽게 말씀하시는 아빠의 목소리도 들렸다. 나는 눈을 비비고 자리에서 일어났다.

"아빠, 무슨 일이에요?"

나는 주혁이 머리맡에 앉아 계신 아빠 옆으로 다가갔다.

**09** '내'가 잠에서 깬 까닭은 무엇입니까? (          )

① 배가 아파서
② 동생이 깨워서
③ 무서운 꿈을 꾸어서
④ 동생이 앓는 소리를 내어서
⑤ 아빠의 목소리가 너무 커서

**어려워** ⑤

**10** ㉠이 이해가 잘 되지 않는 까닭은 무엇인지  에서 찾아 기호를 쓰시오.

**보기**

㉮ 쉼표( , ) 뒤에 오는 말을 띄어 쓰지 않았기 때문이다.
㉯ 쉼표( , ) 앞에 오는 말을 띄어 쓰지 않았기 때문이다.
㉰ 마침표( . ) 뒤에 오는 말을 띄어 쓰지 않았기 때문이다.
㉱ 수를 나타내는 말과 단위를 나타내는 말 사이를 띄어 쓰지 않았기 때문이다.

(               )

**[11~13]**

> "주혁이가 열이 많이 나는구나. 아무래도 장염에 걸린 것 같다. ⊙이번 가을에만 두 번째네."
>
> 아빠께서 걱정스럽게 말씀하셨다. 주혁이는 얼굴을 찡그리며 힘들어했다. 아빠께서 병원에 갈 채비를 하시는 동안 나는 주혁이 옆에 앉아 있었다.
>
> ⓒ"누나, 나 아파."
>
> ⓒ주혁이가눈물이 그렁그렁한 얼굴로 말했다.
>
> "병원 다녀오면 금방 나을 거야."
>
> 나는 주혁이의 이마에 차가운 물수건을 얹어 주었다.
>
> ⓔ마음이 아팠다.동생이 얼른 나았으면 좋겠다.

**11** 이 글의 제목으로 알맞은 것은 어느 것입니까?

( )

① 가을이 왔어요　② 동생이 아파요
③ 병원에 갔어요　④ 귀여운 내 동생
⑤ 심부름을 했어요

**12** ⊙~ⓒ 중 띄어쓰기가 바르지 <u>않은</u> 부분의 기호를 쓰시오.

( )

**13** ⓔ을 바르게 고쳐 쓴 것을 보기에서 찾아 기호를 쓰시오.

> **보기**
>
> ㉮ 마음V이 아팠다.동생이 얼른 나았으면 좋겠다.
>
> ㉯ 마음이 아팠다.V동생이 얼른 나았으면 좋겠다.
>
> ㉰ 마음이 아팠다.동생V이 얼른 나았으면 좋겠다.

( )

**어려워 ☞**

**14** 다음 ⊙~ⓜ 중 V표를 하고 띄어 써야 하는 부분은 어디입니까? ( )

> 책⊙을ⓒ읽으면ⓒ지식ⓔ이ⓜ쌓인다.

① ⊙, ⓒ, ⓒ
② ⊙, ⓒ, ⓔ
③ ⓒ, ⓒ, ⓔ
④ ⓒ, ⓒ, ⓜ
⑤ ⓒ, ⓔ, ⓜ

**15** 띄어쓰기를 바르게 하면 좋은 점을 알맞게 말한 친구의 이름을 모두 쓰시오.

글을 빨리 쓸 수 있어.
지은

있었던 일을 간단하게 나타낼 수 있어.
준모

글을 읽는 사람도 편하게 읽을 수 있어.
서아

전하고자 하는 뜻을 정확히 전할 수 있어.
승현

( )

➜ 바른답·알찬풀이 7쪽

**16** 인상 깊은 일을 글로 쓸 때 가장 먼저 해야 하는 일은 무엇인지 에서 찾아 기호를 쓰시오.

> **보기**
> ㉮ 글을 쓴다.
> ㉯ 고쳐쓰기를 한다.
> ㉰ 쓸 내용을 정리한다.
> ㉱ 겪은 일 가운데에서 어떤 일을 글로 쓸지 정한다.

(             )

**서술형**

**18** 그림 **나**와 같은 계절에 자신이 경험한 일 가운데에서 인상 깊은 일과 그 일을 고른 까닭을 쓰시오.

| | |
|---|---|
| 인상 깊은 일 | (1) |
| 그 일을 고른 까닭 | (2) |

**[17~19]**

**가** 봄에 있었던 일     **나** 여름에 있었던 일

**다** 가을에 있었던 일

**어려워**

**19** 다음은 그림 **다**를 인상 깊은 일로 고르고 글로 쓸 내용을 정리한 것입니다. 더 정리해야 하는 내용은 무엇입니까? (      )

> 가을에 할아버지와 함께 과수원에서 감나무에 달린 감을 땄다.

① 무슨 일이 있었는지 정리한다.
② 언제 있었던 일인지 정리한다.
③ 누구와 있었던 일인지 정리한다.
④ 어떤 마음이 들었는지 정리한다.
⑤ 어디에서 있었던 일인지 정리한다.

**17** 그림 **가**~**다**는 일 년 동안 경험한 일 가운데에서 인상 깊은 일을 떠올린 것입니다. 봄에 있었던 인상 깊은 일은 무엇입니까? (      )

① 아빠와 등산을 간 일
② 가족과 감을 먹은 일
③ 주말 농장 체험을 한 일
④ 동생과 불꽃놀이를 한 일
⑤ 도자기 만들기 체험을 한 일

**20** 인상 깊은 일을 쓴 글을 고쳐 쓸 때, 살펴볼 점이 아닌 것은 어느 것입니까? (      )

① 띄어쓰기를 바르게 했는가?
② 경험한 일을 자세히 썼는가?
③ 글을 쓴 날짜를 반드시 썼는가?
④ 어떤 생각이나 느낌이 들었는지 썼는가?
⑤ 이해하기 쉽고 재미있는 표현을 사용했는가?

### 개념 ① 대상을 감각적 표현으로 나타내면 좋은 점

- 대상의 느낌을 ❶ [ㅅ][ㅅ]하고 재미 있게 나타낼 수 있습니다.

- 감각적 표현을 말하려고 대상을 더 ❷ [ㅈ][ㅅ][ㅎ] 관찰할 수 있습니다.

**1** 다음 대상에 어울리는 표현은 어느 것입니까? (        )

① 왁자지껄
② 아삭아삭
③ 펄럭펄럭
④ 데굴데굴
⑤ 푹신푹신

### 개념 ② 시를 읽고 여러 가지 감각적 표현 말하기

- ❸ [ㅈ][ㅁ]을 떠올리며 시를 읽어 봅니다.

- 시를 읽고 ❹ [ㄱ][ㄱ][ㅈ] 표현을 찾아봅니다.

- 감각적 표현에 주의하며 시를 다시 읽고 시에 대한 생각이나 느낌을 친구들과 이야기해 봅니다.

**2** 다음 ㉠~㉢ 중 감기약을 먹고 졸린 상태를 감각적으로 표현한 부분의 기호를 쓰시오.

> ㉠내 몸에
> 불덩이가 들어왔다.
> ─뜨끈뜨끈.
> 불덩이를 따라
> ㉡몹시 추운 사람도 들어왔다.
> ─오들오들.
>
> 약을 먹고 나니
> 느릿느릿,
> 거북이도 들어오고
> ㉢까무룩,
> 잠꾸러기도 들어왔다.

(            )

### 개념 ③ 이야기를 읽고 생각이나 느낌 표현하기

- 인물의 ❺ [ㅁ][ㅇ]을 생각하며 이야기를 읽어 봅니다.

- 친구들과 묻고 답하기 놀이를 하며 이야기의 내용을 파악합니다.

- 이야기에서 ❻ [ㅅ][ㄱ]이 어떻게 연결되었는지 파악합니다.

- 이야기를 읽고 생각이나 느낌을 친구들과 이야기해 봅니다.

- 이야기에 나온 인물에게 편지를 써 봅니다.

**3** 다음 글을 읽은 생각이나 느낌으로 알맞은 것에 ○표 하시오.

> "질문 하나 해도 돼요?" / "물론이지, 에밀."
> "조금 전에 어떻게 저란 걸 아셨어요? 앞이 보이지 않으시면서요."
> 아저씨는 웃으며 말했어요.
> "그래, 난 태어날 때부터 앞을 보지 못했지. 그 대신 어릴 적부터 다른 감각들이 아주 발달되어 있단다. 촉각, 후각, 미각, 청각 이런 것들 말이야. 아까 네가 현관문을 열 때 너희 집 냄새와 네 바지가 구겨지는 소리, 그 밖에 설명하기 애매한 것들로 너란 걸 알았어."

(1) 앞을 보지 못하는 아저씨를 안타깝게 여기는 에밀의 마음이 잘 느껴진다.                                    (      )

(2) 아저씨가 에밀의 집 냄새와 바지 구겨지는 소리로 에밀임을 알아차린 게 신기하다.                      (      )

**01** 다음 대상에 어울리는 표현이 <u>아닌</u> 것은 어느 것입니까? (       )

① 와삭
② 요리조리
③ 동글동글
④ 아삭아삭
⑤ 매끈매끈

**[02~05]**

### 감기

㉠내 몸에
불덩이가 들어왔다.
一뜨끈뜨끈.
불덩이를 따라
몹시 추운 사람도 들
어왔다.
一오들오들.

약을 먹고 나니
느릿느릿,
거북이도 들어오고
까무룩,
잠꾸러기도 들어왔다.

내 몸에
너무 많은 것들이 들
어왔다.
그래서
내 몸이 아주 무거워
졌다.

**02** 말하는 이의 상황으로 알맞은 것은 어느 것입니까? (       )

① 거북이를 보고 있다.
② 따뜻한 불을 쬐고 있다.
③ 날씨가 추워서 떨고 있다.
④ 뜨거운 음식을 먹고 있다.
⑤ 감기에 걸려 힘들어하고 있다.

**03** 말하는 이가 ㉠과 같이 말한 까닭은 무엇입니까?
(       )

① 몸이 춥기 때문이다.
② 약을 먹었기 때문이다.
③ 열이 많이 나기 때문이다.
④ 기침을 많이 하기 때문이다.
⑤ 따뜻한 이불을 덮고 있기 때문이다.

**04** 서술형 이 시에 쓰인 감각적 표현을 생각하며, 다음 물음에 답하시오.

(1) 감기약을 먹고 몸이 무거운 상태를 어떻게 표현했는지 쓰시오.
 • "(                    ), / 거북이도 들어오고"라고 나타냈습니다.

(2) 문제 (1)번에서 답한 표현을 빼고 읽을 때와 넣고 읽을 때, 느낌이 어떻게 다른지 쓰시오.

_____

_____

**05** 이 시를 낭송할 때 어울리는 목소리는 어느 것입니까? (       )

① 힘없는 목소리        ② 우렁찬 목소리
③ 다급한 목소리        ④ 화가 난 목소리
⑤ 깜짝 놀란 목소리

**[06~08]**

지구도 대답해 주는구나

㉠강가 고운 모래밭에서
㉡발가락 옴지락거려
두더지처럼 파고들었다.

㉢지구가 간지러운지
굼질굼질 움직였다.

아, 내 작은 신호에도
지구는 대답해 주는구나.

그 큰 몸짓에
이 조그마한 발짓
그래도 지구는 대답해 주는구나.

**06** 말하는 이는 무엇을 하고 있습니까? ( )

① 강에서 물고기를 잡고 있다.
② 강가 모래밭을 파고들고 있다.
③ 친구의 말에 대답해 주고 있다.
④ 강가 모래밭에서 벗어나고 있다.
⑤ 강가 모래밭에서 모래성을 만들고 있다.

꼭나와 ㅂ

**07** ㉠~㉢ 중 감각적 표현이 나타난 부분이 **아닌** 것의 기호를 쓰시오.

( )

**08** 이 시를 읽고 생각이나 느낌을 바르게 말한 친구의 이름을 쓰시오.

• 지영: 우리가 하는 작은 행동에도 자연이 대답해 준다는 생각이 들었어.
• 정우: 지구가 파괴되는 것을 안타까워하는 말하는 이의 마음이 잘 느껴져.

( )

**[09~10]**

블링크 아저씨에게 알려 주기 위해 나는 색깔을 떠올리는 것을 찾아봤어요.

가장 초록색인 것은 맨발로 걸을 때 발가락 사이로 살살 삐져나오는 촉촉한 풀잎이에요.

가장 붉은색인 것은 할아버지 밭에서 나는 토마토 맛이에요.

가장 푸른색인 것은 옆집 수영장에서 헤엄치는 것이에요.

가장 흰 것은 여름에 푹 자고 열 시쯤에 일어났을 때예요.

난 할아버지네 토마토를 블링크 아저씨 집에 가져갔어요.

아저씨는 맛있게 먹었어요.

"이건 붉은색이에요."

내가 말했어요. 그러자 아저씨는 피아노 한 곡을 쳤어요.

"나한테는 이게 붉은색이란다!"

진짜였어요. 왜 그런지 설명하기는 어렵지만 딱 붉은색인 곡이었어요.

**09** '내'가 붉은색을 표현한 방법을 찾아 ○표 하시오.

(1) 맛으로 설명했다. ( )
(2) 흉내 내는 말로 설명했다. ( )
(3) 색깔의 느낌을 피아노로 연주했다. ( )

서술형 ㅂ

**10** 이 글에 쓰인 감각적 표현을 생각하며, 다음 물음에 답하시오.

(1) '나'는 푸른색을 알려 주기 위해 무엇을 떠올렸는지 빈칸에 알맞은 말을 쓰시오.
• 옆집 수영장에서 ( )

(2) 자신이 '나'라면 블링크 아저씨에게 푸른색을 어떻게 알려 주고 싶은지 쓰시오.

_____

_____

국어

**[11~13]**

나는 아저씨를 풀밭에 데려가 걸었어요.

그러자 아저씨는 아코디언을 가져와 즉석에서 딱 초록색인 곡을 연주했어요.

이건 우리 사이의 놀이가 되었어요.

나는 아저씨에게 색깔을 알려 주려고 애를 썼고, 아저씨는 내게 색깔을 연주해 주려고 애를 썼어요.

어띤 색은 다른 색보나 훨씬 쉬웠어요.

하지만 난 가끔 집에 돌아올 때에는 기운이 쭉 빠졌어요.

아저씨가 진짜 색깔을 볼 수 있으면 얼마나 좋을까요?

하루는 아저씨가 점자책을 보여 줬어요.

작은 점으로 된 글씨가 오톨도톨 나 있는데, 시각 장애인들은 이것을 손가락으로 만지면서 읽는다고 했어요.

㉠나는 감자를 갈 때 쓰는 강판을 만지는 것 같았어요.

아저씨의 세상은 또 다른 별이에요.

**11** 아저씨와 '내'가 한 놀이는 무엇인지 빈칸에 알맞은 말을 쓰시오.

• '나'는 아저씨에게 (1) (　　　　　)을/를 설명해 주고, 아저씨는 색깔의 느낌을 악기로 (2) (　　　　　)해 주는 것

**12** ㉠은 무엇을 만져 본 느낌을 감각적으로 표현한 것입니까? (　　　)

① 풀　　　　　② 점자책

③ 아코디언　　　④ 아저씨의 얼굴

⑤ 아저씨의 손가락

**13** 이 글을 읽은 생각이나 느낌으로 알맞은 것을 보기에서 찾아 기호를 쓰시오.

보기

㉮ 아저씨가 세상을 볼 수 있을 때 어떤 느낌이 들지 궁금하다.

㉯ '내'가 아저씨에게 색깔을 알려 주는 것이 이려운 일임을 깨닫는 장년이 기억에 남는다.

(　　　　　)

**[14~15]**

천둥소리

하늘에 사는 아이들도
체육 시간이 있나 보다

우르르 쿵쾅,
운동장으로
뛰쳐나가는 소리

**14** 이 시에서 천둥소리를 무엇에 빗대어 표현하였습니까? (　　　)

① 아이들이 발을 구르는 소리

② 아이들이 교실에서 떠드는 소리

③ 아이들이 운동장에서 공을 차는 소리

④ 하늘에 사는 아이들이 응원하는 소리

⑤ 하늘에 사는 아이들이 운동장으로 뛰쳐나가는 소리

**15** 이와 같은 시를 쓰는 방법으로 알맞지 않은 것은 어느 것입니까? (　　　)

① 감각적 표현을 쓴다.

② 짧은 글로 표현한다.

③ 흉내 내는 말을 사용한다.

④ 대상을 노래하듯이 표현한다.

⑤ 생각이나 느낌을 줄글로 자세히 쓴다.

**01** 다음 대상에 어울리는 표현을 두 가지 고르시오.
( , )

① 뻥
② 데굴데굴
③ 물렁물렁
④ 아삭아삭
⑤ 보들보들

**02** 다음 대상에 대한 느낌을 바르게 표현하지 <u>못한</u> 것은 어느 것입니까? ( )

① 맛이 달콤하다.
② 딱딱한 느낌이 든다.
③ 새콤한 냄새가 난다.
④ 공처럼 둥그스름하다.
⑤ 말랑말랑한 느낌이 든다.

**03** '내' 몸에 들어온 것이 <u>아닌</u> 것은 어느 것입니까?
( )

① 불덩이          ② 거북이
③ 잠꾸러기        ④ 말썽꾸러기
⑤ 몹시 추운 사람

**04** ㉠~㉤ 중 다음 설명에 해당하는 부분의 기호를 쓰시오.

> 감기에 걸려 몹시 추운 상태를 감각적으로 표현한 부분이다.

( )

[03~05]

**감기**

㉠내 몸에
불덩이가 들어왔다.
―뜨끈뜨끈.
불덩이를 따라
㉡몹시 추운 사람도
들어왔다.
―오들오들.

약을 먹고 나니
㉢느릿느릿,
거북이도 들어오고
㉣까무룩,
잠꾸러기도 들어왔다.

내 몸에
너무 많은 것들이 들어왔다.
그래서
㉤내 몸이 아주 무거워졌다.

어려워 ☞

**05** 이 시에 대한 생각이나 느낌을 바르게 말한 친구의 이름을 모두 쓰시오.

'까무룩'이라는 표현이 열이 난 상태를 잘 나타내 줘.
정아

감기에 걸린 모습을 감각적으로 표현해서 더 실감 나게 느껴져.
영준

'뜨끈뜨끈'이라는 말이 들어가니까 감기 걸린 모습이 생생하게 느껴져.
예서

감기에 걸렸다가 몸이 다 나은 모습까지 생생하게 표현해서 재미있었어.
찬호

( )

**[06~08]**

지구도 대답해 주는구나

강가 고운 모래밭에서
발가락 옴지락거려
두더지처럼 파고들었다.

지구가 간지러운지
굼질굼질 움직였다.

아, 내 작은 신호에도
지구는 대답해 주는구나.

그 큰 몸짓에
이 조그마한 발짓
그래도 지구는 대답해 주는구나.

**어려워 낭**

**06** 다음 설명에 해당하는 감각적 표현을 이 시에서 찾아 쓰시오.

> • 몸을 둔하게 천천히 움직이는 모습을 흉내 낸 말이다.
> • 모래가 움직이는 모습을 지구가 천천히 움직이는 모습이라고 생각하고 사용한 말이다.

(              )

**07** 다음은 이 시를 읽은 생각이나 느낌입니다. 빈칸에 들어갈 알맞은 말은 무엇입니까? (      )

> (      )을/를 지구의 대답이라고 생각한 점이 재미있다.

① 작은 신호      ② 모래의 움직임
③ 조그마한 발짓      ④ 강물의 움직임
⑤ 두더지의 움직임

**서술형 낭**

**08** 말하는 이처럼 지구가 살아 있다고 생각한 경험을 쓰시오.

_____

_____

**[09~10]**

> ㉠우리 엄마는 피아노 선생님이에요.
> 그래서 엄마의 제자 중에서 내가 제일 잘 치기를 원하지만 난 그렇지 못해요.
> 이날은 엄마가 내 탓이 아니라며 딴 데서 핑계를 찾았어요. 피아노 음이 맞지 않는다고요. 조율이 안 됐다고 말이에요.
> ㉡난 방으로 올라가서 투명 인간 책을 읽었어요. 정말이지 투명 인간처럼 되고 싶어요.
> 학교에서 돌아와 보니 검은 선글라스를 낀 아저씨가 피아노 앞에 몸을 숙인 채 앉아 있었어요. 밖엔 비가 오는데 선글라스를 끼고 말이에요.
> "누구세요?"
> 내가 물었어요.
> "안녕, 나는 피아노 조율사 블링크란다. 넌 누구니?"
> "전 피아니스트 에밀이에요."
> 아저씨가 웃었어요.
> ㉢아저씨의 웃음소리가 피아노 줄 위에서 통통 튀었어요.

**09** 엄마가 '내'게 원한 것은 무엇입니까? (      )

① 책을 많이 읽는 것
② 투명 인간처럼 되는 것
③ 피아노 선생님이 되는 것
④ 피아노 음을 잘 맞추는 것
⑤ 엄마의 제자 중 피아노를 제일 잘 치는 것

**10** ㉠~㉢ 중 감각적 표현에 해당하는 것의 기호를 쓰시오.

(              )

**[11~15]**

나는 블링크 아저씨 집에 가서 초인종을 눌렀어요.

"안녕, 에밀. 들어오너라."

나는 아직 인사도 안 했는데 아저씨는 이미 나란 것을 알았어요.

"비(b) 플랫이 여전히 이상해서 왔어요."

"그래? 내일 가 보마. 주스 마실래?"

아저씨는 손끝으로 벽을 더듬어 주방에 들어갔다가 큰 유리잔을 들고 나왔어요. 주스를 한 방울도 흘리지 않았어요.

"질문 하나 해도 돼요?" / "물론이지, 에밀."

"조금 전에 어떻게 저란 걸 아셨어요? 앞이 보이지 않으시면서요."

아저씨는 웃으며 말했어요.

"그래, 난 태어날 때부터 앞을 보지 못했지. 그 대신 어릴 적부터 다른 감각들이 아주 발달되어 있단다. 촉각, 후각, 미각, 청각 이런 것들 말이야. 아까 네가 현관문을 열 때 너희 집 냄새와 네 바지가 구겨지는 소리, 그 밖에 설명하기 애매한 것들로 너란 걸 알았어."

"그러면 제가 투명 인간이어도 알아채실 수 있어요?"

㉠"에밀, 넌 나에게 투명 인간이란다."

나는 잠시 망설이다 말했어요.

"그러면 아저씨는 뭐가 보여요? 검은색이요? 아니면 흰색이요?"

"아무것도 없는 게 보여."

"그게 무슨 말이에요?"

"에밀, 넌 네 무릎으로 뭐가 보이니?"

"아무것도 안 보여요."

"나도 마찬가지야. 내 눈은 네 무릎처럼 본단다."

**11** 에밀이 블링크 아저씨의 집을 찾아간 까닭은 무엇입니까? (     )

① 피아노 음이 맞지 않아서

② 아저씨와 친해지고 싶어서

③ 아저씨의 피아노를 치기 위해서

④ 투명 인간이 되는 방법을 묻기 위해서

⑤ 아저씨가 앞이 보이지 않게 된 까닭이 궁금해서

**12** 블링크 아저씨가 태어날 때부터 앞을 보지 못한 결과, 어떻게 되었습니까? (     )

① 말을 할 수 없게 되었다.

② 맛을 느낄 수 없게 되었다.

③ 소리를 들을 수 없게 되었다.

④ 피아노를 잘 칠 수 있게 되었다.

⑤ 어릴 적부터 다른 감각들이 발달하였다.

**13** 블링크 아저씨는 자신의 집에 온 사람이 에밀이라는 것을 어떻게 알아챌 수 있었는지 두 가지 고르시오. (     ,     )

① 에밀의 집 냄새를 맡고

② 에밀을 직접 만져 보고

③ 에밀의 얼굴을 직접 보고

④ 에밀의 엄마가 가르쳐 주어서

⑤ 에밀의 바지가 구겨지는 소리를 듣고

**14** 블링크 아저씨가 ㉠과 같이 말한 까닭은 무엇입니까? (     )

① 검은색과 흰색만 보여서

② 아무것도 보이지 않아서

③ 에밀의 속마음을 알고 있어서

④ 에밀의 질문을 이해하지 못해서

⑤ 자신도 투명 인간이 되고 싶어서

서술형 당
**15** 이 이야기에서 인상 깊은 장면 한 가지를 쓰시오.

_____

_____

➔ 바른답·알찬풀이 9쪽

**[16~19]**

엄마는 내 피아노 실력이 늘었다고 좋아했어요.

그럴 수밖에요. 난 블링크 아저씨가 돌아오면 세상 모든 색을 들려주려고 많이 연습했으니까요.

어느 날, 학교에서 돌아온 나는 눈이 휘둥그레졌어요.

㉠진짜 투명 인간을 봤거든요.

투명 인간은 거실에 앉아 엄마와 얘기하고 있었어요.

얼굴을 붕대로 칭칭 감은 것이 책과 똑같았어요.

"에밀, 네 피아노 실력이 늘었다며?"

블링크 아저씨의 목소리였어요. 나는 말문이 막혔어요.

"블링크 아저씨는 외국에서 다른 사람에게서 안구를 기증받아 수술을 받고 돌아오셨어."

엄마가 말했어요.

새하얀 침묵이 거실을 뒤덮었어요.

"한 달 뒤에 붕대를 풀 거야. 그러면 네가 어떻게 생겼는지 드디어 볼 수 있겠지?"

아저씨가 말했어요.

그제야 난 알았어요.

이제 새로운 이야기가 시작된다는 것을요.

**16** 다음 일의 원인은 무엇입니까? (          )

> 에밀은 피아노 연습을 많이 했다.

① 엄마를 놀라게 해 주고 싶어서
② 블링크 아저씨와 다시 만나고 싶어서
③ 블링크 아저씨가 앞을 보기를 바라서
④ 외국에 가서 피아노를 연주하고 싶어서
⑤ 블링크 아저씨에게 세상 모든 색을 들려주고 싶어서

**17** ㉠은 누구를 가리키는 말인지 이 글에서 찾아 쓰시오.

(                    )

**18** 이 글에서 감각적 표현이 쓰인 문장은 어느 것입니까? (          )

① 나는 말문이 막혔어요.
② 한 달 뒤에 붕대를 풀 거야.
③ 블링크 아저씨의 목소리였어요.
④ 새하얀 침묵이 거실을 뒤덮었어요.
⑤ 엄마는 내 피아노 실력이 늘었다고 좋아했어요.

**서술형**

**19** 이 글을 읽고 떠오른 생각이나 느낌을 쓰시오.

_____

_____

**어려워**

**20** 다음 시에 쓰인 표현 방법으로 알맞지 <u>않은</u> 것을 두 가지 고르시오. (          ,          )

> 천둥소리
>
> 하늘에 사는 아이들도
> 체육 시간이 있나 보다
>
> 우르르 쿵쾅,
> 운동장으로
> 뛰쳐나가는 소리

① 감각적 표현을 사용했다.
② 아이들의 모습을 자세하게 표현했다.
③ 천둥소리를 다른 대상에 빗대어 표현했다.
④ 대상을 만져 본 느낌을 생생하게 표현했다.
⑤ 말하고 싶은 내용을 짧은 글에 담아서 전달했다.

### 개념 ① 대상에 따라 알맞은 높임 표현을 사용해 말하기

- ❶ ㅅㅎ 에 어울리는 말을 합니다.

- 대상에 따라 알맞은 높임 표현을 사용해 대화합니다.

- 상대를 바라보고 상대가 하는 말을 ❷ ㅈㅈ 하며 대화합니다.

**1** 다음 ㉠에 들어갈 알맞은 말에 ○표 하시오.

> 사과주스 한 잔 주세요.
> 사과주스 ㉠ .

(1) 나왔습니다 (　　　)　　　(2) 나오셨습니다 (　　　)

### 개념 ② 전화로 대화할 때 지켜야 할 예절

- ❸ ㅈㅅ 이 누구인지 밝히고 상대가 누구인지 확인합니다.

- 상대의 상황을 헤아려 봅니다.

- 상대의 얼굴을 보지 않고 이야기하므로 더 ❹ ㄱㅅ 하게 말합니다.

- ❺ ㄱㄱㅈㅅ 에서는 작은 목소리로 말합니다.

**2** 다음 전화 대화에서 지원이가 잘못한 점은 무엇입니까? (　　　)

> (전화벨이 울린다.)
> 민지: 여보세요?
> 지원: 여보세요, 민지 있나요?
> 민지: 제가 민지인데, 누구신가요?
> 지원: 나, 지원이야.

① 너무 큰 목소리로 말했다.
② 너무 작은 목소리로 말했다.
③ 높임 표현을 사용하지 않았다.
④ 자신이 누구인지 먼저 밝히지 않았다.
⑤ 상대의 상황을 헤아리지 않고 말했다.

### 개념 ③ 상황에 어울리는 표정, 몸짓, 말투로 대화하기

- 상황에 어울리는 표정, 몸짓, 말투로 대화합니다.

- 대상에 따라 알맞은 높임 표현을 사용해 대화합니다.

- ❻ ㅇㅇㅇㅈ 을 지키며 대화합니다.

**3** 다음 상황에 어울리는 강이의 표정은 무엇입니까? (　　　)

> 훈이가 차가 오는지 보지 않고 횡단보도로 뛰어가는 것을 보고 강이가 놀라는 상황

① 지루한 표정　　　② 억울한 표정
③ 미안한 표정　　　④ 당황하는 표정
⑤ 자랑스러운 표정

정답 ❶ 상황 ❷ 존중 ❸ 자신 ❹ 공손 ❺ 공공장소 ❻ 언어 예절

**[01~02]**

수정: 여보세요?

진수: 수정이니? 나, 진수야. 수정아, 내일 준비물이 뭐야?

수정: 풀이랑 가위야.

진수: 그리고…….

수정: (전화를 뚝 끊는다.)

**01** 이 대화의 상황으로 알맞은 것은 어느 것입니까?
( )

① 진수가 수정이에게 준비물을 빌리는 상황

② 진수가 수정이에게 고마움을 전하는 상황

③ 진수가 수정이에게 풀을 산 곳을 묻는 상황

④ 진수와 수정이가 전화로 약속을 정하는 상황

⑤ 진수가 수정이에게 전화로 준비물을 물어보는 상황

**02** 이 대화에서 진수는 어떤 마음이 들었습니까?
( )

① 준비물이 너무 많아서 놀랐다.

② 수정이의 목소리가 너무 커서 불편했다.

③ 수정이가 말을 더 듣지 않고 끊어서 당황했다.

④ 수정이가 높임 표현을 사용해 기분이 나빴다.

⑤ 수정이가 준비물을 안 가르쳐 줘서 서운했다.

**서술형**

**03** 다음 대화를 읽고, 물음에 답하시오.

어머니: 할아버지 지금 뭐 하시니?

승민: 할아버지께서 사과주스를 ⓐ .

(1) ⓐ에 들어갈 알맞은 표현에 ○표 하시오.
( 먹고 있어요 , 드시고 계세요 )

(2) 문제 (1)번에서 답한 표현을 고른 까닭을 쓰시오.

_____

_____

**04** 다음 ⓐ과 ⓑ에 들어갈 승민이의 말을 찾아 선으로 알맞게 이으시오.

승민아, 요즘 재미있게 읽을 만한 책을 한 권 소개해 줄래?

ⓐ

승민아, 요즘 무슨 책을 그렇게 재미있게 보니? 선생님에게 소개해 주렴.

ⓑ

(1) ⓐ •

• ㉮ 이 책이 재미있어.

(2) ⓑ •

• ㉯ 이 책이 재미있습니다.

**05** 대화를 나눌 때 주의할 점을 바르게 말하지 <u>않은</u> 친구는 누구입니까? ( )

① 승환: 상황에 어울리는 말을 해야 해.

② 유경: 상대가 하는 말을 존중해야 해.

③ 지용: 상대를 바라보지 않고 대화해야 해.

④ 우민: 상대가 하는 말을 집중해서 들어야 해.

⑤ 병재: 대상에 따라 알맞은 높임 표현을 사용해야 해.

**[06~07]**

지원: ㉠나, 아까 학교 앞 문구점에서 미술 준비물을 샀는데 망가져 있어.

민지: 뭐가? 물감에 구멍이 났니? 아니면 물통?

지원: 아니, 물통에 물이 샌다고.

민지: 아, 물통을 말하는 거구나.

**06** 지원이가 ㉠과 같은 말을 했을 때, 민지는 어떤 생각을 했습니까? (　　　)

① 자신의 물통은 어떤지 생각했다.

② 어떤 그림을 그려야 할지 생각했다.

③ 문구점에서 무엇을 사야 할지 생각했다.

④ 물통과 물감 중 무엇이 더 필요한지 생각했다.

⑤ 무엇을 말하는지 몰라서 물통과 물감 모두를 생각했다.

**서술형**

**07** 전화 대화 예절을 생각하며, 다음 물음에 답하시오.

(1) 민지와 지원이 중에서 전화 예절을 지키지 않은 친구는 누구인지 쓰시오.

(　　　　　)

(2) 문제 (1)번에서 답한 친구가 고쳐야 할 점은 무엇인지 쓰시오.

_____

_____

**[08~10]**

지수: 정아야, 어제 우리 반 회의에서 책 당번을 정하기로 했잖아. 내 생각에는 책 당번을 일주일에 한 번씩 바꾸는 건 잘못된 것 같아. 각자 맡고 있는 역할도 있는데 일주일 동안 책을 관리하는 건 너무 힘들어.

정아: 응. 그런데…….

지수: 내 생각에는 하루에 한 번씩 책 당번을 바꾸는 게 맞아. 회의 시간에 강력하게 말했어야 하는데, 내가 괜히 의견을 말 안 했나 봐. 내일 선생님께 다시 한번 말씀드려 볼까?

정아: (생각) 내 생각에는 하루에 한 번씩 바꾸면 친구들도 헷갈리고, 책 관리가 안 될 수도 있다고 말하고 싶었는데. 지수는 계속 자기 말만 하네. ㉠지수에게 내 생각을 언제 말하지?

지수: ㉡내 의견 어때? 왜 말이 없니?

정아: 그래.

**08** 정아가 ㉠과 같이 생각한 까닭은 무엇입니까?

(　　　　　)

① 지수와 의견이 같아서

② 지수가 전화를 그냥 끊어 버려서

③ 지수가 계속 자신이 할 말만 해서

④ 지수가 구체적으로 말하지 않아서

⑤ 지수가 자신이 누구인지를 밝히지 않아서

**꼭나와ㅂ**

**09** 지수가 지켜야 할 전화 예절은 무엇입니까?

(　　　　　)

① 작게 말한다.

② 크게 말한다.

③ 상대를 확인한다.

④ 공손하게 말한다.

⑤ 상대의 상황을 헤아린다.

➜ 바른답·알찬풀이 10쪽

**10** ⓒ을 전화 예절에 맞게 바르게 고친 것을 에서 찾아 기호를 쓰시오.

> 보기
> ㉮ 정아야, 더 할 말 있니?
> ㉯ 정아야, 미안해! 내 생각만 말했구나. 네 생각은 어때?

(                    )

**[11~13]**

❶
어두운색 옷을 입은 훈이는 차가 오는지 잘 보지 않고 횡단보도로 뛰어가다가 교통사고가 날 뻔했습니다.

❷
강이는 훈이에게 비가 오는 날에는 밝은색 옷을 입는 것이 더 멋진 것이라고 말해 주었습니다.

**11** ❶에서 훈이와 운전하던 사람은 어떤 마음이 들었겠습니까? (          )

① 반가우면서 기쁜 마음
② 외로우면서 슬픈 마음
③ 놀라면서 당황하는 마음
④ 부끄러우면서 창피한 마음
⑤ 즐거우면서 만족하는 마음

꼭나와 ♥

**12** 다음 상황에서 강이에게 어울리는 몸짓은 어느 것입니까? (          )

| 상황 |
| --- |
| 훈이가 차가 오는지 보지 않고 횡단보도로 뛰어가는 것을 보고 강이가 놀라는 상황 |

① 박수를 치는 몸짓
② 뒷짐을 지는 몸짓
③ 고개를 끄덕이는 몸짓
④ 훈이를 잡으려는 몸짓
⑤ 양손을 높이 들고 흔드는 몸짓

**13** 강이는 훈이에게 비가 오는 날에는 어떻게 해야 한다고 하였는지 빈칸에 알맞은 말을 쓰시오.

• (                    )을/를 입어야 한다.

**[14~15]**

❶ 선생님: 이번 주 금요일까지 우리 주위 사람들이 좋아하는 음식을 조사해 오세요.
미나: 선생님, 주위 사람이면 누구를 말하는 건가요?
선생님: 가족, 친척, 이웃처럼 가까운 사람을 말한단다.
❷ 미나: ㉠할아버지, 가장 좋아하시는 음식이 뭐예요?
할아버지: 음식? 어떤 음식?
미나: 불고기, 김밥 같은 음식요.
할아버지: 응, 할아버지는 된장찌개가 최고야.

**14** 미나는 선생님의 말씀을 듣고 누구와 대화를 나누었는지 쓰시오.

(                    )

**15** ㉠을 말할 때의 표정, 몸짓, 말투로 가장 알맞은 것은 어느 것입니까? (          )

① 다정한 말투
② 미안한 표정
③ 의심하는 말투
④ 불만스러운 표정
⑤ 뒤를 쳐다보는 몸짓

**[01~03]**

1️⃣ 엄마: 진수야, 몸은 좀 괜찮니?

진수: 엄마, 어제보다 많이 좋아졌어. 내일은 학교에 갈 거야.

엄마: 그래.

2️⃣ (문구점 안. 남녀 학생이 시끄럽게 떠드는 소리가 들린다.)

진수: 아저씨, 이 풀 얼마예요?

문구점 주인아저씨: 뭐라고? 시끄러워서 잘 안 들리는데 다시 한번 말해 줄래?

3️⃣ 여자아이: 진수야, 내가 가위를 깜빡하고 안 가져 왔어. 가위 좀 빌려줄래?

진수: 안 돼. 내가 쓸 거야. 나도 가위가 계속 필요하거든.

**01** 대화 1️⃣~3️⃣에서 진수는 각각 누구와 대화를 하고 있는지 쓰시오.

(1) 대화 1️⃣: (          )

(2) 대화 2️⃣: (          )

(3) 대화 3️⃣: (          )

**02** 대화 1️⃣에서 진수는 어떻게 말하였는지 보기에서 찾아 기호를 쓰시오.

보기

㉮ 대화 목적에 맞지 않는 말을 했다.

㉯ 높임 표현을 사용하지 않고 말했다.

㉰ 엄마의 말을 끝까지 듣지 않고 말했다.

(          )

서술형

**03** 진수가 한 경험과 비슷한 경험을 떠올려 쓰시오.

_____

_____

**[04~05]**

**04** ㉠과 ㉡에 들어갈 진영이의 대답으로 알맞은 것을 보기에서 찾아 쓰시오.

보기

고마워.      고맙습니다.

(1) ㉠: (          )

(2) ㉡: (          )

**05** 진영이가 문제 04번에서 답한 것처럼 같은 뜻이지만 형태가 다르게 말하는 까닭은 무엇입니까?

(     )

① 대화 상대가 다르기 때문에

② 상대의 기분이 다르기 때문에

③ 대화한 시간이 다르기 때문에

④ 대화한 장소가 다르기 때문에

⑤ 대화하는 사람의 수가 다르기 때문에

**[06~07]**

1 승민아, 네가 좋아하는 과일 사 왔다.

고맙습니다.

2 승민아, 학교 생활 어떠니?

공부도 열심히 하고 친구들과 즐겁게 지내요.

**06** 대화 1과 2에서 승민이가 높여야 하는 대상은 누구입니까? (      )

① 과일
② 엄마
③ 선생님
④ 친구들
⑤ 할머니

어려워

**07** 대화 1과 2에서 승민이의 대화 태도로 알맞지 <u>않은</u> 것을 두 가지 고르시오. (      ,      )

① 공손한 태도로 대화한다.
② 상황에 어울리지 않는 말을 한다.
③ 할머니의 눈을 바라보며 대화한다.
④ 할머니의 말씀을 잘 들으며 대화한다.
⑤ 할머니의 말을 존중하지 않고 대화한다.

서술형

**08** 다음 대화에서 아저씨의 말을 고쳐야 하는 까닭을 쓰시오.

승민: 사과주스 한 잔 주세요.
아저씨: 사과주스 나오셨습니다.

_____

_____

**[09~10]**

가 승민아, 요즘 재미있게 읽을 만한 책을 한 권 소개해 줄래?

이 책이 재미있어.

나 승민아, 요즘 무슨 책을 그렇게 재미있게 보니? 선생님에게 소개해 주렴.

이 책이 ㉠ .

**09** 대화 가와 나에서 승민이의 대화 상대를 두 명 고르시오. (      ,      )

① 친구
② 엄마
③ 할머니
④ 선생님
⑤ 할아버지

**10** ㉠에 들어갈 알맞은 말은 무엇입니까? (      )

① 재미있다
② 재미있어
③ 재미있었다
④ 재미있습니다
⑤ 재미있으셨어요

**[11~13]**

(전화벨이 울린다.)

민지: 여보세요?

지원: 여보세요, 민지 있나요?

민지: ㉠제가 민지인데, 누구신가요?

지원: 나, 지원이야.

**11** 전화를 받는 사람은 누구인지 쓰시오.

( )

**12** 민지가 ㉠과 같이 말한 까닭은 무엇입니까?

( )

① 지원이의 목소리가 너무 작아서

② 전화를 건 사람이 누구인지 몰라서

③ 상대가 어떤 상황인지 볼 수 없어서

④ 전화 대화가 필요한 상황이 아니어서

⑤ 지원이가 듣고 있음을 나타내는 말을 하지 않아서

어려워

**13** 이 대화를 통해 알 수 있는 전화 대화의 특징으로 알맞은 것을 두 가지 고르시오.

( , )

① 자신이 누구인지 밝혀야 한다.

② 자신이 하고 싶은 말만 해야 한다.

③ 반드시 높임 표현을 사용해야 한다.

④ 상대가 누구인지는 확인하지 않아도 된다.

⑤ "여보세요?"처럼 자주 사용하는 말이 있다.

**[14~15]**

(전화벨이 울린다.)

유진: 여보세요?

할머니: 유진이냐? 할머니다.

유진: 네, 할머니! 안녕하세요?

할머니: 그래. 여기는 괜찮은데, 요즘 한국은 많이 덥지?

유진: 네, 많이 더워요.

할머니: 네 엄마는?

유진: 시장에 장 보러 가셨어요.

할머니: 엄마 오시면 할머니가 이번 토요일에 한국에 간다고 전해 다오.

유진: 네. (전화를 끊는다. 전화 끊는 소리 "찰칵 뚜뚜 뚜…….")

할머니: 세 시까지 공항에 데리러 오라고 말해야 하는데…….

**14** 할머니께서 당황하셨다면 그 까닭은 무엇인지 보기 에서 찾아 기호를 쓰시오.

보기

㉮ 유진이의 목소리가 잘 들리지 않아서

㉯ 유진이가 할머니의 말씀을 듣지 않고 계속 자신이 할 말만 해서

㉰ 할머니께서 하실 말씀이 남아 있는데 유진이가 갑자기 전화를 끊어서

( )

**15** 이 대화의 잘못된 부분을 바르게 고치는 방법은 무엇입니까? ( )

① 빠른 속도로 말한다.

② 작은 목소리로 대화한다.

③ 상대의 말을 끝까지 듣는다.

④ 정확하고 구체적으로 말한다.

⑤ 듣고 있음을 나타내는 말을 한다.

**[16~20]**

**1**

훈이가 노란색 옷을 입고 노란색 우산을 든 강이를 보고 유치원생 같다고 놀려서 강이는 속상했습니다.

**2**

집을 나서기 전, 강이의 엄마께서는 강이에게 비가 와서 날이 어두우니 밝은색 옷을 입으라고 하셨습니다.

**3**

강이는 엄마께서 말씀하신 대로 노란색 옷을 입고 노란색 우산도 챙겨 들었습니다.

**4**

엄마께서는 강이에게 우산으로 얼굴을 가리거나 땅을 쳐다보며 걷지 말라고 당부하셨습니다.

**5**

어두운색 옷을 입은 훈이는 차가 오는지 잘 보지 않고 횡단보도로 뛰어가다가 교통사고가 날 뻔했습니다.

**6**

강이는 훈이에게 비가 오는 날에는 밝은색 옷을 입는 것이 더 멋진 것이라고 말해 주었습니다.

**16** **1**에서 강이가 속상해한 까닭은 무엇인지 쓰시오.

(                              )

**17** 강이의 엄마께서 비가 오는 날에 당부하신 것을 두 가지 고르시오. (        ,        )

① 짧은 옷을 입는 것
② 밖에 나가지 않는 것
③ 어두운색 옷을 입는 것
④ 땅을 쳐다보며 걷지 않는 것
⑤ 우산으로 얼굴을 가리지 않는 것

**18** 훈이에게 생긴 일은 무엇인지 에서 찾아 기호를 쓰시오.

> **보기**
> ㉮ 우산을 가져오지 않아서 비를 맞았다.
> ㉯ 땅을 쳐다보며 걷다가 강이와 부딪쳤다.
> ㉰ 앞을 잘 보지 않고 뛰어가다가 교통사고가 날 뻔했다.

(                              )

**어려워 ㅎ**

**19** 다음 상황에 어울리는 강이의 표정, 몸짓, 말투를 두 가지 고르시오. (        ,        )

| 상황 |
| --- |
| 훈이가 차가 오는지 보지 않고 횡단보도로 뛰어가는 것을 보고 강이가 놀라는 상황 |

① 차분한 말투
② 다급한 말투
③ 깜짝 놀라면서 걱정하는 표정
④ 땅바닥을 데굴데굴 구르는 몸짓
⑤ 한 손을 내밀며 악수하는 듯한 몸짓

**서술형 ㅎ**

**20** **5**를 역할놀이로 표현할 때, 운전하던 사람에게 어울리는 표정이나 몸짓, 말투를 쓰시오.

_____

_____

**개념 ①** 이야기를 듣고 인물의 마음이 어떻게 변했는지 정리하기

- 인물의 마음이 어떻게 변하는지 생각하며 이야기를 들어 봅니다.

- 인물이 **❶**`ㅎ` `ㅇ` 이나 겪은 일과 그때의 마음을 정리해 봅니다.

- 시간의 흐름에 따라 변하는 인물의 **❷**`ㅁ` `ㅇ` 을 정리해 봅니다.

**1** 글 **가**와 **나** 중 규리의 불안한 마음이 드러난 것의 기호를 쓰시오.

> **가** "지금 안 일어나면 지각이야."
> 엄마 손이 이불을 걷어 냈다. / "아이참! 엄마, 알았다고요."
> 나는 눈을 비비며 부스스 자리에서 일어났다.
> **나** 1교시는 사회 시간이었다. 우리 지역의 자랑거리를 조사해서 발표하는 시간이었다.
> 우리 모둠 발표자는 나였다. 앞 모둠 발표가 거의 끝나 가자 나는 가슴이 콩닥콩닥 뛰기 시작했다.

글 (                    )

**개념 ②** 이야기 속 인물의 마음을 헤아리며 글 읽기

- **❸**`ㅇ` `ㅁ` 에게 어떤 일이 일어났는지 생각하며 이야기를 읽어 봅니다.

- 인물이 처한 **❹**`ㅅ` `ㅎ` 을 생각하며 인물의 마음을 헤아려 봅니다.

**2** 다음 글에서 기찬이는 어떤 마음이 들었겠습니까? (          )

> 기찬이는 교문 밖으로 후다닥 달려 나갔어요. 그때 이호가 소리쳤어요.
> "저것 봐. 달리기도 엄청 느려!"
> 친구들이 손뼉을 치며 깔깔 웃었어요.

① 속상한 마음    ② 뿌듯한 마음    ③ 지루한 마음
④ 홀가분한 마음    ⑤ 만족스러운 마음

**개념 ③** 읽을 사람을 생각하며 마음을 전하는 글 쓰기

- 누구와 어떤 일이 있었는지 씁니다.

- 어떤 마음을 전하고 싶은지 자신의 **❺**`ㄱ` `ㅈ` 을 솔직하게 씁니다.

- 앞으로 **❻**`ㅂ` `ㄹ` `ㄴ` `ㅈ` 이 무엇인지 씁니다.

**3** 주은이가 원호에게 쓴 쪽지의 내용으로 알맞은 것에 ○표 하시오.

미안해, 미안하다고. 됐냐?

주은이의 표정이나 분위기, 말한 내용이나 행동이 사과하는 것처럼 느껴지지 않아서 원호가 주은이의 사과를 받지 않고 가 버렸습니다.

주은이는 친구들의 의견을 듣고 사과를 그린 그림과 미안한 마음을 전하는 쪽지를 솔직하게 써서 원호에게 주었습니다.

(1) 네가 사과를 받지 않고 가서 기분이 나빴어.    (          )
(2) 제대로 사과할게. 우리 앞으로 친하게 지내자.    (          )

정답 ❶ 한 일 ❷ 마음 ❸ 인물 ❹ 상황 ❺ 감정 ❻ 바랄 점

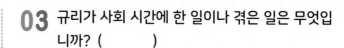
**[01~02]**

**01** 준우와 수아 중 미안한 마음을 전해야 하는 친구의 이름을 쓰시오.

( )

**02** ⊙과 ⓒ에 들어갈 알맞은 말을 **보기**에서 찾아 쓰시오.

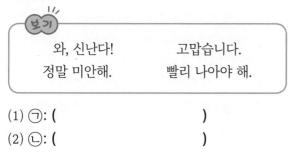

> **보기**
>
> 와, 신난다! 고맙습니다.
> 정말 미안해. 빨리 나아야 해.

(1) ⊙: ( )
(2) ⓒ: ( )

**[03~05]**

**가** 1교시는 사회 시간이었다. 우리 지역의 자랑거리를 조사해서 발표하는 시간이었다.

우리 모둠 발표자는 나였다. 앞 모둠 발표가 거의 끝나 가자 나는 가슴이 콩닥콩닥 뛰기 시작했다.

'어쩌지? 실수하면 안 되는데……'

발표 내용이 갑자기 뒤죽박죽되는 느낌이었다.

우리 모둠 차례가 되었고 겨우겨우 발표를 끝내고 자리로 돌아왔다.

**나** 나는 음악 시간 내내 민호의 리코더 선생님이 되었다.

"규리야, '솔' 음은 어떻게 소리 내니?"

"응, 내가 가르쳐 줄게."

민호는 가르쳐 주는 대로 잘 따라 했다.

"아, 이렇게 하는 거구나. 고마워, 규리야."

민호가 잘하자 나도 덩달아 기분이 좋아졌다.

**03** 규리가 사회 시간에 한 일이나 겪은 일은 무엇입니까? ( )

① 발표를 끝까지 하지 못했다.
② 숙제를 못 해서 선생님께 혼이 났다.
③ 우리 지역의 자랑거리에 대해 발표했다.
④ 우리 지역의 자랑거리에 대해 조사했다.
⑤ 발표 내용이 뒤죽박죽되어서 실수를 했다.

**꼭나와 ♡**

**04** 글 **가**의 규리와 비슷한 경험을 떠올려 말한 친구의 이름을 쓰시오.

> • 승진: 가족과 맛있는 김밥을 만들어 먹었을 때 행복했어.
> • 소연: 나도 조사한 내용을 발표할 때 실수하면 어쩌나 걱정했어.

( )

**서술형 ♡**

**05** 이 글에 나오는 인물의 마음을 생각하며, 다음 물음에 답하시오.

(1) 글 **나**에서 규리가 한 일은 무엇인지 쓰시오.
 • 민호에게 ( )을/를 가르쳐 주었다.

(2) 문제 (1)번에서 답한 일을 했을 때 규리는 어떤 마음이 들었겠는지 쓰시오.

_____

_____

**[06~08]**

이튿날, 운동회에 나갈 선수를 뽑기로 했어요. 모두 들뜬 마음으로 선생님의 말씀에 귀 기울였어요.

"제비뽑기로 선수를 뽑자. 누구나 한 경기씩 나갈 수 있도록 말이야."

"말도 안 돼. 가장 잘하는 사람이 나가야 하는 것 아닌가요?"

아이들은 투덜거리며 제비를 뽑았어요. 기찬이의 제비뽑기 순서가 다가왔어요. 기찬이는 '이어달리기'가 쓰인 쪽지를 뽑았어요. 울상이 된 기찬이를 보고 친구들이 몰려들었어요.

"안 봐도 질 게 뻔해!"

"어떡해! 이어달리기가 가장 점수가 높은데!"

그때 이호가 쪽지를 까딱까딱 흔들며 말했어요. 이호가 뽑은 쪽지도 '이어달리기'였어요.

㉠"얘들아, 이 형님만 믿어!"

**06** 선생님께서 운동회에 나갈 선수를 제비뽑기로 뽑자고 하신 까닭은 무엇입니까? (          )

① 누구를 뽑아야 할지 몰라서
② 제일 잘하는 사람을 선수로 뽑기 위해서
③ 이어달리기에서 이길 수 있는 방법이어서
④ 자신이 하고 싶은 경기를 선택할 수 있어서
⑤ 누구나 한 경기씩 나갈 수 있도록 하기 위해서

서술형 낭

**07** 이야기 속 인물의 마음을 헤아리며, 다음 물음에 답하시오.

(1) 기찬이에게 일어난 일은 무엇인지 찾아 쓰시오.
  • '(                      )'이/가 쓰인 쪽지를 뽑았다.

(2) 문제 (1)번에서 답한 일이 일어났을 때 기찬이의 마음은 어떠했을지 쓰시오.

_____

_____

**08** ㉠을 말하는 이호의 마음으로 알맞은 것은 어느 것입니까? (          )

① 걱정됨      ② 미안함      ③ 부러움
④ 안타까움    ⑤ 자신 있음

**[09~10]**

기찬이는 눈을 질끈 감고 발바닥에 불이 나도록 내달렸어요. 기찬이가 마지막 백군 선수보다 한발 앞서 나갔어요.

"기적이야! 우리가 이겼어!"

기찬이네 반 친구들이 신이 나서 외쳤어요.

"나기찬!" / "나기찬!"

"저기! 나기찬 좀 봐."

그런데 기찬이가 한 바퀴를 더 도는 게 아니겠어요? 그때 이호가 휴지를 들고 헐레벌떡 뛰어왔어요. 친구들은 그제야 이마를 탁 쳤어요.

"뭐야, 이긴 게 아니야?"

"그것도 한 바퀴나 차이 나게 진 거야?"

이호는 머리를 긁적이며 멋쩍게 웃었어요.

"어디 갔다 왔어!"

기찬이는 이호에게 배턴을 넘겨주었어요.

"너만 믿다가 졌잖아."

기찬이는 괜히 웃음이 나왔어요.

**09** 기찬이네 반 친구들은 자신들이 착각했다는 것을 어떻게 알았습니까? (          )

① 기찬이가 자꾸 웃어서
② 기찬이가 달리지 않아서
③ 친구들이 이호를 응원해서
④ 기찬이가 한 바퀴를 더 돌아서
⑤ 기찬이가 이호에게 배턴을 넘겨주어서

꼭나와 낭

**10** 이호에게 배턴을 넘겨주는 기찬이의 마음으로 알맞은 것은 어느 것입니까? (          )

① 고마움      ② 뿌듯함      ③ 억울함
④ 귀찮음      ⑤ 조마조마함

**[11~13]**

그래. 결심했어! 가서 원호에게 사과하자!

주은이의 행동에 화가 난 원호

① 주은이는 딱지치기가 마음대로 되지 않자 "다시 해.", "집에 갈 거야."와 같은 예의 없는 말과 행동을 했습니다.

② 주은이는 자신의 예의 없는 말과 행동에 화가 난 원호에게 사과를 하기로 결심하였습니다.

미안해, 미안하다고. 됐냐?

③ 주은이의 표정이나 분위기, 말한 내용이나 행동이 사과하는 것처럼 느껴지지 않아서 원호가 주은이의 사과를 받지 않고 가 버렸습니다.

④ 주은이는 ㉠친구들의 의견을 듣고 사과를 그린 그림과 미안한 마음을 전하는 쪽지를 솔직하게 써서 원호에게 주었습니다.

**11** 주은이와 원호가 같이 놀다가 생긴 일은 무엇인지 빈칸에 알맞은 말을 찾아 쓰시오.

• 주은이가 원호에게 (                    ) 말과 행동을 하였다.

**12** ㉠으로 알맞은 것을 에서 모두 찾아 기호를 쓰시오.

> **보기**
>
> ㉮ 사과 그림을 함께 선물해 봐.
> ㉯ 쪽지를 정성껏 손으로 써 봐.
> ㉰ 진심만 담겨 있다면 어떤 표현도 괜찮아.

(                    )

**13** 주은이가 원호에게 사과하는 쪽지를 어떻게 썼을지 알맞은 내용에 ○표 하시오.

• (1) 원호에게 ( 부러운 , 미안한 ) 마음을 담아
(2) ( 진심으로 , 장난스럽게 ) 쪽지를 썼을 것이다.

**[14~15]**

우리 학교 전교 어린이회에서는 2학기를 맞이해 10월에 어떤 행사를 하면 좋을지 의논했습니다. 회의 시간에 각 학년 학생들은 각자 하고 싶은 행사를 많이 추천해 주었습니다. 그 가운데에서 전교 어린이회에서는 '마음을 전하는 우리 반' 행사를 함께하기로 결정했습니다.

10월 넷째 주에 '마음을 전하는 우리 반'이라는 이름으로 각 반에서 행사를 합니다. '마음을 전하는 우리 반'은 자신의 마음을 다른 사람에게 전하는 행사입니다. 이때에는 친구들뿐만 아니라 주위 사람들에게 고마운 마음, 존경하는 마음, 미안한 마음 따위를 전할 수 있습니다. 전하는 방법은 다양하지만 예쁜 종이에 마음을 담아 손 편지를 써서 전하자는 의견이 많았습니다.

**14** 전교 어린이회에서 10월에 하기로 결정한 행사의 이름을 찾아 쓰시오.

(                    )

**15** 마음을 전하는 방법 중에서 전교 어린이회에서 가장 많이 나온 의견은 무엇입니까? (        )

① 직접 만나서 말로 전하자.
② 편지를 여러 번 써서 주자.
③ 다른 사람의 마음도 함께 전하자.
④ 가까운 사람에게만 마음을 전하자.
⑤ 예쁜 종이에 마음을 담아 손 편지를 써서 전하자.

**[01~02]**

가 고맙습니다.

나 정말 미안해.

다 가을 현장 체험 학습 / 와, 신난다!

라 빨리 나아야 해.

**01** 그림 가~라 중 다음 상황에 해당하는 것의 기호를 쓰시오.

(1) 아픈 친구를 걱정하는 상황: 그림 (          )

(2) 가을 현장 체험 학습을 가게 되어 기뻐하는 상황: 그림 (          )

**02** 그림 가~라에서 전해야 할 마음을 찾아 선으로 알맞게 이으시오.

(1) 그림 가 •

(2) 그림 나 •

(3) 그림 다 •

(4) 그림 라 •

• ㉮ 기쁜 마음

• ㉯ 고마운 마음

• ㉰ 미안한 마음

• ㉱ 걱정하는 마음

**03** 자신의 마음을 다른 사람에게 전해 본 경험을 말한 친구의 이름을 쓰시오.

- 선호: 아빠와 주말에 영화를 봤어.
- 미진: 어제 친한 친구가 전학을 갔어.
- 경아: 어려운 수학 문제가 잘 풀려서 짝에게 기분이 좋다고 말했어.

(                    )

**[04~05]**

가

나 ㉠

**04** 달리기를 하다가 넘어진 친구에게 전할 마음으로 알맞은 것은 어느 것입니까? (          )

① 부러운 마음

② 자랑하는 마음

③ 위로하는 마음

④ 부끄러운 마음

⑤ 원망하는 마음

서술형 낭

**05** 자신이라면 넘어진 친구에게 무엇이라고 말할지 ㉠에 들어갈 알맞은 말을 쓰시오.

_____

_____

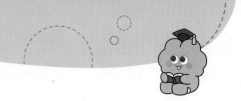

**[06~10]**

가 1교시는 사회 시간이었다. 우리 지역의 자랑거리를 조사해서 발표하는 시간이었다.

우리 모둠 발표자는 나였다. 앞 모둠 발표가 거의 끝나 가자 나는 가슴이 콩닥콩닥 뛰기 시작했다.

'어쩌지? 실수하면 안 되는데…….'

발표 내용이 갑자기 뒤죽박죽되는 느낌이었다.

우리 모둠 차례가 되었고 겨우겨우 발표를 끝내고 자리로 돌아왔다.

나 나는 여러 가지 악기를 잘 다루고 노래도 잘 부르는 편이다. 오늘 음악 시간에는 리코더를 연주했다. 내 짝 민호는 리코더 연주가 서툴다. 선생님께서는 민호가 리코더를 연주하는 것을 보시더니 내게 말씀하셨다.

"규리야, 네가 민호 좀 도와주렴."

나는 음악 시간 내내 민호의 리코더 선생님이 되었다.

"규리야, '솔' 음은 어떻게 소리 내니?"

"응, 내가 가르쳐 줄게."

민호는 가르쳐 주는 대로 잘 따라 했다.

"아, 이렇게 하는 거구나. 고마워, 규리야."

민호가 잘하자 나도 덩달아 기분이 좋아졌다.

다 집으로 가는 길에 놀이터를 지나게 되었다.

"멍멍!"

어디선가 강아지 소리가 들려왔다.

자세히 보니 옆집 수호네 엄마께서 강아지를 데리고 산책을 나오셨다. 너무너무 반가웠다. 수호네 강아지는 털이 하얗고 조그만 강아지여서 내가 아주 귀여워한다. 나는 수호 엄마께 반갑게 인사한 뒤에 수호네 강아지의 하얀 털을 조심조심 쓰다듬어 주었다. 구름을 만지는 기분이 이런 기분일까?

**06** 글 가~다에서 규리가 한 일로 알맞은 것은 어느 것입니까? (          )

① 수호네 집에 놀러 갔다.

② 음악 시간에 노래를 불렀다.

③ 선생님께 리코더 연주 방법을 배웠다.

④ 발표를 끝까지 못해서 선생님께 혼이 났다.

⑤ 민호에게 리코더 연주 방법을 가르쳐 주었다.

**07** 규리가 사회 시간에 느낀 마음과 비슷한 마음을 느낀 친구의 이름을 쓰시오.

> • 서준: 아빠가 컴퓨터를 사 주셔서 기분이 좋았어.
> • 아정: 음악 시간에 리코더 연주 수행 평가를 볼 때 실수할까 봐 걱정되었어.
> • 예서: 같이 놀기로 한 친구가 약속 장소에 오지 않아서 화가 났었어.

(                    )

**08** 집으로 가는 길에 규리가 본 것은 무엇입니까?

(          )

① 시장에 가시는 엄마

② 집으로 가시는 선생님

③ 놀이터에서 놀고 있는 수호

④ 산책을 나온 수호네 강아지

⑤ 리코더 연습을 하고 있는 민호

**어려워** 😊

**09** 글 가~다에 드러난 규리의 마음 변화를 바르게 정리한 것은 무엇입니까? (          )

① 불안함 → 자랑스러움 → 행복함

② 불안함 → 행복함 → 자랑스러움

③ 행복함 → 자랑스러움 → 불안함

④ 자랑스러움 → 불안함 → 행복함

⑤ 자랑스러움 → 행복함 → 불안함

**서술형** 😊

**10** 규리가 경험한 일 중에 비슷한 경험이 있었는지 생각해 보고, 그때의 마음을 떠올려 규리에게 하고 싶은 말을 쓰시오.

_____

_____

**[11~12]**

운동회가 코 앞으로 다가왔지만 기찬이는 멀찍이 앉아 물끄러미 친구들을 쳐다보았어요.

'치, 하나도 재미없어!'

기찬이는 운동에 자신이 없었거든요. 심술이 나 돌멩이를 발로 뻥 차 버렸어요. 그런데 기찬이가 찬 돌멩이가 그만 책가방을 맞혀 버렸어요. / "으악!"

공책과 연필이 친구들의 머리 위로 우수수 쏟아졌어요.

"나기찬, 방해하지 말고 집에나 가!"

머리에 혹이 난 친구들이 화가 나서 한마디씩 거들었어요. 기찬이는 사과를 하려고 했지만 할 말이 생각나지 않았어요.

"난 운동회가 정말 싫어!"

기찬이는 교문 밖으로 후다닥 달려 나갔어요. 그때 이호가 소리쳤어요.

"저것 봐. 달리기도 엄청 느려!"

친구들이 손뼉을 치며 깔깔 웃었어요.

**[13~15]**

"진 거나 마찬가지야! 다음엔 거북이 나기찬인 걸!"

아무도 기찬이를 응원하지 않고 딴전을 부렸어요. 기찬이는 이를 악물고 뛰었어요. 하지만 점점 뒤처지기만 할 뿐이었어요. 이미 백군의 마지막 선수가 달리고 있었어요. 하지만 기찬이는 반 바퀴도 채 뛰지 못하고 있었어요.

"빨리! 더 빨리!"

다음 선수인 이호는 손을 뒤로 뻗어 기찬이를 재촉했어요. / "꾸르르륵······!"

그때 이호의 배 속에서 천둥처럼 큰 소리가 났어요. 이호는 갑자기 가로질러 뛰쳐나갔어요. 더 이상 참을 수가 없었던 거예요!

백군의 마지막 선수와 청군의 세 번째 선수 기찬이가 같은 자리를 뛰고 있었어요. ㉠이호가 화장실에 가 버리는 바람에 기찬이의 다음에는 아무도 없었어요.

**11** 기찬이가 돌멩이를 발로 차 버린 까닭은 무엇입니까? (          )

① 친구들을 방해하려고
② 운동회가 다가오자 심술이 나서
③ 친구의 책가방을 맞히기 위해서
④ 친구들이 끼워 주지 않아 화가 나서
⑤ 운동에 자신 있다는 것을 뽐내기 위해서

어려워 ⓥ

**12** 이 글에 나온 인물의 마음을 바르게 파악하지 못한 친구의 이름을 쓰시오.

- 수찬: 공책과 연필을 맞은 친구들은 기쁜 마음이 들었어.
- 재준: 자신이 찬 돌멩이가 책가방을 맞혀서 기찬이는 당황했을 거야.
- 자경: 이호와 친구들이 놀릴 때 기찬이는 속상하고 외로운 마음이 들었어.

(                    )

**13** 친구들이 기찬이를 거북이라고 부른 까닭은 무엇입니까? (          )

① 잠이 많아서        ② 화를 잘 내서
③ 거북이를 닮아서     ④ 달리기가 느려서
⑤ 엉뚱한 행동을 잘해서

**14** 기찬이는 친구들이 자신을 응원하지 않았을 때 어떻게 하였습니까? (          )

① 이호를 따라갔다.
② 달리기를 멈추었다.
③ 백군 선수를 앞질렀다.
④ 일부러 천천히 달렸다.
⑤ 이를 악물고 열심히 뛰었다.

**15** ㉠에서 기찬이는 어떤 마음이 들었겠습니까?

(          )

① 고마운 마음        ② 반가운 마음
③ 외로운 마음        ④ 부러운 마음
⑤ 당황하는 마음

【16~18】

그래. 결심했어! 가서 원호에게 사과하자!

**1** 주은이의 행동에 화가 난 원호

주은이는 딱지치기가 마음대로 되지 않자 "다시 해.", "집에 갈 거야."와 같은 예의 없는 말과 행동을 했습니다.

**2** 주은이는 자신의 예의 없는 말과 행동에 화가 난 원호에게 사과를 하기로 결심하였습니다.

미안해, 미안하다고. 됐냐?

**3** 주은이의 표정이나 분위기, 말한 내용이나 행동이 사과하는 것처럼 느껴지지 않아서 원호가 주은이의 사과를 받지 않고 가 버렸습니다.

**4** 주은이는 친구들의 의견을 듣고 사과를 그린 그림과 ㉠미안한 마음을 전하는 쪽지를 솔직하게 써서 원호에게 주었습니다.

**서술형**

**16** 주은이가 원호에게 사과하려는 까닭은 무엇인지 쓰시오.

_____

_____

**17** 원호가 주은이의 사과를 받지 않고 가 버린 까닭은 무엇입니까? ( )

① 친구들이 사과를 받지 말라고 해서
② 주은이가 사과를 받으라고 강요해서
③ 주은이가 미안하다는 말을 하지 않아서
④ 주은이가 계속 예의 바른 말과 행동을 해서
⑤ 주은이가 진심으로 사과하는 것 같지 않아서

**어려워**

**18** ㉠에 주은이가 썼을 내용으로 알맞지 않은 것을 두 가지 고르시오. ( , )

① 원호와 있었던 일
② 원호에게 서운한 점
③ 원호에게 전하고 싶은 마음
④ 원호에 대한 친구들의 생각
⑤ 앞으로 원호에게 바라는 점

【19~20】

우리 학교 전교 어린이회에서는 2학기를 맞이해 10월에 어떤 행사를 하면 좋을지 의논했습니다. 회의 시간에 각 학년 학생들은 각자 하고 싶은 행사를 많이 추천해 주었습니다. 그 가운데에서 전교 어린이회에서는 '마음을 전하는 우리 반' 행사를 함께하기로 결정했습니다.

10월 넷째 주에 '마음을 전하는 우리 반'이라는 이름으로 각 반에서 행사를 합니다. '마음을 전하는 우리 반'은 자신의 마음을 다른 사람에게 전하는 행사입니다. 이때에는 친구들뿐만 아니라 주위 사람들에게 고마운 마음, 존경하는 마음, 미안한 마음 따위를 전할 수 있습니다. 전하는 방법은 다양하지만 예쁜 종이에 마음을 담아 손 편지를 써서 전하자는 의견이 많았습니다.

**19** '마음을 전하는 우리 반' 행사에 대한 설명으로 알맞지 않은 것은 어느 것입니까? ( )

① 각 반에서 한다.
② 운동장에서 열린다.
③ 10월 넷째 주에 열린다.
④ 전교 어린이회에서 결정한 행사이다.
⑤ 자신의 마음을 다른 사람에게 전하는 행사이다.

**20** '마음을 전하는 우리 반' 행사를 통해 학교 지킴이 선생님께 마음을 전하려고 합니다. 어떤 마음을 전하는 것이 좋겠습니까? ( )

① 고마움 ② 서운함 ③ 무서움
④ 부끄러움 ⑤ 원망스러움

국어

**개념 1** 글을 읽고 다른 사람에게 소개하면 좋은 점

- 새로운 ❶ⓢⓢ을 알려 줄 수 있습니다.

- 읽은 글의 내용을 잘 ❷ⓩⓡ할 수 있습니다.

- 소개하면서 친구들과 많은 이야기를 나눌 수 있습니다.

**1** 자신이 읽은 글을 다른 사람에게 소개한 경험을 바르게 말한 친구의 이름을 모두 쓰시오.

> - 주희: 박물관에 가서 안내문을 읽은 적이 있어.
> - 시현: 장난감 사용 설명서를 읽고 동생에게 알려 줬어.
> - 진영: 달팽이 놀이를 하는 방법을 읽고 친구들에게 소개해서 재미있게 한 적이 있어.

(       )

**개념 2** 여러 가지 방법으로 책 소개하기

- 어떤 책을, 어떤 ❸ⓑⓑ으로 소개하고 싶은지 생각합니다.
  ㉠ 책 보여 주며 말하기, 노랫말을 바꾸어 소개하기, 책갈피를 만들어 소개하기

- 어떤 내용을 소개하고 싶은지 생각합니다.

**2** '책 보여 주며 말하기'로 책을 소개하는 방법을 보고, 다음 내용과 관련 있는 것을 찾아 번호를 쓰시오.

> 책 보여 주며 말하기
>
> ❶ 책 표지를 보여 주며 제목을 말하고 책 앞표지나 뒤표지에 있는 글과 그림을 소개한다.
> ❷ 책 내용 가운데에서 친구들에게 소개하고 싶은 부분을 말한다.
> ❸ 가장 인상 깊은 부분과 그 까닭을 말한다.

- 태극기가 나오는 부분이 인상 깊었습니다. 태극기에 평화를 사랑하는 마음이 담겨 있다는 것을 알았기 때문입니다.

(       )

**개념 3** 독서 감상문에 대해 알기

- 책을 읽게 된 ❹ⓚⓓ, 책 내용, ❺ⓞⓢ 깊은 부분, 책을 읽은 뒤에 든 생각이나 느낌 등을 쓴 글을 독서 ❻ⓖⓢⓜ이라고 합니다.

- 독서 감상문을 쓸 때에는 중요한 내용이나 사건을 중심으로 쓸 수 있습니다.

**3** 다음은 독서 감상문에 들어가는 내용 중 무엇에 해당합니까?

(       )

> 이 책을 읽고 주위에 바위나리처럼 외로운 친구가 있는지 생각해 보았다. 그리고 그 친구에게 아기별과 같은 친구가 되어야겠다는 생각이 들었다. 나는 바위나리와 아기별의 우정이 아름다우면서도 안타깝고 슬펐다.

① 책 내용
② 책 제목
③ 인상 깊은 부분
④ 책을 읽게 된 까닭
⑤ 책을 읽은 뒤에 든 생각이나 느낌

정답 ❶ 지식 ❷ 정리 ❸ 방법 ❹ 까닭 ❺ 인상 ❻ 감상문

**[01~04]**

**가** '앉아서 하는 피구'는 공 하나로 교실에서 쉽게 즐길 수 있는 놀이이다. 먼저 교실에 있는 책상을 모두 뒤로 밀어 가로로 긴 네모 모양으로 피구장을 만든다. 그다음에는 학급 친구 전체를 두 편으로 나누고 두 편 대표가 가위바위보를 해서 먼저 공격할 쪽을 정한다.

**나** 규칙은 피구와 같지만 앉은 자세로 하는 것이 특징이다. 공을 굴리는 사람이나 피하는 사람 모두 앉은 자세로 해야 한다. 앉은 자세에서 무릎을 한쪽이라도 펴서 일어나는 자세가 되면 누구든 피구장 밖으로 나가야 한다. 상대를 맞힐 때에는 공을 바닥에 굴려서 맞혀야 한다. 공을 튀기거나 던져서 맞히면 맞은 사람은 밖으로 나가지 않는다. 공을 피할 때에는 옆으로 이동해 피하거나, 무릎을 가슴에 붙여 앉은 자세로 뜀을 뛰어 피할 수 있다.

**01** 글 **가**와 **나**에서 소개하고 있는 놀이의 이름을 쓰시오.

( )

**서술형** 낭

**02** 글쓴이가 소개한 놀이 내용을 생각하며, 다음 물음에 답하시오.

(1) 글 **가**를 읽고 알 수 있는 내용은 무엇인지 빈칸에 알맞은 말을 쓰시오.

• 놀이 이름과 ( )

(2) 문제 (1)번에서 답한 내용을 간단하게 정리하여 쓰시오.

_____

_____

_____

**꼭나와** ㅂ

**03** 글 **나**에서 소개한 놀이의 규칙으로 알맞지 <u>않은</u> 것은 어느 것입니까? ( )

① 공을 피할 때에는 옆으로 이동해 피한다.
② 공을 바닥에 굴려서 상대를 맞혀야 한다.
③ 앉은 자세로 뜀을 뛰어 공을 피할 수 있다.
④ 공을 굴리는 사람도 앉은 자세로 해야 한다.
⑤ 공을 던져서 맞히면 맞은 사람은 밖으로 나간다.

**04** 글 **나**에서 놀이를 하다가 피구장 밖으로 나가는 경우는 언제라고 하였습니까? ( )

① 바닥에 누웠을 때
② 튀긴 공에 맞았을 때
③ 앞으로 이동해 공을 피했을 때
④ 굴린 공이 아무도 맞히지 못했을 때
⑤ 무릎을 펴서 일어나는 자세가 되었을 때

**05** 다음 친구들이 말한 것은 무엇입니까? ( )

• 진혁: 어머니께 「강아지똥」를 소개해 드렸습니다. 강아지똥이 거름이 되어 민들레꽃을 피운 부분이 감동 깊었다고 말씀드렸습니다.
• 희아: 친구에게 「아낌없이 주는 나무」를 소개했습니다. 아낌없이 주는 나무의 마음이 정말 착하다고 생각했고, 나도 그런 친구가 있으면 좋겠다고 말했습니다.

① 동화책의 줄거리와 주제
② 존경하는 사람의 모습과 성격
③ 사랑하는 사람과 여행한 경험
④ 자신이 읽은 글을 다른 사람에게 소개한 경험
⑤ 이야기에 나오는 인물들의 성격과 공통된 특징

국어

**[06~08]**

**가** 두근두근, 두근두근!

드디어 월드컵 개막식이 시작되었어.

각 나라를 대표하는 선수들이 운동장으로 줄지어 들어오고 있어.

커다란 국기를 펼쳐 들고서 말이야.

갖가지 무늬와 색깔의 국기들이 물결처럼 출렁거려.

그런데 왜 국기를 들고 입장하냐고?

국기는 그 나라를 나타내는 깃발이거든.

**나** 국기에는 그 나라의 자연이 담겨 있어.

캐나다에는 설탕단풍 나무가 많이 자라.

설탕단풍 나무는 캐나다처럼 추운 날씨에 잘 자라거든.

가을에 붉은색으로 단풍이 들면 얼마나 고운지 몰라.

캐나다 사람들은 설탕단풍 나무에서 나오는 즙으로 달콤한 메이플시럽을 만들어 먹기도 해.

그래서 캐나다 사람들은 국기에 빨간 단풍잎을 그려 넣었어.

**06** 월드컵 개막식 때 각 나라의 대표 선수들이 국기를 들고 입장하는 까닭은 무엇입니까?
( )

① 가볍고 들기 쉬워서

② 국기의 색깔이 나라마다 달라서

③ 각 나라마다 국기의 크기가 달라서

④ 국기에 갖가지 무늬가 그려져 있어서

⑤ 국기는 그 나라를 나타내는 깃발이어서

**07** 캐나다 국기에 그려진 것은 무엇인지 에서 찾아 기호를 쓰시오.

보기
㉮ 메이플시럽
㉯ 빨간 단풍잎
㉰ 알록달록한 나무

( )

**서술형 냠**

**08** 이 글의 내용을 생각하며, 다음 물음에 답하시오.

(1) 글 **나**에서 설명한 국기는 어떤 나라의 것인지 쓰시오.

( )

(2) 문제 (1)번에서 답한 나라의 국기에 자연이 담겨 있다고 한 까닭을 쓰시오.

_____

_____

**[09~10]**

국기에는 그 나라의 [ ㉠ ]이/가 담겨 있어.

멕시코 국기 이야기를 들어 볼래?

어느 날, 아즈텍족이 신의 계시를 받았어.

"독사를 물고 날아가는 독수리가 선인장 위에 앉으면 그곳에 도시를 세워라!"

계시대로 독수리가 내려앉은 곳에 도시를 세웠더니 점점 강해져 아즈텍 제국으로 발전했고, 오늘날의 멕시코가 되었대.

그래서 나라를 세운 이야기를 국기에 그려 넣은 거야.

**꼭나와 ㅂ**

**09** ㉠에 들어갈 알맞은 말은 무엇입니까? ( )

① 전설          ② 동물          ③ 자연

④ 계절          ⑤ 음식

**10** 멕시코 국기에 그려져 있지 <u>않은</u> 것을 두 가지 고르시오. ( , )

① 뱀                    ② 신

③ 독수리              ④ 선인장

⑤ 멕시코의 땅 모양

→ 바른답·알찬풀이 14쪽

【11~13】

　오늘은 학교에서 『바위나리와 아기별』이라는 책을 읽었다. ㉠앞표지에 있는 바위나리와 아기별 그림이 무척 예뻐서 내용이 궁금했기 때문이다. 이 책은 바위나리와 아기별의 우정 이야기이다.

　바위나리는 바닷가에 핀 아름다운 꽃이었다. 하지만 친구가 없어 늘 외로웠다. 어느 날 밤, 아기별이 하늘에서 내려와 둘은 친구가 되었고, 바위나리와 아기별은 밤마다 만나 즐겁게 놀았다.

　그러던 어느 날, 병이 든 바위나리를 간호하던 아기별은 너무 늦게 하늘 나라로 올라가 그 벌로 다시는 바닷가에 내려오지 못했다. 아기별을 기다리던 바위나리는 점점 시들다가 그만 바람이 세게 불어 바다로 날려 갔다. 아기별은 밤마다 울다가 빛을 잃어 바다로 떨어졌다. 바위나리가 날려 간 바로 그 바다였다.

**11** 이 글은 어떤 책을 읽고 쓴 독서 감상문인지 쓰시오.
（　　　　　　　　）

꼭나와 ❤

**12** ㉠은 독서 감상문에 들어갈 내용 중 무엇에 해당합니까? （　　　）

① 책 내용
② 인상 깊은 부분
③ 책을 읽은 장소
④ 책을 읽게 된 까닭
⑤ 책을 읽은 뒤에 든 생각이나 느낌

**13** 이 글에 쓰인 낱말 중 다음과 같은 뜻을 가진 것은 무엇입니까? （　　　）

> 다쳤거나 앓고 있는 환자나 노약자를 보살피고 돌보다.

① 시들다　　　　② 간호하다
③ 궁금하다　　　④ 기다리다
⑤ 떨어지다

【14~15】

**14** 친구들이 독서 감상문으로 교실 꾸미기를 한 뒤 이야기를 나누고 있습니다. 교실을 꾸민 방법을 찾아 ○표 하시오.

(1) 책 속 여러 인물의 모습 그리기　（　　　）
(2) 책 보물 상자를 만들어 전시하기　（　　　）
(3) 나뭇잎 모양으로 책 나무 환경판을 만들어 꾸미기　（　　　）

**15** 독서 감상문의 특징을 생각할 때, ㉠에 들어갈 말로 가장 알맞은 것은 무엇입니까? （　　　）

① 책 표지만 그렸구나.
② 책을 읽게 된 까닭을 썼구나.
③ 책에 나온 글자의 수를 썼구나.
④ 책 전체 내용을 빠짐없이 썼구나.
⑤ 어디에서 책을 읽었는지를 썼구나.

**[01~05]**

'앉아서 하는 피구'는 공 하나로 교실에서 쉽게 즐길 수 있는 놀이이다. 먼저 교실에 있는 책상을 모두 뒤로 밀어 가로로 긴 네모 모양으로 피구장을 만든다. 그다음에는 학급 친구 전체를 두 편으로 나누고 두 편 대표가 가위바위보를 해서 먼저 공격할 쪽을 정한다.

규칙은 피구와 같지만 앉은 자세로 하는 것이 특징이다. 공을 굴리는 사람이나 피하는 사람 모두 앉은 자세로 해야 한다. 앉은 자세에서 무릎을 한쪽이라도 펴서 일어나는 자세가 되면 누구든 피구장 밖으로 나가야 한다. 상대를 맞힐 때에는 공을 바닥에 굴려서 맞혀야 한다. 공을 튀기거나 던져서 맞히면 맞은 사람은 밖으로 나가지 않는다. 공을 피할 때에는 옆으로 이동해 피하거나, 무릎을 가슴에 붙여 앉은 자세로 뜀을 뛰어 피할 수 있다.

굴린 공이 아무도 맞히지 못하고 벽에 닿으면, 수비하던 친구가 공을 잡아 공격할 기회를 얻는다. 그러나 굴린 공이 벽에 닿기도 전에 잡으면 공에 맞은 것과 똑같이 밖으로 나가야 한다.

결국 공에 맞거나, [ ㉠ ] 밖으로 나가야 하는 것이다. 밖으로 나간 친구들은 놀이가 끝날 때까지 지켜본다. 어느 한 편의 친구 모두가 밖으로 나가면 놀이가 끝난다.

**01** 이 글에서 소개한 내용이 <u>아닌</u> 것을 두 가지 고르시오. (    ,    )

① 놀이의 규칙
② 놀이의 이름
③ 놀이를 처음 한 때
④ 놀이를 할 때 필요한 사람 수
⑤ 놀이를 하기 전에 준비할 내용

**02** '앉아서 하는 피구'는 어디에서 할 수 있는지 글에서 찾아 쓰시오.

(                    )

**03** '앉아서 하는 피구'에 대한 설명으로 알맞은 것은 어느 것입니까? (        )

① 규칙이 피구와 완전히 다르다.
② 밖으로 나간 친구는 수비를 한다.
③ 놀이를 하기 전에 공과 책상을 준비한다.
④ 학급 친구 전체를 여섯 편으로 나누어 공격한다.
⑤ 가로로 긴 네모 모양으로 피구장을 만들어 놀이를 한다.

**어려워** 👀

**04** ㉠에 들어갈 말로 알맞은 것을 두 가지 고르시오.

(    ,    )

① 일어서거나
② 앉은 자세로 뜀을 뛰거나
③ 바닥에 튀긴 공에 맞거나
④ 공이 벽에 닿기 전에 잡으면
⑤ 수비하던 친구가 공을 잡으면

**05** '앉아서 하는 피구'가 끝이 나는 때는 언제입니까? (        )

① 어느 한 편의 친구 모두가 밖으로 나갔을 때
② 굴린 공이 아무도 맞히지 못하고 벽에 닿았을 때
③ 수비하던 친구가 처음으로 공격할 기회를 얻었을 때
④ 두 편의 대표가 가위바위보를 하여 한 편의 대표가 졌을 때
⑤ 앉은 자세에서 무릎을 펴서 일어나는 자세를 한 사람이 두 명이 되었을 때

**06** 다음 보기 와 같이 글에서 새롭게 안 점을 소개한 경험을 떠올려 쓰시오.

> 보기
>
> 책을 보고 돌고래가 서로 말을 한다는 내용을 알게 되어 친구에게 소개했습니다.

_____

_____

**07** ㉠에 들어갈 알맞은 말은 무엇입니까? (      )

① 역사        ② 음식        ③ 자연
④ 전설        ⑤ 땅의 모습

**08** 캐나다 국기에 빨간 단풍잎을 그려 넣은 까닭은 무엇입니까? (      )

① 단풍잎이 그리기 쉬워서
② 캐나다 땅이 단풍잎처럼 생겨서
③ 캐나다 사람들이 단풍잎을 좋아해서
④ 캐나다에 설탕단풍 나무가 많이 자라서
⑤ 설탕단풍 나무는 추운 날씨에 잘 자라서

**[07~10]**

**가** 갖가지 무늬와 색깔의 국기들이 물결처럼 출렁거려.

그런데 왜 국기를 들고 입장하냐고?

국기는 그 나라를 나타내는 깃발이거든.

**나** 국기에는 그 나라의 ㉠ 이/가 담겨 있어.

캐나다에는 설탕단풍 나무가 많이 자라.

설탕단풍 나무는 캐나다처럼 추운 날씨에 잘 자라거든.

가을에 붉은색으로 단풍이 들면 얼마나 고운지 몰라.

캐나다 사람들은 설탕단풍 나무에서 나오는 즙으로 달콤한 메이플시럽을 만들어 먹기도 해.

그래서 캐나다 사람들은 국기에 빨간 단풍잎을 그려 넣었어.

**다** 국기에는 그 나라의 전설이 담겨 있어.

멕시코 국기 이야기를 들어 볼래?

어느 날, 아즈텍족이 신의 계시를 받았어.

"독사를 물고 날아가는 독수리가 선인장 위에 앉으면 그곳에 도시를 세워라!"

계시대로 독수리가 내려앉은 곳에 도시를 세웠더니 점점 강해져 아즈텍 제국으로 발전했고, 오늘날의 멕시코가 되었대.

그래서 나라를 세운 이야기를 국기에 그려 넣은 거야.

**09** 멕시코 국기에는 어떤 전설이 담겨 있는지 쓰시오.

_____

_____

**10** 이 글을 읽고 소개할 내용을 바르게 말한 친구의 이름을 쓰시오.

> • 성준: 국기를 만드는 재료에 대해 소개할게.
> • 현빈: 여러 나라의 국기의 크기에 대해 소개할게.
> • 수지: 여러 나라의 국기에 담긴 뜻에 대해 소개할게.

(                    )

**[11~13]**

**가** 국기에는 그 나라의 땅이 담겨 있어.

미국 국기에는 줄과 별이 참 많지? 도대체 몇 개인지 한번 세어 볼까? 줄이 열세 개, 별이 오십 개야. 미국이 처음 나라를 세울 때에는 주가 열세 개였대. 열세 개의 줄은 그걸 기념하는 거야. 미국 땅이 점점 커져 주가 생길 때마다 국기의 별이 하나씩 늘어났는데 지금은 주가 오십 개라서 별도 오십 개가 된 거야. 땅과 함께 국기도 변한 거지.

**나** 우리나라 국기인 태극기도 궁금하지?

일본에 나라를 빼앗긴 시대에는 태극기를 마음대로 사용하지 못했어.

일본이 태극기 사용을 금지했거든.

하지만 우리는 독립하려고 열심히 싸울 때마다 태극기를 힘차게 휘날렸어.

마침내 1945년에 나라를 되찾았고, 그동안 무늬가 조금씩 달랐던 태극기는 1949년에 지금의 태극기 모습으로 정해졌어.

우리나라 사람들의 평화를 사랑하는 마음은 태극기의 흰색에 담겨 있어.

태극 문양은 조화로운 우주를 뜻하고, 네 모서리의 사괘는 하늘, 땅, 물, 불을 나타낸 거야.

**11** 미국 국기에 대한 설명으로 알맞은 것을  에서 찾아 기호를 쓰시오.

보기
㉮ 처음과 현재의 모양이 다르다.
㉯ 국기에 별과 달, 줄이 수십 개 그려져 있다.
㉰ 현재의 미국 국기는 줄이 오십 개, 별이 열세 개 그려져 있다.

(           )

**12** 지금의 태극기 모습으로 정해진 때는 언제인지 쓰시오.

(           )

어려워 ✿

**13** 태극기의 각 부분에 담겨 있는 뜻을 글에서 찾아 쓰시오.

(1) 태극 문양:
(           )

(2) 태극기의 흰색:
(           )

(3) 네 모서리의 사괘:
(           )

**14** 다음 그림 속 친구는 어떤 방법으로 책을 소개하고 있습니까? (      )

이 책 제목은 『온 세상 국기가 펄럭펄럭』입니다.

① 책 보여 주며 말하기
② 노랫말을 바꾸어 소개하기
③ 책갈피를 만들어 소개하기
④ 책 내용을 바꾸어 소개하기
⑤ 책 보물 상자를 만들어 소개하기

**15** 독서 감상문에 들어갈 내용으로 알맞지 <u>않은</u> 것은 어느 것입니까? (      )

① 책 내용
② 인상 깊은 부분
③ 책을 읽는 사람
④ 책을 읽게 된 까닭
⑤ 책을 읽은 뒤에 든 생각이나 느낌

**[16~19]**

**가** 오늘은 학교에서 『바위나리와 아기별』이라는 책을 읽었다. 앞표지에 있는 바위나리와 아기별 그림이 무척 예뻐서 내용이 궁금했기 때문이다.

**나** 바위나리는 바닷가에 핀 아름다운 꽃이었다. 하지만 친구가 없어 늘 외로웠다. 어느 날 밤, 아기별이 하늘에서 내려와 둘은 친구가 되었고, 바위나리와 아기별은 밤마다 만나 즐겁게 놀았다.

그러던 어느 날, 병이 든 바위나리를 간호하던 아기별은 너무 늦게 하늘 나라로 올라가 그 벌로 다시는 바닷가에 내려오지 못했다. 아기별을 기다리던 바위나리는 점점 시들다가 그만 바람이 세게 불어 바다로 날려 갔다. 아기별은 밤마다 울다가 빛을 잃어 바다로 떨어졌다. 바위나리가 날려 간 바로 그 바다였다.

**다** 나는 이 책에서 바위나리를 그리워하며 울다가 빛을 잃은 아기별이 하늘 나라에서 쫓겨나 바다로 떨어진 장면이 가장 기억에 남는다. 왜냐하면 살아 있을 때에는 만나지 못하다가 죽은 뒤에야 같이 있을 수 있게 된 것이 너무 슬펐기 때문이다.

**어려워** ⑯

**16** 글 **가**~**다**에 쓴 내용으로 알맞은 것을 두 가지 고르시오. (       ,       )

① 글 **가**: 책 제목
② 글 **가**: 인상 깊은 부분
③ 글 **나**: 책 내용
④ 글 **다**: 책을 읽게 된 까닭
⑤ 글 **다**: 책을 읽은 뒤에 새로 알게 된 점

**17** 글쓴이가 읽은 책의 내용으로 알맞지 <u>않은</u> 것은 어느 것입니까? (       )

① 아기별은 친구가 없어 늘 외로웠다.
② 아기별과 바위나리는 친구가 되었다.
③ 아기별은 밤마다 울다가 빛을 잃었다.
④ 아기별은 바위나리가 날려 간 바다로 떨어졌다.
⑤ 아기별은 바위나리를 간호하다가 하늘 나라로 늦게 올라갔다.

**18** 글쓴이가 책에서 가장 기억에 남는 장면은 무엇이라고 하였는지 빈칸에 알맞은 말을 쓰시오.

• (1) (                    )을/를 그리워하며 울다가 빛을 잃은 (2) (                    )이/가 하늘 나라에서 쫓겨나 (3) (                    )(으)로 떨어진 장면

**서술형** ㉢

**19** 이 글에 이어질 다음 내용에 나타나 있는 독서 감상문의 특징을 쓰시오.

> 이 책을 읽고 주위에 바위나리처럼 외로운 친구가 있는지 생각해 보았다. 그리고 그 친구에게 아기별과 같은 친구가 되어야겠다는 생각이 들었다.

_____

_____

**20** 자신이 쓴 독서 감상문을 친구들과 바꾸어 읽고 느낀 점을 바르게 말한 친구의 이름을 쓰시오.

선영: 책을 산 장소를 쓰지 않아서 아쉬워.

준현: 같은 책을 읽었는데 인상 깊은 부분이 서로 다르구나.

주하: 책의 내용을 빠짐없이 써서 더 이해가 잘 되는 것 같아.

(                    )

### 개념 ① 시간 흐름에 따라 내용을 파악하면 좋은 점

- 사건이 일어난 ❶ㅊㄹ 대로 정리할 수 있습니다.

- 전체 내용을 잘 이해할 수 있습니다.

- 내용이 한눈에 들어옵니다.

- 사건의 ❷ㅇㅇ 과 결과가 잘 파악됩니다.

**1** 다음 ㉠~㉢ 중에서 시간의 흐름을 알 수 있는 부분의 기호를 쓰시오.

> ㉠베짱이는 별빛으로 날을 날고, 꽃빛으로 씨를 삼아 부지런히 베를 짰습니다. 베짱베짱 베틀이 분주히 움직일 때마다 베는 한 자 한 자 길어졌습니다.
> ㉡마침내 베가 완성되었을 때, 할아버지는 감탄을 금치 못했습니다. 베짱이가 너무도 ㉢빠르게 베 한 필을 짜 내었을 뿐 아니라, 솜씨 또한 기가 막혔기 때문이죠.

(       )

### 개념 ② 글의 흐름에 따라 내용 파악하기

- ❸ㅅㄱ 흐름에 따라 쓴 글은 시간 차례를 생각하며 읽습니다.

- 일 차례를 설명한 글은 일 차례를 파악하며 읽습니다.

- 장소가 바뀌면서 사건이 변하는 글은 이동한 ❹ㅈㅅ 와 각 장소에서 한 일에 주의하며 읽습니다.

**2** 다음 글을 간추리는 방법으로 알맞은 것에 ○표 하시오.

> **가** 토요일 아침 일찍 출발해서, 맨 처음 도착한 고창 관광지는 고인돌 박물관이었다. 고인돌 박물관에서는 영화와 유물들을 보면서 고인돌의 역사를 알 수 있었다.
> **나** 다음으로 간 곳은 동림 저수지 야생 동식물 보호 구역이었다. 동림 저수지는 겨울 철새가 많이 찾는 곳으로 우리 가족도 혹시 철새 떼의 춤을 볼 수 있을까 하는 기대로 방문해 보았다.

(1) 일 차례가 잘 드러나게 간추린다.        (     )
(2) 일의 원인과 결과에 따라 간추린다.     (     )
(3) 이동한 장소와 각 장소에서 한 일을 중심으로 간추린다.

(     )

### 개념 ③ 글의 흐름에 따라 내용 간추려 쓰기

- 어떤 글의 ❺ㅎㄹ 으로 쓴 글인지 생각하며 글을 읽습니다.

- 시간 흐름, 장소 변화, 일 차례 등 글의 흐름을 알 수 있는 부분을 찾아 씁니다.

- 글의 흐름에 따라 시간 표현, 장소, 차례를 나타내는 말 등을 사용해 ❻ㅈㅇㅎ 내용을 간추립니다.

**3** 다음 글의 흐름을 알 수 있는 부분이 <u>아닌</u> 것은 어느 것입니까?

(     )

> 오래전부터 기다려 오던 직업 체험 학습을 가는 날이다. 학교에서 모두 함께 출발해 열 시에 직업 체험관에 도착했다. 도착하자마자 우리 반은 모둠별로 흩어졌다. 우리 모둠은 나, 민기, 혜정, 병주까지 네 명으로 모두 활발한 친구들이다.
> 우리 모둠은 가장 먼저 소품 설계관으로 출발했다. 소품 설계관은 작은 소품을 설계하고 직접 만들 수 있는 곳이다.

① 학교        ② 모둠        ③ 열 시
④ 직업 체험관        ⑤ 소품 설계관

정답 ❶ 차례 ❷ 원인 ❸ 시간 ❹ 장소 ❺ 흐름 ❻ 중요한

**[01~02]**

"㉠갑자기 세상이 왜 이렇게 커졌지?"

이야기 할아버지는 어리둥절해서 사방을 둘러보았습니다. ㉡그날 밤도 할아버지는 여느 때처럼 어린이들을 위한 동시와 이야기를 쓰고 있었습니다. 잠시 바람을 쐬러 ㉢마당으로 나왔다가 순식간에 벌어진 일이었지요. 할아버지는 어쩔 줄 몰랐습니다.

"어, 이야기 할아버지 아니세요? 어쩌다 이렇게 작아지셨어요?"

할아버지만큼 ㉣커다란 베짱이가 말을 건넸습니다. 할아버지는 그제야 세상이 크게 변한 게 아니라 할아버지가 작게 줄어들었음을 알았습니다.

"글쎄, 나도 잘 모르겠다. 마당에 처음 보는 작은 열매가 있기에 먹어 보았을 뿐인데……."

베짱이는 할아버지 말을 듣고 이마를 '탁' 치며 말했습니다.

"그건 아마 '커졌다 작아졌다' 마법 열매였을 거예요! 그걸 한 알 더 먹어야 본래 크기로 돌아올 수 있어요."

"그래? 혹시 그걸 구할 방법을 알고 있니?"

"㉤마루 밑에 사는 쥐들이 갖고 있는 걸 본 적은 있지만……."

**01** 이야기 할아버지에게 일어난 일로 알맞은 것은 어느 것입니까? ( )

① 몸이 커졌다.
② 세상이 크게 변했다.
③ 몸이 작게 줄어들었다.
④ 바람에 날려 멀리 날아갔다.
⑤ 몸이 자꾸만 커졌다 작아졌다 했다.

**꼭나와 ♥**

**02** ㉠~㉤ 중 시간의 흐름을 알 수 있는 말은 무엇입니까? ( )

① ㉠          ② ㉡
③ ㉢          ④ ㉣
⑤ ㉤

**[03~05]**

**가** 여러 가지 색깔 실을 엮어 만든 팔찌를 실 팔찌라고 합니다. 실 팔찌는 팔목에 차다가 자연스럽게 닳아서 끊어지면 소원이 이루어진다는 이야기가 있어서 소원 팔찌라고도 합니다. 중국에서는 단오절에 실 팔찌를 손목에 차면 나쁜 기운을 막는다고 하고, 브라질에서는 축구 경기 전에 승리를 기원하며 손목에 실 팔찌를 찬다고 합니다. 실 팔찌는 종류에 따라 다양한 모양이 있는데, 그중에서 가장 ㉠간단한 모양의 실 팔찌를 만들어 봅시다.

**나** 첫 번째, 서로 다른 색깔 실 세 가닥을 함께 잡고 매듭을 짓습니다. 실의 3~4센티미터를 남겨 두고 실 세 가닥을 한꺼번에 잡아 작은 원을 만듭니다. 그 뒤 짧은 쪽 실 세 가닥을 아까 만든 원 쪽으로 집어넣고 당기면 쉽게 매듭을 지을 수 있습니다.

**03** 무엇을 만드는 차례를 설명하는 글인지 쓰시오.

( )

**04** ㉠'간단하다'와 뜻이 비슷한 낱말은 어느 것입니까? ( )

① 쉽다          ② 다르다          ③ 새롭다
④ 복잡하다          ⑤ 화려하다

**서술형 ♥**

**05** 이 글의 내용을 간추리는 방법을 생각하며, 다음 물음에 답하시오.

(1) 문단 **나**에서 차례를 나타내는 말을 찾아 쓰시오.

( )

(2) 문제 (1)번에서 답한 말을 넣어 문단 **나**의 내용을 간추려 쓰시오.

_____

_____

**[06~07]**

먼저, 병원에서 의사와 충분하게 상담한 뒤 자신의 증세에 맞는 감기약을 처방받습니다. 어른들이 먹는 감기약이나 언제 샀는지 모르는 감기약을 먹으면 오히려 더 큰 병에 걸릴 수도 있습니다. 어린이들이 감기약을 먹을 때에는 꼭 의사의 지시에 따릅니다.

감기약은 끝까지 먹는 게 좋습니다. 감기약을 먹다가 몸이 나았다고 생각해 그만 먹으면 안 됩니다. 중간에 마음대로 감기약을 먹지 않으면 감기가 더 심해지거나 나중에 감기약을 먹어도 낫지 않을 수 있으므로, 의사가 처방한 날짜만큼 먹어야 합니다.

감기약을 먹을 때에는 물과 함께 먹어야 합니다. 우유나 녹차, 주스와 같은 다른 음료와 함께 먹어서는 안 됩니다. 또 물 이외에 밥이나 빵을 같이 먹어서도 안 됩니다.

감기약을 먹는 시간을 놓쳤다고 다음에 두 배로 먹어서도 안 됩니다. 두 배로 먹는다고 감기약 효과가 두 배가 되지는 않습니다. 오히려 몸에 부담만 될 뿐입니다. 감기약은 정해진 양만큼만 먹어야 합니다.

**06** 무엇에 대해 설명하는 글입니까? ( )

① 감기의 종류
② 감기약을 먹는 방법
③ 감기에 걸리는 까닭
④ 감기약을 짓는 방법
⑤ 감기에 걸리지 않는 방법

**07** 감기약을 먹을 때 주의할 점이 <u>아닌</u> 것은 어느 것입니까? ( )

① 끝까지 먹어야 한다.
② 물과 함께 먹어야 한다.
③ 자신의 증세에 맞는 감기약을 먹어야 한다.
④ 몸이 나았다고 생각되면 약을 그만 먹어야 한다.
⑤ 먹는 시간을 놓쳤다고 다음에 두 배로 먹지 않아야 한다.

**[08~10]**

**가** 토요일 아침 일찍 출발해서, 맨 처음 도착한 고창 관광지는 고인돌 박물관이었다. 고인돌 박물관에서는 영화와 유물들을 보면서 고인돌의 역사를 알 수 있었다. 박물관 일 층에서는 고인돌 영화를 봤고 이 층에서는 고인돌과 관련된 여러 유물을 봤다.

**나** 다음으로 간 곳은 동림 저수지 야생 동식물 보호 구역이었다. 동림 저수지는 겨울 철새가 많이 찾는 곳으로 우리 가족도 혹시 철새 떼의 춤을 볼 수 있을까 하는 기대로 방문해 보았다. 그곳에서 여러 가지 설명을 읽어 보았는데, 고창군 전 지역은 2013년부터 유네스코 생물권 보존 지역으로 지정되어 환경을 해치는 행위를 해서는 안 된다는 안내도 있었다. 아주 많은 수의 철새는 아니었지만 간간이 물 위로 날아오르는 가창오리들을 구경할 수 있었다.

**다** 마지막으로 고창의 유명한 절인 선운사를 방문했다. 선운사는 삼국 시대 때부터 지어진 오래된 절이다. 오래된 절답게 웅장한 건물과 많은 관광객이 있었다. 선운사에서 가장 인상 깊었던 것은 선운사 뒤편의 동백나무 숲이었다.

**08** 글쓴이가 가장 먼저 간 곳은 어디인지 쓰시오.

( )

**09** 글쓴이가 동림 저수지에서 본 것은 무엇입니까? ( )

① 가창오리
② 웅장한 건물
③ 고인돌 영화
④ 많은 관광객
⑤ 고인돌과 관련된 유물

꼭나와 ♥
**10** 이 글을 간추릴 때 주의할 부분은 무엇입니까? ( )

① 일 차례
② 시간 흐름
③ 장소 변화
④ 원인과 결과
⑤ 인물의 마음

**[11~13]**

학교에서 모두 함께 출발해 열 시에 직업 체험관에 도착했다. 도착하자마자 우리 반은 모둠별로 흩어졌다. 우리 모둠은 나, 민기, 혜정, 병주까지 네 명으로 모두 활발한 친구들이다.

우리 모둠은 가장 먼저 ㉠소품 설계관으로 출발했다. 소품 설계관은 ㉡작은 소품을 설계하고 직접 만들 수 있는 곳이다. 체험 학습 계획을 세울 때 민기가 "집안 어른들께 선물로 드릴 만한 물건을 만들면 좋겠어."라고 의견을 냈기 때문에 소품 설계관을 ㉢첫 번째 체험 활동 장소로 정했다. 민기는 어머니께 드릴 머리끈을 만들고, 나는 할아버지께 드릴 손수건을 만들기로 했다. 내 손으로 만든 소품이 어딘가 부족해 보였지만 기분만은 진짜 디자이너가 된 것 같아 뿌듯했다.

㉣디자이너 체험을 끝내자 거의 열한 시가 되었다. 우리는 제빵사 체험을 하려고 제빵 학원으로 갔다. 제빵 학원 앞에는 크게 '크림빵'이라고 적혀 있었다. 체험관 안으로 들어가자 체험관 선생님께서 밀가루를 나누어 주셨다. 체험관 선생님께서 알려 주시는 차례를 그대로 따라 해서 크림빵을 완성했다.

**11** 가장 먼저 소품 설계관으로 가기로 정한 까닭은 무엇입니까? (        )

① 손수건이 필요해서
② 한 번 가 본 곳이어서
③ 모둠 친구들의 꿈이 디자이너여서
④ 직업 체험관 출입구에서 가장 가까운 장소여서
⑤ 집안 어른들께 선물로 드릴 만한 물건을 만들기 위해서

**꼭나와♡**

**12** ㉠~㉣ 중 장소 변화를 알 수 있는 말의 기호를 쓰시오.

(                    )

**서술형♡**

**13** 시간 흐름과 장소 변화를 생각하며, 다음 물음에 답하시오.

(1) 글쓴이가 열한 시에 간 곳은 어디인지 쓰시오.
(                    )

(2) 글쓴이가 문제 (1)번에서 답한 곳에서 한 일을 간추려 쓰시오.

_____

_____

**[14~15]**

괴산 지역 이름은 시간에 따라 변해 왔습니다. 고구려 때에는 '잉근내군'이라고 불리다가, 신라 경덕왕 때 '괴양군'으로 바뀌었습니다. 그 뒤 고려 시대에는 '괴주'라고 불리다가, 조선 태종 때부터는 지금 이름인 '괴산'이라는 지명으로 불렀습니다.

**14** 무엇을 소재로 쓴 글인지 **보기**에서 찾아 쓰시오.

**보기**

옛길 안내     지명 변화     지역 특산물

(                    )

**15** 이 글에 대한 설명으로 알맞은 것은 어느 것입니까? (        )

① 시간 차례대로 쓴 글이다.
② 장소 변화대로 쓴 글이다.
③ 일을 하는 방법을 알려 주는 글이다.
④ 글쓴이가 한 일이 자세히 드러난 글이다.
⑤ 괴산 지역을 여행한 뒤 생각이나 느낌을 쓴 글이다.

**[01~02]**

"아니, 너희가 갖고 있는 '커졌다 작아졌다' 마법 열매를 주면 바꾸지."

할아버지 말에 쥐들은 잠깐 자기네끼리 속닥이더니 말했습니다.

"좋아, 바꾸자."

㉠할아버지가 베를 내주자, 쥐들은 할아버지에게 마법 열매를 주었습니다.

㉡마루 밑에서 나온 할아버지는 열매를 입에 넣고 꿀꺽 삼켰습니다. 순간 할아버지 몸이 풍선처럼 부풀어 오르는 듯한 기분이 드는가 싶더니 본래 크기로 돌아왔습니다.

㉢클로버밭은 작고 아담해 보였습니다. 화단 턱도 가볍게 오르내릴 수 있을 만큼 낮았고요. 모든 것이 평소와 다름없었습니다.

㉣다음 날 밤, ㉤이야기 할아버지 방으로 동네 아이들이 모여들었습니다.

할아버지가 새로 지은 시 「베짱이」를 들려주신다고 했거든요.

**01** ㉠~㉤ 중 시간의 흐름을 알 수 있는 말은 무엇입니까? (        )

① ㉠        ② ㉡        ③ ㉢
④ ㉣        ⑤ ㉤

**서술형**

**02** 시간 흐름에 따라 이 글의 내용을 간추릴 때 빈칸에 알맞은 내용을 쓰시오.

> 이야기 할아버지는 베와 마법 열매를 바꾸었습니다. _____
>
> _____
>
> 다음 날 밤, 동네 아이들은 할아버지가 새로 지은 시를 들으러 할아버지 방으로 모여들었습니다.

**[03~05]**

**가** 세 가닥 땋기는 머리를 땋을 때 많이 쓰는 방법입니다. ㉠먼저, 왼쪽 첫 번째 그림과 같이 실 세 가닥을 나란히 폅니다. ㉡두 번째, 왼쪽 빨간색 실을 가운데 파란색 실 위로 올립니다. ㉢그러면 왼쪽 실이 가운데로 오고, 가운데 실이 왼쪽으로 가게 됩니다. ㉣세 번째, 오른쪽 노란색 실을 가운데로 온 실 위에 올립니다. 다시 처음처럼 왼쪽으로 간 실을 가운데로, 오른쪽으로 간 실을 가운데로 올립니다.

**나** 실 팔찌 만들기의 준비물은 매우 간단합니다. 서로 다른 색깔 털실 세 줄, 셀로판테이프만 있으면 됩니다. 실은 굵을수록 엮기 쉬우므로 굵은 실을 준비하고 길이는 손목 둘레의 서너 배 정도로 자릅니다.

㉤첫 번째, 서로 다른 색깔 실 세 가닥을 함께 잡고 매듭을 짓습니다. 실의 3~4센티미터를 남겨 두고 실 세 가닥을 한꺼번에 잡아 작은 원을 만듭니다. 그 뒤 짧은 쪽 실 세 가닥을 아까 만든 원 쪽으로 집어넣고 당기면 쉽게 매듭을 지을 수 있습니다.

**어려워**

**03** 글 **가**와 **나**의 공통점은 무엇입니까? (        )

① 일 차례를 알려 주는 글이다.
② 장소 변화에 따라 간추려야 한다.
③ 글쓴이의 경험이 잘 드러나 있다.
④ 글쓴이의 의견을 내세우는 글이다.
⑤ 시간의 흐름을 알 수 있는 말이 많이 쓰였다.

**04** 글 **가**, **나**의 내용으로 알맞은 것에 ○표 하시오.

(1) 세 가닥 땋기는 머리를 땋을 때 많이 쓴다.
(        )

(2) 실 팔찌를 만들려면 털실, 바늘, 셀로판테이프가 있어야 한다.
(        )

**05** ㉠~㉤ 중 차례를 나타내는 말이 아닌 것을 찾아 기호를 쓰시오.

(        )

**[06~07]**

**가** ⊙날이 추워지면 감기에 걸리는 사람이 많아집니다. 몸을 따뜻하게 하고 푹 쉬면 금방 낫는 경우도 있지만, 감기 때문에 많이 아플 때에는 감기약을 먹어야 합니다. 어떻게 감기약을 먹어야 좋을까요?

**나** ⓛ먼저, 병원에서 의사와 충분하게 상담한 뒤 자신의 증세에 맞는 감기약을 처방받습니다. 어른늘이 먹는 감기약이나 언제 샀는지 모르는 감기약을 먹으면 오히려 더 큰 병에 걸릴 수도 있습니다.

**다** ⓒ감기약은 끝까지 먹는 게 좋습니다. 감기약을 먹다가 몸이 나았다고 생각해 그만 먹으면 안 됩니다. 중간에 마음대로 감기약을 먹지 않으면 감기가 더 심해지거나 나중에 감기약을 먹어도 낫지 않을 수 있으므로, 의사가 처방한 날짜만큼 먹어야 합니다.

**라** ⓔ감기약을 먹을 때에는 물과 함께 먹어야 합니다. 우유나 녹차, 주스와 같은 다른 음료와 함께 먹어서는 안 됩니다.

**마** ⓜ감기약을 먹는 시간을 놓쳤다고 다음에 두 배로 먹어서도 안 됩니다. 두 배로 먹는다고 감기약 효과가 두 배가 되지는 않습니다. 오히려 몸에 부담만 될 뿐입니다.

**어려워 ◡**

**06** 이 글의 특징으로 알맞은 것을 두 가지 고르시오. (　　,　　)

① 차례가 정해져 있다.
② 일을 하는 방법을 알려 준다.
③ 일할 때 주의할 점을 알려 준다.
④ 일 차례에 주의하며 내용을 간추려야 한다.
⑤ 차례를 나타내는 말 뒤에 중요한 내용이 있다.

**07** ⊙~ⓜ 중 감기약을 먹는 방법을 간추릴 때 들어갈 내용이 <u>아닌</u> 것은 어느 것입니까? (　　　)

① ⊙　　　② ⓛ　　　③ ⓒ
④ ⓔ　　　⑤ ⓜ

**[08~10]**

**가** 동물원 입구를 지나 가장 먼저 간 곳은 '곤충관'이었다. 곤충관에는 여러 지역의 곤충들이 전시되어 있었는데, 날개가 있는 동물로 나비와 벌, 메뚜기와 같은 곤충들이 있었다. 곤충관에서 가장 관심이 갔던 곤충은 톱사슴벌레이다. 톱사슴벌레는 몸 색깔이 갈색이고 톱날 모양의 큰턱이 있다. 원래 밤에 활동하는 곤충이지만 참나무 수액을 먹으려고 낮에도 돌아다니기 때문에, 먹이를 먹는 톱사슴벌레를 볼 수 있었다.

**나** 곤충관 바로 옆은 '야행관'이었는데 주로 밤에 활동하는 동물들이 있는 곳이었다. 야행관에도 날개가 있는 동물들이 있었다. 바로 박쥐와 올빼미였다. 외국에서 산다는 과일박쥐도 인상 깊었지만, 내 눈길을 끈 것은 수리부엉이이다. 수리부엉이는 천연기념물로 몸길이가 70센티미터나 될 정도로 큰 새이다. 날개를 접고 나뭇가지에 앉아 있는 것을 관찰했는데, 붉은 눈과 앞뒤로 자유롭게 움직이는 목이 신기했다.

**08** 글쓴이가 간 곳을 차례대로 정리하여 쓰시오.

(　　　　　　　) → (　　　　　　　)

**서술형 ◡**

**09** 글쓴이가 곤충관에서 관찰한 것을 간추려 쓰시오.

_____

_____

_____

**10** 수리부엉이에 대한 설명으로 알맞지 <u>않은</u> 것은 어느 것입니까? (　　　)

① 천연기념물이다.
② 주로 낮에 활동한다.
③ 붉은 눈을 가지고 있다.
④ 목이 앞뒤로 자유롭게 움직인다.
⑤ 몸길이가 70센티미터나 되는 큰 새이다.

**[11~15]**

가 우리 모둠은 가장 먼저 ㉠소품 설계관으로 출발했다. 소품 설계관은 작은 소품을 설계하고 직접 만들 수 있는 곳이다. 체험 학습 계획을 세울 때 민기가 "집안 어른들께 선물로 드릴 만한 물건을 만들면 좋겠어."라고 의견을 냈기 때문에 소품 설계관을 첫 번째 체험 활동 장소로 정했다. 민기는 어머니께 드릴 머리끈을 만들고, 나는 할아버지께 드릴 손수건을 만들기로 했다.

나 디자이너 체험을 끝내자 거의 ㉡열한 시가 되었다. 우리는 제빵사 체험을 하려고 ㉢제빵 학원으로 갔다. 제빵 학원 앞에는 크게 '크림빵'이라고 적혀 있었다. 체험관 안으로 들어가자 체험관 선생님께서 밀가루를 나누어 주셨다. 체험관 선생님께서 알려 주시는 차례를 그대로 따라 해서 크림빵을 완성했다.

다 제빵사 체험을 마치고 나오니 거의 열두 시가 되었다. 우리 모둠은 ㉣중앙 광장에서 아까 만든 크림빵과 각자 싸 온 점심을 먹으며 다른 모둠 친구들과 체험 활동 이야기를 나누었다.

라 점심시간이 끝난 오후 한 시, ㉤소방서에서 병주가 가장 기대하던 소방관 체험으로 활동을 시작했다. 소방관 복장을 하고, 소방차를 타고 출동하고, 불이 난 곳에 물도 뿌렸다. 원래 소방관에는 관심이 없었는데, 체험해 보니 내 적성에도 잘 맞고 보람도 있어서 미래에 소방관이 되어도 좋겠다고 생각했다.

**11** ㉠~㉤ 중 다음 부분에 해당하는 것의 기호를 모두 쓰시오.

| 시간 흐름을 알 수 있는 부분 | (1) |
|---|---|
| 장소 변화를 알 수 있는 부분 | (2) |

**12** 글쓴이가 오후에 방문한 체험관을 쓰시오.

( )

**13** 글쓴이가 직업 체험관에서 한 일을 차례대로 정리한 것은 어느 것입니까? ( )

㉮ 중앙 광장에서 점심을 먹었다.
㉯ 소방서에서 소방관 체험을 했다.
㉰ 제빵 학원에서 크림빵을 만들었다.
㉱ 소품 설계관에서 손수건을 만들었다.

① ㉮ → ㉯ → ㉰ → ㉱
② ㉮ → ㉯ → ㉱ → ㉰
③ ㉰ → ㉱ → ㉮ → ㉯
④ ㉱ → ㉰ → ㉮ → ㉯
⑤ ㉱ → ㉰ → ㉯ → ㉮

**14** 글쓴이가 소방관이 되어도 좋겠다고 생각한 까닭을 두 가지 고르시오. ( , )

① 보람이 있어서
② 적성에 잘 맞아서
③ 일이 쉽다고 생각해서
④ 소방관 복장이 멋있어 보여서
⑤ 원래부터 관심이 있었던 직업이어서

서술형 낭

**15** 자신이 직업 체험관에 견학을 가면 어디에서 어떤 체험을 하고 싶은지 쓰시오.

_____

_____

_____

**[16~20]**

**가** 괴산 특산물, 한지

한지는 닥나무 껍질로 만든 우리 종이입니다. 괴산에서 만든 한지는 질기고 보관하기 좋아 외국으로 많이 수출한다고 합니다. 그럼 옛날 사람들은 한지를 어떻게 만들었을까요?

한지를 만드는 방법

① 닥나무 자르기　② 닥나무 껍질 벗기기　③ 껍질 삶기　④ 껍질 씻기

⑤ 껍질 두드리기　⑥ 닥풀 풀기　⑦ 발로 한지 뜨기　⑧ 한지 말리기

**나** 산막이 옛길 안내

괴산에는 사오랑 마을에서 산골 마을인 산막이 마을까지 연결되는 10리(약 4킬로미터)에 걸친 옛길이 있다. 이 옛길을 산책로로 만든 것이 지금의 산막이 옛길이다.

산막이 옛길은 주차장을 지나 오르막으로 시작한다. 오르막을 걷다 보면 차돌 바위 나루를 지나 소나무 동산에 이를 수 있다. 소나무 동산엔 40년이 넘은 소나무들이 숲을 이룬다. 소나무 동산에서는 괴산호를 바라볼 수 있다. 소나무 동산을 지나 호수 전망대로 가려면 소나무 출렁다리를 건너 호랑이 모형이 관광객을 반겨 주는 호랑이 굴 앞을 지난다. 호수 전망대, 고공 전망대로 가는 길 내내 아름다운 풍경을 볼 수 있다. 그리고 산골 마을인 산막이 마을에 도착하면 산막이 옛길이 끝난다.

**16** 글 **가** 와 **나** 중 지역 특산물을 소개하는 글의 기호를 쓰시오.

글 (　　　　　　　)

**17** 한지를 만들 때 가장 먼저 해야 하는 일은 무엇입니까? (　　　)

① 닥나무를 자른다.
② 닥나무의 껍질을 씻는다.
③ 닥나무의 껍질을 벗긴다.
④ 닥나무의 껍질을 삶는다.
⑤ 닥나무의 껍질을 두드린다.

**18** 산막이 옛길에서 차돌 바위 나루를 지나면 어디에 이를 수 있다고 하였는지 찾아 쓰시오.

(　　　　　　　)

**어려워**

**19** 다음 ㉮와 ㉯에 들어갈 말이 바르게 짝 지어진 것은 어느 것입니까? (　　　)

글 **가** 는 　㉮　대로, 글 **나** 는 　㉯　대로 쓰였다.

|   | ㉮ | ㉯ |
|---|---|---|
| ① | 장소 변화 | 일 차례 |
| ② | 일 차례 | 장소 변화 |
| ③ | 일 차례 | 시간 차례 |
| ④ | 시간 차례 | 일 차례 |
| ⑤ | 장소 변화 | 시간 차례 |

**20** 글 **가** 와 **나** 같은 지역을 소개하는 글을 쓸 준비를 할 때, 할 일이 <u>아닌</u> 것은 어느 것입니까?

(　　　)

① 주제 정하기
② 글의 흐름 정하기
③ 조사한 내용 기록하기
④ 글에 넣을 그림 계획하기
⑤ 글에서 잘된 점 찾아 칭찬하기

## 개념 ① 글을 읽고 인물에 대해 이야기하기

- 인물의 ❶ⓂⓄ 을 생각하며 글을 읽습니다.

- 인물과 비슷한 말이나 행동을 하는 친구의 성격을 생각하며 이야기 속 인물의 성격을 짐작합니다.

- 자신이 이야기 속 인물이라면 어떤 말이나 ❷ⒽⒹ 을 할지 생각합니다.

**1** 다음 글에 나오는 무툴라의 성격으로 알맞은 것은 어느 것입니까?
( )

> "투루, 그렇게 거만하게 굴 것까진 없잖아! 너는 몸집이 가장 크다고 네가 가장 힘이 센 줄 알지? 난 줄다리기를 하면 널 언제든 이길 수 있어!"
> "네가? 너 같은 꼬맹이가? 흥, 푸우하하하!"
> "내일 아침, 내가 밧줄을 가져올게. 그럼 내가 얼마나 힘이 센지 알게 될 거야!"
> 무툴라가 자신만만하게 말했어요.

① 겸손하다.     ② 게으르다.     ③ 소극적이다.
④ 겁이 많다.     ⑤ 자신감이 있다.

## 개념 ② 인물의 성격을 생각하며 극본을 소리 내어 읽기

- 극본을 읽고, 내용을 정리합니다.

- 인물의 말과 행동을 보고 인물의 ❸ⓈⒼ 을 짐작합니다.

- 인물의 성격과 ❹ⓈⒽ 에 알맞은 말투를 상상해 극본을 소리 내어 읽습니다.

**2** ㉠과 ㉡ 중 간절한 말투로 읽어야 하는 부분을 찾아 기호를 쓰시오.

> 호랑이: (반가운 목소리로) 나그네님!
> 나그네: 누가 나를 부르나? (사방을 둘러본다.)
> 호랑이: ㉠나그네님, 저를 좀 구해 주십시오.
> 나그네: (궤짝을 들여다보고) ㉡이크, 호랑이구려! 무슨 일이오?

( )

## 개념 ③ 알맞은 표정, 몸짓, 말투를 생각하며 극본을 읽고 연극 준비하기

- 인물에게 어울리는 ❺ⓅⒿ, 몸짓, 말투를 상상합니다.

- 알맞은 표정, 몸짓, 말투로 극본을 ❻ⓈⒼ 나게 소리 내어 읽습니다.

- 무대에서 상대를 바라보며 말을 주고받되, 연극을 보는 친구들에게도 모습이 잘 보이도록 주의하며 전체 장면을 연습합니다.

**3** ㉠에 어울리는 토끼의 표정으로 알맞은 것을 찾아 ○표 하시오.

> 호랑이: (답답하다는 듯이 화를 내며) 왜 이렇게 말귀를 못 알아듣지? (궤짝 속으로 들어가며) 이 궤짝 속에 내가 이렇게 있었어. 내가 이렇게 갇혀 있었단 말이야. 알았지?
>
> ㉠토끼가 얼른 달려들어 문고리를 걸어 잠근다.
>
> 토끼: (웃으면서) 이제야 알았습니다. 설명하시지 않아도 잘 알겠습니다.

(1) 화난 표정 ( )     (2) 기쁜 표정 ( )
(3) 괴로운 표정 ( )     (4) 궁금한 표정 ( )

정답 ❶ 마음 ❷ 행동 ❸ 성격 ❹ 상황 ❺ 표정 ❻ 실감

**[01~03]**

옛날옛날, 산토끼 무툴라가 코로로 언덕의 굴속에서 살고 있었어요. 어느 날 아침, 무툴라는 코가 따끔거려서 잠에서 깼어요. 무툴라는 코로로 언덕 아래로 깡충 뛰어갔어요.

그런데 갑자기 뭔가가 "우두둑, 뚝, 쿵!" 하고 부러지는 소리가 들렸어요. 코끼리 투루가 나타난 거예요.

"안녕, 투루."

투루는 질겅질겅 풀을 씹기만 할 뿐 아무 말도 하지 않았어요.

"안녕이라고 말했잖아. 투루!"

투루는 꼬리를 한 번 실룩 움직일 뿐 여전히 아무 말도 하지 않았어요.

"안녕이라고 말했잖아. 투루!"

㉠무툴라는 이번에는 아주 크게 소리쳤어요.

"그래서 어쩌라고? 이 꼬맹이야! ㉡감히 아침 식사 하는 나를 귀찮게 해?"

**01** 다음 에서 설명하는 인물은 누구인지 글에서 찾아 쓰시오.

> 보기
> • 산토끼이다.
> • 코로로 언덕의 굴속에 살고 있다.

(           )

**꼭나와 ♥**

**02** ㉠에서 알 수 있는 무툴라의 성격은 어떠합니까?
(    )

① 지혜롭다.      ② 솔직하다.
③ 꾀가 많다.      ④ 용기가 있다.
⑤ 호기심이 많다.

**03** ㉡은 어떤 표정으로 읽어야 합니까? (    )

① 미안한 표정      ② 거만한 표정
③ 실망하는 표정      ④ 안타까운 표정
⑤ 당황하는 표정

**[04~05]**

**가** "쿠부, 그렇게 거만하게 굴 것까진 없잖아! 너는 몸집이 가장 크다고 네가 가장 힘이 센 줄 알지? 난 줄다리기를 하면 널 언제든 이길 수 있어!"

"네가? 너 같은 꼬맹이가? 푸우하하하!"

"내일 아침, 내가 밧줄을 가져올게. 그럼 내가 얼마나 힘이 센지 알게 될 거야!"

무툴라가 자신만만하게 말했어요.

**나** "이걸 잡아. 저 덤불숲이 보이지? 밧줄의 한쪽 끝을 저 뒤에다 두었어. 난 달려가서 그걸 잡을 거야. ㉠내가 당길 준비가 되면 휘파람을 불게. 이렇게. 휘이이이익!"

무툴라는 쿠부가 밧줄을 꽉 물 때까지 숨죽이고 기다렸어요. 무툴라는 영양처럼 재빨리 덤불숲으로 뛰어갔어요.

무툴라는 꼭꼭 숨자마자 숨을 깊이깊이 들이마신 다음 있는 힘껏 휘파람을 불었어요. "휘이이이익!" 그러자 양쪽 끝에서 투루와 쿠부가 밧줄을 잡아당기기 시작하는 소리가 들렸어요. 둘은 밧줄을 당기고 당기고 또 당겼어요. 먼저 코끼리 투루가 영차영차 끙끙 밧줄을 잡아당기자 하마 쿠부는 몸을 부르르 떨며 버텼어요. 그다음엔 하마 쿠부가 영차영차 끙끙 밧줄을 잡아당기자 코끼리 투루가 몸을 부르르 떨며 버텼어요. 무툴라는 너무 재미있어서 깔깔 웃느라 배가 다 아팠어요.

**04** ㉠을 바르게 읽은 친구는 누구인지 쓰시오.

> • 병석: 억울하다는 듯이 울먹이며 읽었어.
> • 재은: 웃음이 나오려는 것을 억지로 참고 읽었어.

(           )

**05** 줄다리기를 하는 투루와 쿠부를 보는 무툴라의 마음으로 알맞은 것은 어느 것입니까? (    )

① 통쾌하다.    ② 미안하다.    ③ 쓸쓸하다.
④ 부끄럽다.    ⑤ 자랑스럽다.

**[06~07]**

나그네: 뭐요? 문을 열어 달라고? 열어 주면 뛰쳐나와서 나를 잡아먹을 것이 아니오?

호랑이: 아닙니다. 제가 은혜를 모르고 그런 짓을 할 리가 있겠습니까? (앞발을 비비며 자꾸 절을 한다.)

나그네: 허허, 알았소. 설마 거짓말이야 하겠소? 내가 이 궤짝 문을 열어 주리다. 그 대신 약속을 꼭 지키시오.

호랑이: 네, 얼른 좀 열어 주십시오. 배가 고파서 눈이 빠질 지경입니다.

나그네가 문을 열자, 호랑이가 뛰쳐나와서 나그네를 잡아먹으려고 덤빈다.

**06** 궤짝 안에 있던 호랑이가 나그네에게 한 약속은 무엇입니까? (          )

① 나그네에게 돈을 주겠다는 것
② 나그네에게 지름길을 알려 주겠다는 것
③ 나그네에게 먹을 것을 갖다 주겠다는 것
④ 궤짝 문을 열어 주면 나그네를 데려다주겠다는 것
⑤ 궤짝에서 나오더라도 나그네를 잡아먹지 않겠다는 것

서술형 상

**07** 인물의 말과 행동을 생각하며, 다음 물음에 답하시오.

(1) 호랑이를 궤짝에서 꺼내 준 인물은 누구인지 쓰시오.

(                          )

(2) 문제 (1)번에서 답한 인물의 성격을 쓰시오.

_____

_____

**[08~10]**

호랑이: 하하, 궤짝 속에서 한 약속을 궤짝 밖에 나와서도 지키라는 법이 어디 있어?

나그네: 조금 전에 은혜를 모를 리가 있겠느냐고 하면서 애걸복걸하지 않았소?

호랑이: 은혜 모르기는 사람이 더하지. 그러니까 사람은 보는 대로 잡아먹어도 괜찮아.

나그네: ㉠아니, 그런 법이 어디 있소? 우리 누가 옳은지 한번 물어보세.

호랑이: 좋아, 소나무에게 물어보자.

나그네: 소나무님, 소나무님! 당신도 보셨으니까 사정을 아시지요? 호랑이가 옳습니까, 제가 옳습니까?

소나무: 물론 호랑이가 옳지. 왜냐하면 사람은 내가 맑은 공기를 마시게 해 주는데도 나를 마구 꺾고 베어 버리기 때문이야. 호랑이야, 얼른 잡아먹어 버려라.

꼭나와 상

**08** ㉠을 읽을 때 나그네의 말투로 알맞은 것은 어느 것입니까? (          )

① 차분한 말투          ② 활기찬 말투
③ 억울해하는 말투      ④ 자신만만한 말투
⑤ 빈정거리는 말투

**09** 소나무는 왜 호랑이가 옳다고 하였는지 알맞은 까닭을 찾아 ○표 하시오.

(1) 나그네가 거짓말을 해서          (          )
(2) 사람이 맑은 공기를 다 마셔서    (          )
(3) 사람이 자신을 마구 꺾고 베어서  (          )

**10** 이 글에서 알 수 있는 호랑이의 성격은 어떠합니까? (          )

① 다정하다.          ② 뻔뻔하다.
③ 쾌활하다.          ④ 화를 잘 낸다.
⑤ 책임감이 강하다.

## [11~15]

하얀 토끼가 지나간다.

나그네: 토끼님, 토끼님! 재판 좀 해 주세요. 이 궤짝 속에 갇힌 호랑이를 살려 준 나하고, 살려 준 나를 잡아먹으려는 호랑이하고 누가 옳습니까?

토끼: (귀를 기울이고 한참 생각하다) ㉠누가 누구를 살려 주었어요? 누가 누구를 잡아먹으려 해요? 아, 당신이 이 호랑이를 잡아먹으려고 해요?

나그네: 아니지요. 내가 호랑이를 잡아먹으려 하는 게 아니라, 이 호랑이가 궤짝에 갇혀 있었는데 내가 살려 주었어요.

토끼: 네, 알았습니다. 그러니까 이 호랑이하고 당신이 궤짝 속에 갇혀 있었다고요?

나그네: 아니지요. 호랑이가…….

호랑이: (답답하다는 듯이 화를 내며) ㉡왜 이렇게 말귀를 못 알아듣지? (궤짝 속으로 들어가며) 이 궤짝 속에 내가 이렇게 있었어. 내가 이렇게 갇혀 있었단 말이야. 알았지?

㉢토끼가 얼른 달려들어 문고리를 걸어 잠근다.

토끼: (웃으면서) 이제야 알았습니다. 설명하시지 않아도 잘 알겠습니다. 호랑이님이 어떻게 이 궤짝 속에 들어갔는지 잘 알았습니다. 그럼 저는 바빠서 이만 가 보겠습니다.

나그네: (토끼를 쫓아가며) 토끼님, 대단히 고맙습니다. 이 은혜를 어떻게 갚아야 할지…….

**11** 이 글의 내용을 바르게 이해한 것을  에서 모두 찾아 기호를 쓰시오.

> **보기**
>
> ㉮ 토끼는 설명을 잘 못하는 나그네가 답답했다.
> ㉯ 토끼는 나그네가 옳다고 생각해 나그네의 편을 들어 주었다.
> ㉰ 토끼는 호랑이를 다시 궤짝에 가두려고 일부러 나그네의 말을 못 알아듣는 척했다.

( )

**12** 호랑이와 나그네는 누구에게 재판을 해 달라고 하였는지 쓰시오.

( )

**서술형** 분

**13** 인물의 말에 어울리는 표정, 몸짓, 말투를 생각하며, 다음 물음에 답하시오.

(1) ㉠~㉢ 중 인물의 답답한 마음을 알 수 있는 부분의 기호를 쓰시오.

( )

(2) 문제 (1)번에서 답한 부분에 어울리는 표정, 몸짓, 말투는 어떠할지 쓰시오.

_____

_____

**14** 토끼가 웃으며 사라진 까닭을 두 가지 고르시오.

( , )

① 나그네가 계속 쫓아와서
② 나그네가 은혜를 갚겠다고 해서
③ 호랑이가 다시 궤짝 속에 갇혀서
④ 다시 길을 지나갈 수 있게 되어서
⑤ 죄 없는 나그네를 구할 수 있어서

**꼭나와** ♥

**15** 이 글에서 알 수 있는 토끼의 성격은 어떠합니까?

( )

① 지혜롭다. ② 심술궂다.
③ 의심이 많다. ④ 잘난 체한다.
⑤ 고마움을 모른다.

**[01~03]**

"안녕, 쿠부." / 쿠부는 무툴라를 쳐다보았지만 아무 말도 하지 않았어요.

"내가 안녕이라고 말했잖아, 쿠부."

쿠부는 눈을 감더니 아무 말 없이 물속으로 사라져 버렸어요. ㉠쿠부의 머리가 다시 물 밖으로 나오자 무툴라는 아주 크게 소리쳤어요.

"쿠부, 내가 안녕이라고 말했잖아!"

㉡"그래서 어쩌라고, 이 꼬맹이야! 감히 내 아침잠을 방해하다니!"

"쿠부, 그렇게 거만하게 굴 것까진 없잖아! 너는 몸집이 가장 크다고 네가 가장 힘이 센 줄 알지? 난 줄다리기를 하면 널 언제든 이길 수 있어!"

㉢"네가? 너 같은 꼬맹이가? 푸우하하하!"

"내일 아침, 내가 밧줄을 가져올게. ㉣그럼 내가 얼마나 힘이 센지 알게 될 거야!"

무툴라가 자신만만하게 말했어요.

쿠부의 대답을 기다리지도 않고 무툴라는 깡충깡충 뛰어 그 자리를 떠났어요.

**01** 쿠부가 무툴라에게 화를 낸 까닭은 무엇입니까?
( )

① 무툴라가 아침잠을 방해해서
② 무툴라가 몸집이 작다고 놀려서
③ 무툴라가 자꾸 줄다리기를 하자고 해서
④ 무툴라가 힘이 세다는 것을 알게 되어서
⑤ 무툴라가 자신의 인사를 받아 주지 않아서

**02** ㉠~㉢ 중 잘난 체하는 쿠부의 성격이 드러난 말이나 행동이 아닌 것을 찾아 기호를 쓰시오.
( )

서술형 난

**03** ㉣을 말하는 무툴라의 표정, 몸짓, 말투는 어떠할지 쓰시오.

_____

_____

**[04~05]**

"이걸 잡아. 저 덤불숲이 보이지? 밧줄의 한쪽 끝을 저 뒤에다 두었어. 난 달려가서 그걸 잡을 거야. 내가 당길 준비가 되면 휘파람을 불게. 이렇게. 휘이이이익!"

무툴라는 쿠부가 밧줄을 꽉 물 때까지 숨죽이고 기다렸어요. 무툴라는 영양처럼 재빨리 덤불숲으로 뛰어갔어요.

무툴라는 꼭꼭 숨자마자 숨을 깊이깊이 들이마신 다음 있는 힘껏 휘파람을 불었어요. "휘이이이익!" 그러자 양쪽 끝에서 투루와 쿠부가 밧줄을 잡아당기기 시작하는 소리가 들렸어요. 둘은 밧줄을 당기고 당기고 또 당겼어요. 먼저 코끼리 투루가 영차영차 끙끙 밧줄을 잡아당기자 하마 쿠부는 몸을 부르르 떨며 버텼어요. 그다음엔 하마 쿠부가 영차영차 끙끙 밧줄을 잡아당기자 코끼리 투루가 몸을 부르르 떨며 버텼어요. 무툴라는 너무 재미있어서 깔깔 웃느라 배가 다 아팠어요.

줄다리기는 해가 뜰 때 시작되어 해가 질 때까지 계속되었어요. 투루와 쿠부는 둘 다 지고 싶지 않아서 줄다리기를 그만두지 않았어요.

**04** 이 글에서 일어난 일로 알맞지 <u>않은</u> 것은 어느 것입니까? ( )

① 투루와 쿠부가 줄다리기를 했다.
② 무툴라와 투루가 줄다리기를 했다.
③ 줄다리기는 해가 질 때까지 끝나지 않았다.
④ 투루와 쿠부는 줄다리기를 지고 싶지 않았다.
⑤ 무툴라는 덤불숲에 숨어서 줄다리기하는 모습을 지켜보았다.

어려워 난

**05** 이 글에서 다음과 같은 성격을 가진 인물을 모두 찾아 쓰시오.

(1) 어리석은 성격: ( )
(2) 꾀가 많은 성격: ( )

**[06~08]**

호랑이: 나그네님, 제발 문고리를 따고 문짝을 좀 열어 주십시오.

나그네: 뭐요? 문을 열어 달라고? 열어 주면 뛰쳐나와서 나를 잡아먹을 것이 아니오?

호랑이: 아닙니다. 제가 은혜를 모르고 그런 짓을 할 리가 있겠습니까? (  ㉠  )

나그네: 허허, 알았소. 설마 거짓말이야 하겠소? 내가 이 궤짝 문을 열어 주리다. 그 대신 약속을 꼭 지키시오.

호랑이: 네, 얼른 좀 열어 주십시오. 배가 고파서 눈이 빠질 지경입니다.

나그네가 문을 열자, 호랑이가 뛰쳐나와서 나그네를 잡아먹으려고 덤빈다.

**06** ㉠에 들어갈 호랑이의 몸짓으로 가장 알맞은 것은 어느 것입니까? (     )

① 박수를 친다.　　　② 뒷짐을 진다.
③ 앞으로 걸어간다.　④ 사방을 둘러본다.
⑤ 앞발을 비비며 자꾸 절을 한다.

**07** 호랑이가 나그네를 잡아먹으려고 덤빌 때 나그네는 어떤 마음이 들었겠습니까? (     )

① 미안한 마음　　　② 외로운 마음
③ 귀찮은 마음　　　④ 후회하는 마음
⑤ 부끄러운 마음

**08** 다음은 이 글의 내용을 정리한 것입니다. 빈칸에 알맞은 말을 쓰시오.

> 호랑이가 나그네에게 잡아먹지 않을 테니 구해 달라고 부탁함. → _____
>
> _____
>
> _____

**[09~10]**

가 나그네: ㉠이게 무슨 짓이오? 약속을 지키지 않고…….

호랑이: 하하, 궤짝 속에서 한 약속을 궤짝 밖에 나와서도 지키라는 법이 어디 있어?

나그네: ㉡조금 전에 은혜를 모를 리가 있겠느냐고 하면서 애걸복걸하지 않았소?

호랑이: 은혜 모르기는 사람이 더하지. 그러니까 사람은 보는 대로 잡아먹어도 괜찮아.

나 나그네: ㉢소나무님, 소나무님! 당신도 보셨으니까 사정을 아시지요? 호랑이가 옳습니까, 제가 옳습니까?

소나무: 물론 호랑이가 옳지. 왜냐하면 사람은 내가 맑은 공기를 마시게 해 주는데도 나를 마구 꺾고 베어 버리기 때문이야. 호랑이야, 얼른 잡아먹어 버려라.

호랑이: ㉣자, 어때? 내가 옳지?

나그네: (머리를 긁으며) ㉤길한테 한 번 더 물어보세. 길님, 길님! 다 보고 들으셨지요?

**09** ㉠~㉤ 중 크고 당당한 목소리로 말해야 하는 것은 무엇입니까? (     )

① ㉠　　　② ㉡　　　③ ㉢
④ ㉣　　　⑤ ㉤

**10** 이 글에 나오는 인물의 성격을 바르게 말한 친구의 이름을 모두 쓰시오.

> • 현수: 자신을 구해 준 나그네를 잡아먹으려고 한 호랑이는 고마움을 모르는 성격이야.
> • 민영: 맞아. 약속을 지키지 않고도 당당하게 행동한 것에서 뻔뻔한 성격도 드러나.
> • 재환: 다 보고 들었으면서도 호랑이 편을 들어 준 소나무는 정이 많은 성격이야.

(　　　　　　　　)

**[11~15]**

토끼: (귀를 기울이고 한참 생각하다) 누가 누구를 살려 주었어요? 누가 누구를 잡아먹으려 해요? 아, 당신이 이 호랑이를 잡아먹으려고 해요?

나그네: 아니지요. 내가 호랑이를 잡아먹으려 하는 게 아니라, 이 호랑이가 궤짝에 갇혀 있었는데 내가 살려 주었어요.

토끼: 네, 알았습니다. 그러니까 이 호랑이하고 당신이 궤짝 속에 갇혀 있었다고요?

나그네: ㉠아니지요. 호랑이가…….

호랑이: (답답하다는 듯이 화를 내며) 왜 이렇게 말귀를 못 알아듣지? (궤짝 속으로 들어가며) 이 궤짝 속에 내가 이렇게 있었어. 내가 이렇게 갇혀 있었단 말이야. 알았지?

토끼가 얼른 달려들어 문고리를 걸어 잠근다.

토끼: (웃으면서) 이제야 알았습니다. 설명하시지 않아도 잘 알겠습니다. 호랑이님이 어떻게 이 궤짝 속에 들어갔는지 잘 알았습니다. 그럼 저는 바빠서 이만 가 보겠습니다.

나그네: (토끼를 쫓아가며) ㉡토끼님, 대단히 고맙습니다. 이 은혜를 어떻게 갚아야 할지…….

**어려워** ⓗ

**11** ㉠에 어울리는 몸짓은 무엇입니까? ( )

① 손을 저으며  ② 어깨를 흔들며
③ 자꾸 절을 하며  ④ 고개를 끄덕이며
⑤ 궤짝을 번쩍 들며

**12** 호랑이가 토끼를 답답해한 까닭은 무엇입니까?
( )

① 재판을 또 해야 해서
② 토끼가 너무 한참 생각해서
③ 토끼가 말귀를 못 알아들어서
④ 토끼가 나그네만 옳다고 해서
⑤ 토끼가 자신의 말을 안 들어 주어서

**13** ㉡은 어떤 표정으로 말하는 것이 어울립니까?
( )

① 슬픈 표정
② 기쁜 표정
③ 당황한 표정
④ 귀찮은 표정
⑤ 안타까운 표정

**14** 이 글에서 다음과 같은 마음과 성격을 보인 인물은 누구인지 찾아 쓰시오.

- 마음: 답답하다.
- 성격: 화를 잘 낸다.

( )

**서술형** ⓗ

**15** 다음 상황에서 인물의 마음이 어떠한지 짐작하고, 그때 어떤 표정, 몸짓, 말투를 할지 상상하여 쓰시오.

| | |
|---|---|
| 상황 | 호랑이가 다시 궤짝 속으로 들어간 뒤 토끼가 재빨리 궤짝에 문고리를 걸어 잠근 상황 |
| 토끼의 마음 | (1) |
| 극본에서 찾은 부분 | 토끼가 얼른 달려들어 문고리를 걸어 잠근다. |
| 상상한 표정, 몸짓, 말투 | (2) |

→ 바른답·알찬풀이 19쪽

**16** 연극 발표회에 필요한 소품을 준비하는 방법으로 알맞지 <u>않은</u> 것은 어느 것입니까? (       )

① 재활용품으로 준비한다.
② 없는 소품은 그림으로 그린다.
③ 없는 소품은 있다고 생각해도 된다.
④ 모두 극본 속의 것과 똑같이 준비한다.
⑤ 평소 사용하는 물건으로 간단히 준비한다.

**17** 친구들과 함께 무대에서 연극 발표회를 할 준비를 할 때, 할 일로 알맞지 <u>않은</u> 것은 어느 것입니까? (       )

① 친구들과 연극 전체 장면을 연습해 본다.
② 무대에서 인물이 설 곳과 소품을 둘 곳을 생각한다.
③ 무대에서 인물이 입장할 곳과 퇴장할 곳을 정한다.
④ 인물의 표정, 몸짓, 말투를 생각하며 극본을 여러 번 소리 내어 읽는다.
⑤ 연습을 하는 동안 극본에 없는 새로운 인물을 계속 등장시켜 연극을 재미있게 바꾼다.

**18** 연극을 볼 때 지켜야 할 예절로 알맞은 것을 에서 모두 찾아 기호를 쓰시오.

㉮ 집중해서 본다.
㉯ 이야기를 하지 않는다.
㉰ 다른 친구들이 발표할 때 연습한다.
㉱ 발표를 하기 전과 발표를 하는 중에 친구에게 박수를 보낸다.

(                    )

**19** 연극 발표회를 하기 전에 자신이 맡은 역할을 바르게 점검한 친구의 이름을 모두 쓰시오.

계속 바닥을 보면서 말과 행동을 해 볼게.
다윤

인물의 표정, 몸짓, 말투를 좀 더 실감 나게 해 볼게.
민재

관람하는 친구들이 있다고 생각하고 무대에 서서 말해 볼게.
연아

(                    )

**20** 다음은 연극 발표회를 한 뒤, 자신의 행동을 확인한 내용입니다. (1)~(3)에 들어갈 알맞은 내용을 보기에서 찾아 기호를 쓰시오.

보기
㉮ 연극을 준비할 때
㉯ 연극을 관람할 때
㉰ 연극 발표회를 할 때

| (1) | • 역할을 정해 열심히 참여했다.<br>• 맡은 인물이 어떤 성격인지 말할 수 있다.<br>• 친구가 어떻게 반응할지 생각하며 연습했다. |
|---|---|
| (2) | • 큰 소리로 말했다.<br>• 인물의 성격을 생각하며 발표했다.<br>• 진지하게 참여했다. |
| (3) | 예의를 지키며 연극을 관람했다. |

숨은수학찾기

학습을 시작하기 전에 숨은 그림을 찾아보세요.

**숨은그림**

| 손거울 | 비커 | 피자 | 동전 | 컴퍼스 | 저울 | 나침반 | 선풍기 |

정답바로보기

# 수학

**개념 ①** (세 자리 수) × (한 자리 수)

• 231 × 2의 계산 →올림이 없는 경우

```
    2 3 1
  ×     2
        2  …1×2
      6 0  …30×2
    4 0 0  …200×2
    4 6 2
```

• 564 × 3의 계산 →올림이 있는 경우

```
    5 6 4
  ×     3
      1 2  …4×3
    1 8 0  …60×3
  1 5 0 0  …500×3
  1 6 9 2
```

**1** ☐ 안에 알맞은 수를 써넣으시오.

```
      2 1 4
  ×       2
  ☐ ☐ ☐
```

**개념 ②** (몇십) × (몇십) / (몇십몇) × (몇십)

• 70 × 30의 계산
7 × 3을 계산한 값에 0을 2개 붙입니다.

```
    7 0
  × 3 0
  2 1 0 0
```

• 12 × 40의 계산
12 × 4를 계산한 값에 0을 1개 붙입니다.

```
    1 2
  × 4 0
    4 8 0
```

**2** ☐ 안에 알맞은 수를 써넣으시오.

(1) 30 × 50 = ☐00

(2) 24 × 40 = ☐0

**개념 ③** (몇) × (몇십몇)

• 6 × 28의 계산
6 × 8과 6 × 20을 각각 구한 다음 두 곱을 더합니다.

 ➡  ➡

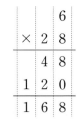

**3** ☐ 안에 알맞은 수를 써넣으시오.

7 × 25

= ☐ + ☐
  7×5   7×20

= ☐

**개념 ④** (몇십몇) × (몇십몇)

• 12 × 24의 계산 →올림이 없는 경우

```
      1 2
  ×   2 4
      4 8  …12×4
    2 4 0  …12×20
    2 8 8
```

• 57 × 23의 계산 →올림이 있는 경우

```
      5 7
  ×   2 3
    1 7 1  …57×3
  1 1 4 0  …57×20
  1 3 1 1
```

**4** ☐ 안에 알맞은 수를 써넣으시오.

26 × 13

= ☐ + ☐
  26×3   26×10

= ☐

**꼭나와 ♡**

**01** 보기 와 같이 계산해 보시오.

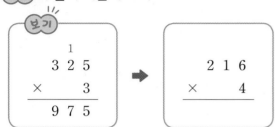

보기

$$\begin{array}{r} 1 \\ 3\ 2\ 5 \\ \times\qquad 3 \\ \hline 9\ 7\ 5 \end{array}$$

➡

$$\begin{array}{r} 2\ 1\ 6 \\ \times\qquad 4 \\ \hline \end{array}$$

**02** 빈칸에 두 수의 곱을 써넣으시오.

| 264 | 2 |
|---|---|
| | |

**03** 계산 결과를 비교하여 ○ 안에 >, =, <를 알맞게 써넣으시오.

$$251 \times 7 \bigcirc 468 \times 3$$

**04** 한 통에 122개씩 들어 있는 아몬드를 3통 샀습니다. 산 아몬드는 모두 몇 개입니까?

( )

**서술형 ♡**

**05** 설명하는 수의 5배는 얼마인지 구하려고 합니다. 풀이 과정을 쓰고, 답을 구하시오.

100이 3개, 10이 6개, 1이 5개인 수

풀이

❶ 100이 3개, 10이 6개, 1이 5개인 수를 구하기

_____

_____

❷ ❶에서 구한 수의 5배는 얼마인지 구하기

_____

_____

답 _____

**06** □ 안에 알맞은 수를 써넣어 $60 \times 40$을 계산해 보시오.

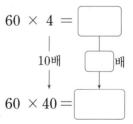

$$60 \times 4 = \boxed{\phantom{00}}$$

10배 ↓ $\boxed{\phantom{0}}$배

$$60 \times 40 = \boxed{\phantom{00}}$$

**07** 계산해 보시오.

(1) $40 \times 20$

(2) $32 \times 30$

**08** 계산 결과가 같은 것끼리 선으로 알맞게 이으시오.

| 50 × 30 | • | • | 16 × 70 |
| 14 × 80 | • | • | 25 × 60 |
| 27 × 40 | • | • | 12 × 90 |

**09** 은정이는 하루에 40분씩 줄넘기를 합니다. 은정이가 31일 동안 줄넘기를 하는 시간은 모두 몇 분입니까?

(          )

서술형 😊

**10** 계산 결과가 더 작은 것의 기호를 쓰려고 합니다. 풀이 과정을 쓰고, 답을 구하시오.

㉠ 39 × 50      ㉡ 40 × 40

풀이
❶ 계산 결과를 각각 구하기

_____

_____

❷ 계산 결과가 더 작은 것의 기호를 쓰기

_____

_____

답 _____

**11** 두 수의 곱을 구하시오.

| 6      17 |

(          )

**12** 두 친구가 말한 곱의 합을 구하시오.

9 × 32      4 × 59

(          )

꼭나와 😊

**13** 곱이 큰 것부터 차례대로 기호를 쓰시오.

㉠ 5 × 47     ㉡ 2 × 96     ㉢ 7 × 28

(          )

**14** 유진이는 매일 9쪽씩 책을 읽었습니다. 유진이가 7월에 읽은 책은 모두 몇 쪽인지 구하시오.

(          )

**15** 다음이 나타내는 수를 구하시오.

12와 42의 곱

( )

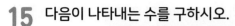

**16** 곱이 더 작은 것에 ◯표 하시오.

| 39×11 | 26×16 |

( ) ( )

**17** 가장 작은 수와 가장 큰 수의 곱을 구하시오.

45 22 30 63

( )

**18** 곱하여 ◯ 안의 수가 나오도록 알맞은 두 수를 각각 찾아 색칠하시오.

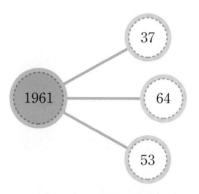

1961 — 37

1961 — 64

1961 — 53

**19** ◻ 안에 들어갈 수 있는 가장 작은 세 자리 수를 구하시오.

45×22<◻

( )

**20** 수 카드 9 , 2 , 7 , 5 를 한 번씩만 사용하여 만들 수 있는 두 자리 수 중에서 가장 큰 수와 가장 작은 수의 곱을 구하려고 합니다. 풀이 과정을 쓰고, 답을 구하시오.

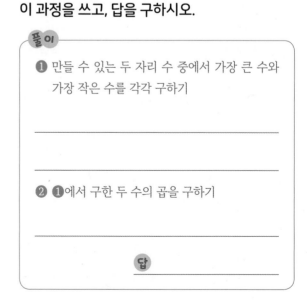

풀이

❶ 만들 수 있는 두 자리 수 중에서 가장 큰 수와 가장 작은 수를 각각 구하기

_____

_____

❷ ❶에서 구한 두 수의 곱을 구하기

_____

답 _____

**01** 덧셈식을 보고 ☐ 안에 알맞은 수를 써넣으시오.

$$321 + 321 + 321$$

$$321 \times \boxed{\phantom{0}} = \boxed{\phantom{00}}$$

**02** 빈칸에 알맞은 수를 써넣으시오.

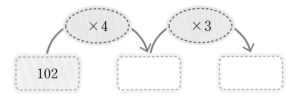

**03** 세 변의 길이가 같은 삼각형이 있습니다. 삼각형의 한 변이 439 cm일 때 세 변의 길이의 합은 몇 cm인지 구하시오.

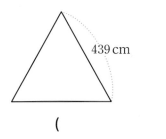

439 cm

(           )

**04** 화살표의 규칙 에 따라 계산하여 빈칸에 알맞은 수를 써넣으시오.

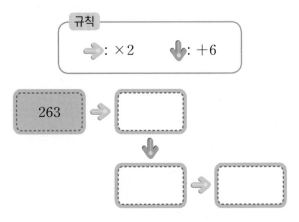

규칙

➡ : ×2   ⬇ : +6

263

서술형

**05** 계산 결과가 2000에 더 가까운 것의 기호를 쓰려고 합니다. 풀이 과정을 쓰고, 답을 구하시오.

> ㉠ 378을 5번 더한 수
> ㉡ 725와 3의 곱

풀이

❶ 계산 결과를 각각 구하기

❷ 계산 결과가 2000에 더 가까운 것의 기호를 쓰기

답 _____

**06** 두 수의 곱을 구하시오.

(           )

꼭나와

**07** 바르게 계산한 친구의 이름을 쓰시오.

$45 \times 30 = 1350$   $72 \times 60 = 4220$

수림   혜성

(           )

**08** 곱이 더 큰 것에 색칠하시오.

$36 \times 90$  $55 \times 60$

**09** ㉠과 ㉡에 알맞은 수의 차를 구하시오.

- $40 \times 30 = ㉠$
- $25 \times 70 = ㉡$

(                )

**10** 두 제과점에서 만든 빵을 상자에 담아 팔았습니다. 한 상자에 담은 빵의 수와 팔린 상자의 수를 나타낸 표를 보고 어느 제과점에서 빵을 더 많이 팔았는지 쓰시오.

| | 한 상자에 담은 빵의 수(개) | 팔린 상자의 수 (상자) |
|---|---|---|
| 가 제과점 | 32 | 40 |
| 나 제과점 | 24 | 70 |

(                )

**11** 빈칸에 두 수의 곱을 써넣으시오.

| 9 | |
|---|---|
| 26 | |

**12** 계산 결과가 큰 것부터 차례대로 ◯ 안에 1, 2, 3을 써넣으시오.

$5 \times 53$  $6 \times 49$  $8 \times 27$

◯      ◯      ◯

**13** ☐ 안에 알맞은 수를 써넣으시오.

$$\begin{array}{r} 4 \\ \times \phantom{0}\boxed{\phantom{0}}\phantom{0}8 \\ \hline 3\phantom{0}1\phantom{0}2 \end{array}$$

**14** 귤을 한 봉지에 7개씩 36봉지에 담았더니 8개가 남았습니다. 귤은 모두 몇 개인지 풀이 과정을 쓰고, 답을 구하시오.

**풀이**

❶ 봉지에 담은 귤은 모두 몇 개인지 구하기

_____

_____

❷ 귤은 모두 몇 개인지 구하기

_____

_____

**답** _____

**15** 사각형 안에 있는 수의 곱을 구하시오.

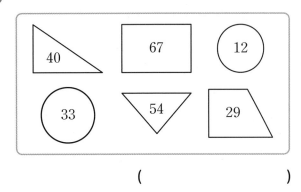

(                    )

**16** 계산 결과가 2352인 것에 ◯표 하시오.

| 68 × 29 | 42 × 56 |

(        )        (        )

꼭나와 ♡

**17** 곱이 3000보다 작은 것을 모두 찾아 기호를 쓰시오.

㉠ 61 × 38      ㉡ 59 × 55
㉢ 74 × 43      ㉣ 92 × 26

(                    )

**18** ㉠과 ㉡이 나타내는 수의 곱을 구하시오.

㉠ 10이 5개, 1이 7개인 수
㉡ 10이 3개, 1이 5개인 수

(                    )

**19** 현경이는 역사책을 하루에 27쪽씩 매일 읽으려고 합니다. 현경이가 3주 동안 읽을 수 있는 역사책은 모두 몇 쪽인지 구하시오.

(                    )

서술형 ♡

**20** 어떤 수에 49를 곱해야 할 것을 잘못하여 더했더니 94가 되었습니다. 바르게 계산한 값은 얼마인지 풀이 과정을 쓰고, 답을 구하시오.

풀이

❶ 어떤 수를 구하기

_____

_____

❷ 바르게 계산한 값은 얼마인지 구하기

_____

_____

답 _____

**01** 빈칸에 알맞은 수를 써넣으시오.

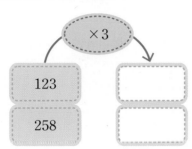

**02** ☐ 안에 들어갈 수 있는 수를 찾아 ○표 하시오.

☐ < 215 × 4

( 859 , 860 , 861 )

**03** ☐ 안에 알맞은 수를 써넣으시오.

$$
\begin{array}{r}
4\ 6\ \boxed{\phantom{0}} \\
\times\quad\quad 6 \\
\hline
2\ 8\ 1\ 4
\end{array}
$$

**04** 지환이는 문구점에서 550원짜리 지우개 5개와 830원짜리 연필 2자루를 사고 5000원을 냈습니다. 지환이가 받아야 할 거스름돈은 얼마인지 구하시오.

(          )

**어려워 ♥**

**05** 현진이는 하루에 950 m씩 5일 동안 걸었고, 찬호는 하루에 790 m씩 ▲일 동안 걸었습니다. 두 사람이 걸은 거리의 합이 7120 m일 때 ▲에 알맞은 수를 구하시오.

(          )

**06** 두 곱의 차를 구하시오.

· $40 \times 50$     · $60 \times 70$

(          )

**서술형 ♥**

**07** ☐ 안에 들어갈 수 중 0의 개수가 가장 많은 것을 찾아 기호를 쓰려고 합니다. 풀이 과정을 쓰고, 답을 구하시오.

㉠ $80 \times 90 = \boxed{\phantom{0}}$
㉡ $50 \times 80 = \boxed{\phantom{0}}$
㉢ $75 \times 60 = \boxed{\phantom{0}}$

**풀이**

_____

_____

_____

**답** _____

**08** 가지를 한 상자에 24개씩 담았더니 50상자가 되었고, 당근을 한 상자에 36개씩 담았더니 30상자가 되었습니다. 가지와 당근 중에서 어느 것이 몇 개 더 많은지 구하시오.

(             ), (             )

**09** 기호 ♥에 대하여 다음과 같이 약속할 때 38♥8과 92♥4의 합을 구하시오.

> 가♥나=(가와 나의 합)×(나의 5배인 수)

(             )

**어려워 %**

**10** 1부터 9까지의 수 중에서 ⬚ 안에 들어갈 수 있는 수를 모두 구하시오.

> $42 \times ⬚0 < 2000$

(             )

**11** 짝수를 모두 찾아 곱을 구하시오.

| 19 | 8 | 55 | 3 | 74 |

(             )

**12** 계산 결과에 알맞은 글자를 찾아 낱말을 만들어 보시오.

| 244 일 | 260 러 | 280 마 | 324 기 |

| $9 \times 36$ | $13 \times 20$ | $6 \times 54$ |
| --- | --- | --- |
| | | |

**서술형 %**

**13** 딸기를 하루에 윤재는 8개씩 4주일 동안 먹었고, 지우는 9개씩 3주일 동안 먹었습니다. 두 친구가 먹은 딸기는 모두 몇 개인지 풀이 과정을 쓰고, 답을 구하시오.

**풀이** _____

_____

_____

**답** _____

**14** 긴 나무 한 그루를 28도막으로 자르려고 합니다. 나무를 한 번 자르는 데 7분이 걸리고 한 번 자른 후에는 3분 동안 쉰 다음 다시 자릅니다. 이 나무를 모두 자르는 데 걸리는 시간은 몇 분인지 구하시오.

(             )

→ 바른답·알찬풀이 21쪽

**15** $32 \times 74$의 계산에서 ☐ 안의 두 수의 곱은 실제로 얼마를 나타내는지 구하시오.

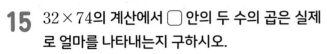

$$\begin{array}{r} ③\ 2 \\ \times\ ⑦\ 4 \\ \hline \end{array}$$

(           )

**16** 곱이 가장 작은 것은 어느 것입니까? (      )

① $40 \times 34$      ② $33 \times 39$

③ $62 \times 15$      ④ $21 \times 52$

⑤ $54 \times 27$

**17** 다음 곱셈의 계산 결과는 세 자리 수입니다. 1부터 9까지의 자연수 중에서 ☐ 안에 들어갈 수 있는 수는 모두 몇 개인지 구하시오.

$$28 \times \boxed{\phantom{0}}5$$

(           )

**서술형**

**18** 도로의 양쪽에 $43\,m$ 간격으로 처음부터 끝까지 가로등을 세우려고 합니다. 필요한 가로등이 60개라면 도로의 길이는 몇 m인지 풀이 과정을 쓰고, 답을 구하시오. (단, 가로등의 두께는 생각하지 않습니다.)

**풀이**

_____

_____

_____

**답** _____

**19** 길이가 $65\,cm$인 색 테이프 15장을 그림과 같이 $11\,cm$씩 겹치게 이어 붙였습니다. 이어 붙인 색 테이프의 전체 길이는 몇 cm입니까?

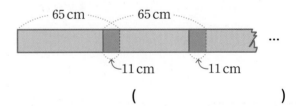

(           )

**어려워**

**20** 어떤 책이 펼쳐져 있었습니다. 펼쳐진 두 면의 쪽수를 곱했더니 1332였을 때 펼쳐진 두 면의 쪽수는 각각 몇 쪽인지 구하시오.

(        ), (        )

### 개념 ① 원의 중심과 반지름, 지름

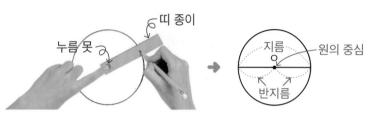

- 원의 중심: 원을 그릴 때 누름 못이 꽂혔던 점
- 원의 반지름: 원의 중심 ㅇ과 원 위의 한 점을 이은 선분
- 원의 지름: 원의 중심 ㅇ을 지나도록 원 위의 두 점을 이은 선분

**1** 누름 못과 띠 종이를 이용하여 원을 그릴 때 알맞은 말에 ○표 하시오.

> 원을 그릴 때 누름 못이 꽂혔던 점은 원의 ( 중심 , 지름 )입니다.

### 개념 ② 원의 성질

- 원의 지름의 성질
  ① 원의 지름은 원을 둘로 똑같이 나누는 선분입니다.
  ② 원의 지름은 원 안에 그을 수 있는 가장 긴 선분입니다.
- 원의 반지름과 지름의 관계
  ① (원의 지름)＝(원의 반지름)×2 → 한 원에서 지름의 길이는 반지름의 길이의 2배예요.
  ② (원의 반지름)＝(원의 지름)÷2 → 한 원에서 반지름의 길이는 지름의 길이의 반이에요.

**2** 반지름이 4 cm인 원의 지름의 길이를 알아보시오.

(원의 지름)
＝(원의 반지름)× ☐
＝4× ☐ ＝ ☐ (cm)

### 개념 ③ 컴퍼스를 이용하여 원 그리기

- 컴퍼스를 이용하여 반지름이 3 cm인 원 그리기

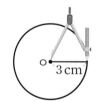

| 원의 중심이 되는 점 ㅇ을 정합니다. | 컴퍼스를 원의 반지름인 3 cm만큼 벌립니다. | 컴퍼스의 침을 점 ㅇ에 꽂고 컴퍼스를 돌려 원을 그립니다. |

**3** 반지름이 2 cm인 원을 그리려고 합니다. ☐ 안에 알맞은 수를 써넣으시오.

> 컴퍼스의 침과 연필심 사이의 거리를 ☐ cm 만큼 벌립니다.

### 개념 ④ 원을 이용하여 여러 가지 모양 그리기

주어진 모양과 똑같이 그릴 때는 컴퍼스의 침을 꽂아야 할 곳을 찾아 그립니다.

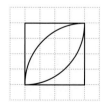

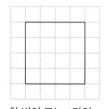

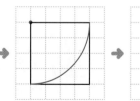

| 〈주어진 모양〉 | 한 변이 모눈 4칸인 정사각형을 그립니다. | 두 점을 각각 원의 중심으로 하고 반지름이 모눈 4칸인 원의 일부분을 그립니다. |

**4** 주어진 모양과 똑같이 그릴 때 컴퍼스의 침을 꽂아야 할 곳이 아닌 점을 찾아 쓰시오.

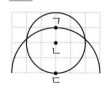

( )

**01** 원의 중심을 찾아 기호를 쓰시오.

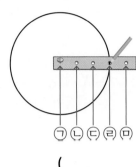

(             )

**02** 그림을 보고 ☐ 안에 알맞게 써넣으시오.

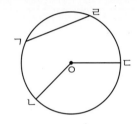

(1) 원의 중심은 점 ☐ 입니다.

(2) 원의 반지름은 선분 ☐ , 선분 ☐ 입니다.

**03** ☐ 안에 알맞은 수를 써넣으시오.

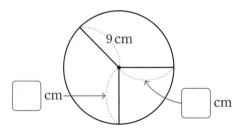

**04** 원에 대한 설명입니다. 잘못 설명한 친구의 이름을 쓰시오.

> • 민희: 한 원에서 원의 중심은 두 개야.
> • 호빈: 한 원에서 지름은 무수히 많아.

(             )

꼭나와 ♥

**05** 원에 반지름을 1개 그어 보고, 길이를 자로 재어 보시오.

 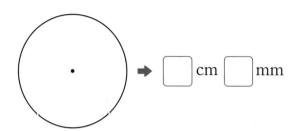

➡ ☐ cm ☐ mm

서술형 ♥

**06** 두 원 가와 나의 지름의 길이의 합은 몇 cm인지 풀이 과정을 쓰고, 답을 구하시오.

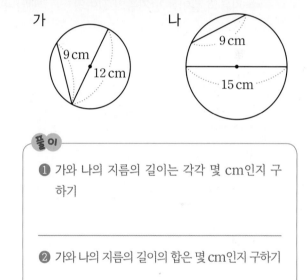

풀이

❶ 가와 나의 지름의 길이는 각각 몇 cm인지 구하기

＿＿＿＿＿＿＿＿＿＿＿＿＿＿＿＿＿＿＿

❷ 가와 나의 지름의 길이의 합은 몇 cm인지 구하기

＿＿＿＿＿＿＿＿＿＿＿＿＿＿＿＿＿＿＿

답 ＿＿＿＿＿＿＿＿＿＿

**07** 원 위의 두 점을 이은 선분 중에서 길이가 가장 긴 선분을 찾아 쓰시오.

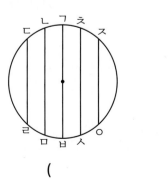

(             )

수학

**08** □안에 알맞은 수를 써넣으시오.

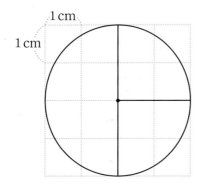

반지름: □ cm, 지름: □ cm

➡ 지름의 길이는 반지름의 길이의 □ 배입니다.

**[09~10]** 그림을 보고 물음에 답하시오.

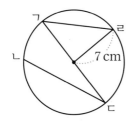

**09** 원을 둘로 똑같이 나누는 선분을 찾아 쓰시오.

( )

**10** 지름의 길이는 몇 cm입니까?

( )

꼭나와 ♥

**11** 한 변이 18cm인 정사각형 안에 원을 꼭 맞게 그렸습니다. 반지름의 길이는 몇 cm입니까?

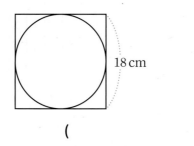

( )

서술형 상

**12** 크기가 가장 작은 원을 찾아 기호를 쓰려고 합니다. 풀이 과정을 쓰고, 답을 구하시오.

> ㉠ 지름이 15cm인 원
> ㉡ 반지름이 8cm인 원
> ㉢ 지름이 14cm인 원
> ㉣ 반지름이 10cm인 원

풀이

❶ ㉡과 ㉣의 지름의 길이는 각각 몇 cm인지 구하기

_____

_____

❷ 크기가 가장 작은 원을 찾아 기호를 쓰기

_____

_____

답 _____

**13** 컴퍼스를 오른쪽 그림과 같이 벌려 그린 원의 반지름의 길이는 몇 cm입니까?

( )

**14** 오른쪽 원을 그릴 때 컴퍼스의 침을 꽂아야 할 곳을 찾아 기호를 쓰시오.

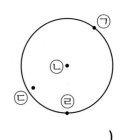

( )

**15** 반지름이 $2\,cm$인 원을 그려 보시오.

**16** 컴퍼스를 이용하여 다음과 같은 원을 그리려고 합니다. 컴퍼스를 몇 cm만큼 벌려야 하는지 구하시오.

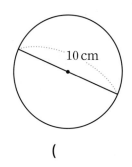

10 cm

(            )

**17** 규칙을 찾아 원을 1개 더 그려 보시오.

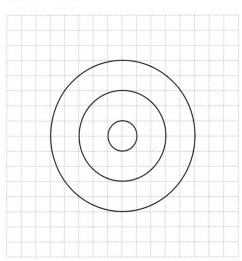

**18** 주어진 모양과 똑같은 모양을 그려 보시오.

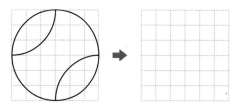

**19** 원의 중심은 다르고 반지름이 같은 원을 그린 모양의 기호를 쓰시오.

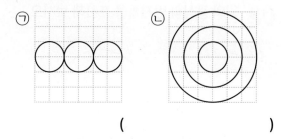

㉠           ㉡

(            )

**서술형**

**20** 재선이와 우진이가 각각 주어진 모양과 똑같은 모양을 그리려고 합니다. 컴퍼스의 침을 꽂아야 할 곳이 더 적은 친구는 누구인지 풀이 과정을 쓰고, 답을 구하시오.

재선 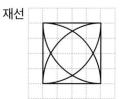    우진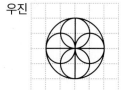

**풀이**

❶ 재선이와 우진이가 컴퍼스의 침을 꽂아야 할 곳은 각각 몇 군데인지 구하기

_____

❷ 컴퍼스의 침을 꽂아야 할 곳이 더 적은 친구는 누구인지 쓰기

_____

_____

**답** _____

**01** 원의 중심을 바르게 나타낸 것을 찾아 ○표 하시오.

(     )    (     )    (     )

**02** 원의 중심과 반지름을 표시해 보시오.

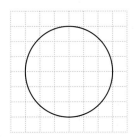

**03** 원에서 지름을 나타내는 선분을 모두 찾아 쓰시오.

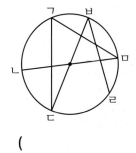

(              )

꼭나와 ♡

**04** 점 ㄱ, 점 ㄴ은 각각 원의 중심입니다. 선분 ㄱㄴ의 길이는 몇 cm입니까?

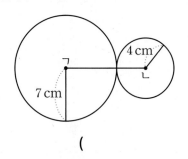

(              )

서술형 ♡

**05** 경아와 민수가 그린 두 원의 반지름의 길이의 차는 몇 cm인지 풀이 과정을 쓰고, 답을 구하시오.

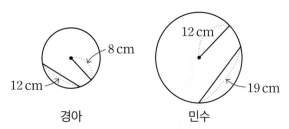

경아          민수

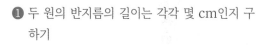

풀이

❶ 두 원의 반지름의 길이는 각각 몇 cm인지 구하기

_____

_____

❷ 두 원의 반지름의 길이의 차는 몇 cm인지 구하기

_____

답 _____

**06** 크기가 같은 원 3개의 중심을 이어 삼각형 ㄱㄴㄷ을 만들었습니다. 삼각형 ㄱㄴㄷ의 세 변의 길이의 합이 27 cm일 때 원의 반지름의 길이는 몇 cm입니까?

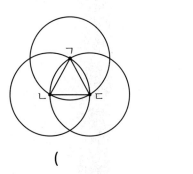

(              )

**07** 지름이 15 cm인 원 모양의 종이에 그을 수 있는 가장 긴 선분의 길이는 몇 cm입니까?

(              )

**꼭나와 ᵇ**

**08** 반지름의 길이는 몇 cm입니까?

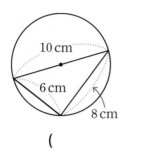

(             )

**09** 원 모양인 두 접시의 반지름의 길이의 합은 몇 cm입니까?

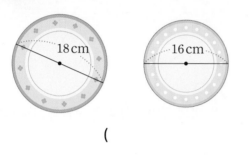

(             )

**10** 큰 원의 지름이 36 cm일 때 작은 원의 반지름의 길이는 몇 cm입니까?

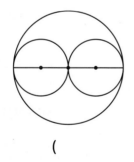

(             )

**11** 점 ㄴ, 점 ㄷ, 점 ㄹ은 각각 원의 중심입니다. 선분 ㄱㅁ의 길이는 몇 cm입니까?

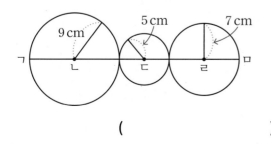

(             )

**서술형 ᵇ**

**12** 크기가 같은 원 4개가 서로 원의 중심이 지나도록 겹쳐져 있습니다. 선분 ㄱㄴ의 길이는 몇 cm인지 풀이 과정을 쓰고, 답을 구하시오.

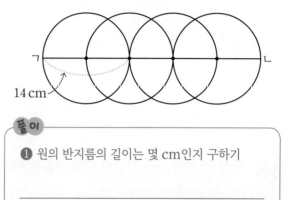

> **풀이**
>
> ❶ 원의 반지름의 길이는 몇 cm인지 구하기
>
> _____
>
> ❷ 선분 ㄱㄴ의 길이는 몇 cm인지 구하기
>
> _____
>
> _____
>
> **답** _____

**13** 컴퍼스를 이용하여 반지름이 4 cm인 원을 그리려고 합니다. 컴퍼스를 바르게 벌린 것에 ◯표 하시오.

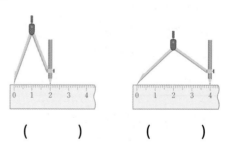

(     )        (     )

**14** 컴퍼스를 7 cm만큼 벌려서 그린 원을 찾아 기호를 쓰시오.

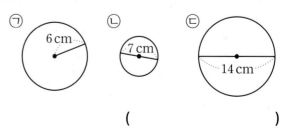

(             )

꼭나와 ♥

**15** 주어진 선분을 반지름으로 하는 원을 그려 보시오.

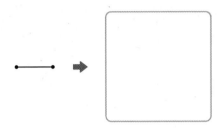

**16** 가장 큰 원을 그린 친구를 찾아 이름을 쓰시오.

- 소이: 반지름이 8 cm인 원을 그렸어.
- 준우: 컴퍼스를 6 cm만큼 벌려 원을 그렸어.
- 다솜: 지름이 14 cm인 원을 그렸어.

(           )

**17** 규칙을 찾아 원을 2개 더 그려 보시오.

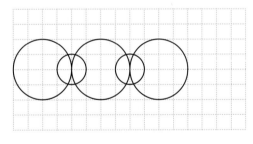

**18** 주어진 모양을 그리기 위해 컴퍼스의 침을 꽂아야 할 곳은 모두 몇 군데입니까?

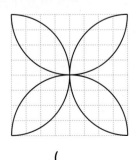

(           )

**19** 주어진 모양과 똑같은 모양을 그려 보시오.

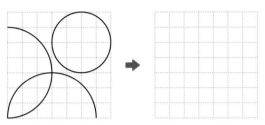

서술형 ♥

**20** 가, 나의 모양과 똑같은 모양을 그리기 위해 컴퍼스의 침을 꽂아야 할 곳의 수의 합은 몇 군데인지 구하려고 합니다. 풀이 과정을 쓰고, 답을 구하시오.

가               나

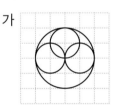    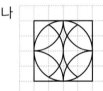

풀이

❶ 컴퍼스의 침을 꽂아야 할 곳은 각각 몇 군데인지 구하기

_____

_____

❷ 컴퍼스의 침을 꽂아야 할 곳의 수의 합은 몇 군데인지 구하기

_____

_____

답 _____

**01** 오른쪽 원에서 반지름을 나타내는 선분을 모두 찾아 쓰시오.

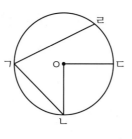

( )

**02** 누름 못과 띠 종이를 이용하여 가장 큰 원을 그리려고 합니다. 오른쪽 그림에서 연필을 넣어야 하는 구멍을 찾아 기호를 쓰시오.

( )

**03** 원에서 반지름을 나타내는 선분을 모두 찾아 쓰고, 그 길이를 각각 재어 보시오.

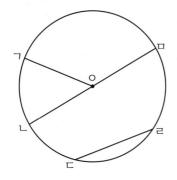

| 반지름 | 선분 ㅇㄱ | |
|--------|----------|---|
| 길이(cm) | | |

**04** 선분 ㅇㄷ과 선분 ㅂㅊ의 길이의 합은 몇 cm인지 구하시오.

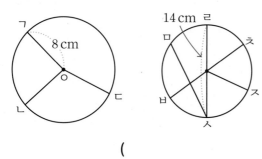

( )

**05** 정사각형 안에 가장 큰 원을 그렸습니다. 정사각형의 네 변의 길이의 합은 몇 cm인지 풀이 과정을 쓰고, 답을 구하시오.

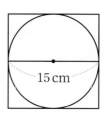

풀이 _____

_____

_____

_____

답 _____

**06** 점 ㄴ과 점 ㄹ은 각각 원의 중심입니다. 사각형 ㄱㄴㄷㄹ의 네 변의 길이의 합은 몇 cm입니까?

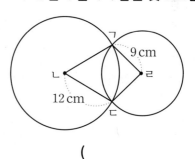

( )

**07** 원 안에 그을 수 있는 가장 긴 선분을 긋고, 선분의 길이를 재어 몇 cm인지 쓰시오.

( )

**08** 큰 원부터 차례대로 기호를 쓰시오.

> ㉠ 반지름이 7 cm인 원
> ㉡ 지름이 18 cm인 원
> ㉢ 원의 중심과 원 위의 한 점을 이은 선분이 10 cm인 원

( )

**09** 점 ㄱ과 점 ㄴ은 각각 원의 중심입니다. 선분 ㄱㄷ의 길이는 몇 cm입니까?

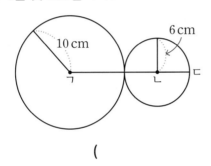

( )

**서술형**

**10** 큰 원 안에 크기가 같은 작은 원 3개를 겹치지 않도록 맞닿게 그렸습니다. 큰 원의 지름이 42 cm일 때 큰 원과 작은 원의 반지름의 길이의 차는 몇 cm인지 풀이 과정을 쓰고, 답을 구하시오.

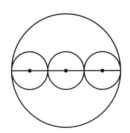

풀이

_____

_____

_____

답 _____

**11** 점 ㄱ, 점 ㄴ, 점 ㄷ은 각각 원의 중심입니다. 선분 ㄱㄷ의 길이는 몇 cm입니까?

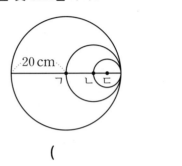

( )

**어려워**

**12** 직사각형 안에 반지름이 8 cm인 원 4개를 꼭 맞게 이어 붙여서 그렸습니다. 직사각형의 네 변의 길이의 합은 몇 cm입니까?

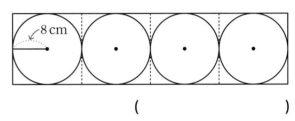

( )

**13** 컴퍼스를 오른쪽 그림과 같이 벌려 그린 원의 지름의 길이는 몇 cm입니까?

( )

**14** 점 ㅇ을 원의 중심으로 하고 시계에 표시된 빨간색 원과 크기가 같은 원을 그려 보시오.

➜ 바른답·알찬풀이 25쪽

**15** 예은이와 희재가 컴퍼스를 이용하여 원을 그리려고 합니다. 희재는 컴퍼스를 몇 cm만큼 벌려서 그려야 하는지 풀이 과정을 쓰고, 답을 구하시오.

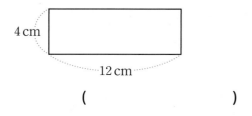

- 예은: 난 지름이 10 cm인 원을 그릴 거야.
- 희재: 난 예은이보다 지름이 6 cm 더 긴 원을 그릴 거야.

**풀이**

_____

_____

**답** _____

**16** 크기가 같은 원 여러 개를 겹치지 않도록 직사각형 안에 꼭 맞게 그리려고 합니다. 원은 몇 개까지 그릴 수 있는지 구하시오.

4 cm

12 cm

( )

**17** 오른쪽 그림을 그린 규칙을 바르게 설명한 친구의 이름을 쓰시오.

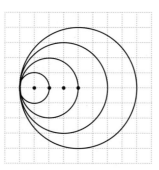

- 지현: 원의 중심은 오른쪽으로 이동하고 원의 반지름을 다르게 하여 그렸어.
- 강민: 원의 중심은 오른쪽으로 이동하고 원의 지름을 같게 그렸어.

( )

**18** 반지름은 같고 원의 중심만 다르게 하여 그린 것을 모두 찾아 기호를 쓰시오.

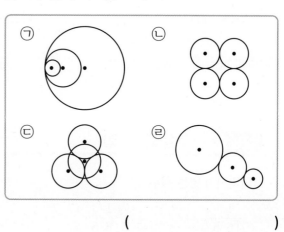

( )

**19** 그림과 같이 일정한 규칙으로 원을 그리고 있습니다. 규칙에 따라 원을 그릴 때 10번째 원의 지름의 길이는 몇 cm인지 구하시오.

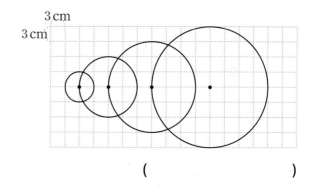

( )

**20** 직사각형 안에 원 8개를 그림과 같이 일정한 규칙에 따라 그려 넣었더니 직사각형의 가로에 꼭 맞았습니다. 직사각형의 네 변의 길이의 합은 몇 cm인지 구하시오.

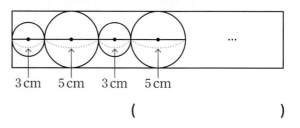

3 cm  5 cm  3 cm  5 cm

( )

**개념 ①** **(몇십)÷(몇)**

• 가로로 계산하기

$$6÷3=2 \Rightarrow 60÷3=20$$

(10배 ↔ 10배)

• 나눗셈식을 세로로 나타내는 방법

나누는 수 / 몫 2 0 ← 몫

$$60÷3=20 \Rightarrow 3)\overline{6\ 0}$$

나누어지는 수

**1** ☐ 안에 알맞은 수를 써넣으시오.

$$4÷2=\boxed{\phantom{0}}$$

$$\Rightarrow 40÷2=\boxed{\phantom{0}}$$

**개념 ②** **(몇십몇)÷(몇)**

• 나머지가 없는 경우

```
      1              1 3            1 3 ← 몫
  5)6 5          5)6 5          5)6 5
    5 0 ←5×10      5 0            5    ← 이 곳의 0은
    ───────        ───            ───    쓰지 않아도
    1 5 ←65-50     1 5            1 5    돼요.
                   1 5 ←5×3       1 5
                   ───            ───
                     0 ←15-15       0
```

• 나머지가 있는 경우

```
      2              2 4            2 4 ← 몫
  3)7 3          3)7 3          3)7 3
    6 0 ←3×20      6 0            6
    ───────        ───            ───
    1 3 ←73-60     1 3            1 3
                   1 2 ←3×4       1 2
                   ───            ───
                     1 ←13-12       1 ←나머지
```

**2** ☐ 안에 알맞은 수를 써넣으시오.

```
      1 ☐
  3)3 9
    ☐ 0 ←3×10
    ───
    ☐
    ☐ ←3×☐
    ───
    0
```

**개념 ③** **나머지가 없는 (세 자리 수)÷(한 자리 수)**

```
            9              9 6
  4)③ 8 4  → 4)3 8 4  → 4)3 8 4
               3 6            3 6
               ───            ───
                 2            2 4
                             2 4
                             ───
                               0
```

백의 자리 숫자 3이 나누는 수 4보다 작아 나눌 수 없어요.

$$384÷4=96$$

확인 $4×96=384$

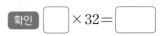

**3** $192÷6=32$를 바르게 계산했는지 확인하시오.

확인 $\boxed{\phantom{0}}×32=\boxed{\phantom{0}}$

**개념 ④** **나머지가 있는 (세 자리 수)÷(한 자리 수)**

```
      1              1 3            1 3 8
  5)6 9 1      5)6 9 1      5)6 9 1
    5            5            5
    ───          ───          ───
    1            1 9          1 9
                 1 5          1 5
                 ───          ───
                   4          4 1
                             4 0
                             ───
                               1
```

$$691÷5=138\cdots1$$

확인 $5×138=690,$
$690+1=691$

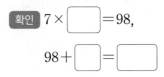

**4** $103÷7=14\cdots5$를 바르게 계산했는지 확인하시오.

확인 $7×\boxed{\phantom{0}}=98,$

$98+\boxed{\phantom{0}}=\boxed{\phantom{0}}$

**01** 계산해 보시오.

(1) $60 \div 6$

(2) $80 \div 4$

**02** 몫이 다른 나눗셈을 찾아 ○표 하시오.

$90 \div 3$     $50 \div 5$     $60 \div 2$

(        )     (        )     (        )

**03** 몫의 크기를 비교하여 ○ 안에 >, =, <를 알맞게 써넣으시오.

$90 \div 6$ ◯ $70 \div 5$

**04** 빈칸에 알맞은 수를 써넣으시오.

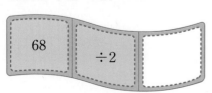

68     $\div 2$

**05** 나눗셈의 몫과 나머지를 각각 구하시오.

$45 \div 6$

몫: (                    )

나머지: (                    )

꼭나와 ♥

**06** 몫이 같은 것끼리 선으로 알맞게 이으시오.

$96 \div 6$ •          • $85 \div 5$

$51 \div 3$ •          • $64 \div 4$

$36 \div 2$ •          • $72 \div 4$

서술형 ♥

**07** 나머지가 더 작은 것의 기호를 쓰려고 합니다. 풀이 과정을 쓰고, 답을 구하시오.

ㄱ $69 \div 5$        ㄴ $93 \div 9$

**풀이**

❶ 두 나눗셈의 나머지를 각각 구하기

_____

_____

❷ 나머지가 더 작은 것의 기호를 쓰기

_____

_____

답 _____

**꼭나와 ✓**

**08** 가장 큰 수를 가장 작은 수로 나눈 몫을 구하시오.

| 3 | 72 | 84 | 9 |
|---|---|---|---|

( )

**09** 3장의 수 카드 중에서 2장을 골라 한 번씩만 사용하여 가장 큰 두 자리 수를 만들었습니다. 만든 두 자리 수를 4로 나눈 몫과 나머지를 각각 구하시오.

몫: ( )

나머지: ( )

**서술형 ✓**

**10** 채정이는 위인전을 하루에 15쪽씩 6일 동안 모두 읽었습니다. 같은 위인전을 광현이가 5일 동안 똑같이 나누어 읽으려고 합니다. 광현이가 하루에 몇 쪽씩 읽어야 하는지 풀이 과정을 쓰고, 답을 구하시오.

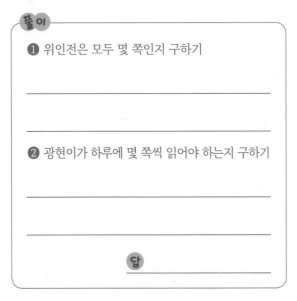

**풀이**

❶ 위인전은 모두 몇 쪽인지 구하기

_____

_____

❷ 광현이가 하루에 몇 쪽씩 읽어야 하는지 구하기

_____

_____

**답** _____

**11** 계산해 보시오.

(1)

$7)\overline{8\ 6\ 8}$

(2)

$4)\overline{9\ 4\ 4}$

**12** 빈칸에 알맞은 수를 써넣으시오.

**13** 몫이 큰 것부터 차례대로 ( ) 안에 1, 2, 3을 쓰시오.

$264÷6$   $333÷9$   $156÷4$

( )   ( )   ( )

**14** ☐ 안에 들어갈 수 있는 두 자리 수 중에서 가장 큰 수를 구하시오.

$378÷7>☐$

( )

**15** 계산을 하고, 계산 결과가 맞는지 확인하려고 합니다. ☐ 안에 알맞은 수를 써넣으시오.

$$308 \div 9 = \boxed{\phantom{0}} \cdots \boxed{\phantom{0}}$$

확인 $9 \times \boxed{\phantom{0}} = 306, \; 306 + \boxed{\phantom{0}} = 308$

**16** 나머지가 2인 나눗셈에 색칠하시오.

$522 \div 4$      $715 \div 3$

**17** 잘못 계산한 곳을 찾아 바르게 계산해 보시오.

```
    1 2 7
6 ) 7 6 9
    6
    1 6
    1 2
      4 9
      4 2
        7
```

➡ 바르게 계산하기

```
6 ) 7 6 9
```

**18** 밤을 상자에 가능한 한 많이 담을 때 상자에 담고 남는 밤의 수가 더 많은 친구의 이름을 쓰시오.

- 태인: 밤 214개를 한 상자에 6개씩 담을래.
- 은해: 밤 320개를 한 상자에 7개씩 담을래.

(          )

**19** $296 \div 7$에 대해 잘못 설명한 것을 찾아 기호를 쓰시오.

㉠ 몫은 40보다 큽니다.
㉡ $128 \div 3$과 몫과 나머지가 각각 같습니다.
㉢ 나머지는 3보다 큽니다.

(          )

**20** 영채네 가게에서 오늘 하루 만든 쿠키는 673개 입니다. 쿠키를 한 상자에 8개씩 포장하면 남는 쿠키가 생깁니다. 쿠키를 남김없이 포장하려면 적어도 몇 개를 더 만들어야 하는지 풀이 과정을 쓰고, 답을 구하시오.

풀이

❶ 쿠키를 8개씩 포장하면 몇 상자에 포장하고, 남는 쿠키는 몇 개인지 구하기

_____

_____

❷ 쿠키를 남김없이 포장하려면 적어도 몇 개를 더 만들어야 하는지 구하기

_____

_____

답 _____

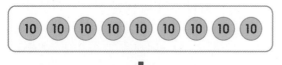
**01** 그림을 보고 $90 \div 3$을 계산해 보시오.

$90 \div 3 = \boxed{\phantom{00}}$

**02** 지우개 40개를 4명이 똑같이 나누어 가지려고 합니다. 한 명이 가지게 되는 지우개는 몇 개인지 구하시오.

( )

꼭나와 ♡

**03** 몫이 가장 큰 것을 찾아 기호를 쓰시오.

⊙ $80 \div 5$    ⓛ $60 \div 4$    ⓒ $90 \div 5$

( )

**04** 큰 수를 작은 수로 나눈 몫을 구하시오.

3    69

( )

**05** 나누는 수가 6일 때 나머지가 될 수 <u>없는</u> 수를 모두 찾아 ○표 하시오.

2   3   4   5   6   7   8   9

**06** 다음 삼각형은 세 변의 길이가 모두 같습니다. 세 변의 길이의 합이 $75\,\mathrm{cm}$일 때 ☐ 안에 알맞은 수를 써넣으시오.

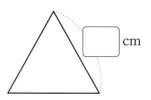 cm

서술형 ♡

**07** 혜주가 설명하는 수를 구하려고 합니다. 풀이 과정을 쓰고, 답을 구하시오.

이 수를 5로 나누면 몫이 17이고, 나머지가 2야.

혜주

풀이

❶ 혜주가 설명하는 수를 ☐라 하여 식 세우기

_____

_____

❷ 혜주가 설명하는 수를 구하기

_____

_____

답 _____

**08** 두 나눗셈의 몫의 차를 구하시오.

$$68 \div 4 \qquad 98 \div 7$$

(                    )

꼭나와 ♥

**09** 나눗셈식에 대해 바르게 설명한 친구를 찾아 이름을 쓰시오.

$$92 \div 6 = \bigcirc \cdots \bigcirc$$

- 유섭: 92는 6으로 나누어떨어져.
- 지현: $\bigcirc$에 알맞은 수는 20보다 작아.
- 로운: $\bigcirc$에 알맞은 수는 3보다 커.

(                    )

**10** 친구들의 대화를 읽고 주어진 나눗셈의 몫을 구하시오.

나누어지는 수는 70보다 큰 두 자리 수야.

나누어떨어져.

$$\boxed{\phantom{0}}7 \div 3$$

(                    )

**11** 계산해 보시오.

(1) $195 \div 5$

(2) $312 \div 4$

**12** 원 모양의 종이를 접어 똑같이 둘로 나누었습니다. 접었을 때 생기는 선분이 $156\,\text{mm}$일 때, 원의 반지름의 길이는 몇 $\text{mm}$인지 구하시오.

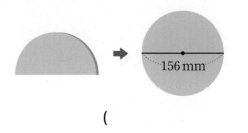

156 mm

(                    )

**13** 몫이 작은 것부터 차례대로 기호를 쓰시오.

$\bigcirc\ 225 \div 5 \qquad \bigcirc\ 376 \div 8 \qquad \bigcirc\ 387 \div 9$

(                    )

서술형 ♥

**14** 길이가 $264\,\text{m}$인 도로 한쪽에 처음부터 끝까지 나무가 $8\,\text{m}$ 간격으로 심어져 있습니다. 도로 한쪽에 심어져 있는 나무는 모두 몇 그루인지 풀이 과정을 쓰고, 답을 구하시오. (단, 나무의 두께는 생각하지 않습니다.)

풀이

❶ 나무와 나무 사이의 간격은 몇 군데인지 구하기

_____

_____

❷ 도로 한쪽에 심어져 있는 나무는 모두 몇 그루인지 구하기

_____

답 _____

**15** 나누어떨어지지 <u>않는</u> 나눗셈의 기호를 쓰시오.

> ㉠ 148÷4    ㉡ 398÷9

(        )

꼭나와 ㉨

**16** 계산을 하고, 계산 결과가 맞는지 확인해 보시오.

$$5\overline{)761}$$

몫: (     )
나머지: (     )

확인 _____

**17** 나머지가 같은 것끼리 선으로 알맞게 이으시오.

325÷7 •　　　　　• 926÷6

779÷3 •　　　　　• 508÷5

**18** 수 카드 3 , 6 , 8 중에서 한 장을 골라 ◯ 안에 써넣어 몫이 가장 큰 나눗셈을 만들려고 합니다. ◯ 안에 알맞은 수를 써넣고, 몫과 나머지를 각각 구하시오.

> 452÷◻

몫: (       )
나머지: (       )

서술형 ㉨

**19** 어떤 수를 8로 나누었더니 몫이 99이고, 나머지가 6이었습니다. 어떤 수를 9로 나누었을 때의 나머지는 얼마인지 풀이 과정을 쓰고, 답을 구하시오.

풀이

❶ 어떤 수를 구하기

_____

_____

❷ 어떤 수를 9로 나누었을 때의 나머지를 구하기

_____

_____

답

**20** ◻ 안에 들어갈 수 있는 세 자리 수 중에서 가장 큰 수를 구하시오. (단, ♣은 0이 아닙니다.)

> ◻÷6=74 … ♣

(       )

**01** 몫이 30보다 큰 것을 찾아 기호를 쓰시오.

ㄱ 50÷2    ㄴ 80÷2    ㄷ 70÷7

(                    )

**02** 사과 맛 젤리 39개와 딸기 맛 젤리 21개가 있습니다. 젤리를 종류에 관계없이 한 명에게 5개씩 주면 몇 명에게 나누어 줄 수 있는지 구하시오.

(                    )

**어려워 ✨**

**03** 길이가 같은 색 테이프 6장을 그림과 같이 5 cm씩 겹치게 한 줄로 길게 이어 붙였습니다. 이어 붙인 색 테이프의 전체 길이가 65 cm일 때, 색 테이프 한 장의 길이는 몇 cm인지 구하시오.

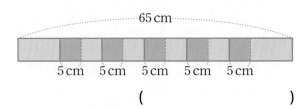
65 cm
5 cm  5 cm  5 cm  5 cm  5 cm

(                    )

**04** 몫이 나머지 넷과 다른 하나는 어느 것입니까?

(                    )

① 91÷7    ② 39÷3    ③ 96÷8
④ 65÷5    ⑤ 78÷6

**05** 나눗셈의 몫과 나머지를 <u>잘못</u> 구한 것을 찾아 기호를 쓰시오.

ㄱ 31÷2 ➡ 몫: 15, 나머지: 1
ㄴ 63÷4 ➡ 몫: 15, 나머지: 3
ㄷ 87÷5 ➡ 몫: 19, 나머지: 4

(                    )

**06** 두 나눗셈식에서 ▲는 같은 수를 나타냅니다. ■에 알맞은 수를 구하시오.

• 84÷3＝▲
• ▲÷2＝■

(                    )

**서술형 ✨**

**07** ☐ 안에 알맞은 수를 구하려고 합니다. 풀이 과정을 쓰고, 답을 구하시오.

☐÷7＝13…6

**풀이**
_____
_____
_____
_____

**답** _____

**08** 크기가 같은 정사각형 4개를 겹치지 않게 붙여서 그림과 같은 도형을 만들었습니다. 작은 정사각형 한 개의 네 변의 길이의 합이 $92\,cm$라면 빨간색 선의 길이는 몇 $cm$입니까?

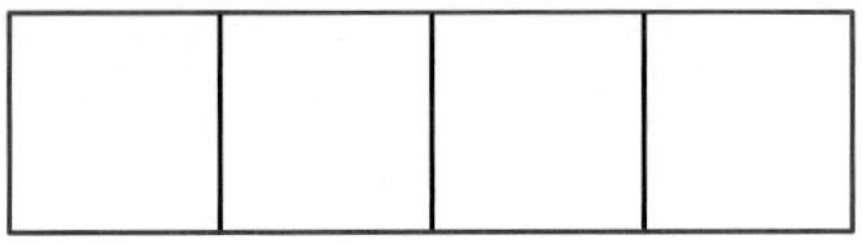

(                    )

**09** ☐안에 알맞은 수를 써넣으시오.

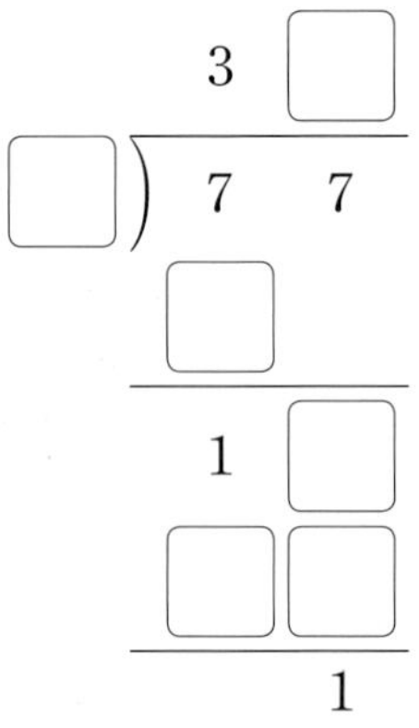

$$
\begin{array}{r}
3\ \square \\
\square\ )\ \overline{7\quad 7} \\
\square \\
\hline
1\ \square \\
\square\ \square \\
\hline
1
\end{array}
$$

**어려워** 😉
**10** 3장의 수 카드 [7], [5], [6] 을 한 번씩 모두 사용하여 다음과 같은 나눗셈식을 만들려고 합니다. ㉠, ㉡, ㉢에 알맞은 수를 각각 구하시오.

$$9㉠ \div ㉡ = 13 \cdots ㉢$$

㉠: (                )
㉡: (                )
㉢: (                )

**11** 몫이 더 큰 것의 기호를 쓰시오.

| ㉠ $471 \div 3$ | ㉡ $676 \div 4$ |

(                    )

**12** 가장 큰 수를 두 번째로 작은 수로 나눈 몫을 구하시오.

| 520 | 65 | 4 | 193 | 8 |

(                    )

**서술형** 😊
**13** 쿠키 325개를 가, 나, 다, 라, 마 상자에 똑같이 나누어 담았습니다. 가 상자에 담은 쿠키 중 6개를 나 상자로 옮겼다면 나 상자에 있는 쿠키는 몇 개인지 풀이 과정을 쓰고, 답을 구하시오.

**풀이**

_____

_____

_____

**답** _____

➜ 바른답·알찬풀이 28쪽

**14** 다음과 같은 직사각형 모양의 종이를 잘라서 가로가 6 cm, 세로가 4 cm인 직사각형 모양의 카드를 만들려고 합니다. 카드는 최대 몇 장까지 만들 수 있는지 구하시오.

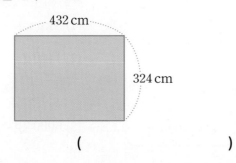

432 cm

324 cm

( )

**15** 653÷5와 나머지가 같은 나눗셈의 기호를 쓰시오.

⊙ 755÷6        ⓒ 423÷5

( )

**16** ★과 ♥에 알맞은 수의 차를 구하시오.

308÷3=★ … ♥

( )

**17** 준원이는 217쪽짜리 문제집을 하루에 6쪽씩 풀려고 합니다. 문제집 전체를 풀려면 적어도 며칠이 걸리는지 구하시오.

( )

서술형

**18** 539÷4를 계산하고, 계산 결과가 맞는지 확인했습니다. ⊙과 ⓒ에 알맞은 수의 합을 구하려고 합니다. 풀이 과정을 쓰고, 답을 구하시오. (단, ◆는 같은 수를 나타냅니다.)

확인  4×⊙=◆, ◆+ⓒ=539

풀이

답

**19** 다음 나눗셈의 나머지를 가장 크게 하려고 합니다. 0부터 9까지의 수 중에서 ☐ 안에 알맞은 수를 구하시오.

7 ) 14☐

( )

**20** 다음 조건을 만족하는 수는 모두 몇 개인지 구하시오.

• 400보다 크고 450보다 작은 자연수입니다.
• 9로 나누었을 때 나머지가 8입니다.

( )

**개념 ①  kg, g, t 알아보기**

• 무게의 단위 알아보기
  ① 무게의 단위에는 킬로그램과 그램 등이 있습니다.
    1 킬로그램은 1 kg, 1 그램은 1 g이라고 씁니다.
  ② 1 kg보다 500 g 더 무거운 무게를 1 kg 500 g이라 쓰고
    1 킬로그램 500 그램이라고 읽습니다.
  ③ 1000 kg의 무게를 1 t이라 쓰고 1 톤이라고 읽습니다.

  | 1 kg=1000 g | 1 kg 500 g=1500 g | 1 t=1000 kg |

**1** ☐ 안에 알맞은 수를 써넣으시오.

(1) 3 kg=☐ g

(2) 1400 g
  =☐ kg ☐ g

(3) 6000 kg=☐ t

**개념 ②  무게의 덧셈과 뺄셈**

• 무게의 덧셈
  kg은 kg끼리 더하고, g은 g끼리 더합니다.

  ┌ 1000 g을 1 kg으로
  1  받아올림해요.
  $$
  \begin{array}{r}
  3\,\text{kg} \; 800\,\text{g} \\
  +\;\; 2\,\text{kg} \; 500\,\text{g} \\
  \hline
  6\,\text{kg} \; 300\,\text{g}
  \end{array}
  $$

• 무게의 뺄셈
  kg은 kg끼리 빼고, g은 g끼리 뺍니다.

  ┌ 1 kg을 1000 g으로
  5  1000 받아내림해요.
  $$
  \begin{array}{r}
  \cancel{6}\,\text{kg} \; 300\,\text{g} \\
  -\;\; 2\,\text{kg} \; 500\,\text{g} \\
  \hline
  3\,\text{kg} \; 800\,\text{g}
  \end{array}
  $$

**2** ☐ 안에 알맞은 수를 써넣으시오.

$$
\begin{array}{r}
2 \;\text{kg} \quad 400 \;\text{g} \\
+\;\; 1 \;\text{kg} \quad 200 \;\text{g} \\
\hline
\boxed{\phantom{0}} \;\text{kg} \quad \boxed{\phantom{0}} \;\text{g}
\end{array}
$$

**개념 ③  L, mL 알아보기**

• 들이의 단위 알아보기
  ① 들이의 단위에는 리터와 밀리리터 등이 있습니다.
    1 리터는 1 L, 1 밀리리터는 1 mL라고 씁니다.
  ② 1 L보다 300 mL 더 많은 들이를 1 L 300 mL라 쓰고
    1 리터 300 밀리리터라고 읽습니다.

  | 1 L=1000 mL | 1 L 300 mL=1300 mL |

**3** ☐ 안에 알맞은 수를 써넣으시오.

(1) 7 L=☐ mL

(2) 2000 mL=☐ L

(3) 5 L 200 mL
  =☐ mL

**개념 ④  들이의 덧셈과 뺄셈**

• 들이의 덧셈
  L는 L끼리 더하고, mL는 mL끼리 더합니다.

  ┌ 1000 mL를 1 L로
  1  받아올림해요.
  $$
  \begin{array}{r}
  2\,\text{L} \; 500\,\text{mL} \\
  +\;\; 4\,\text{L} \; 600\,\text{mL} \\
  \hline
  7\,\text{L} \; 100\,\text{mL}
  \end{array}
  $$

• 들이의 뺄셈
  L는 L끼리 빼고, mL는 mL끼리 뺍니다.

  ┌ 1 L를 1000 mL로
  4  1000 받아내림해요.
  $$
  \begin{array}{r}
  \cancel{5}\,\text{L} \; 100\,\text{mL} \\
  -\;\; 1\,\text{L} \; 300\,\text{mL} \\
  \hline
  3\,\text{L} \; 800\,\text{mL}
  \end{array}
  $$

**4** ☐ 안에 알맞은 수를 써넣으시오.

$$
\begin{array}{r}
8 \;\text{L} \quad 500 \;\text{mL} \\
-\;\; 3 \;\text{L} \quad 400 \;\text{mL} \\
\hline
\boxed{\phantom{0}} \;\text{L} \quad \boxed{\phantom{0}} \;\text{mL}
\end{array}
$$

**01** 주어진 무게를 쓰고 읽어 보시오.

2 kg 350 g

쓰기 _____

읽기 _____

**꼭나와 ☺**

**02** 멜론의 무게를 알아보시오.

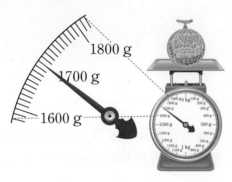

☐ g = ☐ kg ☐ g

**03** 사과, 키위, 배의 무게를 비교했습니다. 사과, 키위, 배 중에서 가장 무거운 것은 무엇입니까?

( )

**04** ☐ 안에 kg, g, t 중 알맞은 단위를 써넣으시오.

(1) 책상의 무게는 약 10 ☐ 입니다.

(2) 참외의 무게는 약 250 ☐ 입니다.

(3) 트럭의 무게는 약 2 ☐ 입니다.

**05** 무게의 단위 사이의 관계를 바르게 나타낸 것을 찾아 기호를 쓰시오.

㉠ 7t = 700 kg
㉡ 8860 g = 88 kg 60 g
㉢ 1 kg 20 g = 1020 g

( )

**서술형 ☺**

**06** 무게가 가벼운 것부터 차례대로 기호를 쓰려고 합니다. 풀이 과정을 쓰고, 답을 구하시오.

㉠ 8430 g    ㉡ 8 kg 340 g    ㉢ 8400 g

**풀이**

❶ ㉡ 8 kg 340 g은 몇 g인지 구하기

_____

_____

❷ 무게가 가벼운 것부터 차례대로 기호를 쓰기

_____

_____

**답** _____

**07** 계산해 보시오.

(1) 5 kg 400 g + 2 kg 200 g

(2) 9 kg 800 g − 4 kg 300 g

**08** 두 무게의 합과 차는 각각 몇 kg 몇 g인지 구하시오.

| 6 kg 300 g | 1 kg 900 g |

합: (                    )

차: (                    )

**09** 무게가 더 무거운 것의 기호를 쓰시오.

> ㉠ 2 kg 700 g + 1 kg 700 g
> ㉡ 8 kg 200 g − 4 kg 800 g

(                    )

**10** 귤을 민경이는 4 kg 500 g 땄고, 준우는 민경이보다 1 kg 600 g 더 적게 땄습니다. 두 친구가 딴 귤의 무게는 모두 몇 kg 몇 g인지 풀이 과정을 쓰고, 답을 구하시오.

> **풀이**
>
> ❶ 준우가 딴 귤의 무게는 몇 kg 몇 g인지 구하기
>
> _____
>
> _____
>
> ❷ 두 친구가 딴 귤의 무게는 모두 몇 kg 몇 g인지 구하기
>
> _____
>
> _____
>
> **답** _____

**11** 물병에 물을 가득 채운 후 그릇에 모두 옮겨 담았습니다. 물병과 그릇 중에서 들이가 더 적은 것은 어느 것입니까?

물병    그릇        물병    그릇

(                    )

**꼭나와 ♥**

**12** 양동이에 물을 가득 채운 후 비커에 모두 옮겨 담았습니다. 양동이의 들이는 몇 L 몇 mL입니까?

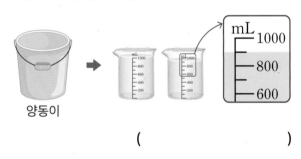

양동이

(                    )

**13** 물을 가장 많이 담을 수 있는 것을 찾아 쓰시오.

| 주전자 | 세숫대야 | 양동이 |
|---|---|---|
| 2000 mL | 2 L 400 mL | 2850 mL |

(                    )

➡ 바른답·알찬풀이 29쪽

**14** 들이가 1 L인 물병에 들어 있는 물의 양을 가장 가깝게 어림한 친구를 찾아 이름을 쓰시오.

- 현욱: 약 100 mL
- 성주: 약 900 mL
- 용택: 약 500 mL

(          )

**15** 어항에 물을 가득 채우려면 컵 가, 나, 다에 물을 가득 채워 다음과 같이 각각 부어야 합니다. 들이가 가장 많은 컵을 찾아 기호를 쓰시오.

| 컵 | 가 | 나 | 다 |
|---|---|---|---|
| 횟수(번) | 12 | 9 | 18 |

(          )

**16** 계산해 보시오.

(1)    1 L 300 mL
    + 5 L 300 mL

(2)    6 L 800 mL
    − 4 L 700 mL

**17** 물 3 L 500 mL를 남김없이 빈 병에 가득 채우려고 합니다. 필요한 병을 모두 찾아 ○표 하시오.

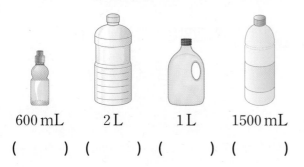

600 mL     2 L     1 L     1500 mL
(    ) (    ) (    ) (    )

**18** 들이가 더 많은 것에 색칠하시오.

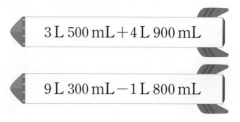

3 L 500 mL + 4 L 900 mL

9 L 300 mL − 1 L 800 mL

서술형 ㅂ

**19** 들이가 3 L인 수조가 있습니다. 이 수조에 들이가 800 mL인 물통에 물을 가득 채워 2번 부었습니다. 수조를 가득 채우려면 물을 몇 L 몇 mL 더 부어야 하는지 풀이 과정을 쓰고, 답을 구하시오.

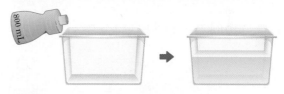

풀이

❶ 수조에 담겨 있는 물의 양은 몇 L 몇 mL인지 구하기

_____

_____

❷ 물을 몇 L 몇 mL 더 부어야 하는지 구하기

_____

_____

답 _____

**20** ☐안에 알맞은 수를 써넣으시오.

    ☐ L 200 mL
− 4 L ☐ mL
―――――――――
   2 L 800 mL

**01** 500원짜리 동전을 이용하여 동화책과 공책의 무게를 쟀습니다. 동화책과 공책 중에서 어느 것이 얼마나 더 무겁습니까?

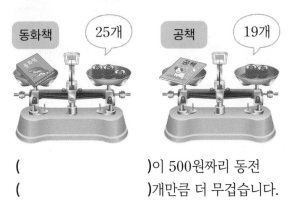

| 동화책 | 25개 | | 공책 | 19개 |

( )이 500원짜리 동전
( )개만큼 더 무겁습니다.

**02** 파인애플의 무게는 몇 kg 몇 g입니까?

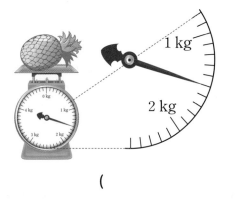

( )

꼭나와 ♥

**03** 무게가 1 t보다 무거운 것은 어느 것입니까?
( )

① 책상의 무게  ② 비행기의 무게
③ 노트북의 무게  ④ 수박의 무게
⑤ 야구공의 무게

**04** 무게를 잘못 비교한 것에 ×표 하시오.

5460 g > 5 kg 450 g ( )

7 kg 80 g > 7700 g ( )

서술형 ♥

**05** ㉠과 ㉡에 알맞은 수의 합을 구하려고 합니다. 풀이 과정을 쓰고, 답을 구하시오.

• 7 kg 20 g = ㉠ g
• 3400 g = 3 kg ㉡ g

풀이

❶ ㉠과 ㉡에 알맞은 수를 각각 구하기

_____

_____

❷ ㉠과 ㉡에 알맞은 수의 합을 구하기

_____

_____

답 _____

**06** 민하네 농장에 있는 양의 무게는 약 100 kg입니다. 1 t은 양의 무게의 약 몇 배쯤 됩니까?

( )

**07** ☐ 안에 알맞은 수를 써넣으시오.

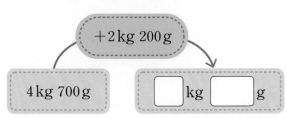

+2 kg 200 g

4 kg 700 g → ☐ kg ☐ g

**08** 계산 결과를 찾아 선으로 알맞게 이으시오.

$$\begin{array}{r} 9 \text{ kg } 500 \text{ g} \\ - 6 \text{ kg } 100 \text{ g} \end{array}$$　　$$\begin{array}{r} 8 \text{ kg } 200 \text{ g} \\ - 4 \text{ kg } 300 \text{ g} \end{array}$$

·　　　　　·

·　　　　　·

3 kg 900 g　　　3 kg 400 g

**09** 한 권의 무게가 1 kg 900 g인 책이 있습니다. 이 책 2권의 무게는 몇 kg 몇 g인지 구하시오.

(　　　　　　　)

서술형 낭

**10** 무게가 가장 가벼운 것과 가장 무거운 것의 합은 몇 kg 몇 g인지 풀이 과정을 쓰고, 답을 구하시오.

5900 g　　　5 kg 400 g

5 kg 40 g　　　5 kg 4 g

**풀이**

❶ 무게가 가장 가벼운 것과 가장 무거운 것을 찾기

_____

_____

❷ 무게가 가장 가벼운 것과 가장 무거운 것의 합은 몇 kg 몇 g인지 구하기

_____

**답**　_____

**11** 빈 바구니에 축구공 2개를 넣어서 무게를 쟀더니 1 kg 300 g이었습니다. 이 바구니에서 축구공 1개를 뺐더니 무게가 850 g이 되었습니다. 빈 바구니의 무게는 몇 g인지 구하시오.

(　　　　　　　)

꼭나와 ❤

**12** 컵에 물을 가득 채운 후 비커에 모두 옮겨 담았습니다. 컵의 들이는 몇 mL입니까?

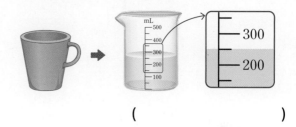

(　　　　　　　)

**13** 보기 에서 알맞은 물건을 골라 문장을 완성해 보시오.

**보기**

주사기　　　종이컵　　　냄비

(1) [　　] 의 들이는 약 180 mL입니다.

(2) [　　] 의 들이는 약 3 L입니다.

(3) [　　] 의 들이는 약 5 mL입니다.

**14** 가, 나, 다 컵에 물을 가득 채운 후 모양과 크기가 같은 통에 모두 옮겨 담았습니다. 세 컵 중에서 들이가 적은 것부터 차례대로 기호를 쓰시오.

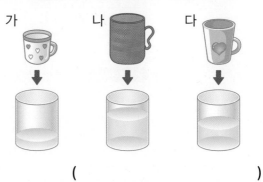

가　　　나　　　다

(　　　　　　　)

**15** 꽃병에 물을 가득 채운 후 들이가 1 L인 통에 모두 옮겨 담았습니다. 꽃병의 들이는 약 mL인지 어림해 보시오.

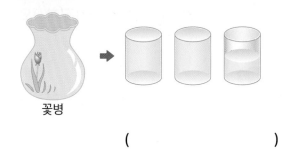

꽃병

(                    )

**16** 1부터 9까지의 자연수 중에서 ☐ 안에 들어갈 수 있는 수는 모두 몇 개입니까?

$$9 L 770 mL < 9 \boxed{\phantom{0}} 20 mL$$

(                    )

꼭나와 ⓤ

**17** <u>잘못</u> 계산한 곳을 찾아 바르게 계산해 보시오.

$$\begin{array}{r} 6\ L\ \ 800\ mL \\ +\ 2\ L\ \ 700\ mL \\ \hline 8\ L\ \ 500\ mL \end{array}$$

↓

바르게 계산하기

서술형 ✽

**18** 경민이가 물을 7 L 200 mL 받아 왔습니다. 받아 온 물을 다음과 같이 사용했다면 남은 물의 양은 몇 L 몇 mL인지 풀이 과정을 쓰고, 답을 구하시오.

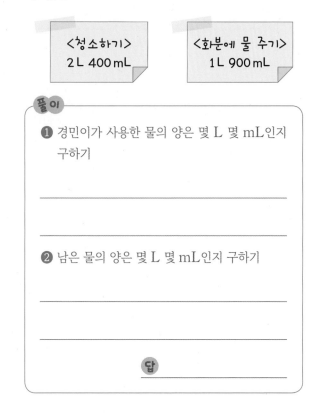

<청소하기>
2 L 400 mL

<화분에 물 주기>
1 L 900 mL

풀이

❶ 경민이가 사용한 물의 양은 몇 L 몇 mL인지 구하기

_____

_____

❷ 남은 물의 양은 몇 L 몇 mL인지 구하기

_____

_____

답 _____

**19** 들이가 더 적은 것의 기호를 쓰시오.

㉠ 7 L 100 mL − 2 L 200 mL
㉡ 2 L 800 mL + 2 L 400 mL

(                    )

**20** 오렌지주스를 3명이 500 mL씩 마셨더니 2 L 700 mL가 남았습니다. 처음에 있던 오렌지주스의 양은 몇 L 몇 mL인지 구하시오.

(                    )

**01** 빈칸에 알맞게 써넣으시오.

| 쓰기 | 읽기 |
|---|---|
| 4 kg | |
| 9 kg 700 g | |
| | 7 톤 |

**02** 무게가 나머지와 다른 것을 찾아 ○표 하시오.

| 650 g | 6 kg 50 g | 6 kg보다 50 g 더 무거운 무게 |

(   ) (   ) (   )

서술형

**03** 저울과 구슬을 이용하여 세 물건의 무게를 쟀습니다. 가장 무거운 물건의 무게는 가장 가벼운 물건의 무게의 몇 배인지 풀이 과정을 쓰고, 답을 구하시오.

| 물건 | 지우개 | 수첩 | 휴대폰 |
|---|---|---|---|
| 구슬의 수(개) | 8 | 12 | 24 |

풀이

답

**04** 실제 무게가 8 kg인 물건의 무게를 어림한 것입니다. 실제 무게와 가장 가깝게 어림한 친구부터 차례대로 이름을 쓰시오.

| 이름 | 어림한 무게 |
|---|---|
| 솔이 | 8 kg 500 g |
| 경민 | 7700 g |
| 누리 | 8 kg 200 g |

(   )

어려워

**05** 마을별 감 수확량을 조사하여 표로 나타낸 것입니다. 감을 4 t까지 보관할 수 있는 창고가 적어도 몇 채 필요한지 구하시오.

마을별 감 수확량

| 마을 | 행복 | 기쁨 | 건강 |
|---|---|---|---|
| 수확량(kg) | 3000 | 3930 | 3070 |

(   )

**06** ☐ 안에 알맞은 수를 구하시오.

$$5 kg\ 540 g + 2 kg\ 680 g = \square\ g$$

(   )

**07** 계산 결과가 나머지와 다른 것을 찾아 기호를 쓰시오.

> ㉠ 3 kg 450 g + 5 kg 800 g
> ㉡ 7 kg 300 g + 1 kg 750 g
> ㉢ 1 kg 600 g + 7 kg 650 g

(   )

서술형

**08** 무게가 똑같은 가방 2개를 담은 상자의 무게가 2 kg 950 g입니다. 상자만의 무게가 550 g이라면 가방 1개의 무게는 몇 kg 몇 g인지 풀이 과정을 쓰고, 답을 구하시오.

풀이 _____

_____

_____

_____

답 _____

어려워

**09** 고양이와 강아지의 무게의 합은 8 kg입니다. 강아지의 무게가 고양이의 무게보다 1 kg 400 g 더 무거울 때 강아지의 무게는 몇 kg 몇 g인지 구하시오.

( )

**10** 들이가 적은 것부터 차례대로 기호를 쓰시오.

┌─────────────────┐
│ ㉠ 4 L 50 mL     │
│ ㉡ 4800 mL       │
│ ㉢ 4 L 400 mL    │
└─────────────────┘

( )

**11** 들이의 단위를 잘못 사용한 것을 찾아 기호를 쓰고, 바르게 고쳐 보시오.

┌────────────────────────────┐
│ ㉠ 밥그릇의 들이는 약 200 mL입니다. │
│ ㉡ 약수통의 들이는 약 5 L입니다.    │
│ ㉢ 주전자의 들이는 약 2 mL입니다.   │
└────────────────────────────┘

( )

_____

**12** 가, 나, 다의 들이를 비교했습니다. 들이가 많은 것부터 차례대로 기호를 쓰시오.

┌────────────────────────────┐
│ • 가에 물을 가득 채운 후 다에 모두 옮겨 담았 │
│   더니 가득 차지 않았습니다.              │
│ • 나에 물을 가득 채운 후 다에 모두 옮겨 담았 │
│   더니 물이 넘쳤습니다.                  │
└────────────────────────────┘

( )

**13** 1부터 9까지의 자연수 중에서 ㉠, ㉡, ㉢에 알맞은 수의 합을 구하시오.

┌────────────────────────────┐
│ 79㉠0 mL < ㉡ L ㉢20 mL < 8 L │
└────────────────────────────┘

( )

**14** 들이가 350 mL인 물병에 물을 가득 담아 빈 수조에 3번 부었더니 수조가 가득 찼습니다. 수조의 들이는 몇 L 몇 mL입니까?

( )

➔ 바른답·알찬풀이 31쪽

**15** ◯안에 알맞은 수를 써넣으시오.

$$6\,L\,200\,mL - \boxed{\phantom{0}}\,L\,\boxed{\phantom{0}}\,mL$$
$$=2\,L\,700\,mL$$

**16** 세 물병의 들이입니다. 물을 가장 많이 담을 수 있는 물병과 가장 적게 담을 수 있는 물병의 들이의 차는 몇 L 몇 mL인지 구하시오.

| 가 | 나 | 다 |
|---|---|---|
| 3 L 600 mL | 2800 mL | 4 L 100 mL |

(                    )

서술형

**17** 다음은 성하와 재희가 각각 우유를 마시기 전과 마신 후의 우유의 양을 나타낸 것입니다. 성하와 재희가 마신 우유의 양은 모두 몇 L 몇 mL인지 풀이 과정을 쓰고, 답을 구하시오.

| | 성하 | 재희 |
|---|---|---|
| 마시기 전 | 3 L 600 mL | 2 L |
| 마신 후 | 2 L 900 mL | 1 L 100 mL |

풀이

답

**18** 들이가 다음과 같은 가 그릇과 나 그릇을 이용하여 오른쪽 수조에 물을 채우려고 합니다. 가 그릇에 물을 가득 담아 2번 부은 후 나 그릇에 물을 가득 담아 2번 부으면 수조에 물이 가득 채워집니다. 수조의 들이는 몇 L 몇 mL입니까?

| 가 그릇 | 2 L 300 mL |
|---|---|
| 나 그릇 | 1 L 800 mL |

수조

(                    )

**19** 비어 있는 양동이에 물이 1분에 3 L 150 mL씩 나오는 수도로 물을 받았습니다. 3분이 지났을 때 1 L 700 mL의 물이 양동이 밖으로 흘러 넘쳤다면 양동이의 들이는 몇 L 몇 mL인지 구하시오.

(                    )

어려워

**20** 물이 주전자에는 5 L 300 mL, 어항에는 2 L 700 mL가 담겨 있었는데 주전자에서 어항으로 물을 900 mL 옮겼습니다. 주전자와 어항에 담긴 물의 양이 같아지려면 주전자에서 어항으로 물을 몇 mL 더 옮기면 되는지 구하시오.

(                    )

## 개념 ① 전체의 분수만큼은 얼마인지 알기

●의 $\dfrac{\blacktriangle}{\blacksquare}$ 는 ●를 똑같이 ■묶음으로 나눈 것 중의 ▲묶음입니다.

• 9의 $\dfrac{1}{3}$ 은 9를 똑같이 3묶음으로 나눈 것 중의 1묶음이므로 3입니다.

• 9의 $\dfrac{2}{3}$ 는 9를 똑같이 3묶음으로 나눈 것 중의 2묶음이므로 6입니다.

**1** 그림을 보고 ◯ 안에 알맞은 수를 써넣으시오.

4의 $\dfrac{1}{2}$ 은 ☐ 입니다.

## 개념 ② 분수로 나타내기

전체 묶음 수는 분모에, 부분의 묶음 수는 분자에 씁니다.

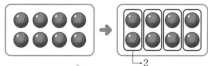

2는 4묶음 중의 1묶음이므로 8의 $\dfrac{1}{4}$ 입니다.

4는 2묶음 중의 1묶음이므로 8의 $\dfrac{1}{2}$ 입니다.

**2** 그림을 보고 ◯ 안에 알맞은 수를 써넣으시오.

2는 3묶음 중의 1묶음이므로 ☐ 의 $\dfrac{1}{☐}$ 입니다.

## 개념 ③ 여러 가지 분수

• 진분수: $\dfrac{1}{4}$, $\dfrac{2}{4}$, $\dfrac{3}{4}$ 과 같이 분자가 분모보다 작은 분수

• 가분수: $\dfrac{4}{4}$, $\dfrac{5}{4}$ 와 같이 분자가 분모와 같거나 분모보다 큰 분수

• 자연수: 1, 2, 3과 같은 수

• 대분수: 자연수와 진분수로 이루어진 분수

1과 $\dfrac{1}{4}$ → 쓰기 $1\dfrac{1}{4}$  읽기 1과 4분의 1

**3** 가분수에 ◯표 하시오.

$\dfrac{2}{3}$    $\dfrac{3}{3}$

## 개념 ④ 분모가 같은 분수의 크기 비교

• 분모가 같은 가분수의 크기 비교 → 분자의 크기가 큰 가분수가 더 커요.

$\dfrac{6}{5}$, $\dfrac{8}{5}$ → 분자의 크기를 비교하면 6<8이므로 $\dfrac{6}{5}$ < $\dfrac{8}{5}$ 입니다.

• 분모가 같은 대분수의 크기 비교 → 먼저 자연수의 크기를 비교하고, 자연수의 크기가 같으면 분자의 크기를 비교해요.

$2\dfrac{1}{3}$, $1\dfrac{2}{3}$ → 자연수의 크기를 비교하면 2>1이므로 $2\dfrac{1}{3}$ > $1\dfrac{2}{3}$ 입니다.

**4** 더 큰 분수에 ◯표 하시오.

$4\dfrac{3}{5}$    $6\dfrac{2}{5}$

01 묶음 수를 생각하여 색칠한 부분은 전체의 얼마인지 분수로 나타내시오.

(1) $\dfrac{\square}{\square}$

(2) $\dfrac{\square}{\square}$

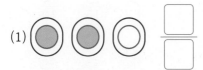

02 그림을 보고 ☐ 안에 알맞은 수를 써넣으시오.

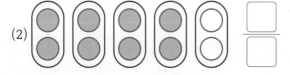

(1) 8의 $\dfrac{1}{4}$은 $\square$ 입니다.

(2) 8의 $\dfrac{2}{4}$는 $\square$ 입니다.

03 그림을 보고 ☐ 안에 알맞은 수를 써넣으시오.

(1) $\dfrac{1}{5}$ m는 $\square$ cm입니다.

(2) $\dfrac{3}{5}$ m는 $\square$ cm입니다.

04 은비는 밤 15개의 $\dfrac{2}{5}$를 먹었습니다. 은비가 먹은 밤은 몇 개인지 구하시오.

( )

05 ㉠과 ㉡의 합을 구하려고 합니다. 풀이 과정을 쓰고, 답을 구하시오.

㉠ 20의 $\dfrac{3}{4}$   ㉡ 28의 $\dfrac{4}{7}$

풀이

❶ ㉠과 ㉡의 값을 각각 구하기

_____

_____

❷ ㉠과 ㉡의 합을 구하기

_____

_____

답 _____

06 그림을 보고 ☐ 안에 알맞은 수를 써넣으시오.

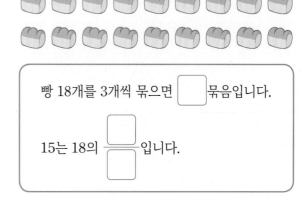

빵 18개를 3개씩 묶으면 $\square$ 묶음입니다.

15는 18의 $\dfrac{\square}{\square}$ 입니다.

07 사탕 21개를 7개씩 바구니에 나누어 담았습니다. 사탕 14개는 전체의 얼마인지 분수로 나타내시오.

( )

5. 분수  **123**

**08** 잘못 설명한 친구의 이름을 쓰시오.

> • 경호: 25를 5씩 묶으면 10은 25의 $\frac{2}{5}$야.
>
> • 가영: 24를 6씩 묶으면 12는 24의 $\frac{1}{4}$이야.

( )

**09** 진분수에 ○표, 가분수에 △표 하시오.

$$\frac{9}{4} \qquad \frac{2}{15} \qquad \frac{11}{6} \qquad \frac{3}{7} \qquad \frac{10}{21}$$

**10** 색칠한 부분을 대분수로 나타내시오.

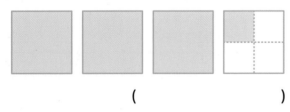

( )

**11** 대분수는 가분수로, 가분수는 대분수로 나타내시오.

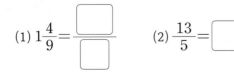

(1) $1\frac{4}{9} = \dfrac{\square}{\square}$ (2) $\dfrac{13}{5} = \square\dfrac{\square}{\square}$

**12** 가분수는 모두 몇 개인지 구하시오.

$$\frac{17}{2} \qquad \frac{8}{9} \qquad \frac{29}{6} \qquad \frac{13}{15} \qquad \frac{10}{10} \qquad \frac{23}{11}$$

( )

**13** 분모와 분자의 합이 16인 진분수를 찾아 쓰시오.

$$\frac{9}{7} \qquad \frac{9}{16} \qquad \frac{5}{11}$$

( )

**14** 자연수 부분이 6이고 분모가 4인 대분수를 모두 구하려고 합니다. 풀이 과정을 쓰고, 답을 구하시오.

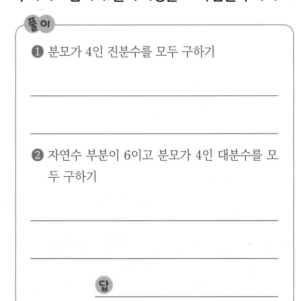

풀이

❶ 분모가 4인 진분수를 모두 구하기

_____

_____

❷ 자연수 부분이 6이고 분모가 4인 대분수를 모두 구하기

_____

_____

답 _____

→ 바른답·알찬풀이 32쪽

**15** 을 만족하는 분수를 모두 구하시오.

>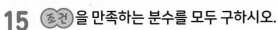
> • 분모가 7인 진분수입니다.
> • 분자가 4보다 큽니다.

( )

**16** 분수의 크기를 비교하여 ○ 안에 >, =, <를 알맞게 써넣으시오.

(1) $\dfrac{17}{7}$ ○ $\dfrac{26}{7}$ 　　(2) $4\dfrac{1}{9}$ ○ $2\dfrac{8}{9}$

**17** $6\dfrac{5}{8}$보다 작은 분수를 모두 찾아 쓰시오.

> $3\dfrac{7}{8}$ 　 $6\dfrac{5}{8}$ 　 $7\dfrac{2}{8}$ 　 $6\dfrac{2}{8}$

( )

**18** 분수의 크기를 잘못 비교한 것의 기호를 쓰시오.

> ㉠ $\dfrac{13}{8} < \dfrac{15}{8}$ 　　 ㉡ $8\dfrac{2}{10} < 7\dfrac{9}{10}$

( )

**19** 가장 큰 분수를 찾아 쓰시오.

> $\dfrac{8}{11}$ 　 $1\dfrac{2}{11}$ 　 $\dfrac{12}{11}$

( )

서술형

**20** 종이를 지유는 $\dfrac{27}{6}$장, 태호는 $4\dfrac{5}{6}$장 사용했습니다. 종이를 더 많이 사용한 친구의 이름을 쓰려고 합니다. 풀이 과정을 쓰고, 답을 구하시오.

풀이

❶ $\dfrac{27}{6}$을 대분수로 나타내기

_____

_____

❷ 종이를 더 많이 사용한 친구의 이름을 쓰기

_____

_____

답 _____

**01** 그림을 보고 ☐ 안에 알맞은 수를 써넣으시오.

> 과자 12개를 똑같이 3묶음으로 나누면
>
> 1묶음에는 과자가 ☐ 개 있으므로
>
> 12의 $\frac{1}{3}$ 은 ☐ 입니다.

**02** 조건 에 맞게 색칠하시오.

> 조건
> ·노란색: 12의 $\frac{1}{6}$     ·보라색: 12의 $\frac{5}{6}$

○ ○ ○ ○ ○ ○

○ ○ ○ ○ ○ ○

**03** 길이가 32 cm인 철사가 있습니다. 이 철사 길이의 $\frac{3}{4}$ 은 몇 cm입니까?

(                    )

**04** 가장 큰 수를 찾아 기호를 쓰시오.

> ㉠ 10의 $\frac{1}{2}$     ㉡ 24의 $\frac{3}{6}$     ㉢ 16의 $\frac{2}{4}$

(                    )

서술형

**05** 경규는 딱지를 35장 가지고 있습니다. 그중 $\frac{3}{7}$ 을 형에게 주었다면 남은 딱지는 몇 장인지 풀이 과정을 쓰고, 답을 구하시오.

> 풀이
> ❶ 형에게 준 딱지는 몇 장인지 구하기
>
> ＿＿＿＿＿＿＿＿＿＿＿＿＿＿＿＿＿
>
> ＿＿＿＿＿＿＿＿＿＿＿＿＿＿＿＿＿
>
> ❷ 남은 딱지는 몇 장인지 구하기
>
> ＿＿＿＿＿＿＿＿＿＿＿＿＿＿＿＿＿
>
> 답 ＿＿＿＿＿＿＿＿＿＿

**06** 그림을 보고 ☐ 안에 알맞은 수를 써넣으시오.

> 구슬 24개를 4개씩 묶으면 ☐ 묶음입니다.
>
> 4는 24의 $\frac{☐}{☐}$ , 20은 24의 $\frac{☐}{☐}$ 입니다.

**07** 선아는 붙임딱지 16장 중에서 10장을 사용했습니다. 붙임딱지를 2장씩 묶으면 선아가 사용한 붙임딱지는 전체의 얼마인지 분수로 나타내시오.

(                    )

**08** ㉠과 ㉡에 알맞은 수의 합을 구하려고 합니다. 풀이 과정을 쓰고, 답을 구하시오.

> • 42를 6씩 묶으면 6은 42의 $\dfrac{㉠}{7}$입니다.
>
> • 42를 7씩 묶으면 14는 42의 $\dfrac{㉡}{6}$입니다.

**풀이**

❶ ㉠과 ㉡에 알맞은 수를 각각 구하기

_____

_____

❷ ㉠과 ㉡에 알맞은 수의 합을 구하기

_____

**답** _____

**09** 진분수에는 '진', 가분수에는 '가', 대분수에는 '대'를 쓰시오.

$\dfrac{7}{5}$   $4\dfrac{1}{8}$   $\dfrac{11}{11}$   $\dfrac{9}{13}$

(     )  (     )  (     )  (     )

**10** 관계있는 것끼리 선으로 알맞게 이으시오.

$\dfrac{8}{7}$ ·            · $1\dfrac{5}{7}$

$\dfrac{12}{7}$ ·           · $3\dfrac{1}{5}$

$\dfrac{16}{5}$ ·           · $1\dfrac{1}{7}$

**11** 세 분수를 각각 그림에 나타내시오.

$\dfrac{2}{4}$    $\dfrac{4}{4}$    $1\dfrac{3}{4}$

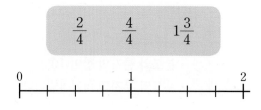

**12** $\dfrac{★}{9}$은 진분수입니다. ★에 들어갈 수 <u>없는</u> 수를 두 가지 고르시오. (     ,     )

① 1          ② 4          ③ 8
④ 9          ⑤ 11

**13** 대분수 $1\dfrac{5}{6}$는 $\dfrac{1}{6}$이 몇 개인 수입니까?

(                    )

**14** $3\dfrac{\square}{7}$가 대분수일 때 $\square$ 안에 들어갈 수 있는 자연수는 모두 몇 개인지 구하시오.

(                    )

**15** 을 모두 만족하는 분수를 구하시오.

> **조건**
> • 진분수입니다.
> • 분모와 분자의 합이 10입니다.
> • 분모와 분자의 차가 4입니다.

(            )

**꼭나와 ㅂ**

**16** 분수의 크기를 비교하여 ◯ 안에 >, =, <를 알맞게 써넣으시오.

$$\frac{61}{9} \bigcirc 6\frac{8}{9}$$

**17** 집에서 학교까지의 거리는 $6\frac{4}{7}$ km이고 집에서 도서관까지의 거리는 $6\frac{6}{7}$ km입니다. 학교와 도서관 중 집에서 더 먼 곳은 어디인지 쓰시오.

(            )

**18** 두 분수의 크기를 비교하여 더 큰 분수를 빈칸에 써넣으시오.

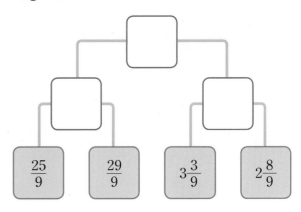

**서술형 ㅇ**

**19** 세 분수의 크기를 비교하여 가장 작은 분수를 찾아 쓰려고 합니다. 풀이 과정을 쓰고, 답을 구하시오.

| $\frac{37}{8}$ | $5\frac{3}{8}$ | $\frac{36}{8}$ |
|---|---|---|

> **풀이**
>
> ❶ $5\frac{3}{8}$을 가분수로 나타내기
>
> _____
>
> ❷ 가장 작은 분수를 찾아 쓰기
>
> _____
>
> _____
>
> **답** _____

**20** ☐ 안에 들어갈 수 있는 자연수 중에서 가장 큰 수를 구하시오.

$$4\frac{3}{4} > \frac{\square}{4}$$

(            )

**01** 그림을 보고 □ 안에 알맞은 수를 써넣으시오.

(1) 18의 $\dfrac{5}{6}$는 □ 입니다.

(2) 18의 $\dfrac{7}{9}$은 □ 입니다.

**02** 길이가 더 긴 것에 ○표 하시오.

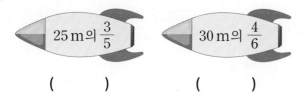

(     )     (     )

서술형

**03** ㉠에 알맞은 수를 구하려고 합니다. 풀이 과정을 쓰고, 답을 구하시오.

㉠의 $\dfrac{3}{9}$은 9입니다.

풀이 _____

_____

_____

답 _____

**04** 직사각형의 세로의 길이는 가로의 길이의 $\dfrac{2}{5}$입니다. 직사각형의 네 변의 길이의 합은 몇 cm인지 구하시오.

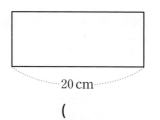

20 cm

(        )

어려워

**05** 떨어진 높이의 $\dfrac{4}{6}$만큼 튀어 오르는 공이 있습니다. 54 m 높이에서 이 공을 떨어뜨린다면 두 번째 튀어 오른 공의 높이는 몇 m인지 구하시오.

(        )

**06** 분수로 <u>잘못</u> 나타낸 친구의 이름을 쓰시오.

- 민아: 12를 2씩 묶으면 4는 12의 $\dfrac{3}{6}$이야.

- 정호: 20을 4씩 묶으면 8은 20의 $\dfrac{2}{5}$야.

(        )

**07** 유라가 동생에게 준 젤리는 전체의 얼마인지 분수로 나타내시오.

젤리 40개를 한 봉지에 8개씩 나누어 담고 그중 3봉지를 동생에게 줬어.

유라

(        )

**08** 자물쇠의 비밀번호를 구하시오.

> • 24를 3씩 묶으면 9는 24의 $\dfrac{\textcircled{\scriptsize ㉠}}{8}$입니다.
>
> • 24를 4씩 묶으면 12는 24의 $\dfrac{3}{\textcircled{\scriptsize ㉡}}$입니다.
>
> • 24를 8씩 묶으면 16은 24의 $\dfrac{\textcircled{\scriptsize ㉢}}{3}$입니다.

자물쇠의 비밀번호는 ☐☐☐ 입니다.
　　　　　　　　　 ㉠ ㉡ ㉢

**09** 가분수를 대분수로 잘못 나타낸 것을 찾아 기호를 쓰시오.

> ㉠ $\dfrac{9}{5}=1\dfrac{4}{5}$　　㉡ $\dfrac{17}{6}=2\dfrac{5}{6}$
>
> ㉢ $\dfrac{16}{7}=1\dfrac{6}{7}$　　㉣ $\dfrac{20}{9}=2\dfrac{2}{9}$

(　　　　　　　)

**10** 분모가 6인 진분수는 모두 몇 개입니까?

(　　　　　　　)

**11** $\dfrac{8}{\blacksquare}$이 가분수일 때, ■가 될 수 있는 자연수 중에서 가장 큰 수를 구하시오.

(　　　　　　　)

**12** 분모가 13인 어떤 대분수를 가분수로 나타내면 분모와 분자의 합이 59입니다. 어떤 대분수를 구하시오.

(　　　　　　　)

**13**  조건에 맞는 분수는 모두 몇 개인지 구하려고 합니다. 풀이 과정을 쓰고, 답을 구하시오.

> 조건
> • 2보다 크고 4보다 작습니다.
> • 분모가 3인 가분수입니다.

풀이 _____

_____

_____

_____

답 _____

**14** 어려워 다음과 같은 규칙으로 분수를 늘어놓았습니다. 11번째에 놓일 분수를 구하시오.

> $1\dfrac{1}{5}, \dfrac{9}{5}, 2\dfrac{2}{5}, \dfrac{15}{5}, 3\dfrac{3}{5}, \ldots$

(　　　　　　　)

➡ 바른답·알찬풀이 34쪽

**15** 분수의 크기를 바르게 비교한 친구의 이름을 쓰시오.

$\frac{19}{3} < \frac{10}{3}$    $\frac{11}{10} > \frac{10}{10}$

민영    규현

(          )

**16** 체육관과 수영장 중 찬규네 집에서 더 가까운 곳을 쓰시오.

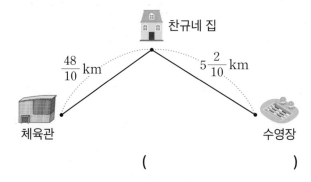

찬규네 집

$\frac{48}{10}$ km    $5\frac{2}{10}$ km

체육관    수영장

(          )

**17** 소설책을 민희는 $\frac{25}{7}$ 시간, 호빈이는 $3\frac{2}{7}$ 시간, 선미는 $\frac{29}{7}$ 시간 동안 읽었습니다. 소설책을 가장 오래 읽은 친구의 이름을 쓰시오.

(          )

서술형

**18** 분모가 6인 대분수 중에서 $\frac{25}{6}$ 보다 크고 $\frac{29}{6}$ 보다 작은 분수를 모두 구하려고 합니다. 풀이 과정을 쓰고, 답을 구하시오.

풀이 _____

_____

_____

_____

답 _____

**19** 두 수 사이에 있는 자연수의 합을 구하시오.

$\frac{13}{4}$     $\frac{69}{9}$

(          )

어려워

**20** ⬜ 안에 공통으로 들어갈 수 있는 자연수의 합을 구하시오.

- $\frac{12}{5} < \frac{⬜}{5} < 3\frac{2}{5}$
- $1\frac{4}{9} < \frac{⬜}{9} < \frac{16}{9}$

(          )

### 개념 ① 그림그래프 알아보기

조사한 자료를 그림으로 나타낸 그래프를 그림그래프라고 합니다.

학생들이 좋아하는 민속놀이

| 민속놀이 | 학생 수 |
|---|---|
| 씨름 | ☺ ☺ ☺ ☺ ☺ |
| 윷놀이 | ☺ ☺ ☺ ☺ ☺ ☺ ☺ |
| 널뛰기 | ☺ ☺ ☺ |

→ 그림의 크기에 따라 나타내는 학생 수가 달라요.

☺ 10명
☺ 1명

① 씨름을 좋아하는 학생은 ☺이 2개, ☺이 3개이므로 23명입니다.

② 가장 많은 학생들이 좋아하는 민속놀이는 ☺이 가장 많은 윷놀이입니다.

③ 가장 적은 학생들이 좋아하는 민속놀이는 ☺이 가장 적은 널뛰기입니다.

### 개념 ② 그림그래프로 나타내기

표를 보고 그림그래프로 나타낼 수 있습니다.

학생들이 좋아하는 여름 간식

| 여름 간식 | 빙수 | 식혜 | 슬러시 | 합계 |
|---|---|---|---|---|
| 학생 수(명) | 26 | 30 | 23 | 79 |

학생들이 좋아하는 여름 간식 ——③

| 여름 간식 | 학생 수 |
|---|---|
| 빙수 | 👤 👤 👤 👤 👤 👤 👤 👤 |
| 식혜 | 👤 👤 👤 |
| 슬러시 | 👤 👤 👤 👤 👤 |

② ①

👤 10명
👤 1명

① 그림을 몇 가지로 나타낼 것인지 정합니다.
  ➡ 10명은 👤, 1명은 👤으로 나타냅니다.

② 조사한 수에 맞게 그림으로 나타냅니다.
  ➡ •빙수: 👤 2개, 👤 6개  •식혜: 👤 3개  •슬러시: 👤 2개, 👤 3개

③ 그림그래프에 알맞은 제목을 붙입니다.
  ➡ 학생들이 좋아하는 여름 간식

[1~4] 경아네 마을에서 키우는 목장별 젖소의 수를 조사하여 그래프로 나타냈습니다. ☐ 안에 알맞은 말이나 수를 써넣으시오.

목장별 젖소의 수

| 목장 | 젖소의 수 |
|---|---|
| 가 | 🐄 🐄 🐄 🐄 🐄 🐄 |
| 나 | 🐄 🐄 🐄 |
| 다 | 🐄 🐄 🐄 🐄 🐄 🐄 |

🐄 10마리  🐄 1마리

**1** 조사한 자료를 그림으로 나타낸 그래프를 ☐ 라고 합니다.

**2** 🐄은 ☐ 마리를 나타내는 그림이고, 🐄은 ☐ 마리를 나타내는 그림입니다.

**3** 젖소가 가장 많은 목장은 ☐ 목장입니다.

**4** 젖소가 가장 적은 목장은 ☐ 목장입니다.

**[01~04]** 예우네 마을 농장에서 기르는 오리의 수를 조사하여 그림그래프로 나타냈습니다. 물음에 답하시오.

농장에서 기르는 오리의 수

| 농장 | 오리의 수 |
|------|-----------|
| 가 | 🦆🦆🦆🦆🦆🦆 |
| 나 | 🦆🦆🦆🦆🦆 |
| 다 | 🦆🦆🦆🦆🦆🦆🦆 |

🦆 10마리
🦆 1마리

**01** 🦆과 🦆은 각각 몇 마리를 나타내는지 쓰시오.

🦆: (                    )

🦆: (                    )

**02** 조사한 농장은 모두 몇 군데인지 쓰시오.

(                    )

**03** 다 농장에서 기르는 오리는 몇 마리입니까?

(                    )

**꼭나와 😊**

**04** 오리를 41마리 기르는 농장은 어느 농장입니까?

(                    )

**[05~07]** 학급 문고에 있는 책의 종류를 조사하여 그림그래프로 나타냈습니다. 물음에 답하시오.

책의 종류

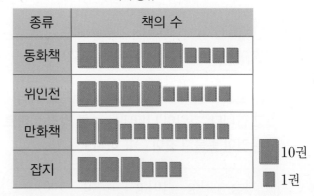

| 종류 | 책의 수 |
|------|---------|
| 동화책 | ▮▮▮▮▮ ▪▪▪▪ |
| 위인전 | ▮▮▮ ▪▪▪▪▪ |
| 만화책 | ▮▮ ▪▪▪▪▪▪ |
| 잡지 | ▮▮ ▪▪▪ |

▮ 10권
▪ 1권

**05** 학급 문고에 있는 위인전은 몇 권입니까?

(                    )

**06** 학급 문고에 가장 많이 있는 책을 쓰시오.

(                    )

**서술형 😊**

**07** 학급 문고에 있는 책은 모두 몇 권인지 구하려고 합니다. 풀이 과정을 쓰고, 답을 구하시오.

**풀이**

❶ 종류별 책의 수는 각각 몇 권인지 구하기

_____

_____

❷ 학급 문고에 있는 책은 모두 몇 권인지 구하기

_____

_____

**답** _____

수
학

**[08~11]** 기현이네 마을에 있는 농장별 양파 생산량을 조사하여 표로 나타냈습니다. 물음에 답하시오.

농장별 양파 생산량

| 농장 | 가 | 나 | 다 | 라 | 합계 |
|------|-----|-----|-----|-----|------|
| 생산량(kg) | 420 | 250 | 510 | 320 | 1500 |

**08** 표를 보고 그림이 2가지인 그림그래프로 나타내려고 합니다. 그림이 나타내는 수를 각각 얼마로 하는 것이 좋을지 찾아 ○표 하시오

| 1 kg | 2 kg | 10 kg | 15 kg | 100 kg |
|------|------|-------|-------|--------|

**09** 표를 보고 그림그래프로 나타내시오.

농장별 양파 생산량

| 농장 | 양파 생산량 |
|------|------------|
| 가 | |
| 나 | |
| 다 | |
| 라 | |

◎ [　] kg ○ [　] kg

**10** 라 농장보다 양파 생산량이 많은 농장을 모두 찾아 쓰시오.

( 　　　　　　 )

꼭나와 ♥

**11** 양파 생산량이 가장 적은 농장을 알아보려면 표와 그림그래프 중 어느 것이 더 편리합니까?

( 　　　　　　 )

**[12~14]** 현지네 마을에 있는 과수원별 사과 생산량을 조사하여 표로 나타냈습니다. 물음에 답하시오.

과수원별 사과 생산량

| 과수원 | 싱싱 | 새콤 | 달콤 | 행복 | 합계 |
|--------|------|------|------|------|------|
| 생산량(상자) | 260 | 310 | | 220 | 1040 |

**12** 달콤 과수원의 사과 생산량은 몇 상자입니까?

( 　　　　　　 )

**13** 표를 보고 그림그래프로 나타내시오.

과수원별 사과 생산량

| 과수원 | 사과 생산량 |
|--------|------------|
| 싱싱 | 🍎🍎🍎🍎🍎🍎🍎🍎 |
| 새콤 | |
| 달콤 | |
| 행복 | |

🍎100상자 🍎10상자

서술형 ♥

**14** 사과 생산량이 가장 많은 과수원과 가장 적은 과수원의 생산량의 차는 몇 상자인지 구하려고 합니다. 풀이 과정을 쓰고, 답을 구하시오.

풀이

❶ 사과 생산량이 가장 많은 과수원과 가장 적은 과수원의 생산량은 각각 몇 상자인지 구하기

_____

❷ 사과 생산량이 가장 많은 과수원과 가장 적은 과수원의 생산량의 차는 몇 상자인지 구하기

_____

답 _____

→ 바른답·알찬풀이 36쪽

[15~17] 지아네 모둠에서 3월부터 5월까지 모은 헌 종이의 양을 조사하여 그림그래프로 나타냈습니다. 물음에 답하시오.

월별 모은 헌 종이의 양

| 월 | 헌 종이의 양 |
|---|---|
| 3월 | |
| 4월 | |
| 5월 | |

📄 10 kg
📄 1 kg

**15** 3월부터 5월까지 모은 헌 종이는 모두 몇 kg입니까?

( )

**16** 헌 종이를 팔면 1 kg당 80원을 받을 수 있습니다. 3월부터 5월까지 모은 헌 종이를 팔면 모두 얼마를 받을 수 있는지 구하시오.

( )

서술형

**17** 6월에 지아네 모둠이 모은 헌 종이는 5월보다 7 kg 더 늘었습니다. 6월에 지아네 모둠이 모은 헌 종이는 몇 kg인지 풀이 과정을 쓰고, 답을 구하시오.

풀이

❶ 5월에 지아네 모둠이 모은 헌 종이는 몇 kg인지 구하기

_____

_____

❷ 6월에 지아네 모둠이 모은 헌 종이는 몇 kg인지 구하기

_____

답

[18~20] 걷기 대회에 참가한 학생 수를 붙임딱지를 붙이는 방법으로 조사하였습니다. 물음에 답하시오.

걷기 대회에 참가한 학생 수
3학년 4학년 5학년 6학년

**18** 조사한 자료를 보고 표로 나타내시오.

걷기 대회에 참가한 학생 수

| 학년 | 3학년 | 4학년 | 5학년 | 6학년 | 합계 |
|---|---|---|---|---|---|
| 학생 수(명) | 14 | | | | |

꼭나와 ♡

**19** 18의 표를 보고 그림그래프로 나타내시오.

걷기 대회에 참가한 학생 수

| 학년 | 학생 수 |
|---|---|
| 3학년 | |
| 4학년 | |
| 5학년 | |
| 6학년 | |

😊 10명 😊 1명

**20** 참가자에게 60원짜리 일정 알림 문자를 1건씩 보냈습니다. 4학년과 6학년 학생들에게 보낸 문자 요금은 모두 얼마인지 구하시오.

( )

[01~03] 유주네 학교 3학년 학생들이 좋아하는 쿠키를 조사하여 그림그래프로 나타냈습니다. 물음에 답하시오.

좋아하는 쿠키

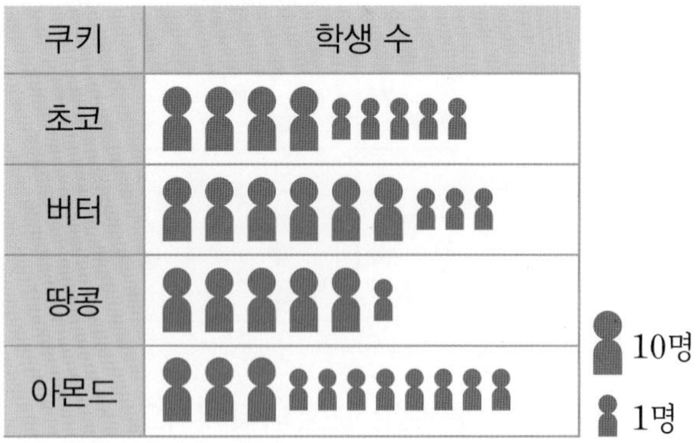

| 쿠키 | 학생 수 |
|------|---------|
| 초코 | 👤👤👤👤👤👥👥👥👥👥 |
| 버터 | 👤👤👤👤👤👤👥👥👥 |
| 땅콩 | 👤👤👤👥👥 |
| 아몬드 | 👤👤👤👥👥👥👥👥👥👥👥 |

👤 10명
👥 1명

**01** 초코 쿠키를 좋아하는 학생은 몇 명입니까?

(   )

**02** 가장 많은 학생들이 좋아하는 쿠키는 무엇입니까?

(   )

서술형 낭

**03** 버터 쿠키와 아몬드 쿠키를 좋아하는 학생은 모두 몇 명인지 풀이 과정을 쓰고, 답을 구하시오.

풀이

❶ 버터 쿠키와 아몬드 쿠키를 좋아하는 학생은 각각 몇 명인지 구하기

_____

❷ 버터 쿠키와 아몬드 쿠키를 좋아하는 학생은 모두 몇 명인지 구하기

_____

답 _____

[04~07] 어느 아파트의 동별 가구 수를 조사하여 그림그래프로 나타냈습니다. 물음에 답하시오.

동별 가구 수

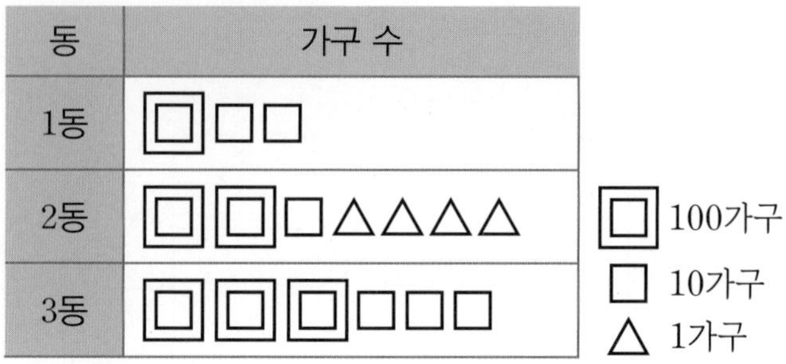

| 동 | 가구 수 |
|------|---------|
| 1동 | ☐ ☐ ☐ |
| 2동 | ☐ ☐ ☐ △ △ △ △ |
| 3동 | ☐ ☐ ☐ ☐ ☐ ☐ |

☐ 100가구
☐ 10가구
△ 1가구

**04** ☐, ☐, △은 각각 몇 가구를 나타내는지 쓰시오.

☐ : (   )
☐ : (   )
△ : (   )

**05** 가구 수가 가장 적은 동은 몇 동입니까?

(   )

**06** 2동의 가구 수는 몇 가구인지 구하시오.

(   )

꼭나와 ♡

**07** 그림그래프를 보고 잘못 말한 친구를 찾아 이름을 쓰시오.

• 동희: 아파트의 가구 수는 모두 664가구야.
• 민경: 그림의 수가 가장 많은 2동의 가구 수가 가장 많아.
• 대호: 3동은 1동보다 210가구 더 많아.

(   )

**[08~10]** 보나네 학교에서 학년별 휴대 전화를 가지고 있는 학생 수를 조사하여 표로 나타냈습니다. 물음에 답하시오.

학년별 휴대 전화를 가지고 있는 학생 수

| 학년 | 3학년 | 4학년 | 5학년 | 6학년 | 합계 |
|------|-------|-------|-------|-------|------|
| 학생 수(명) | 46 | | 81 | 72 | 252 |

**08** 휴대 전화를 가지고 있는 4학년 학생은 몇 명입니까?

(              )

**09** 표를 보고 그림그래프로 나타내시오.

학년별 휴대 전화를 가지고 있는 학생 수

| 학년 | 학생 수 |
|------|---------|
| 3학년 | |
| 4학년 | |
| 5학년 | |
| 6학년 | |

😊 10명 ☺ 1명

**서술형**

**10** 휴대 전화를 가지고 있는 5학년 학생이 100명이 되려면 5학년 학생 몇 명이 휴대 전화를 더 사야 하는지 풀이 과정을 쓰고, 답을 구하시오.

**풀이**

❶ 휴대 전화를 가지고 있는 5학년 학생은 몇 명인지 구하기

_____

❷ 몇 명이 휴대 전화를 더 사야 하는지 구하기

_____

답 _____

**[11~14]** 어느 생선 가게에서 지난달에 팔린 생선의 수를 조사하여 그림그래프로 나타냈습니다. 물음에 답하시오.

지난달에 팔린 생선의 수

| 종류 | 생선의 수 |
|------|-----------|
| 동태 | 🐟🐟🐟🐟🐟🐟🐟🐟 |
| 꽁치 | 🐟🐟🐟🐟🐟 |
| 갈치 | 🐟🐟🐟🐟🐟🐟 |
| 조기 | 🐟🐟🐟🐟 |
| 고등어 | 🐟🐟🐟🐟🐟 |

🐟10마리 🐟1마리

**11** 갈치보다 적게 팔린 생선을 모두 찾아 쓰시오.

(              )

**12** 지난달에 팔린 생선은 모두 몇 마리인지 구하시오.

(              )

**꼭나와**

**13** 가장 적게 팔린 생선부터 차례대로 쓰시오.

(              )

**14** 생선 가게에서 이번 달에 어느 생선을 가장 많이 준비하는 것이 좋겠습니까?

(              )

[15~17] 지수네 동아리 학생들의 혈액형을 붙임딱지를 붙이는 방법으로 조사하였습니다. 물음에 답하시오.

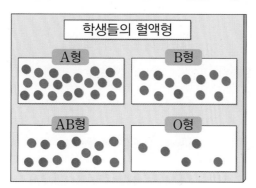

**15** 조사한 자료를 보고 표를 완성하시오.

학생들의 혈액형

| 혈액형 | A형 | B형 | AB형 | O형 | 합계 |
|--------|-----|-----|------|-----|------|
| 학생 수(명) | | | | 5 | |

**16** 15의 표를 보고 그림그래프로 나타내시오.

학생들의 혈액형

| 혈액형 | 학생 수 |
|--------|---------|
| A형 | |
| B형 | ☺ ☺ ☺ |
| AB형 | |
| O형 | |

☺ 10명
☺ 1명

서술형

**17** 16의 그림그래프를 보고 알 수 있는 내용을 2가지 쓰시오.

① _____

_____

② _____

_____

[18~19] 하영이네 학교 3학년 학생 146명에게 좋아하는 운동을 조사하여 그림그래프로 나타냈습니다. 물음에 답하시오.

좋아하는 운동

| 운동 | 학생 수 |
|------|---------|
| 수영 | 👤👤👤👤👤👤👤👤👤 |
| 축구 | |
| 배구 | |

👤 10명
👤 1명

꼭나와 ♡

**18** 축구를 좋아하는 학생과 배구를 좋아하는 학생은 모두 몇 명입니까?

( )

**19** 축구를 좋아하는 학생 수와 배구를 좋아하는 학생 수가 같을 때 그림그래프를 완성하시오.

**20** 목장별 양의 수를 조사하여 그림그래프로 나타냈습니다. 바람 목장의 양 중에서 반을 구름 목장에 팔았을 때 구름 목장의 양은 몇 마리가 되는지 구하시오.

목장별 양의 수

| 목장 | 양의 수 |
|------|---------|
| 바람 | 🐑🐑🐑🐑🐑🐑🐑🐑 |
| 초원 | 🐑🐑🐑🐑🐑🐑🐑🐑 |
| 구름 | 🐑🐑🐑🐑🐑🐑 |

🐑 10마리  🐑 1마리

( )

**[01~03]** 어느 꽃집에서 하루 동안 팔린 꽃의 수를 조사하여 그림그래프로 나타냈습니다. 물음에 답하시오.

하루 동안 팔린 꽃의 수

| 종류 | 꽃의 수 |
|------|---------|
| 장미 | 🌸🌸🌸🌸🌸🌸 |
| 튤립 | 🌸🌸🌸🌸🌸🌸🌸 |
| 국화 | 🌸🌸🌸🌸🌸🌸🌸 |
| 백합 | 🌸🌸🌸🌸🌸🌸 |

🌸 10송이
🌸 1송이

**01** 팔린 국화와 백합은 모두 몇 송이입니까?

( )

**02** 장미보다 더 많이 팔린 꽃을 모두 쓰시오.

( )

**03** 팔린 꽃의 수가 튤립의 2배인 꽃은 무엇인지 쓰려고 합니다. 풀이 과정을 쓰고, 답을 구하시오.

풀이 _____

_____

_____

_____

답 _____

**[04~06]** 마을별 나무의 수를 조사하여 표와 그림그래프로 나타냈습니다. 물음에 답하시오.

마을별 나무의 수

| 마을 | 초록 | 푸른 | 새싹 | 가지 | 합계 |
|------|------|------|------|------|------|
| 나무의 수(그루) | 2300 | 1700 | 2600 | 3400 | |

마을별 나무의 수

| 마을 | 나무의 수 |
|------|-----------|
| 초록 | 🌳🌳🌳🌳 |
| 푸른 | 🌳🌳🌳🌳🌳🌳 |
| 새싹 | 🌳🌳🌳🌳🌳🌳 |
| 가지 | 🌳🌳🌳🌳🌳🌳🌳 |

🌳 ⬜그루
🌳 ⬜그루

**04** 🌳과 🌳은 각각 몇 그루를 나타냅니까?

🌳 : ( ), 🌳 : ( )

**05** 표의 빈칸에 알맞은 수를 써넣으시오.

**06** 나무의 수가 2000그루보다 많고 3000그루보다 적은 마을을 모두 쓰시오.

( )

**07** 귤 생산량을 조사하여 그림그래프로 나타냈습니다. 귤 한 상자의 무게가 5 kg일 때 세 과수원에서 생산한 귤의 무게는 모두 몇 kg입니까?

귤 생산량

| 과수원 | 귤 생산량 |
|--------|-----------|
| 하늘 | 🟠🟠🔴 |
| 노을 | 🟠🟠🟠🟠🔴🔴🔴 |
| 바다 | 🟠🟠🔴🔴🔴 |

🟠 100상자
🟠 50상자
🔴 10상자

( )

**[08~11]** 어느 제과점에서 한 달 동안 팔린 케이크의 수를 조사하여 표로 나타냈습니다. 물음에 답하시오.

한 달 동안 팔린 케이크의 수

| 종류 | 초코 | 딸기 | 치즈 | 합계 |
|------|------|------|------|------|
| 케이크의 수(개) | 430 | 250 | 170 | 850 |

**08** 표를 보고 그림그래프로 나타내시오.

한 달 동안 팔린 케이크의 수

| 종류 | 케이크의 수 |
|------|------------|
| 초코 | |
| 딸기 | |
| 치즈 | |

◎ 100개
○ 10개

**09** 표를 보고 100개, 50개, 10개를 단위로 하여 그림그래프로 나타내시오.

한 달 동안 팔린 케이크의 수

| 종류 | 케이크의 수 |
|------|------------|
| 초코 | |
| 딸기 | |
| 치즈 | |

◎ 100개
□ 50개
○ 10개

**10** 가장 많이 팔린 케이크는 무엇입니까?

( )

**11** **9**의 그래프가 **8**의 그래프에 비해 좋은 점이 아닌 것을 찾아 기호를 쓰시오.

> ㉠ 한눈에 더 쉽게 비교가 됩니다.
> ㉡ 5번 그려야 되는 것을 1번만 그리면 됩니다.
> ㉢ 그림이 늘어났습니다.

( )

**[12~13]** 우식이네 학교 3학년 학생들이 체험 학습으로 가고 싶은 장소를 조사하여 표로 나타냈습니다. 박물관에 가고 싶은 학생 수와 동물원에 가고 싶은 학생 수가 같을 때 물음에 답하시오.

가고 싶은 장소별 학생 수

| 장소 | 박물관 | 놀이공원 | 동물원 | 합계 |
|------|--------|---------|--------|------|
| 학생 수(명) | | 74 | | 158 |

서술형 🔔

**12** 동물원에 가고 싶은 학생은 몇 명인지 풀이 과정을 쓰고, 답을 구하시오.

**풀이**

**답**

**13** 표를 보고 그림그래프로 나타내시오.

가고 싶은 장소별 학생 수

| 장소 | 학생 수 |
|------|--------|
| 박물관 | |
| 놀이공원 | |
| 동물원 | |

👤 10명
👤 1명

어려워 🔥

**14** 마을별 자전거 수를 조사하여 표로 나타냈습니다. 라 마을의 자전거 수가 나 마을의 자전거 수의 2배일 때 라 마을의 자전거는 몇 대입니까?

마을별 자전거 수

| 마을 | 가 | 나 | 다 | 라 | 합계 |
|------|-----|-----|-----|-----|------|
| 자전거 수(대) | 73 | | 51 | | 250 |

( )

➡ 바른답·알찬풀이 37쪽

[15~17] 병규네 학교 3학년 1반과 2반 학생들이 좋아하는 빵을 붙임딱지를 붙이는 방법으로 조사하였습니다. 물음에 답하시오.

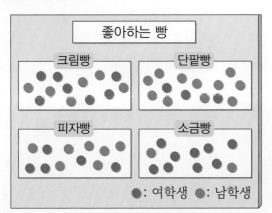

**15** 조사한 자료를 보고 표로 나타내시오.

좋아하는 빵별 학생 수

| 종류 | 크림빵 | 단팥빵 | 피자빵 | 소금빵 | 합계 |
|---|---|---|---|---|---|
| 여학생 수(명) | | | | | |
| 남학생 수(명) | | | | | |

**16** 여학생이 남학생보다 더 많이 좋아하는 빵을 모두 쓰시오.

( )

서술형

**17** 학생들이 가장 많이 좋아하는 빵과 두 번째로 좋아하는 빵의 학생 수의 합은 몇 명인지 구하려고 합니다. 풀이 과정을 쓰고, 답을 구하시오.

풀이

_____

_____

_____

답 _____

[18~20] 예림이네 동네 영화관에서 하루 동안 영화를 관람한 관별 관객 수를 조사하여 그림그래프로 나타냈습니다. 1관의 관객이 2900명일 때 물음에 답하시오.

관별 관객 수

| 관 | 관객 수 |
|---|---|
| 1관 | ☺ ☺ ☺ ☺ ☺ ☺ |
| 2관 | ☺ ☺ ☺ ☺ ☺ ☺ |
| 3관 | ☺ ☺ ☺ ☺ ☺ |
| 4관 | |

☺ ◯명  ☺ ◯명  ☺ ◯명

**18** 2관의 관객은 몇 명입니까?

( )

**19** 영화 관람료가 1명당 8000원이라고 합니다. 2관에서 관람한 사람들의 전체 관람료는 얼마인지 구하시오.

( )

어려워

**20** 4관의 관객 수는 3관의 관객 수의 $\frac{1}{2}$입니다. 이날 영화관의 전체 관객은 몇 명인지 구하시오.

( )

학습을 시작하기 전에 숨은 그림을 찾아보세요.

**숨은그림**

비빔밥　반달 돌칼　가락바퀴　결혼반지　물고기　빗살무늬 토기　송편　주먹도끼

정답바로보기

# 사회

### 개념 ① 고장의 환경

① **ㅎㄱ** : 사람들이 살아가는 데 영향을 주는 우리 주변의 모든 것을 말합니다.

② 환경의 종류

| 자연환경 | 땅의 생김새와 날씨에 영향을 주는 요소와 같이 자연적으로 생겨난 환경<br>예 산, 들, 하천, 바다, 눈, 비, 바람, 기온 등 |
|---|---|
| **ㅇㅁㅎㄱ** | 사람들이 필요에 따라 자연환경을 이용해 만든 환경<br>예 논과 밭, 공장, 도로, 항구, 과수원, 다리 등 |

③ 고장의 환경을 살펴볼 수 있는 방법: 디지털 영상 지도 활용, 고장의 안내 책자 확인, 고장 답사 등

### 개념 ② 땅의 생김새에 따른 사람들의 생활 모습

자연환경을 이용해 생활에 필요한 시설을 만들어요.

| 들 | • 도로와 아파트, 공장 등을 지음.<br>• 논과 밭을 만들어 곡식과 채소를 재배함. |
|---|---|
| **ㅅ** | • 약초, 나물, 목재 등을 얻음.<br>• 산에 등산로를 만들어 이용함.<br>• 산비탈에 논과 밭을 만들어 농사를 지음. |
| 바다 | • 물고기를 잡거나 수산물을 얻음.<br>• 양식장을 만들어 김, 미역 등을 기름. |
| 하천 | • 하천 주변에 공원을 만들어 이용함.<br>• 댐을 만들어 하천의 물을 생활용수와 공업용수로 이용함. |

### 개념 ③ 계절에 따른 사람들의 생활 모습

| **ㅂ** | 산과 공원으로 소풍이나 꽃구경을 감. |
|---|---|
| 여름 | 얇은 옷을 입고, 하천이나 바닷가로 물놀이를 감. |
| 가을 | 곡식과 과일을 수확하고, 단풍 구경을 감. |
| 겨울 | 두꺼운 옷을 입고, **ㄴ싸ㅁ**, 눈싸움, 스키 등을 즐김. |

### 개념 ④ 환경을 이용해 고장 사람들이 하는 일

① 들이 있는 고장

| 도시가 발달한 고장 | • 버스나 택시 등을 운전함.<br>• **ㄱㅈ** 이나 회사에서 일함.<br>• 병원에서 환자를 치료하고 돌봄.<br>• 백화점이나 마트에서 물건이나 음식을 판매함. |
|---|---|
| 논과 밭이 있는 고장 | • 가축을 기름.<br>• 농업 기술을 연구함.<br>• 곡식과 채소를 재배함.<br>• 농기계를 팔거나 수리함. |

② 산이 많은 고장
• 스키장과 식당, 숙박 시설을 운영합니다.
• **ㅅㅂㅌ** 에 논과 밭을 만들어 농사를 짓습니다.
• 목장에서 소를 키우거나 산속에서 벌을 키워 꿀을 얻습니다.
• 산에서 나무를 얻고, 버섯을 기르거나 약초와 나물을 캡니다.

③ 바다가 있는 고장
→ 바다가 있는 고장에서는 들이 있는 고장과 달리 작은 규모로 농사를 지어요.
• 바다 주변의 땅에 농사를 짓습니다.
• 물고기를 잡고 김과 미역을 기릅니다.
• 염전을 만들어 바닷물을 말려 소금을 얻습니다.
• 물고기 낚시에 사용하는 도구들을 팔거나 수리합니다.

### 개념 ⑤ 고장 사람들의 다양한 여가 생활 모습

① **ㅇㄱㅅㅎ** : 스스로 즐거움을 얻고자 남는 시간에 하는 자유로운 활동을 말합니다.

② 자연환경과 인문환경을 이용한 여가 생활

| 자연환경을 이용한 여가 생활 | • 산에서 캠핑하기<br>• 바다에서 물놀이 하기<br>• 하천에서 래프팅 하기<br>• 산에서 패러글라이딩 하기 |
|---|---|
| 인문환경을 이용한 여가 생활 | • 공원에서 산책하기<br>• 수영장에서 수영하기<br>• 운동장에서 축구 하기<br>• 영화관에서 영화 감상하기 |

정답 ❶ 환경 ❷ 인문환경 ❸ 산 ❹ 봄 ❺ 눈썰매 ❻ 공장 ❼ 산비탈 ❽ 여가 생활

➡ 바른답·알찬풀이 39쪽

## 자료 ① 자연환경과 인문환경

**POINT**

환경에는 자연적으로 생겨난 자연환경과 자연환경을 이용해 사람들이 만든 인문환경이 있습니다.

1-1 (          )은/는 산, 들, 하천 등 자연적으로 생겨난 환경을 말합니다.

1-2 사람들이 만든 논과 밭, 공장, 도로 등은 ( 자연환경 , 인문환경 )입니다.

## 자료 ② 땅의 생김새를 이용하는 모습

⬆ 들: 곡식과 채소 재배

⬆ 산: 등산로 이용

⬆ 바다: 물고기 잡기

⬆ 하천: 댐 건설

**POINT**

사람들은 땅의 생김새를 이용하고, 생활에 필요한 시설을 만듭니다.

2-1 고장 사람들은 ( 들 , 바다 )에 논을 만들어 곡식을 재배합니다.

2-2 고장 사람들은 바다에 등산로를 만들어 이용합니다.     (  ○ , ×  )

2-3 고장 사람들은 (        )을/를 만들어 하천의 물을 생활용수와 공업용수로 이용합니다.

## 자료 ③ 고장 사람들의 여가 생활

| 자연환경을 이용한 여가 생활 | <br>⬆ 산에서 캠핑하기 |
| 인문환경을 이용한 여가 생활 | <br>⬆ 공원에서 산책하기 |

**POINT**

사람들은 산, 하천 등의 자연환경과 공원, 영화관, 도서관 등의 인문환경을 이용해 여가 생활을 합니다.

3-1 스스로 즐거움을 얻고자 남는 시간에 하는 자유로운 활동을 무엇이라고 하는지 쓰시오.
    (          )

3-2 산에서 캠핑하는 것은 고장의 ( 자연환경 , 인문환경 )을 이용한 여가 생활입니다.

3-3 공원에서 산책하는 것은 고장의 ( 자연환경 , 인문환경 )을 이용한 여가 생활입니다.

**01** 다음에서 설명하는 것은 무엇인지 쓰시오.

> • 자연적으로 생겨난 환경이다.
> • 땅의 생김새와 날씨에 영향을 주는 요소를 말한다.

(          )

**02** 인문환경으로 알맞은 것을 보기에서 모두 골라 기호를 쓰시오.

> **보기**
> ㉠ 논과 밭
> ㉡ 눈, 비, 바람, 기온
> ㉢ 산, 들, 하천, 바다
> ㉣ 공장, 도로, 항구, 다리

(          )

**03** 자연환경과 인문환경에 대한 설명으로 알맞지 <u>않은</u> 것은 어느 것입니까? (      )

① 자연환경은 자연적으로 생겨난 것이다.
② 인문환경의 모습은 고장마다 다양하게 나타난다.
③ 자연환경의 모습은 고장마다 다양하게 나타난다.
④ 인문환경은 자연환경과 관계없이 사람들이 만든 것이다.
⑤ 우리는 다양한 자연환경과 인문환경에 둘러싸여 살아가고 있다.

**04** 다음은 고장 사람들이 어떤 땅의 생김새를 이용하는 모습인지 쓰시오.

> • 도로와 아파트, 공장 등을 짓는다.
> • 논과 밭을 만들어 곡식과 채소를 재배한다.

(          )

**05** 다음 (    ) 안에 공통으로 들어갈 땅의 생김새는 어느 것입니까? (      )

> 사람들은 (      ) 주변에 공원을 만들어 이용하거나, 댐을 만들어 (      )의 물을 생활용수와 공업용수로 이용한다.

① 들          ② 산
③ 섬          ④ 바다
⑤ 하천

**서술형** 상

**06** 다음 사진을 보고 알 수 있는, 여름에 나타나는 사람들의 생활 모습을 쓰시오.

_____

_____

→ 바른답·알찬풀이 39쪽

**07** 오른쪽 사진과 같은 생활 모습이 주로 나타나는 고장은 어디입니까? (       )

① 들이 있는 고장
② 산이 많은 고장
③ 비디기 있는 고장
④ 하천이 없는 고장
⑤ 도시가 발달한 고장

**08** 산이 많은 고장에 사는 사람들이 하는 일로 알맞은 것을 두 가지 고르시오. (       ,       )

① 수산물 얻기
② 약초와 나물 캐기
③ 산비탈에서 농사짓기
④ 양식장에서 미역 기르기
⑤ 염전을 만들어 소금 얻기

**09** 다음 사진에 나타난 인문환경을 이용하여 고장 사람들이 하는 일로 알맞은 것은 어느 것입니까? (       )

① 가축을 기른다.
② 곡식을 재배한다.
③ 물고기를 잡는다.
④ 물건이나 음식을 판다.
⑤ 여러 가지 물건을 만든다.

**10** 도시가 발달한 고장의 사람들이 주로 하는 일로 알맞지 <u>않은</u> 것은 어느 것입니까? (       )

① 목장에서 소를 키운다.
② 백화점에서 물건을 판다.
③ 버스나 택시 등을 운전한다.
④ 공장이나 회사에서 일을 한다.
⑤ 병원에시 환자를 치료하고 돌본다.

**서술형**

**11** 다음 여가 생활의 공통점을 이용한 환경과 연관 지어 쓰시오.

- 산에서 캠핑하기
- 바다에서 물놀이 하기
- 하천에서 래프팅 하기

_____
_____

**12** 다음 표는 친구들의 여가 생활을 정리한 것입니다. ㉠~㉢ 중 이용한 환경의 종류가 알맞은 것을 골라 기호를 쓰시오.

| 이름 | 여가 생활 | 장소 | 이용한 환경 |
|---|---|---|---|
| 김찬호 | 등산하기 | 산 | ㉠ 인문환경 |
| 양지우 | 자전거 타기 | 공원 | ㉡ 자연환경 |
| 최윤정 | 영화 감상하기 | 영화관 | ㉢ 인문환경 |

(                    )

### 개념 ① 의식주의 뜻과 종류

① [ ㅇㅅㅈ ]: 사람이 살아가는 데 기본적으로 필요한 옷(의), 음식(식), 집(주)을 통틀어 말합니다.

② 의식주의 종류

| 의 | 사람의 몸을 보호하기 위해 입는 옷<br>예 바지, 모자, 신발, 장갑, 귀마개, 목도리 등 |
|---|---|
| ❷[ ㅅ ] | 활동에 필요한 영양분을 얻기 위해 먹는 음식<br>예 밥, 국, 빵, 과일, 김치, 우유, 아이스크림 등 |
| 주 | 더위와 추위를 피하고, 안전하고 편안하게 쉴 수 있는 집<br>예 한옥, 아파트, 단독 주택, 수상 가옥, 통나무집 등 |

### 개념 ② 환경에 따른 고장 사람들의 의생활 모습

① 고장마다 다른 의생활 모습: 9월 중순 제주특별자치도에 사는 사람들은 반소매 옷을 입고, 강원특별자치도 평창군에 사는 사람들은 긴소매 옷을 입습니다. → 같은 계절이라도 고장마다 날씨가 달라 옷차림이 서로 다를 수 있어요.

② 계절마다 다른 의생활 모습

| ❸[ ㅇㄹ ] | 얇고 바람이 잘 통하는 옷이나 반소매 옷을 입음. |
|---|---|
| 겨울 | 긴소매나 두꺼운 옷을 입고, 모자나 장갑, 목도리 등을 착용함. |

③ 세계 여러 고장 사람들의 의생활 모습

| 사막에 있는 고장 | 뜨거운 햇볕과 모래바람을 막기 위해 긴 옷을 입고 머리에 천을 두름. |
|---|---|
| 덥고 비가 많이 내리는 고장 | 바람이 잘 통하는 얇은 옷을 입고, 챙이 넓은 모자를 쓰기도 함. |
| 춥고 눈이 많이 내리는 고장 | ❹[ ㄷㅁ ]의 털과 가죽으로 만든 두꺼운 옷을 입고, 발목까지 감싸는 부츠를 신음. |
| 낮과 밤의 기온 차가 큰 고장 | 모자로 낮의 뜨거운 햇볕을 막고, 망토와 같은 긴 겉옷으로 밤의 추위를 막음. |

### 개념 ③ 환경에 따른 고장 사람들의 식생활 모습

① 고장의 환경에 따라 발달한 대표 음식

| 평양 냉면 | 날씨가 서늘하고 비가 많이 내리지 않아 메밀을 재배하기에 알맞음. |
|---|---|
| 전주 ❺[ ㅂㅂㅂ ] | 다양한 음식 재료를 재배하거나 구할 수 있는 넓은 들과 산이 있음. |
| 제주 옥돔구이 | 주변 바닷물 온도가 따뜻하여 옥돔이 많이 잡힘. |
| 영월 감자옹심이 | 산지가 많고 날씨가 서늘하여 감자를 많이 심음. |

② 세계 여러 고장 사람들의 식생활 모습

| 날씨가 덥고 습한 고장 | 파인애플, 바나나, 망고 등 열대 과일을 이용한 음식이 많음. |
|---|---|
| ❻[ ㅂㄷ ]가 있는 고장 | 바다에서 얻은 수산물을 이용한 음식이 많음. |
| 산이 많은 고장 | 젖소를 키우는 낙농업이 발달하여 퐁뒤 등 치즈를 이용한 음식이 많음. |

### 개념 ④ 환경에 따른 고장 사람들의 주생활 모습

→ 오늘날 사람들은 주로 아파트나 연립 주택, 단독 주택에서 생활해요.

① 과거 고장 사람들의 주생활 모습

| 터돋움집 | 여름철 홍수에 대비하여 땅 위에 터를 돋우어 높은 곳에 집을 지음. |
|---|---|
| 우데기집 | 겨울에 눈이 많이 내려도 집 안을 자유롭게 다닐 수 있도록 ❼[ ㅇㄷㄱ ]를 설치함. |
| 너와집 | 산이 많아 주변에서 쉽게 구할 수 있는 나뭇조각으로 지붕을 얹음. |

② 세계 여러 고장 사람들의 주생활 모습

| 고상 가옥 | 열기와 습기, 벌레 등을 막고자 땅 위로 집을 올려 지음. |
|---|---|
| 이즈바 | 춥고 숲이 많아 주변에서 쉽게 구할 수 있는 통나무로 집을 지음. |
| 동굴집 | ❽[ ㅎㅅ ] 폭발 후 화산재가 쌓여 굳어진 바위의 속을 파서 집을 지음. |

정답 ❶ 의식주 ❷ 식 ❸ 여름 ❹ 동물 ❺ 비빔밥 ❻ 바다 ❼ 출입구 ❽ 화산

→ 바른답·알찬풀이 39쪽

**자료 1 세계 여러 고장의 의생활 모습**

↑ 사막에 있는 고장

↑ 덥고 비가 많이 내리는 고장

↑ 춥고 눈이 많이 내리는 고장

↑ 낮과 밤의 기온 차가 큰 고장

**POINT**
고장의 날씨에 따라 세계 여러 고장 사람들의 의생활 모습이 다양하게 나타납니다.

1-1 ( )에 있는 고장의 사람들은 뜨거운 햇볕과 모래바람을 막기 위해 긴 옷을 입고, 머리에 천을 둘러 감습니다.

1-2 덥고 비가 많이 내리는 고장의 사람들은 동물의 털과 가죽으로 만든 두꺼운 옷을 입고, 발목까지 감싸는 부츠를 신습니다. ( ○ , × )

**자료 2 고장과 세계의 다양한 음식**

↑ 평양 냉면

↑ 영월 감자옹심이

↑ 일본 스시

↑ 스위스 퐁뒤

**POINT**
자연환경에 따라 발달한 음식이 다릅니다.

2-1 영월은 산지가 많고 날씨가 서늘하여 감자를 이용한 음식이 발달하였습니다.
( ○ , × )

2-2 일본과 같이 ( )이/가 있는 고장에서는 수산물을 이용한 음식이 많습니다.

2-3 스위스의 산이 많은 고장에서는 낙농업이 발달하여 ( )(으)로 만든 음식이 많습니다.

**자료 3 고장과 세계의 주생활 모습**

↑ 우데기집

↑ 너와집

↑ 고상 가옥

↑ 동굴집

**POINT**
고장마다 땅의 생김새나 날씨 등 자연환경에 따라 사람들이 지은 집의 모습과 재료가 다양하게 나타납니다.

3-1 과거 울릉도와 같이 겨울에 눈이 많이 내리는 고장에서는 ( )을/를 설치해 눈이 많이 내려도 집 안을 자유롭게 다닐 수 있었습니다.

3-2 춥고 숲이 많은 고장에서는 열기와 습기를 막기 위해 땅 위로 집을 올려 지었습니다.
( ○ , × )

**01** 다음 ( ) 안에 공통으로 들어갈 말을 쓰시오.

> 사람이 살아가는 데 기본적으로 필요한 옷, 음식, 집을 통틀어 ( )(이)라고 한다. ( )과/와 관련해 나타나는 생활 모습을 각각 의생활, 식생활, 주생활이라고 한다.

( )

**02** 다음 각 생활의 사례에 해당하는 것을 알맞게 짝 지은 것은 어느 것입니까? ( )

| | 의생활 | 식생활 | 주생활 |
|---|---|---|---|
| ① | 밥 | 모자 | 아파트 |
| ② | 과일 | 빵 | 통나무집 |
| ③ | 신발 | 국 | 장갑 |
| ④ | 한옥 | 바지 | 김치 |
| ⑤ | 목도리 | 아이스크림 | 단독 주택 |

**03** 겨울철 추운 날씨에 알맞은 옷차림을 에서 모두 골라 기호를 쓰시오.

> **보기**
> ㉠ 뜨거운 햇볕을 막아 주는 모자
> ㉡ 솜을 넣어 만든 두꺼운 옷과 장갑
> ㉢ 추위를 막아 주는 털모자와 목도리
> ㉣ 바람이 잘 통하는 옷감으로 만든 옷

( )

서술형 ❀

**04** 다음 그림을 보고, 사막에 있는 고장에 사는 사람들의 의생활 모습에서 나타나는 특징을 쓰시오.

> 내가 사는 곳은 햇볕이 뜨겁고, 모래바람이 불어요.

_____

_____

**05** 오른쪽 그림과 같은 옷차림을 볼 수 있는 고장은 어디입니까? ( )

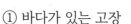

① 바다가 있는 고장
② 사막에 있는 고장
③ 덥고 비가 많이 내리는 고장
④ 춥고 눈이 많이 내리는 고장
⑤ 낮과 밤의 기온 차가 큰 고장

**06** 수진이가 사는 고장에서 발달한 음식으로 알맞은 것은 어느 것입니까? ( )

> 수진이가 사는 전주에는 다양한 음식 재료를 재배하거나 구할 수 있는 넓은 들과 산이 있다.

① 냉면 ② 퐁뒤
③ 비빔밥 ④ 옥돔구이
⑤ 감자옹심이

➡ 바른답·알찬풀이 39쪽

**07** 날씨가 서늘한 고장에서 발달한 음식을 두 가지 고르시오. (      ,      )

① 대게찜　　　　② 꼬막무침
③ 옥돔구이　　　　④ 평양 냉면
⑤ 감자옹심이

**서술형**

**08** 고장마다 식생활 모습이 다양하게 나타나는 까닭을 쓰시오.

_____

_____

_____

**09** 옛날에 다음 사진과 같은 주생활 모습을 볼 수 있었던 고장의 자연환경으로 알맞은 것은 어느 것입니까? (      )

↑ 우데기집

① 눈이 많이 내린다.
② 바람이 많이 분다.
③ 비가 많이 내린다.
④ 태풍이 자주 발생한다.
⑤ 낮과 밤의 기온 차가 매우 크다.

**10** 다음에서 설명하는 집은 무엇인지 쓰시오.

> 옛날 여름철에 홍수로 집이 물에 잠길 위험이 있는 고장에서 땅 위에 터를 돋우어 높은 곳에 지은 집이다.

(　　　　　　　)

**11** 다음은 세계 여러 고장의 주생활 모습을 설명한 글입니다. ㉠, ㉡에 들어갈 알맞은 말을 골라 ○표 하시오.

> 날씨가 ㉠ ( 덥고 , 춥고 ) 습한 고장에서는 땅에서 올라오는 열기와 습기를 막기 위해 땅 위로 집을 올려 짓는다. 날씨가 춥고 숲이 많은 고장에서는 주변에서 쉽게 구할 수 있는 ㉡ ( 흙 , 통나무 )(으)로 집을 짓는다.

**12** 다음 (      ) 안에 들어갈 말로 알맞은 것은 어느 것입니까? (      )

↑ 동굴집

사진의 집은 화산 폭발로 화산재가 쌓여 굳어진 (      )의 속을 파서 지은 것이다.

① 풀　　　　② 흙　　　　③ 나무
④ 바위　　　⑤ 볏짚

**01** 다음 ㉠, ㉡에 들어갈 알맞은 말을 쓰시오.

> 사람들이 살아가는 데 영향을 주는 우리 주변의 모든 것을 환경이라고 한다. 고장의 환경에는 자연적으로 생겨난 ( ㉠ )과/와 사람들이 ( ㉠ )을/를 이용해 만든 ( ㉡ )이/가 있다.

㉠: (                    ), ㉡: (                    )

**02** 다음 (        ) 안에 들어갈 알맞은 말은 어느 것입니까? (        )

> (        )이/가 있는 고장의 사람들은 물고기나 전복, 조개 등을 얻거나, 양식장을 만들어 김, 미역 등을 기른다.

① 들          ② 산          ③ 도시
④ 바다        ⑤ 사막

**03** 다음 사진은 땅의 생김새를 어떻게 이용하고 있는 모습인지 쓰시오.

꼭 들어가야 할 말    산비탈, 밭, 농사

_____

_____

**04** 고장 사람들의 계절에 따라 달라지는 생활 모습으로 알맞은 것을 에서 모두 골라 기호를 쓰시오.

> **보기**
> ㉠ 봄에는 산으로 꽃구경을 간다.
> ㉡ 여름에는 곡식과 과일을 수확한다.
> ㉢ 겨울에는 눈썰매장에서 눈썰매를 탄다.
> ㉣ 가을에는 하천이나 바닷가로 물놀이를 간다.

(                    )

**05** 들이 있는 고장에 사는 사람들이 주로 하는 일로 알맞은 것은 어느 것입니까? (        )

① 목장에서 소를 키운다.
② 산비탈에서 농사를 짓는다.
③ 숲에서 약초와 나물을 캔다.
④ 논과 밭에서 곡식과 채소를 재배한다.
⑤ 양식장을 만들어 김, 미역 등을 기른다.

**06** 다음과 같은 일을 주로 하는 사람들이 사는 고장은 어디입니까? (        )

> • 공장이나 회사에서 일한다.
> • 백화점이나 마트에서 물건이나 음식을 판다.

① 산이 많은 고장
② 바다가 있는 고장
③ 사막에 있는 고장
④ 도시가 발달한 고장
⑤ 논과 밭이 있는 고장

**07** 다음 그림에서 여가 생활을 할 때 이용한 자연환경을 쓰시오.

(                   )

**08** 인문환경을 이용한 여가 생활로 알맞은 것은 어느 것입니까? (      )

① 등산하기
② 산에서 캠핑하기
③ 바다에서 물놀이 하기
④ 하천에서 래프팅 하기
⑤ 영화관에서 영화 감상하기

꼭나와 냥
**09** 의식주와 그 뜻을 선으로 알맞게 이으시오.

(1) 의 •     • ㉠ 영양분을 얻기 위해 먹는 음식

(2) 식 •     • ㉡ 안전하고 편안하게 쉴 수 있는 집

(3) 주 •     • ㉢ 사람의 몸을 보호하기 위해 입는 옷

**10** 다음 그림과 같은 옷차림을 볼 수 있는 고장은 어디입니까? (      )

두꺼운 옷을 입고 장갑을 꼈으며, 부츠를 신었어요.

① 사막에 있는 고장
② 바다로 둘러싸인 고장
③ 덥고 비가 많이 내리는 고장
④ 춥고 눈이 많이 내리는 고장
⑤ 낮과 밤의 기온 차가 큰 고장

서술형 냥
**11** 다음은 세계 여러 고장 사람들의 의생활 모습과 관련하여 친구들이 나눈 대화입니다. 잘못 말한 친구의 이름을 쓰고, 잘못된 대화 내용을 알맞게 고쳐 쓰시오.

> • 유성: 덥고 비가 많이 내리는 고장에서는 바람이 잘 통하는 얇고 간단한 옷을 입고, 챙이 넓은 모자를 쓰지.
> • 민준: 낮과 밤의 기온 차가 큰 고장에서는 동물의 털과 가죽으로 만든 두꺼운 옷을 입어.
> • 예슬: 사막에 있는 고장의 사람들은 뜨거운 햇볕과 사막의 모래바람을 막기 위해 긴 옷을 입어.

(1) 잘못 말한 친구: (               )

(2) 고쳐 쓴 내용: _____

_____

_____

**12** 다음 음식이 발달한 고장의 자연환경으로 알맞은 것을 두 가지 고르시오. (       ,       )

⊕ 평양 냉면

① 날씨가 서늘하다.
② 바다로 둘러싸여 있다.
③ 넓은 들이 펼쳐져 있다.
④ 눈이 거의 오지 않는다.
⑤ 비가 많이 내리지 않는다.

**13** 다음 (       ) 안에 공통으로 들어갈 알맞은 땅의 생김새를 쓰시오.

⊕ 제주 옥돔구이

⊕ 일본 스시

제주는 주변 (       )의 온도가 따뜻하여 옥돔이 많이 잡힌다. 일본은 (       )(으)로 둘러싸여 있어 스시와 같이 수산물을 이용한 음식이 발달하였다.

(                          )

**14** 옛날에 다음 사진과 같은 집을 많이 볼 수 있었던 고장은 어디입니까? (       )

⊕ 너와집

① 산이 많은 고장
② 바다로 둘러싸인 고장
③ 날씨가 덥고 습한 고장
④ 바람이 많이 부는 고장
⑤ 겨울에 눈이 많이 오는 고장

**15** 덥고 비가 많이 내리는 고장에서 다음 사진과 같은 주생활 모습이 나타나는 까닭을 고장의 자연환경과 관련지어 쓰시오.

⊕ 고상 가옥

**꼭 들어가야 할 말**       열기, 습기, 벌레

_____

_____

_____

**01** 자연환경에 대한 설명으로 알맞지 <u>않은</u> 것은 어느 것입니까? (          )

① 자연적으로 생겨난 환경이다.
② 땅의 생김새는 자연환경이다.
③ 필요에 따라 만들 수 있는 환경이다.
④ 자연환경은 고장마다 다양하게 나타난다.
⑤ 날씨에 영향을 주는 요소는 자연환경이다.

**02** 다음 ㉠, ㉡에 들어갈 알맞은 자연환경과 인문환경의 사례를 쓰시오.

| ( ㉠ )은/는 땅의 생김새 중 하나로, 넓고 평평한 땅이다. | ( ㉡ )은/는 배에 물건을 싣고 다른 곳으로 이동하는 장소이다. |
|---|---|

㉠: (                    ), ㉡: (                    )

**03** 다음과 같은 생활 모습이 나타나는 땅의 생김새를 쓰시오.

> • 나무를 가꾸어 목재 얻기
> • 숲에서 약초와 나물 캐기
> • 목장을 만들어 소 키우기
> • 산비탈의 땅을 논과 밭으로 만들어 농사짓기

(                    )

어려워
**04** 다음 일기 예보와 관련된 계절에 볼 수 있는 고장 사람들의 생활 모습으로 알맞은 것을 두 가지 고르시오. (       ,       )

> 밤사이 중부와 남부 산간을 중심으로 많은 눈이 내렸다. 눈은 아침에 대부분 그치지만, 오후부터 혹독한 추위가 시작될 전망이다. 15일부터 이어진 눈으로 밤사이 평창 18.5 cm, 춘천 15.8 cm, 제천 13 cm, 문경 11.5 cm, 서울 3.5 cm의 눈이 쌓였다. 일기 예보에 따르면 눈이 그친 16일 오후부터는 북서쪽에서 찬 공기가 밀려올 예정으로 서울은 낮에 영하 4도까지 떨어질 전망이다.

① 눈썰매를 탄다.
② 두꺼운 옷을 입는다.
③ 산으로 꽃구경을 간다.
④ 바닷가로 물놀이를 간다.
⑤ 곡식과 과일을 수확한다.

서술형
**05** 다음 사진을 보고, 봄에 나타나는 고장 사람들의 생활 모습을 쓰시오.

_____

_____

**어려워요**

**06** 다음 그림과 같은 고장에 사는 사람들이 주로 하는 일로 알맞지 <u>않은</u> 것은 어느 것입니까?

(          )

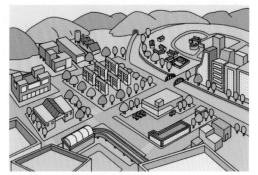

① 시장에서 물건이나 음식을 판다.
② 회사를 다니며 다양한 일을 한다.
③ 공장에서 여러 가지 물건을 만든다.
④ 스키장과 식당, 숙박 시설 등을 운영한다.
⑤ 도로를 이용해 편리하게 물건을 운반한다.

**07** 자연환경을 이용한 여가 생활로 알맞은 것은 어느 것입니까? (          )

① 공원에서 자전거를 탄다.
② 바다에서 물놀이를 한다.
③ 운동장에서 친구들과 축구를 한다.
④ 놀이공원에서 놀이 시설을 이용한다.
⑤ 박물관에서 다양한 유물을 관람한다.

**08** 인문환경을 이용한 여가 생활을 한 친구의 이름을 모두 쓰시오.

> • 하늘: 가족들과 산에서 캠핑을 했어.
> • 예림: 부모님과 영화관에서 영화를 봤어.
> • 은하: 친구들과 체육관에서 농구를 했어.
> • 우주: 친구들과 하천에서 래프팅을 했어.

(                    )

**09** 의식주 중 의생활에 해당하는 것은 어느 것입니까? (          )

① 신발                ② 우유
③ 한옥                ④ 통나무집
⑤ 아이스크림

**서술형**

**10** 9월 중순에 제주특별자치도 사람들과 강원특별자치도 평창군 사람들의 옷차림이 어떻게 다른지 쓰시오.

_____

_____

_____

→ 바른답·알찬풀이 40쪽

**11** 다음 그림과 같은 옷차림을 볼 수 있는 고장의 특징으로 알맞은 것은 어느 것입니까? ( )

① 사막에 있다.
② 바람이 세게 분다.
③ 덥고 비가 많이 내린다.
④ 춥고 눈이 많이 내린다.
⑤ 낮과 밤의 기온 차가 크다.

**12** 다음에서 설명하는 고장에서 발달한 음식으로 알맞은 것은 어느 것입니까? ( )

제주특별자치도는 바다로 둘러싸인 섬으로, 주변 바닷물 온도가 따뜻하다.

① 냉면
② 떡국
③ 비빔밥
④ 옥돔구이
⑤ 감자옹심이

**13** 고장과 세계의 식생활 모습에 대한 설명으로 알맞은 것을 보기 에서 모두 골라 기호를 쓰시오.

보기
㉠ 스위스는 낙농업이 발달하여 퐁뒤 등 치즈를 이용한 음식이 많다.
㉡ 일본은 벼를 재배하기 알맞아 쌀국수와 같은 쌀로 만든 음식이 많다.
㉢ 영월은 들이 많고 날씨가 더워 감자를 재배하기에 알맞아 감자로 만든 옹심이가 발달했다.
㉣ 평양은 날씨가 서늘하고 비가 적게 내려 메밀을 재배하기에 알맞아 메밀로 만든 냉면이 유명하다.

( )

**14** 다음 사진의 ㉠과 같이 지붕의 끝에서부터 땅까지 내린 벽을 무엇이라고 하는지 쓰시오.

( )

**15** 다음은 고장과 세계의 주생활 모습입니다. 두 집의 공통점을 찾아 쓰시오.

④ 너와집          ④ 이즈바

_____

_____

_____

1. 환경에 따라 다른 삶의 모습  **157**

## 개념 1  자연에서 얻은 도구를 쓰던 생활 모습

### ① 돌을 깨뜨려 도구를 만들었던 시대의 생활 모습

| 생활 도구 | 돌을 깨뜨리거나 떼어 내어 ❶ ㅈㅁㄷㄲ 등을 만들었음. |
|---|---|
| 생활 모습 | • 동물의 가죽으로 옷을 만들었음.<br>• 먹을 것을 구하기 위해 이동 생활을 했으며, 열매 따기, 동물 사냥 등으로 먹을 것을 구했음.<br>• 주로 동굴이나 바위 그늘에서 생활했음.<br>• 불을 사용하여 음식을 익혀 먹었음. |

### ② 돌을 갈아서 도구를 만들었던 시대의 생활 모습

| 생활 도구 | 돌이나 동물의 뼈를 갈아 도구를 만들거나, 흙으로 빗살무늬 토기 등의 그릇을 만들었음.<br>→음식을 보관하거나 조리할 때 사용하였어요. |
|---|---|
| 생활 모습 | • ❷ ㄴㅅ 를 짓고 가축을 기르기 시작했음.<br>• 강가나 바닷가에 모여 움집을 짓고 생활했음. →한곳에 정착하여 살았어요.<br>• ❸ ㄱㄹㅂㅋ 로 실을 뽑아서 옷을 만들었음. |

## 개념 2  새로운 도구를 만들어 쓰던 생활 모습

### ① 청동으로 도구를 만들었던 시대의 생활 모습

| 생활 도구 | • ❹ ㅊㄷ 으로 무기, 장신구, 제사를 지내는 도구를 만들었음. 곡식의 이삭을 베는 데 사용했어요.<br>• 청동은 귀하고 다루기 어려웠기 때문에 농사를 지을 때에는 여전히 반달 돌칼 등 돌로 만든 도구를 사용했음. |
|---|---|
| 생활 모습 | 농사가 더욱 발달하고, 마을 규모가 커졌음. |

### ② 철로 도구를 만들었던 시대의 생활 모습

| 생활 도구 | 청동보다 단단한 철로 농사 도구, 검과 갑옷 등의 무기를 만들었음. |
|---|---|
| 생활 모습 | • 농사 도구를 철로 만들면서 쉽게 땅을 갈고 많은 곡식을 수확하게 되었음.<br>• 무기를 철로 만들면서 전쟁에서 쉽게 이길 수 있게 되었음.<br>• 초가집이나 기와집을 짓고 생활했음. |

## 개념 3  도구의 발달에 따른 사람들의 생활 모습

### ① 농사 도구의 발달로 달라진 생활 모습
곡식의 수확과 탈곡을 한꺼번에 할 수 있어요.

| 농사 도구의 발달 | • 땅을 가는 도구: 돌괭이 → 철로 만든 괭이 → ❺ ㅈㄱ → 트랙터<br>• 곡식을 수확하는 도구: ❻ ㅂㄷㄷㄱ → 철로 만든 낫 → 탈곡기 → 콤바인 |
|---|---|
| 생활 모습의 변화 | 더 넓은 땅에서 적은 힘으로 농사를 지을 수 있게 되었고, 다양하고 많은 곡식과 채소 등을 얻을 수 있게 되었음. |

### ② 음식을 만드는 도구의 발달로 달라진 생활 모습

| 음식을 만드는 도구의 발달 | • 재료를 가는 도구: ❼ ㄱㄷ 과 갈판 → 맷돌 → 믹서<br>• 재료를 익히는 도구: 토기 → 시루 → 가마솥 → 전기밥솥<br>뜨거운 김으로 음식을 찌는 도구예요. |
|---|---|
| 생활 모습의 변화 | 음식을 편리하고 다양하게 만들어 먹을 수 있게 되었음. |

### ③ 옷을 만드는 도구의 발달로 달라진 생활 모습

| 옷을 만드는 도구의 발달 | • 실이나 옷감을 만드는 도구: 가락바퀴 → 물레, 베틀 → 방직기 →실을 엮어서 옷감을 만드는 도구예요.<br>• 옷감을 꿰매는 도구: 뼈바늘 → 쇠바늘 → ❽ ㅈㅂㅌ |
|---|---|
| 생활 모습의 변화 | 여러 재료에서 실을 뽑고, 다양한 종류의 옷을 쉽고 빠르게 만들 수 있게 되었음. |

## 개념 4  집의 모습 변화로 달라진 생활 모습

| 동굴 | 이동 생활을 하며 짐승이나 눈비 등을 피했음. |
|---|---|
| 움집 | 땅을 파고 기둥을 세운 뒤 풀을 덮어 지었으며, 집 한가운데 불을 피워 따뜻하게 지냈음. |
| 초가집 | 마당에서 농사와 관련된 일을 했음. |
| 기와집 | 안채에서는 주로 여자들이 생활하고, 사랑채에서는 남자들이 글공부를 하거나 손님을 맞이했음. |
| 아파트 | 방, 거실, 주방이 모두 연결되어 있는 구조로, 좁은 땅에 많은 사람이 모여 살 수 있음. |

자료 **1** 돌을 갈아서 도구를 만들었던 시대의 생활 도구

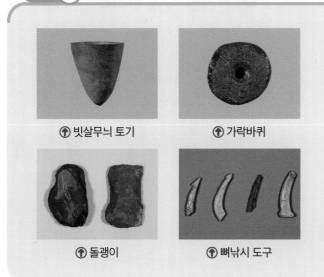

⬆ 빗살무늬 토기  ⬆ 가락바퀴

⬆ 돌괭이  ⬆ 뼈낚시 도구

**POINT**
옛날 사람들은 돌과 나무 등으로 농사를 짓는 도구, 옷을 만드는 도구, 음식을 만드는 도구 등을 만들었습니다.

**1-1** 옛날 사람들은 자연에서 쉽게 얻을 수 있는 돌과 나무로 (          )을/를 만들었습니다.

**1-2** 먼 옛날에는 ( 돌 , 철 )로 만든 가락바퀴로 식물의 줄기를 꼬아서 실을 만들었습니다.

**1-3** 돌괭이는 나무 막대기 끝에 뾰족한 돌을 묶어 땅을 가는 데 사용했던 ( 낚시 , 농사 ) 도구입니다.

사회

자료 **2** 청동으로 만든 도구

⬆ 비파형 동검(청동 검)  ⬆ 청동 거울

**POINT**
청동은 재료를 구하기 어렵고 만들기 쉽지 않아 무기나 제사 도구, 장신구를 만드는 데 주로 사용되었습니다.

**2-1** 구리와 주석을 섞어 단단하게 만든 금속을 (          )(이)라고 합니다.

**2-2** 일상생활에서는 여전히 돌과 나무로 만든 도구를 사용하였습니다.          ( ○ , × )

자료 **3** 땅을 가는 농사 도구의 발달

⬆ 돌괭이  ⬆ 철로 만든 괭이

⬆ 쟁기  ⬆ 트랙터

**POINT**
농사를 지을 때 사용하는 도구가 발달하면서 사람들의 생활 모습이 변화하였습니다.

**3-1** 농사 도구를 만드는 재료는 철에서 돌로 점차 바뀌었습니다.          ( ○ , × )

**3-2** 오늘날에는 (          )을/를 이용하여 넓은 땅을 빠르게 갈 수 있습니다.

**3-3** 농사 도구가 발달하면서 사람들은 더 다양한 곡식과 채소를 얻을 수 있게 되었습니다.
          ( ○ , × )

**3-4** 농사 도구의 발달로 한 사람이 수확할 수 있는 곡식의 양이 ( 많아 , 적어 )졌습니다.

**01** 돌을 깨뜨려 도구를 만들었던 시대의 사람들이 생활하였던 곳을 보기 에서 모두 골라 기호를 쓰시오.

보기
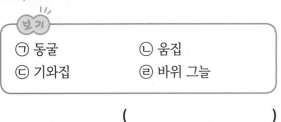

ㄱ 동굴　　　　ㄴ 움집
ㄷ 기와집　　　ㄹ 바위 그늘

(　　　　　　　　　)

**02** 돌을 갈아서 도구를 만들었던 시대의 생활 모습으로 알맞지 <u>않은</u> 것은 어느 것입니까?
(　　　　)

① 가축을 길렀다.
② 농사를 지었다.
③ 흙으로 그릇을 만들어 사용하였다.
④ 먹을 것을 구하기 위해 이동 생활을 하였다.
⑤ 강가나 바닷가에 모여 움집을 짓고 생활하였다.

**03** 다음에서 설명하는 도구는 무엇인지 쓰시오.

 청동으로 도구를 만들었던 시대에 주로 사용한 농사 도구로, 곡식의 이삭을 베는 데 사용하였다.

(　　　　　　　　　)

서술형
**04** 옛날 사람들이 다음과 같은 도구를 사용하면서 달라진 생활 모습을 한 가지만 쓰시오.

↑ 철로 만든 투구와 갑옷　　↑ 철로 만든 검

_____

_____

**05** 다음은 땅을 가는 농사 도구입니다. 발달한 순서에 맞게 기호를 쓰시오.

ㄱ ↑ 쟁기　　　　ㄴ ↑ 돌괭이

ㄷ ↑ 트랙터　　　ㄹ ↑ 철로 만든 괭이

(　　　) → (　　　) → (　　　) → (　　　)

**06** 다음에서 설명하는 곡식을 수확하는 농사 도구는 어느 것입니까? (          )

> 오늘날에 주로 사용하는 농사 도구로, 곡식을 베는 일과 낟알을 떨어뜨리는 일을 한꺼번에 할 수 있다.

① 쟁기
② 돌괭이
③ 트랙터
④ 콤바인
⑤ 반달 돌칼

서술형 8

**07** 음식을 만드는 도구가 발달하면서 달라진 사람들의 생활 모습을 쓰시오.

_____

_____

**08** 다음 그림과 같이 옛날 사람들이 식물의 줄기를 꼬아서 실을 만들 때 사용한 도구는 어느 것입니까? (          )

① 물레
② 베틀
③ 방직기
④ 재봉틀
⑤ 가락바퀴

**09** 옷을 만드는 도구의 발달로 달라진 사람들의 생활 모습으로 알맞지 <u>않은</u> 것은 어느 것입니까?
(          )

① 여러 재료에서 실을 뽑게 되었다.
② 옷감을 편리하게 만들 수 있게 되었다.
③ 다양한 종류의 옷을 만들 수 있게 되었다.
④ 실을 뽑고 옷감을 만드는 시간이 늘어나게 되었다.
⑤ 사람들이 서로 다른 개성을 표현하는 옷을 입게 되었다.

**10** 다음에서 설명하는 집은 무엇인지 쓰시오.

> • 집 한가운데에 불을 피워 따뜻하게 지냈다.
> • 땅을 파고 기둥을 세운 뒤 갈대 같은 풀을 덮어서 지은 집이다.

(                    )

**11** 아파트에 대한 설명으로 알맞지 <u>않은</u> 것은 어느 것입니까? (          )

① 화장실이 집 밖에 있다.
② 콘크리트와 철근으로 짓는다.
③ 방, 거실, 주방이 모두 연결되어 있다.
④ 좁은 땅에 많은 사람이 모여 살 수 있다.
⑤ 보일러가 있어 집 안에서 따뜻하게 생활한다.

---

### 개념 1   명절과 세시 풍속

| ❶ ㅁㅈ | 설날, 추석, 정월 대보름, 동지 등 옛날부터 해마다 즐기거나 기념하는 날 |
|---|---|
| 세시 풍속 | 명절날에 하는 일과 놀이, 먹는 음식, 입는 옷과 같이 일정한 날이나 계절에 반복적으로 되풀이하는 우리 고유의 풍속 |

### 개념 2   옛날의 세시 풍속

| 설날 | • 시기: 음력 1월 1일<br>• 조상들께 차례를 지냈음.<br>• 웃어른께 세배를 드리고 떡국을 먹었음.<br>• ❷ ㅇㄷㅇ, 널뛰기, 연날리기, 제기차기 등의 놀이를 했음. |
|---|---|
| 정월 대보름 | • 시기: 음력 1월 15일<br>• 오곡밥을 먹고, 부럼을 깨물어 먹었음.<br>• 달집태우기, 쥐불놀이 등의 놀이를 했음. |
| 한식 | • 시기: 양력 4월 5일 무렵 →짚단에 불을 붙여 돌리며 노는 놀이예요.<br>• 성묘를 하고, 찬 음식을 먹었음. |
| 단오 | • 시기: 음력 5월 5일<br>• 더운 여름을 시원하게 보내라는 의미로 부채를 주고받고, 창포물에 머리를 감았음.<br>• 수리취떡을 먹었음.<br>• 그네뛰기, 씨름 등의 놀이를 했음. |
| 삼복 | • 시기: 1년 중 가장 더운 초복, 중복, 말복<br>• 무더위에 건강을 잃지 않도록 삼계탕, 육개장 등 영양이 풍부한 음식을 먹었음. |
| 추석 | • 시기: 음력 8월 15일<br>• 차례를 지내고 성묘를 했음.<br>• ❸ ㅅㅍ과 토란국을 먹었음.<br>• 강강술래, 줄다리기 등의 놀이를 했음. |
| 중양절 | • 시기: 음력 9월 9일<br>• 국화로 만든 술과 떡을 먹었음.<br>• 단풍이 든 산으로 나들이를 갔음. |
| 동지 | • 시기: 양력 12월 22일 무렵<br>• 나쁜 기운을 쫓기 위해 ❹ ㅍㅈ을 먹었음. |

### 개념 3   옛날과 오늘날의 세시 풍속 비교하기

① 옛날과 오늘날의 세시 풍속 ⑩ 추석

| 옛날 | • 조상들께 차례를 지내고 성묘를 했음.<br>• 마을 사람들이 모여서 ❺ ㄱㄱㅅㄹ, 줄다리기 등의 놀이를 했음.<br>• 보름달에 소원을 빌고 건강과 복을 기원했음. |
|---|---|
| 오늘날 | • 조상들께 차례를 지내고 성묘를 함.<br>• 멀리 떨어져 사는 가족이 한자리에 모여 가족 단위로 추석을 즐김.<br>• 보름달에 소원을 빌고 건강과 복을 기원함. |

② 옛날과 오늘날 세시 풍속의 공통점과 차이점

| 공통점 | 가족과 함께 보내며 정과 기쁨을 나누고, 건강과 행복을 바람. |
|---|---|
| 차이점 | • 옛날에는 ❻ ㄴㅅ와 관련된 세시 풍속이 많았고, 오늘날에는 직업이 다양해지면서 농사와 관련된 세시 풍속이 많이 사라짐.<br>• 옛날에는 계절에 따라 다양한 세시 풍속이 있었고, 오늘날에는 계절에 상관없이 언제든지 세시 풍속을 즐김. |

③ 오늘날까지 이어지고 있는 세시 풍속 →큰 명절을 중심으로 이어져 오고 있어요.
• 설날에 어른들께 ❼ ㅅㅂ를 드리고, 아침에 떡국을 먹습니다.
• 추석에 조상들께 차례를 지내고, 송편과 햇과일을 먹습니다.
• 가족들이 한자리에 모여 윷놀이, 줄다리기 등의 놀이를 합니다.

### 개념 4   세시 풍속 체험하기

| 윷놀이 하기 | • 조상들은 설날부터 정월 대보름 사이에 한 해의 운세를 점치며 윷놀이를 즐겼음.<br>• 윷판을 놓고 편을 나눈 뒤, 순서에 따라 윷을 던져 4개의 윷말이 모두 출발점으로 먼저 들어오면 이김. |
|---|---|
| 제기차기 | • 옛날에 겨울철, 주로 ❽ ㅅㄴ에 어린이들이 즐겼음.<br>• 한 발은 땅을 딛고, 다른 발로 제기를 참. |

정답 ❶ 명절 ❷ 윷놀이 ❸ 송편 ❹ 팥죽 ❺ 강강술래 ❻ 농사 ❼ 세배 ❽ 설날

➡ 바른답·알찬풀이 42쪽

### 자료 ① 옛날 세시 풍속의 공통점

⊕ 마을 사람들이 함께 모여서 일과 놀이를 했음.

⊕ 계절에 따라 다양한 음식을 만들어 먹었음.

⊕ 건강과 복, 풍년을 기원하는 등 다양한 소원을 빌었음.

⊕ 풍년을 기원하는 풍속이 많았음.

**POINT** 옛날 사람들은 한 해의 일정한 때나 시기에 다양한 일과 놀이, 음식 등을 즐겼습니다.

1-1 명절날에 하는 일과 놀이, 먹는 음식, 입는 옷과 같이 일정한 날이나 계절에 반복적으로 되풀이하는 우리 고유의 풍속을 무엇이라고 하는지 쓰시오.

(            )

1-2 주로 농사를 짓던 옛날에는 마을 사람들이 계절마다 그 계절에 나는 재료로 만든 음식을 나누어 먹고 놀이를 함께 즐겼습니다.

(   ◯ , ✕    )

### 자료 ② 명절에 주로 먹는 음식

⊕ 설날 - 떡국

⊕ 정월 대보름 - 오곡밥

⊕ 추석 - 송편

⊕ 동지 - 팥죽

**POINT** 우리 조상들은 계절마다 세시 풍속을 즐기고, 그 계절에 많이 나는 재료로 음식을 만들어 먹었습니다.

2-1 ( 설날 , 추석 )에는 조상들께 차례를 지내고 떡국을 먹었습니다.

2-2 (          )에는 다섯 가지 곡식을 섞은 오곡밥을 먹었습니다.

2-3 추석에는 ( 송편 , 수리취떡 )을 먹었습니다.

2-4 동지에는 (         )을/를 먹으며 나쁜 기운을 쫓아내려고 하였습니다.

### 자료 ③ 윷놀이 준비물과 규칙

| 준비물 |  |  |  |
| --- | --- | --- | --- |
| | ⊕ 윷 | ⊕ 윷판 | ⊕ 윷말 |
| 규칙 | • 윷 또는 모가 나오거나, 상대방의 윷말을 잡으면 윷을 한 번 더 던질 수 있음.<br>• 같은 편의 윷말과 만나면 윷말을 얹어 함께 움직일 수 있음. | | |

**POINT** 윷놀이는 설날에 하는 세시 풍속으로, 옛날에는 윷놀이를 통해 한 해 운세를 점치기도 했습니다.

3-1 (         )을/를 하기 위해서는 윷, 윷판, 윷말이 필요합니다.

3-2 윷놀이는 오늘날까지 이어지고 있는 세시 풍속입니다.

(   ◯ , ✕    )

**01** 다음 (      ) 안에 들어갈 알맞은 말을 쓰시오.

> (        )은/는 명절날에 하는 일과 놀이, 먹는 음식, 입는 옷과 같이 일정한 날이나 계절에 반복적으로 되풀이하는 우리 고유의 풍속을 말한다.

(                              )

**02** 다음에서 설명하는 명절은 무엇입니까?

(        )

> 음력 1월 1일로, 우리나라의 대표적인 명절이다. 새해를 맞아 가족이 모여 조상들께 차례를 지냈다.

① 단오                    ② 동지
③ 설날                    ④ 추석
⑤ 중양절

**03** 정월 대보름에 먹는 음식으로 알맞은 것은 어느 것입니까? (            )

①

⬆ 송편

②

⬆ 팥죽

③

⬆ 오곡밥

④

⬆ 수리취떡

**04** 세시 풍속에 대한 경험을 <u>잘못</u> 말한 친구는 누구입니까? (            )

① 아름: 정월 대보름에 부럼을 깨물었어.
② 다운: 설날에 부모님께 세배를 드렸어.
③ 우리: 동짓날 학교 급식으로 팥죽이 나왔어.
④ 나라: 어린이날에 친구들과 보드게임을 했어.
⑤ 강산: 추석에 할아버지의 산소를 찾아 성묘를 했어.

**[05~06]** 다음 글을 읽고, 물음에 답하시오.

> (  ㉠  )은/는 음력 5월 5일로, 우리 조상들은 이 시기에 모내기를 끝내고 풍년을 기원하였다. 이날에는 _____㉡_____.

**05** 위 ㉠에 들어갈 알맞은 명절을 쓰시오.

(                              )

서술형 냥
**06** 위 ㉡에 들어갈 내용을 세시 풍속 놀이를 중심으로 한 가지만 쓰시오.

_____

_____

➡ 바른답·알찬풀이 42쪽

**서술형**

**07** 우리 조상들이 삼복에 다음과 같은 음식을 먹었던 까닭을 쓰시오.

⬆ 삼계탕

⬆ 육개장

_____

_____

**08** 다음에서 설명하는 놀이는 무엇인지 쓰시오.

> 나쁜 기운을 쫓아내기 위해 정월 대보름에 하던 놀이로, 짚단을 막대나 줄에 매단 뒤 불을 붙여 빙빙 돌리며 노는 놀이이다.

( )

**09** 옛날과 오늘날의 추석 세시 풍속의 공통점으로 알맞지 <u>않은</u> 것은 어느 것입니까? ( )

① 차례를 지낸다.
② 보름달에 소원을 빈다.
③ 건강과 복을 기원한다.
④ 송편 등 음식을 나누어 먹는다.
⑤ 마을 사람들이 함께 강강술래와 줄다리기를 한다.

**10** 오늘날까지 이어지고 있는 세시 풍속에 대한 설명으로 알맞지 <u>않은</u> 것은 어느 것입니까?

( )

① 설날 아침에 떡국을 먹는다.
② 설날에 어른들께 세배를 드린다.
③ 추석에 송편과 햇과일을 먹는다.
④ 추석에 조상들께 차례를 지낸다.
⑤ 농사와 관련된 세시 풍속을 즐기지 않는다.

**[11~12]** 다음 사진을 보고, 물음에 답하시오.

**11** 위 사진에 나타난 세시 풍속은 무엇인지 쓰시오.

( )

**12** 위 세시 풍속에 대한 설명으로 알맞지 <u>않은</u> 것은 어느 것입니까? ( )

① 윷, 윷판, 윷말이 필요하다.
② 오늘날 사라져 가는 세시 풍속이다.
③ 설날과 정월 대보름 사이에 즐겼던 놀이이다.
④ 윷이나 모가 나오면 윷을 한 번 더 던질 수 있다.
⑤ 네 개의 윷말이 출발점으로 먼저 들어오면 이긴다.

**01** 다음 도구를 사용하였던 시대의 생활 모습으로 알맞지 <u>않은</u> 것은 어느 것입니까? (          )

⊕ 주먹도끼

① 농사를 지었다.
② 동굴에서 생활하였다.
③ 돌을 깨뜨려 도구를 만들었다.
④ 불을 사용하여 음식을 익혀 먹었다.
⑤ 동물을 사냥하여 먹을거리를 얻었다.

서술형 낭

**02** 다음 생활 도구의 이름을 쓰고, 옛날 사람들이 다음 도구를 어떻게 사용하였는지 쓰시오.

(1) 이름: (                              )

(2) 쓰임: _____

_____

**03** 다음 도구들을 만들 때 사용한 재료는 어느 것입니까? (          )

① 돌                    ② 철
③ 흙                    ④ 나무
⑤ 청동

꼭나와 ♥

**04** 다음은 곡식을 수확하는 농사 도구입니다. 발달한 순서에 맞게 기호를 쓰시오.

> ㉠ 탈곡기              ㉡ 콤바인
> ㉢ 반달 돌칼          ㉣ 철로 만든 낫

(          ) → (          ) → (          ) → (          )

**05** 다음 사진은 어떤 도구의 발달을 나타낸 것입니까? (          )

① 땅을 가는 도구
② 실을 만드는 도구
③ 옷감을 꿰매는 도구
④ 음식 재료를 가는 도구
⑤ 음식 재료를 익히는 도구

**06** 다음 그림과 같이 실을 엮어서 옷감을 만들던 도구는 어느 것입니까? (      )

① 물레
② 베틀
③ 방직기
④ 재봉틀
⑤ 가락바퀴

**08** 우리나라의 명절에 해당하는 것은 어느 것입니까? (      )

① 설날
② 어린이날
③ 핼러윈
④ 크리스마스
⑤ 밸런타인데이

꼭나와 ♥

**09** 정월 대보름에 즐겼던 세시 풍속으로 알맞지 <u>않은</u> 것은 어느 것입니까? (      )

① 오곡밥을 먹었다.
② 쥐불놀이를 하였다.
③ 달집태우기를 하였다.
④ 부럼을 깨물어 먹었다.
⑤ 창포물에 머리를 감았다.

**07** 다음 ㉠, ㉡에 해당하는 장소를 알맞게 짝 지은 것은 어느 것입니까? (      )

> ㉠ 기와집에서 주로 여자들이 생활하며 밥을 짓거나 잠을 자던 곳이다.
> ㉡ 기와집에서 남자들이 생활하며 글공부를 하거나 손님을 맞이하던 곳이다.

|  | ㉠ | ㉡ |
|---|---|---|
| ① | 안채 | 뒷간 |
| ② | 안채 | 사랑채 |
| ③ | 헛간 | 사랑채 |
| ④ | 사랑채 | 헛간 |
| ⑤ | 사랑채 | 안채 |

서술형 ♥

**10** 단오에 우리 조상들이 다음 그림과 같은 일을 했던 까닭을 쓰시오.

↑ 부채 주고받기

**꼭 들어가야 할 말**   여름, 시원, 부채

_____

_____

**11** 다음에서 설명하는 명절은 무엇입니까?
( )

> • 초복, 중복, 말복으로 1년 중 가장 더운 시기이다.
> • 무더위에 건강을 잃지 않기 위해 삼계탕, 육개장처럼 영양이 풍부한 음식을 먹었다.

① 단오　　　　　② 삼복
③ 추석　　　　　④ 한식
⑤ 정월 대보름

꼭나와 ᵟ
**13** 추석에 즐겼던 세시 풍속으로 알맞지 <u>않은</u> 것은 어느 것입니까? ( )

① 토란국을 먹었다.
② 부럼을 깨물어 먹었다.
③ 조상들의 산소에 가서 성묘를 하였다.
④ 강강술래, 줄다리기 등의 놀이를 하였다.
⑤ 조상들께 감사한 마음을 담아 차례를 지냈다.

**14** 오늘날 세시 풍속이 옛날과 달라진 까닭으로 알맞은 것은 어느 것입니까? ( )

① 직업이 다양해졌기 때문에
② 농사를 짓는 사람이 많아졌기 때문에
③ 도시에 사는 사람이 줄어들었기 때문에
④ 마을 사람들끼리 교류가 활발해졌기 때문에
⑤ 사람들이 계절의 영향을 많이 받는 일을 하기 때문에

서술형 ᵟ
**12** 다음 음식을 먹었던 명절을 쓰고, 이 음식을 먹었던 까닭을 쓰시오.

⬆ 팥죽

(1) 명절: ( )

(2) 음식을 먹었던 까닭: _____

_____

**15** 다음 사진과 같이 겨울철, 주로 설날에 어린이들이 즐기던 세시 풍속은 무엇인지 쓰시오.

( )

**01** 돌을 갈아서 도구를 만들었던 시대의 생활 모습으로 알맞지 <u>않은</u> 것은 어느 것입니까?

(     )

① 농사가 시작되었다.
② 가락바퀴로 실을 뽑았다.
③ 가축을 기르기 시작하였다.
④ 철로 만든 농기구를 사용하였다.
⑤ 토기에 음식을 보관하거나 조리하였다.

서술형 상

**02** 다음 친구의 질문에 알맞은 대답을 쓰시오.

청동으로 도구를 만들었던 시대에도 일상생활에서 여전히 돌과 나무로 만든 도구를 사용한 까닭은 무엇일까?

_____

_____

**03** 다음 (    ) 안에 공통으로 들어갈 재료를 쓰시오.

> 청동보다 더 단단한 (     )(으)로 만든 농사 도구를 사용하면서 예전보다 쉽게 땅을 갈고 많은 곡식을 수확할 수 있게 되었다. 또한 (     )(으)로 무기를 만들면서 전쟁에서 쉽게 이길 수 있게 되었다.

(        )

어려워 상

**04** 다음과 같이 농사 도구가 발달하면서 달라진 생활 모습으로 알맞은 것은 어느 것입니까?

(     )

⬆ 곡식을 수확하는 농사 도구의 발달

① 식량을 구하는 것이 어려워졌다.
② 농사를 짓는 데 드는 시간이 늘어났다.
③ 농사를 짓는 데 힘이 많이 들게 되었다.
④ 농사를 짓는 데 많은 사람이 필요하게 되었다.
⑤ 한 사람이 수확할 수 있는 곡식의 양이 많아졌다.

**05** 다음에서 설명하는 도구는 어느 것입니까?

(     )

> 바닥에 뚫린 구멍을 통해 올라오는 뜨거운 김으로 떡이나 쌀을 찌는 도구이다.

① 베틀           ② 맷돌
③ 시루           ④ 가락바퀴
⑤ 갈돌과 갈판

사회

**06** 옷감을 꿰매는 도구를 발달한 순서대로 알맞게 나열한 것은 어느 것입니까? (           )

① 쇠바늘 → 재봉틀 → 뼈바늘
② 쇠바늘 → 뼈바늘 → 재봉틀
③ 뼈바늘 → 재봉틀 → 쇠바늘
④ 뼈바늘 → 쇠바늘 → 재봉틀
⑤ 재봉틀 → 뼈바늘 → 쇠바늘

서술형 상

**07** 옷을 만드는 도구가 발달하면서 달라진 생활 모습을 두 가지 쓰시오.

_____

_____

어려워 하

**08** 다음과 같은 집에 살았던 사람들의 생활 모습으로 알맞은 것은 어느 것입니까? (           )

① 먹을 것을 찾아 이동 생활을 하였다.
② 한곳에 머물러 살면서 농사를 지었다.
③ 흙으로 구워 만든 기와로 집을 지었다.
④ 여자와 남자가 생활하는 공간이 달랐다.
⑤ 마당에서 농사와 관련된 여러 가지 일을 하였다.

**09** 다음 (           ) 안에 공통으로 들어갈 말을 쓰시오.

> (           )은/는 옛날부터 해마다 즐기거나 기념하는 날로 설날, 추석, 정월 대보름, 동지 등은 우리나라의 대표적인 (           )(이)다.

(                    )

**10** 설날에 즐겼던 세시 풍속으로 알맞은 것은 어느 것입니까? (           )

①
❶ 강강술래 하기

②
❶ 부럼 깨물어 먹기

③
❶ 쥐불놀이 하기

④
❶ 윷놀이하기

**11** 다음은 단오의 모습이 나타난 가상 일기입니다. ㉠~㉢ 중 단오의 세시 풍속으로 알맞지 <u>않은</u> 것은 어느 것입니까? (           )

> 오늘은 단옷날이다. 아침에 ㉠ 부모님께 세배를 드리고 옆집에 가서 순이와 ㉡ 부채를 주고받았다. 그리고 함께 뒷산에 가서 ㉢ 그네를 탔다. 실컷 그네를 타니 가슴이 시원해지는 기분이었다. 집에 와서는 어머니와 함께 ㉣ 창포물에 머리를 감았다. 저녁에는 가족들이 함께 ㉤ 수리취떡을 먹었다. 정말 맛있었다. 매일 단오였으면 좋겠다.

① ㉠          ② ㉡          ③ ㉢
④ ㉣          ⑤ ㉤

→ 바른답·알찬풀이 43쪽

**12** 다음과 같은 세시 풍속이 있었던 명절은 언제입니까? (　　　)

> • 국화로 만든 술과 떡을 먹었다.
> • 단풍이 든 산으로 나들이를 갔다.

① 단오
② 동지
③ 삼복
④ 삼짇날
⑤ 중양절

**13**  옛날과 오늘날 추석의 세시 풍속 모습을 (보기)에서 골라 알맞게 짝 지은 것은 어느 것입니까?
(　　　)

> (보기)
> ㉠ 송편 등 음식 사 먹기
> ㉡ 마을 사람들이 모여서 강강술래 하기
> ㉢ 마을 사람들이 함께 모여 송편 빚어 먹기
> ㉣ 멀리 떨어져 사는 가족이 한 자리에 모이기

|   | 옛날의 추석 | 오늘날의 추석 |
|---|---|---|
| ① | ㉠, ㉡ | ㉢, ㉣ |
| ② | ㉠, ㉣ | ㉡, ㉢ |
| ③ | ㉡, ㉢ | ㉠, ㉣ |
| ④ | ㉡, ㉣ | ㉠, ㉢ |
| ⑤ | ㉢, ㉣ | ㉠, ㉡ |

**14** 서술형 오늘날 다음 그림과 같은 세시 풍속이 많이 사라진 까닭을 쓰시오.

↥ 풍년을 바라며 성묘하기

↥ 풍년과 복을 기원하기

_____

_____

**15** 세시 풍속을 체험하는 계획을 <u>잘못</u> 말한 친구의 이름을 쓰시오.

준하: 친구들과 제기차기를 하고 싶어.

서연: 가족들과 윷놀이를 할 거야.

민규: 핼러윈에 어울리는 분장을 할 거야.

혜영: 엄마를 도와 떡국을 만들어 먹을 거야.

(　　　)

### 개념 ① 옛날과 오늘날의 결혼 풍습

① 옛날의 결혼식 모습

| 신부의 집으로 이동하기 | → | 신부의 집에서 혼례 치르기 | → |

| ❶ ㅅㄹ 의 집으로 이동하기 | → | 폐백 드리기 |

└→ 신부가 시부모와 시댁 친척 어른에게 절을 하는 것이에요.

② 옛날과 오늘날의 결혼식 모습 비교

| 구분 | 옛날 | 오늘날 |
|---|---|---|
| 결혼식 장소 | 신부의 집 | 주로 결혼식장에서 함. |
| 입는 옷 | 전통 혼례복 | 신랑은 턱시도, 신부는 웨딩드레스 |
| 주고받는 것 | 나무 기러기 | ❷ ㄱㅎㅂㅈ |
| 결혼식 후 하는 일 | 신랑의 집에서 신랑의 부모님께 폐백을 드렸음. | • 결혼식장에서 신랑, 신부 부모님께 폐백을 드림.<br>• 신혼여행을 감. |
| 공통점 | • 사람들에게 두 사람이 부부가 된 것을 알림.<br>• 가족과 친척들이 결혼을 축하해 줌. | |

### 개념 ② 옛날과 오늘날의 가족 형태

① 확대 가족과 핵가족의 의미 →옛날과 오늘날 모두 확대 가족과 핵가족이 나타나요.

| 확대 가족 | 결혼한 자녀와 부모가 함께 사는 가족임. |
|---|---|
| ❸ ㅎㄱㅈ | 결혼하지 않은 자녀와 부모가 함께 사는 가족임. |

② 옛날에 확대 가족이 많았던 까닭: 옛날에는 주로 ❹ ㄴㅅ 를 지어서 일할 사람이 많이 필요하였기 때문에 자녀가 결혼을 해도 부모와 함께 사는 경우가 많았습니다.

③ 오늘날 핵가족이 많은 까닭: 오늘날에는 취업이나 교육을 위해 다른 지역으로 이사를 가거나 개인 생활을 위해 독립하는 경우가 늘어났기 때문입니다.

### 개념 ③ 가족 구성원의 역할 변화

① 옛날과 오늘날 가족 구성원의 역할 비교

| 옛날 | • 남자는 농사를 짓거나 나랏일에 참여하는 등 주로 바깥일을 하였음.<br>• 여자는 주로 ❺ ㅈㅇㅇ 을 하고 자녀를 길렀음.<br>• 가족의 중요한 일을 결정할 때에는 집안에서 나이 많은 어른이 결정하였음. |
|---|---|
| 오늘날 | • 남녀가 하는 일이 구분되지 않음.<br>• 남녀 모두 직업을 가지고 일할 수 있음.<br>• 온 가족이 역할을 나누어 집안일에 참여함.<br>• 집안의 중요한 일은 가족 구성원이 의논하여 함께 결정함. |

② 오늘날 가족 구성원의 역할이 변한 까닭
• 남녀가 교육받을 기회가 동등해졌습니다.
• 남녀 모두 사회 활동의 기회가 동등해졌습니다.
• 남녀가 ❻ ㅍㄷ 하다는 의식이 높아졌습니다.

### 개념 ④ 가족 구성원의 바람직한 역할

① 가족 구성원 사이의 갈등과 해결 →가족 모두 만족할 수 있는 해결 방법을 찾아야 해요.
• 가족 구성원이 함께 생활하다 보면 ❼ ㄱㄷ 이 생기기도 합니다.
• 가족 구성원 간에 갈등이 생겼을 때에는 갈등을 해결하려고 노력해야 합니다.
• 갈등이 있을 때 상대방의 마음을 이해하고 존중하려고 노력해야 합니다.

② 가족 구성원의 바람직한 역할
• 가족 구성원들이 자신의 역할을 잘 알고 실천해야 합니다.
• 서로를 ❽ ㅂㄹ 하고 존중하는 마음으로 생활해야 합니다.

③ 바람직한 가족의 모습을 역할극으로 꾸미기

| 등장인물과 역할 정하기 | → | 가족의 바람직한 역할로 대본 쓰기 | → |

| 대본으로 역할극 연습하기 | → | 역할극 발표 후 소감 나누기 |

정답 ❶ 신랑 ❷ 결혼반지 ❸ 핵가족 ❹ 농사 ❺ 집안일 ❻ 평등 ❼ 갈등 ❽ 배려

### 자료 1  옛날의 결혼 풍습

집안에서 중매 등으로 다른 집안과 혼인을 약속하였다. 신랑이 신부 집으로 와서 혼례를 올리면 가족, 친척, 마을 사람들이 축하해 줬다. 혼례 후 신부는 한동안 자신의 집에서 지내다가 신랑 집으로 갔다. 신부와 신랑이 신랑 가족들에게 폐백을 드린 후 신랑 집에서 지냈다.

**POINT**
옛날에는 신랑이 신부 집으로 가 혼례를 올린 후, 신랑 집으로 돌아가서 함께 지냈습니다.

1-1 (              )은/는 남자와 여자가 부부가 되는 것입니다.

1-2 옛날에는 ( 중매 , 개인 간의 약속 )을/를 통해 혼인하는 경우가 많았습니다.

### 자료 2  오늘날 핵가족이 더 많은 까닭

⊕ 도시에 있는 직장에 다니면서 부모님과 떨어져 살게 됨.

⊕ 교육을 받기 위해 다른 지역에 가서 생활함.

⊕ 부모님은 정든 고향에서 계속 살고 싶어 하심.

⊕ 개인 생활을 위해 독립해서 사는 사람도 있음.

**POINT**
오늘날에는 확대 가족은 점점 줄어들고 핵가족은 늘어나고 있습니다.

2-1 (              )은/는 결혼하지 않은 자녀와 부모가 함께 사는 가족입니다.

2-2 오늘날에는 ( 핵가족 , 확대 가족 )은 점점 줄어들고 ( 핵가족 , 확대 가족 )은 늘어나고 있습니다.

2-3 오늘날에는 취업이나 교육을 위해 다른 지역으로 이사를 가는 사람이 많아져서 핵가족이 많아졌습니다.                    (  ○ , ×  )

### 자료 3  옛날과 오늘날 가족 구성원의 역할

| 옛날 | 오늘날 |
|---|---|
| • 할아버지는 집안의 중요한 일을 결정하고, 손자 교육을 하셨음. <br> • 아버지는 농사일이나 바깥일을 하셨음. <br> • 어머니는 아이를 돌보고 집안일을 하셨음. <br> • 할머니는 손주를 돌보고, 집안일을 하셨음. | • 어머니, 아버지는 직장에 출근하심. <br> • 어머니, 아버지가 함께 아이를 돌봄. <br> • 집안의 중요한 일은 가족 구성원이 함께 의논함. <br> • 가족 구성원이 역할을 나누어 집안일을 함. |

**POINT**
옛날에는 가족 구성원의 역할이 구분되어 있었지만, 오늘날에는 하는 일에 남녀 구분이 없어졌습니다.

3-1 옛날에 ( 할머니 , 할아버지 )는 집안의 중요한 일을 결정하고, 손자에게 공부를 가르쳐 주셨습니다.

3-2 옛날에 집안일은 주로 ( 여자 , 남자 )가, 바깥일은 주로 ( 여자 , 남자 )가 담당하였습니다.

3-3 오늘날에는 온 가족이 (              )을/를 나누어 집안일을 합니다.

사
회

**01** 다음은 옛날의 결혼식 과정입니다. 순서에 맞게 기호를 쓰시오.

> ㉠ 신부의 집에서 혼례 치르기
> ㉡ 시댁 어른들께 폐백 드리기
> ㉢ 신랑이 신부의 집으로 이동하기
> ㉣ 신랑과 신부가 신랑의 집으로 이동하기

( ) → ( ) → ( ) → ( )

**02** 옛날의 결혼식 모습으로 알맞은 것은 어느 것입니까? ( )

① 신랑 집에서 결혼식을 했다.
② 가족끼리만 모여서 결혼식을 했다.
③ 신랑과 신부가 결혼반지를 주고받았다.
④ 신랑은 턱시도를 입고, 신부는 웨딩드레스를 입었다.
⑤ 주로 집안 간의 약속을 통해 혼인하는 경우가 많았다.

서술형 낭
**03** 옛날과 오늘날 결혼식 모습의 공통점을 한 가지만 쓰시오.

_____

_____

**04** 다음 ㉠, ㉡의 가족 구성원을 살펴보고, 확대 가족과 핵가족으로 구분하여 쓰시오.

> ㉠ 아버지, 어머니, 누나, 나, 여동생
> ㉡ 할아버지, 할머니, 아버지, 어머니, 나, 남동생

㉠: ( ), ㉡: ( )

**05** 옛날과 오늘날의 가족 형태에 대해 알맞게 설명한 것을 두 가지 고르시오. ( , )

① 오늘날에는 확대 가족이 없다.
② 옛날에는 오늘날보다 핵가족이 많았다.
③ 옛날에는 오늘날보다 확대 가족이 많았다.
④ 옛날에는 확대 가족과 핵가족이 모두 있었다.
⑤ 옛날과 오늘날의 가족 형태는 대부분 확대 가족이다.

**06** 오늘날 핵가족이 많아진 까닭으로 알맞지 않은 것은 어느 것입니까? ( )

① 개인 생활을 위해 독립해서 살기 때문에
② 교육을 받기 위해 다른 지역에 가서 살기 때문에
③ 부모님이 정든 고향에서 계속 살고 싶어 하기 때문에
④ 사람들이 주로 농사를 지어서 일할 사람이 많이 필요하기 때문에
⑤ 다른 도시에 있는 직장에 다니면서 부모님과 떨어져 살게 되었기 때문에

➡ 바른답·알찬풀이 44쪽

**07** 옛날 가족 구성원의 역할에 대한 설명으로 알맞지 **않은** 것은 어느 것입니까? ( )

① 가정에서 남녀의 역할이 구분되었다.
② 여자는 주로 집안일을 하고 자녀를 길렀다.
③ 온 가족이 역할을 나누어 집안일에 참여하였다.
④ 남자는 농사를 짓거나 나랏일에 참여하는 등 주로 바깥일을 하였다.
⑤ 가족의 중요한 일을 결정할 때에는 집안에서 나이 많은 어른이 결정하였다.

**[08~09]** 다음 그림을 보고, 물음에 답하시오.

**08** 위 그림의 가족에 대해 알맞게 말한 친구의 이름을 쓰시오.

> • 수민: 집안일을 모두 어머니가 하셔.
> • 예림: 부모님이 자녀의 역할을 대신 해 주셔.
> • 준현: 아들이 가족 구성원으로서의 역할을 잘 하고 있어.

( )

서술형 ✍

**09** 위 그림을 보고 알 수 있는 오늘날 가족 구성원의 역할을 쓰시오.

_____

_____

**10** 오늘날 가족 구성원의 역할이 변한 까닭으로 알맞은 것을 두 가지 고르시오. ( , )

① 직업의 수가 줄어들었기 때문에
② 남자와 여자의 수가 비슷해졌기 때문에
③ 남녀가 교육받을 기회가 동등해졌기 때문에
④ 남녀가 평등하다는 의식이 높아졌기 때문에
⑤ 여자만 사회 활동을 할 수 있게 되었기 때문에

**11** 바람직한 가족 구성원의 역할에 대한 설명으로 알맞지 **않은** 것은 어느 것입니까? ( )

① 집안일을 협력해서 한다.
② 서로를 배려하고 존중한다.
③ 자신의 역할을 잘 알고 실천한다.
④ 갈등이 있을 때 상대방의 마음을 이해하려고 노력한다.
⑤ 가족의 중요한 일을 결정할 때에는 무조건 아버지의 의견에 따른다.

**12** 바람직한 가족 구성원의 모습을 역할극으로 꾸밀 때 가장 먼저 할 일을 에서 골라 기호를 쓰시오.

> 보기
> ㉠ 대본 쓰기
> ㉡ 역할극 발표하기
> ㉢ 등장인물과 역할 정하기
> ㉣ 대본으로 역할극 연습하기

( )

### 개념 1 오늘날 다양한 가족 형태

① 다양한 가족 형태

| 확대 가족 | 할머니, 할아버지, 어머니, 아버지, 아이 등 결혼한 자녀와 부모가 함께 사는 가족 |
|---|---|
| ❶ ㅎㄱㅈ | 어머니, 아버지, 아이 등 결혼하지 않은 자녀와 부모가 함께 사는 가족 |
| 한 부모 가족 | 아이가 부모님 중 한 분과 함께 사는 가족 |
| 조손 가족 | 아이가 할머니나 할아버지와 함께 사는 가족 |
| 다문화 가족 | 피부색이나 태어난 나라, 국적이 서로 다른 가족 |
| 입양 가족 | 부부가 직접 낳지는 않았지만 ❷ ㅇㅇ 을 통해 이루어진 가족 |
| 재혼 가족 | 부모님의 재혼으로 서로 다른 두 가족이 만나 함께 살게 된 가족 →결혼했던 사람이 다시 결혼하는 것이에요. |

② 다양한 형태의 가족을 통해 알 수 있는 점
- 우리 사회의 가족 형태가 매우 ❸ ㄷㅇ 합니다.
- 가족의 형태는 우리 가족의 형태와 비슷한 가족도 있지만, 그렇지 않은 가족도 많이 있습니다.
- 가족 구성원의 나이나 태어난 나라, 사용하는 언어 등이 서로 다를 수도 있습니다.
- 각각 다른 가족이었지만 한 가족이 될 수도 있습니다.

### 개념 2 다양한 가족을 대하는 바람직한 태도

① 서로의 다양성을 인정하고 ❹ ㅈㅈ 해야 합니다.
② 서로 예의를 지키고 친절하게 행동해야 합니다.
③ 다른 가족에게 필요한 도움이 없는지 살펴보고 도움을 줄 수 있어야 합니다.
④ 모든 가족이 서로 같을 수는 없다는 것을 이해해야 합니다.
⑤ 우리 가족과 다른 모습의 가족도 편견을 갖지 않고 대해야 합니다.

### 개념 3 다양한 가족의 생활 모습

① 다양한 가족의 생활 모습
- 가족의 형태가 다양한 것처럼 가족의 생활 모습도 다양합니다.
- 가족이 살아가는 모습은 서로 ❺ ㅂㅅ 하기도 하고 다르기도 합니다.

② 가족의 생활 모습을 찾아보는 방법

| 도서 자료 찾아보기 | 여러 가지 이야기, 그림과 사진이 담긴 자료 등을 찾을 수 있음. |
|---|---|
| 뉴스·신문 기사 찾아보기 | 많은 사람이 관심을 갖고 생각해 볼 만한 가족의 이야기를 찾을 수 있음. |
| 영상 자료 찾아보기 | 영상, 영화, 드라마 등에서 실제 가족의 다양한 생활 모습을 볼 수 있음. |

③ 다양한 가족의 생활 모습을 살펴볼 때의 좋은 점: 다른 가족을 더 잘 ❻ ㅇㅎ 할 수 있고, 다른 가족을 더 잘 배려할 수 있습니다.

④ 다양한 가족의 생활 모습 표현하기: 역할극 하기, 뉴스로 표현하기, 그림 그리기, 만화로 표현하기, 동시 짓기 등 다양한 방법으로 다양한 가족의 생활 모습을 표현할 수 있습니다.

### 개념 4 가족의 의미와 소중함

→가족의 형태와 생활 모습은 달라도 가족이 지닌 의미는 변하지 않아요.

| 가족의 의미 | • 가족들이 살아가는 모습이 다양한 것처럼 사람들이 생각하는 가족의 의미도 다를 수 있음.<br>• 누구에게나 가족은 특별하고 소중한 의미를 지님. |
|---|---|
| 가족의 소중함 | • 가족은 서로를 사랑해 주고 보살펴 주는 삶의 ❼ ㅂㄱㅈㄹ 임.<br>• 가족 안에서 사람으로서 해야 할 일과 해서는 안 되는 일을 배울 수 있음.<br>• 가족과 생활하며 사회생활에 필요한 여러 가지 ❽ ㄱㅊ 과 예절을 배울 수 있음.<br>• 가족 안에서 서로를 감싸 주면서 다른 사람도 배려하고 존중해야 한다는 것을 깨달을 수 있음. |

➔ 바른답·알찬풀이 44쪽

### 자료 ① 다양한 형태의 가족

↑ 한 부모 가족

↑ 주손 가족

다양한
가족 형태

↑ 재혼 가족

↑ 다문화 가족

↑ 입양 가족

**POINT**

**오늘날에는 사회가 변화하면서 다양한 형태의 가족이 늘어나고 있습니다.**

1-1 오늘날에는 사회가 변화하면서 다양한 형태의 가족이 ( 늘어나고 , 줄어들고 ) 있습니다.

1-2 우리 사회에 피부색이나 태어난 나라, 국적이 서로 다른 가족은 없습니다. ( ○ , × )

1-3 (　　　　　　) 가족은 서로 다른 두 가족이 만나 함께 살게 된 가족입니다.

1-4 부부가 직접 낳지는 않았지만 (　　　　　) 을 통해 이루어진 가족도 있습니다.

사
회

### 자료 ② 가족의 생활 모습을 찾아보는 방법

↑ 도서 자료 찾아보기

↑ 영상 자료 찾아보기

**POINT**

**도서 자료, 뉴스와 신문 기사, 영상 자료 등에서 다양한 가족의 생활 모습을 찾아볼 수 있습니다.**

2-1 이야기와 그림, 사진이 담긴 ( 도서 , 지도 ) 자료에서 가족의 다양한 생활 모습을 볼 수 있습니다.

2-2 다양한 가족의 모습을 살펴보면 다른 가족을 더 잘 이해할 수 있습니다. ( ○ , × )

### 자료 ③ 신문 기사 속 가족의 생활 모습

○○ 신문　　　　　　2000년 00월 00일

**사랑으로 하나 된 가족**

송○○ 씨, 이△△ 씨 부부는 5년 전 새로운 가족을 꾸리게 되었다. 송 씨가 낳은 첫째 딸은 경찰이 꿈이다. 이 씨와 함께 살던 둘째 아들은 강아지와 산책하는 것을 좋아한다. 여섯 살 된 막내는 입양을 통해 한 가족이 된 지 몇 달 되지 않았지만 온 가족의 사랑을 독차지하고 있다.

**POINT**

**뉴스나 신문 기사를 보면 다양한 가족의 이야기를 찾아볼 수 있습니다.**

3-1 뉴스나 (　　　　　　) 기사에서 많은 사람이 관심을 갖고 생각해 볼 만한 가족의 이야기를 찾을 수 있습니다.

3-2 제시된 신문 기사 속 가족은 아이가 부모님 중 한 분과 함께 사는 한 부모 가족입니다.

( ○ , × )

**01** 가족에 대한 설명으로 알맞지 <u>않은</u> 것은 어느 것입니까? (          )

① 우리 사회에는 다양한 형태의 가족이 있다.

② 할아버지, 할머니와 아이가 함께 사는 가족도 있다.

③ 어떤 가족은 두 사람만이 한 가족을 이루기도 한다.

④ 함께 살아가는 가족 구성원은 모든 가족이 비슷하다.

⑤ 서로 다른 두 가족이 만나서 한 가족이 되어 살아가기도 한다.

**서술형 ✎**

**02** 다음 그림에 나타난 가족의 특징을 쓰시오.

> 나는 한국에서 태어났고, 남편은 인도네시아에서 태어났어요.

_____

_____

**03** 다음 (          ) 안에 들어갈 알맞은 말을 쓰시오.

> 우리 가족은 엄마, 아빠, 나, 그리고 동생까지 모두 네 명이다. 동생은 부모님이 직접 낳지 않고 (          )을/를 했지만, 우리 가족은 모두 동생을 사랑한다.

(                    )

**04** 서로 다른 두 가족이 만나 한 가족을 이룬 모습을 골라 ○표 하시오.

ㄱ
> 아빠와 내가 한 가족이야.

ㄴ
> 아빠가 결혼하면서 새로운 가족이 생겼어요.

(          )          (                    )

**05** 다양한 형태의 가족을 통해 알 수 있는 점을 잘못 설명한 친구는 누구입니까? (          )

① 다혜: 우리 사회의 가족 형태가 매우 다양해.

② 은아: 각각 다른 가족이었지만 한 가족이 될 수도 있어.

③ 수한: 오늘날의 가족 형태는 옛날의 가족 형태보다 단순해졌어.

④ 우주: 우리 가족의 형태와 비슷한 가족도 있지만 그렇지 않은 가족도 있어.

⑤ 하늘: 가족 구성원의 나이나 태어난 나라, 사용하는 언어 등이 서로 다를 수도 있어.

**06** 다양한 가족을 대하는 바람직한 태도를 에서 모두 골라 기호를 쓰시오.

**보기**

ㄱ 서로의 다양성을 존중해야 한다.

ㄴ 모든 가족의 모습이 서로 같아야 한다.

ㄷ 우리 가족과 다른 모습의 가족도 편견을 갖지 않고 대해야 한다.

ㄹ 다른 가족에게 필요한 도움이 없는지 살펴보고 도움을 줄 수 있어야 한다.

(                    )

→ 바른답·알찬풀이 44쪽

**서술형**

**07** 가족의 생활 모습을 찾아보는 방법을 두 가지 쓰시오.

_____

_____

**08** 다음 그림과 같이 가족의 생활 모습을 찾아보는 방법에 대한 설명으로 알맞은 것은 어느 것입니까? (　　　)

⬆ 영상 자료 찾아보기

① 집에서는 찾아보기 어렵다.
② 도서관에 직접 방문해야 볼 수 있다.
③ 실제 가족의 모습을 살펴보기 어렵다.
④ 두 사람 이상이 있어야만 찾아볼 수 있다.
⑤ 가족의 다양한 생활 모습을 생생하게 볼 수 있다.

**09** 다양한 가족의 생활 모습을 살펴볼 때의 좋은 점으로 알맞은 것을 에서 모두 골라 기호를 쓰시오.

**보기**

㉠ 다른 가족을 더 잘 이해할 수 있다.
㉡ 다른 가족을 더 잘 배려할 수 있다.
㉢ 우리 가족의 뛰어난 점을 확인할 수 있다.
㉣ 다른 가족의 단점을 더 잘 살펴볼 수 있다.

(　　　　　　　)

**10** 다양한 가족의 생활 모습을 표현하는 방법으로 알맞지 <u>않은</u> 것은 어느 것입니까? (　　　)

① 역할극 하기
② 그림 그리기
③ 뉴스로 표현하기
④ 만화로 표현하기
⑤ 디지딜 영상 지도로 표현하기

**11** 가족이 있어서 좋은 점으로 알맞지 <u>않은</u> 것은 어느 것입니까? (　　　)

① 서로 사랑하며 보살펴 줄 수 있다.
② 함께 즐거운 시간을 보낼 수 있다.
③ 슬픈 일이 있을 때 서로에게 힘이 되어 준다.
④ 항상 우리를 따뜻하게 지켜 주고 배려해 준다.
⑤ 내가 잘못을 저질러도 혼내지 않고 모른 척해 준다.

**12** 다음 (　　　) 안에 공통으로 들어갈 말을 쓰시오.

우리는 (　　　)(이)라는 보금자리에서 서로를 따뜻하게 감싸 주면서, 다른 사람도 배려하고 존중해야 한다는 것을 깨닫는다. 그래서 (　　　)은/는 누구에게나 특별하고 소중한 의미를 지닌다.

(　　　　　　　)

**01** 옛날에 결혼식을 올린 장소로 알맞은 곳은 어디입니까? (       )

① 공원       ② 학교
③ 결혼식장     ④ 신랑의 집
⑤ 신부의 집

꼭나와 ☺

**02** 오늘날의 결혼식에 대한 설명으로 알맞지 <u>않은</u> 것은 어느 것입니까? (       )

① 결혼반지를 주고받는다.
② 결혼식이 끝난 후 신혼여행을 간다.
③ 주로 결혼식장에서 결혼식을 올린다.
④ 신랑은 턱시도, 신부는 웨딩드레스를 입는다.
⑤ 결혼식이 끝난 후 신랑의 집에서 신랑의 부모님께 폐백을 드린다.

**03** 다음 ㉠, ㉡에 들어갈 알맞은 말을 쓰시오.

> 가족의 형태에서 결혼한 자녀와 부모가 함께 사는 가족을 ( ㉠ )(이)라고 하고, 결혼하지 않은 자녀와 부모가 함께 사는 가족을 ( ㉡ )(이)라고 한다.

㉠: (                    ), ㉡: (                    )

서술형 ☺

**04** 다음 그림에 나타난 가족 형태를 쓰고, 옛날에 이러한 가족 형태가 많았던 까닭을 쓰시오.

나   어머니   할머니   할아버지   아버지   누나

(1) 가족 형태: (                    )

(2) 옛날에 많았던 까닭: _____

_____

**05** 다음은 옛날의 가족 모습입니다. 가족 구성원의 역할로 알맞지 <u>않은</u> 것은 어느 것입니까?

(       )

⊕ 할아버지      ⊕ 할머니

⊕ 어머니      ⊕ 아버지

① 어머니는 집 안의 곡식을 관리하셨다.
② 할머니는 실을 뽑아 옷감을 만드셨다.
③ 할아버지는 바깥으로 일하러 나가셨다.
④ 아버지는 농사일이나 바깥일을 하셨다.
⑤ 집안일은 주로 남자가, 바깥일은 주로 여자가 담당하였다.

**06** 오늘날 가족 구성원의 역할에 대한 설명으로 알맞지 <u>않은</u> 것은 어느 것입니까? (         )

① 자녀는 어머니가 혼자 돌본다.

② 남녀가 하는 일이 구분되지 않는다.

③ 남녀 모두 직업을 가지고 일할 수 있다.

④ 온 가족이 역할을 나누어 집안일에 참여한다.

⑤ 집안의 중요한 일은 가족 구성원이 의논하여 함께 결정한다.

**07** 오늘날 가족 구성원의 역할이 달라진 까닭을 보기 에서 모두 골라 기호를 쓰시오.

> ꒤보기꒥
>
> ㉠ 가족 구성원의 수가 많아졌기 때문이다.
>
> ㉡ 남녀가 교육받을 기회가 동등해졌기 때문이다.
>
> ㉢ 남녀가 평등하다는 의식이 높아졌기 때문이다.
>
> ㉣ 남녀 모두 사회 활동의 기회가 동등해졌기 때문이다.

(                    )

**서술형**

**08** 다음은 분리수거를 하는 할아버지와 할머니, 놀고 있는 손주의 모습입니다. 이 가족의 문제점을 해결하기 위한 알맞은 방안을 쓰시오.

> **꼭 들어가야 할 말**   가족, 역할, 집안일

_____

_____

**09** 다문화 가족에 대한 설명으로 알맞은 것은 어느 것입니까? (         )

① 아이가 할머니나 할아버지와 함께 사는 가족이다.

② 피부색이나 태어난 나라, 국적이 서로 다른 가족이다.

③ 부모님의 재혼으로 서로 다른 두 가족이 함께 살게 된 가족이다.

④ 부부가 직접 낳지는 않았지만 입양을 통해 이루어진 가족이다.

⑤ 할머니, 할아버지, 어머니, 아버지, 아이 등이 함께 사는 가족이다.

**10** 다음 그림의 가족에 대한 설명으로 알맞은 것을 두 가지 고르시오. (       ,       )

① 구성원이 네 명인 가족이다.

② 서로 피부색이 다른 가족이다.

③ 두 사람이 한 가족을 이룬 가족이다.

④ 아기를 입양한 것으로 보이는 가족이다.

⑤ 아버지와 딸 두 사람만으로 이루어진 가족이다.

사
회

꼭나와 ♥

**11** 다양한 형태의 가족을 통해 알 수 있는 점을 보기에서 모두 골라 기호를 쓰시오.

보기

ㄱ 우리 사회의 가족 형태가 매우 다양하다.
ㄴ 각각 다른 가족이었지만 한 가족이 될 수 도 있다.
ㄷ 우리 가족의 형태와 비슷하지 않은 가족 은 존중하지 않아도 된다.
ㄹ 가족 구성원의 나이나 태어난 나라, 사용 하는 언어 등이 서로 다를 수 있다.

( )

**12** 다음 ( ) 안에 공통으로 들어갈 말을 쓰시오.

가족의 형태나 구성원이 다양한 것처럼 가 족의 ( )도 다양하다. 가족의 ( ) 을/를 살펴보면 다른 가족을 더 잘 이해할 수 있다.

( )

서술형 ♥

**13** 다음 그림과 같은 방법으로 가족의 생활 모습을 찾아볼 때의 좋은 점을 쓰시오.

↑ 영상 자료 찾아보기

꼭 들어가야 할 말   **실제, 가족, 생활 모습**

_____

_____

**14** 다음은 가족의 모습을 담아 지은 동시입니다. 이 를 통해 알 수 있는 것을 두 가지 고르시오.

( , )

아빠는 금발 머리예요. / 엄마는 까만 머리 죠. / 아빠는 상관없대요. / 서로 사랑하는 가 족인데 / 무슨 상관이냐면서요. / 나랑 동생 은 아빠 흉내를 내요. / 우리는 서로 사랑하 는 가족이야. / 머리카락 색깔은 상관없단다.

① 세 명의 구성원으로 이루어진 가족이다.
② 서로 사랑하는 마음이 부족한 가족이다.
③ 외모가 다르면 가족이 아니라는 내용이다.
④ 머리카락 색깔이 다른 구성원들로 이루어진 가족이다.
⑤ 금발 머리인 구성원도 있고 그렇지 않은 구 성원도 있다.

**15** 가족의 소중함에 대해 알맞게 설명한 친구의 이 름을 모두 쓰시오.

가족은 서로를 사랑해 주고 보살펴 주는 삶의 보금자리야. **지훈**

가족과 생활하면 규칙과 예절은 필요하지 않아서 편하게 지낼 수 있어. **아빈**

가족은 내가 어떤 잘못을 해도 무조건 내 편을 들어. **은상**

가족을 통해 다른 사람도 배려하고 존중해야 한다는 것을 알 수 있어. **다정**

( )

**01** 다음은 옛날의 결혼식 순서입니다. ⊙에 들어갈 알맞은 내용을 쓰시오.

> 신랑이 신부의 집으로 이동했음. → 신부의 집에서 혼례를 치렀음. →
> 신랑과 신부가 신랑의 집으로 이동했음. → ⊙

_____

_____

**02** 옛날과 오늘날 결혼식의 공통점으로 알맞은 것을 두 가지 고르시오. (        ,        )

① 신부의 집에서 결혼식을 올린다.
② 결혼식이 끝난 후 신혼여행을 간다.
③ 신랑과 신부가 전통 혼례복을 입는다.
④ 가족과 친척들이 결혼을 축하해 준다.
⑤ 사람들에게 두 사람이 부부가 된 것을 알린다.

**03** 확대 가족과 핵가족을 구분하는 기준으로 알맞은 것은 어느 것입니까? (        )

① 자녀의 수가 많은가?
② 사는 지역은 어디인가?
③ 자녀의 직업은 무엇인가?
④ 자녀의 나이는 몇 살인가?
⑤ 결혼한 자녀와 함께 사는가?

**04** 자두네 가족이 핵가족인 까닭으로 알맞은 것은 어느 것입니까? (        )

> 자두네 부모님은 결혼한 뒤, 부모님이 계신 집을 떠나 신혼 집에서 자두와 동생들을 낳아 살고 계신다.

① 엄마와 아빠의 나이가 비슷하기 때문이다.
② 가족 구성원의 수가 다섯 명이기 때문이다.
③ 결혼한 후 자녀를 낳고 살고 있기 때문이다.
④ 자녀의 수가 세 명 이상인 가족이기 때문이다.
⑤ 결혼한 후 부모와 떨어져 살면서 가정을 이루었기 때문이다

**05** 오늘날 핵가족이 많아진 까닭을 잘못 설명한 친구의 이름을 쓰시오.

개인 생활을 위해 독립해서 사는 사람이 많아졌기 때문이야. 재준

다른 도시에 있는 직장에 다니면서 부모님과 떨어져 살게 되었기 때문이야. 은상

부모님이 자녀와 함께 살고 싶어 하시기 때문이야. 승연

교육을 받기 위해 다른 지역에 가서 살기 때문이야. 다정

(                    )

**06** 다음 ⊙, ⓒ에 들어갈 알맞은 말을 골라 ○표 하시오.

> 옛날에는 ⊙ ( 여자 , 남자 )가 집안일을 주로 하고, ⓒ ( 여자, 남자 )가 바깥일을 주로 하였다. 이렇게 가정에서 여자와 남자가 하는 일이 구분되었다.

**07** 오늘날 가족 구성원의 역할로 알맞지 <u>않은</u> 것은 어느 것입니까? (          )

① 아버지는 직장에 출근하신다.
② 어머니는 직장에 출근하신다.
③ 아버지와 어머니가 함께 아이를 돌본다.
④ 아버지는 설거지를, 어머니는 청소를 하신다.
⑤ 아이들은 학교에 다니며 집안일에는 참여하지 않는다.

**08** 다음은 바람직한 가족의 모습을 역할극으로 꾸미는 과정입니다. 순서에 맞게 기호를 쓰시오.

> ⊙ 대본 쓰기
> ⓒ 등장인물과 역할 정하기
> ⓒ 대본으로 역할극 연습하기
> ⓔ 역할극 발표 후 소감 나누기

(          ) → (          ) → (          ) → (          )

어려워 ☺

**09** 다음 상황에서 가족이 느끼는 어려움을 해결할 수 있는 방법으로 알맞지 <u>않은</u> 것은 어느 것입니까? (          )

> 남매가 방 청소를 계속 미루어 직장에서 일하고 돌아오신 부모님이 남매를 대신해서 방 청소를 하고 계신다.

① 정해진 시간에 함께 집안일을 한다.
② 가족 구성원으로서의 역할을 다한다.
③ 남매가 번갈아 가면서 방 청소를 한다.
④ 할아버지와 할머니께 청소해 달라고 부탁한다.
⑤ 어질러진 물건을 그때그때 정리하는 습관을 기른다.

서술형 ☺

**10** 다음 그림에 나타난 가족의 특징을 쓰시오.

_____

_____

→ 바른답·알찬풀이 45쪽

**11** 다음 (     ) 안에 들어갈 알맞은 말을 쓰시오.

> 우리 사회에는 여러 가지 형태의 가족이 있다. 그래서 함께 살아가는 가족 (        )이/가 서로 비슷하기도 하고 다르기도 하다.

(            )

**12** 다양한 가족을 대하는 바람직한 태도로 알맞지 <u>않은</u> 것은 어느 것입니까? (     )

① 서로 예의를 지켜야 한다.

② 서로의 다양성을 인정하고 존중해야 한다.

③ 다양한 모습의 가족들이 서로 만나는 일이 없도록 주의해야 한다.

④ 우리 가족과 다른 형태의 가족을 대할 때 편견을 갖지 않아야 한다.

⑤ 다른 가족에게 필요한 도움이 없는지 살펴보고 도움을 줄 수 있어야 한다.

 서술형

**13** 다음 그림에 나타난 가족의 생활 모습을 찾아보는 방법을 쓰시오.

_____

_____

어려워

**14** 다음 신문 기사를 읽고 알 수 있는 가족의 모습으로 가장 알맞은 것은 어느 것입니까? (     )

> ○○ 신문        20○○년 ○○월 ○○일
>
> ### 사랑으로 하나 된 가족
>
> 송○○ 씨, 이△△ 씨 부부는 5년 전 새로운 가족을 꾸리게 되었다. 송 씨가 낳은 첫째 딸은 경찰이 꿈이다. 이 씨와 함께 살던 둘째 아들은 강아지와 산책하는 것을 좋아한다. 막내는 입양을 통해 한 가족이 된 지 몇 달 되지 않았지만 온 가족의 사랑을 독차지하고 있다.

① 구성원이 네 명인 가족이다.

② 피부색과 국적이 서로 다른 가족이다.

③ 아버지와 두 아이로 이루어진 가족이다.

④ 아이와 할머니가 함께 살아가는 가족이다.

⑤ 서로 다른 두 가족과 입양한 자녀로 이루어진 가족이다.

**15** 가족이 서로 배려하고 존중하며 살아갈 때의 좋은 점으로 알맞은 것을 보기 에서 모두 골라 기호를 쓰시오.

> 보기
>
> ㉠ 다른 가족보다 더 풍족하게 생활할 수 있다.
>
> ㉡ 힘든 일이 있어도 가족과 함께 이겨 나갈 수 있다.
>
> ㉢ 모든 가족의 모습이 같아야 한다는 것을 알 수 있다.
>
> ㉣ 다른 사람도 배려하고 존중해야 한다는 것을 깨달을 수 있다.

(            )

사
회

학습을 시작하기 전에 숨은 그림을 찾아보세요.

**숨은그림**

수영용 오리발 · 고무망치와 소리굽쇠 · 화단 흙 · 나무 막대 · 낙타 · 바위 · 물방울 · 실 전화기

# 과학

## 개념 1  우리 주변에 사는 동물

| 개미 | 소금쟁이 | 참새 |
|---|---|---|
| | | |
| • 사는 곳: 화단<br>• 몸이 머리, 가슴, 배로 구분되고, 다리가 세 쌍임. | • 사는 곳: 연못<br>• 다리가 길고, 다리로 물을 밀어서 이동함. | • 사는 곳: 화단<br>• 몸이 깃털로 덮여 있고, 날개로 날아다님. |

➡ 우리 주변에는 다양한 장소에 여러 가지 동물이 살고, 동물마다 ❶ ㅅㄱㅅ 와 움직이는 모습이 다릅니다.

## 개념 2  특징에 따른 동물 분류

① 동물은 생김새, 사는 곳 등의 ❷ ㅌㅈ 에 따라 분류할 수 있습니다.

② 동물을 분류할 수 있는 기준: '다리가 있는가?', '날개가 있는가?', '물속에서 살 수 있는가?', '더듬이가 있는가?' 등 ➡ 여러 가지 동물을 관찰하여 공통점과 차이점을 찾고, 분류 기준을 세워 분류할 수 있어요.

## 개념 3  땅에서 사는 동물의 특징

① 땅에서 사는 동물

| 땅 위 | 너구리, 소, 다람쥐, 메뚜기 등 |
|---|---|
| 땅속 | 땅강아지, 지렁이, 두더지 등 |
| 땅 위와 땅속 | 개미, 뱀 등 |

② 이동 방법: 다리가 있는 동물은 걷거나 기어 다니고, 다리가 없는 동물은 ❸ ㄱㅇ 다닙니다.

## 개념 4  물에서 사는 동물의 특징

① 강이나 호수에서 사는 동물
• 붕어는 몸이 비늘로 덮여 있고 부드러운 곡선 형태이며, ❹ ㅈㄴㄹㅁ 로 헤엄쳐 이동합니다.
• 다슬기는 몸이 딱딱한 껍데기로 덮여 있고, 바위나 바닥에 붙어서 기어 다닙니다.

② 바다에서 사는 동물
• 오징어는 머리에 다리 열 개가 있고, 지느러미가 있습니다. ➡ 메기, 상어 등
• 전복은 몸이 딱딱한 껍데기로 덮여 있습니다.
③ 이동 방법: 지느러미가 있는 동물은 헤엄치고, 다리가 있는 동물은 걸어 다니기도 하며, 지느러미와 다리가 없는 동물은 기어 다닙니다.

## 개념 5  날아다니는 동물의 특징

| 새 | • 몸이 깃털로 덮여 있고 다리가 한 쌍임.<br>• 날개를 이용하여 날아다님. 예 까치, 갈매기 등 |
|---|---|
| 곤충 | • 몸이 머리, 가슴, 배로 구분되고, 날개 두 쌍, 다리 세 쌍이며 더듬이가 있음.<br>• 날개를 이용하여 날아다님. 예 매미, 잠자리 등 |

➡ 날아다니는 새와 곤충은 ❺ ㄴㄱ 가 있습니다.
➡ 몸이 가벼우며 몸에 비해 날개의 크기가 커요.

## 개념 6  사막이나 극지방에서 사는 동물의 특징

➡ 동물의 생김새와 생활 방식은 동물이 사는 환경과 관련되어 있어요.

① 사막에서 사는 동물

| 낙타 | • 등에 지방을 저장한 ❻ ㅎ 이 있어 먹이가 부족해도 생활할 수 있음.<br>• ❼ ㅋㄱㅁ 을 여닫을 수 있어 콧속으로 모래 먼지가 잘 들어가지 않음. |
|---|---|
| 사막여우 | 몸에 비해 귀가 커서 체온을 잘 조절할 수 있음. |

② 극지방에서 사는 동물

| 북극곰 | 몸집이 크고 귀가 작아 추운 환경에서 체온을 잘 조절할 수 있음. |
|---|---|
| 북극여우 | ❽ ㄱ 가 작아 몸의 열을 빼앗기지 않음. |

## 개념 7  동물의 특징을 모방한 생활용품

⬆ 수영용 오리발: 오리 발의 특징을 활용함.  ⬆ 흡착 고무: 문어 다리에 있는 빨판의 특징을 활용함.  ⬆ 유리에 붙는 장갑: 도마뱀붙이 발바닥의 특징을 활용함.

정답 ❶ 생김새 ❷ 특징 ❸ 기어 ❹ 지느러미 ❺ 날개 ❻ 혹 ❼ 콧구멍 ❽ 귀

➔ 바른답·알찬풀이 46쪽

### 자료 ① 물에서 사는 동물

➔ 붕어: 지느러미로 헤엄쳐 이동함.

➔ 전복: 바위나 바닥에 붙어서 기어 다님.

➔ 게: 다리로 걸어 다님.

➔ 상어: 지느러미로 헤엄쳐 이동함.

**POINT**
강이나 호수 또는 바다와 같은 물에서도 다양한 생물이 살고 있습니다.

1-1 물에서 사는 동물 중 지느러미가 있는 동물은 ( 기어서 , 헤엄쳐서 ) 이동합니다.

1-2 붕어, 전복, 상어 중 몸이 딱딱한 껍데기로 덮여 있고 바위나 바닥에 붙어서 기어 다니는 동물을 쓰시오.

(                  )

### 자료 ② 사막에서 사는 동물

➔ 낙타: 눈썹이 길고 등에 혹이 있으며, 발바닥이 넓음.

➔ 사막여우: 몸에 비해 귀가 크고, 귓속에 털이 많음.

➔ 사막 도마뱀: 서 있거나 이동할 때 한 번에 두 발씩 번갈아 들어 올림. ┅➔열을 식힐 수 있어요.

➔ 사막 거북: 앞다리로 땅을 팔 수 있음. ┅➔더운 낮에 땅굴에 들어가 쉴 수 있어요.

**POINT**
사막에는 낙타, 사막여우, 사막 도마뱀, 사막 거북, 전갈 등이 삽니다.

2-1 ( 사막 , 극지방 )은 물과 먹이가 부족하고 모래바람이 불며, 낮에는 덥고 밤에는 춥습니다.

2-2 낙타는 눈썹이 길고 등에 지방이 저장된 혹이 있으며, 발바닥이 ( 좁아 , 넓어 ) 사막에서 살기에 알맞습니다.

2-3 사막여우는 몸에 비해 귀가 작아서 사막에서 살기에 알맞습니다. ( ○ , × )

2-4 사막 도마뱀은 서 있거나 이동할 때 한 번에 두 발씩 번갈아 들어 올립니다. ( ○ , × )

### 자료 ③ 동물의 특징을 모방한 생활용품

빨판
➔ 문어 빨판: 다리에 빨판이 있어 잡은 물체를 놓치지 않음. ➔ 흡착 고무

발바닥
➔ 도마뱀붙이 발바닥: 발바닥에 매우 가는 털이 있어 미끄러운 물체에 잘 달라붙음. ➔ 유리에 붙는 장갑

**POINT**
동물의 생김새와 같은 특징을 모방하여 생활 속에서 활용하는 것이 있습니다.

3-1 흡착 고무는 문어 다리에 ( 털 , 빨판 )이 있어 잡은 물체를 놓치지 않는 모습을 보고 만든 것입니다.

3-2 도마뱀붙이의 발바닥에 있는 매우 가는 털이 미끄러운 물체에 잘 붙는 모습을 보고 유리에 붙는 장갑을 만들었습니다. ( ○ , × )

**[01~02]** 다음은 우리 주변에 사는 여러 가지 동물입니다. 물음에 답하시오.

ⓖ 지렁이

ⓖ 참새

ⓖ 소금쟁이

**01** 위 동물 중 연못에서 볼 수 있는 동물을 골라 기호를 쓰시오.

(                    )

**02** 위 동물 중 다음과 같은 특징을 가진 동물을 골라 기호를 쓰시오.

> • 몸이 여러 개의 마디로 되어 있다.
> • 다리가 없어 기어서 이동한다.

(                    )

**03** 동물과 동물이 사는 곳을 잘못 짝 지은 것은 어느 것입니까? (          )

① 낙타 - 사막
② 상어 - 바다
③ 다슬기 - 강
④ 메뚜기 - 땅속
⑤ 너구리 - 땅 위

서술형 ✎

**04** 다음은 분류 기준에 따라 동물을 분류한 결과입니다.

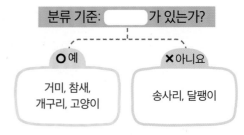

분류 기준: [          ]가 있는가?

○ 예
거미, 참새, 개구리, 고양이

✕ 아니요
송사리, 달팽이

(1) 위 분류 기준의 빈칸에 들어갈 알맞은 말을 쓰시오.

(                    )

(2) 위 분류 기준으로 다음 동물을 분류하여 쓰시오.

> 까치, 지렁이, 개미, 뱀

_____

_____

꼭나와 ☺

**05** 동물을 다음과 같이 분류했을 때 빈칸에 들어갈 동물로 옳은 것을 두 가지 고르시오.

(      ,      )

분류 기준: 날개가 있는가?

○ 예
참새, 소금쟁이, 매미, 까치

✕ 아니요

① 거미
② 나비
③ 비둘기
④ 잠자리
⑤ 개구리

**꼭나와 ♥**

**06** 땅에서 사는 동물이 <u>아닌</u> 것은 어느 것입니까?
( )

①
↑ 다람쥐

② ↑ 두더지

③ ↑ 게

④ ↑ 개미

**07** 땅에서 사는 동물에 대해 옳게 말한 친구의 이름을 쓰시오.

땅에서 사는 동물은 모두 다리가 있어.

뱀처럼 땅 위와 땅속을 오가면서 사는 동물도 있지.

땅강아지는 다리가 없어서 기어 다녀.

민찬         유라         은진

( )

**08** 땅에서 사는 동물의 특징으로 옳은 것은 어느 것입니까? ( )

① 몸이 털로 덮여 있다.
② 네 개의 다리가 있다.
③ 앞다리로 땅을 팔 수 있다.
④ 몸이 머리, 가슴, 배로 구분된다.
⑤ 다리가 없는 동물은 기어 다닌다.

**09** 다음 오징어에 대한 설명으로 옳은 것을 두 가지 고르시오. ( , )

① 갯벌에서 사는 동물이다.
② 머리에 다리 열 개가 있다.
③ 지느러미로 헤엄쳐 이동한다.
④ 몸이 부드러운 곡선 형태이다.
⑤ 몸이 딱딱한 껍데기로 덮여 있다.

**서술형 ♥**

**10** 다음은 물에서 사는 동물입니다.

㉠ ↑ 붕어

㉡ ↑ 다슬기

㉢ ↑ 미꾸라지

㉣ ↑ 상어

(1) 위 동물 중 지느러미로 헤엄쳐서 이동하는 동물이 <u>아닌</u> 것을 골라 기호를 쓰시오.
( )

(2) 위 (1)번 답의 동물이 물속에서 이동하는 방법을 쓰시오.

_____

_____

과학

**11** 다음 동물과 동물의 이동 방법을 선으로 알맞게 이으시오.

(1) 게 • • ㉠ 다리로 걸어 다님.

(2) 메기 • • ㉡ 지느러미로 헤엄쳐 이동함.

(3) 전복 • • ㉢ 바위나 바닥에 붙어서 기어 다님.

**12** 날아다니는 동물이 <u>아닌</u> 것은 어느 것입니까?

( )

①
⬆ 매미

②
⬆ 까치

③
⬆ 박새

④
⬆ 달팽이

 꼭나와 ♡

**13** 날아다니는 새와 곤충의 공통점으로 옳은 것을 보기 에서 모두 골라 기호를 쓰시오.

보기
㉠ 날개가 있다.
㉡ 몸이 가볍다.
㉢ 몸이 깃털로 덮여 있다.
㉣ 몸에 비해 날개의 크기가 작다.

( )

**14** 다음과 같은 특징을 가지는 동물은 어느 것입니까? ( )

• 얇은 날개 두 쌍으로 날아다닌다.
• 몸이 머리, 가슴, 배로 구분되고, 가슴에 다리 세 쌍이 있다.

① ⬆ 참새
② ⬆ 꾀꼬리
③ ⬆ 잠자리
④ ⬆ 갈매기

**15** 다음에서 설명하는 환경은 어디입니까?

( )

• 낮에는 덥고 밤에는 춥다.
• 모래바람이 많이 불고, 물과 먹이가 부족하다.

① ⬆ 들
② ⬆ 강
③ ⬆ 사막
④ ⬆ 극지방

**16** 다음 사막 도마뱀에 대한 설명으로 옳은 것을 보기 에서 모두 골라 기호를 쓰시오.

> **보기**
>
> ㉠ 긴 꼬리가 있다.
> ㉡ 앞다리로 땅을 팔 수 있다.
> ㉢ 몸에 비해 큰 귀를 가지고 있다.
> ㉣ 서 있거나 이동할 때 한 번에 두 발씩 번 갈아 들어 올린다.

( )

**17** 다음은 사막여우와 북극여우의 모습입니다.

㉠   ㉡

(1) 위 ㉠과 ㉡ 중 사막여우의 모습을 골라 기호를 쓰시오.

( )

(2) 위 사막여우가 사막에서 살기에 알맞은 특징을 한 가지만 쓰시오.

_____

_____

**꼭나와 ☺**

**18** 사는 곳에 따른 동물의 특징으로 옳은 것은 어느 것입니까? ( )

① 날아다니는 동물은 날개가 없다.
② 땅속에서 사는 동물은 다리가 있다.
③ 물에서 사는 동물은 먹이를 먹지 않는다.
④ 사막에서 사는 동물은 몸이 딱딱한 껍데기로 덮여 있다.
⑤ 물에서 사는 동물 중 지느러미가 있는 동물은 헤엄쳐서 이동한다.

**19** 오른쪽 수영용 오리발은 오리의 어떤 특징을 모방하여 만든 것인지 보기 에서 골라 기호를 쓰시오.

> **보기**
>
> ㉠ 늘어났다 쪼그라들며 이동한다.
> ㉡ 발에 물갈퀴가 있어 빠르게 헤엄칠 수 있다.
> ㉢ 다리에 빨판이 있어 잡은 물체를 놓지 않는다.

( )

**20** 다음은 오른쪽의 유리에 붙는 장갑에 대한 설명입니다. ( ) 안에 들어갈 알맞은 동물의 이름을 쓰시오.

> 유리에 붙는 장갑은 ( )이/가 발바닥에 매우 가는 털이 있어 미끄러운 곳에 잘 붙는 모습을 보고 만들었다.

( )

**01** 우리 주변에서 사는 동물에 대한 설명으로 옳지 <u>않은</u> 것은 어느 것입니까? (          )

① 송사리는 연못에서 볼 수 있다.
② 공벌레는 화단에서 볼 수 있다.
③ 참새는 몸이 깃털로 덮여 있다.
④ 달팽이는 단단한 껍데기를 가지고 있다.
⑤ 개미는 몸이 두 부분으로 구분되고, 다리가 네 개 있다.

**02** 오른쪽 소금쟁이의 특징으로 옳은 것은 어느 것입니까? (          )

① 다리가 짧다.
② 몸이 깃털로 덮여 있다.
③ 주로 나무에서 볼 수 있다.
④ 다리로 물을 밀어서 이동한다.
⑤ 몸이 여러 개의 마디로 되어 있다.

**03** 다음과 같은 특징을 가진 동물은 어느 것입니까? (          )

• 몸이 털로 덮여 있다.
• 두 쌍의 다리로 걷거나 뛰어다닌다.

① 까치               ② 참새
③ 매미               ④ 고양이
⑤ 땅강아지

**04** 다음 동물을 두 무리로 분류할 수 있는 기준으로 옳지 <u>않은</u> 것은 어느 것입니까? (          )

ⓐ 참새          ⓐ 금붕어          ⓐ 북극여우

① 날개가 있는가?
② 다리가 있는가?
③ 더듬이가 있는가?
④ 지느러미가 있는가?
⑤ 물속에서 살 수 있는가?

어려워 😊
**05** 다음과 같이 동물을 분류한 기준으로 옳은 것은 어느 것입니까? (          )

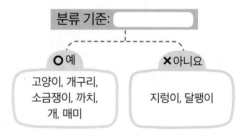

① 날개가 있는가?
② 다리가 있는가?
③ 더듬이가 있는가?
④ 지느러미가 있는가?
⑤ 몸이 털로 덮여 있는가?

**06** 동물이 사는 환경에 대한 설명으로 옳은 것은 어느 것입니까? (        )

① 나비와 까치는 땅속에서 산다.
② 사막에는 동물이 살지 못한다.
③ 동물은 다양한 환경에서 산다.
④ 다슬기와 붕어는 바다에서 산다.
⑤ 상어와 게는 강이나 호수에서 산다.

[07~08] 다음은 땅에서 사는 동물입니다. 물음에 답하시오.

ⓒ

⑥ 개미

ⓛ

⑥ 메뚜기

ⓒ

⑥ 너구리

ⓔ

⑥ 두더지

**07** 위에서 땅 위와 땅속을 오가면서 사는 동물을 골라 기호를 쓰시오.

(                    )

**08** 위에서 다음 설명에 해당하는 동물을 골라 기호를 쓰시오.

- 땅 위에서 산다.
- 두 쌍의 다리로 걷거나 뛰어다닌다.
- 입이 뾰족하고 몸이 털로 덮여 있다.

(                    )

**09** 다음 다람쥐의 특징으로 옳은 것을 보기 에서 모두 골라 기호를 쓰시오.

보기
ⓒ 몸이 털로 덮여 있다.
ⓛ 머리에 더듬이가 있다.
ⓒ 앞다리로 땅을 팔 수 있다.
ⓔ 두 쌍의 다리로 걷거나 뛰어다닌다.

(                    )

**10** 다음은 강이나 호수에서 사는 메기입니다. 메기가 이동하는 방법을 생김새와 관련지어 쓰시오.

_____

_____

**11** 다음에서 설명하는 동물은 어느 것입니까?
( )

> • 강이나 호수의 물속에서 산다.
> • 몸이 딱딱한 껍데기로 덮여 있다.
> • 바위나 바닥에 붙어서 기어 다닌다.

① 메기      ② 전복
③ 상어      ④ 다슬기
⑤ 고등어

**12** 물에서 사는 동물에 대해 옳게 말한 친구의 이름을 쓰시오.

게와 상어는 바닷속에서 살아.
민찬

고등어와 오징어는 강이나 호수의 물속에서 살아.
유라

미꾸라지와 붕어는 바닷속에서 살아.
은진

( )

**13** 날아다니는 동물 중 곤충에 해당하는 것은 어느 것입니까? ( )

① 

⊕ 까치

②
⊕ 매미

③
⊕ 꾀꼬리

④

⊕ 참새

**14** 다음과 같이 날아다니는 동물의 생김새의 공통점을 두 가지 쓰시오.

⊕ 까치

⊕ 호랑나비

⊕ 갈매기

_____

_____

**15** 다음 잠자리에 대한 설명으로 옳은 것을 <보기>에서 모두 골라 기호를 쓰시오.

보기
㉠ 숲이나 들에서 산다.
㉡ 날개가 깃털로 덮여 있다.
㉢ 가슴에 다리 두 쌍이 있다.
㉣ 몸이 머리, 가슴, 배로 구분된다.

( )

→ 바른답·알찬풀이 47쪽

**16** 다음 낙타의 특징과 사막에서 잘 살 수 있는 까닭을 선으로 알맞게 이으시오.

(1) 혹 •

(2) 긴 눈썹 •

(3) 넓은 발바닥 •

• ㉠ 모래에 발이 잘 빠지지 않음.

• ㉡ 강한 햇빛과 모래 먼지로부터 눈을 보호함.

• ㉢ 지방이 들어 있어 먹이가 부족해도 며칠 동안 생활할 수 있음.

**17** 다음 설명에 해당하는 동물은 어느 것입니까?
( )

- 사막에서 산다.
- 앞다리로 땅을 팔 수 있다.
- 두 쌍의 다리로 걸어 다닌다.

① ⓣ 전갈

② ⓣ 사막여우

③ ⓣ 사막 거북

④ ⓣ 사막 도마뱀

어려워

**18** 오른쪽의 북극여우가 극지방에서 잘 살 수 있는 특징을 두 가지 고르시오. ( , )

① 귀가 작다.
② 귀가 크다.
③ 털 색깔이 변하지 않는다.
④ 콧구멍을 여닫을 수 있다.
⑤ 털이 두껍고 촘촘하게 나 있다.

**19** 오른쪽 도마뱀붙이는 발바닥에 매우 가는 털이 있어 미끄러운 곳에 잘 붙습니다. 이러한 특징을 모방하여 만든 것의 기호를 쓰시오.

㉠

ⓣ 집게 차

㉡

ⓣ 유리에 붙는 장갑

( )

서술형

**20** 오른쪽 흡착 고무는 문어의 어떤 특징을 모방하여 만든 것인지 쓰시오.

_____

_____

## 개념 ① 여러 장소의 흙

① 장소에 따른 흙의 특징 예

| 구분 | 운동장 흙 | 화단 흙 |
|---|---|---|
| 색깔 | 밝은 갈색 | 어두운 갈색 |
| 알갱이의 크기 | 큰 알갱이가 많음. | 운동장 흙보다 작은 알갱이가 많음. |
| 촉감 | 거칠거칠함. | 부드러움. |
| 물 빠짐 | 대체로 화단 흙보다 물이 잘 빠짐. | 대체로 운동장 흙보다 물이 덜 빠짐. |

② 흙에 포함된 물질
- 운동장 흙과 화단 흙의 물에 뜬 물질의 양: 운동장 흙에는 뜬 물질이 거의 없고, 화단 흙에는 뜬 물질이 많습니다.
- 화단 흙에는 나뭇가지, 나뭇잎 조각, 죽은 동물 등이 썩은 **❶** ㅂㅅㅁ 이 많이 포함되어 있습니다.
  → 운동장 흙보다 화단 흙에서 식물이 잘 자라요.

## 개념 ② 흙의 생성 과정

① 흙이 만들어지는 과정: 바위나 돌이 **❷** ㅇㄹ 시간 동안 잘게 부서져 흙이 됩니다.
② 바위나 돌을 부서지게 하는 것
- 바위틈에 스며든 물: 물이 얼고 녹기를 반복하면 바위틈이 넓어지면서 바위가 부서지기도 합니다.
- 바위틈에 들어간 나무뿌리: 나무뿌리가 자라면 바위틈이 넓어지면서 바위가 부서지기도 합니다.

## 개념 ③ 흐르는 물에 의한 지표의 변화

① 흐르는 물이 지표를 변화시키는 과정: 흐르는 물은 바위나 돌, 흙을 깎고 낮은 곳으로 운반하여 쌓아 놓습니다.
② 흐르는 물의 작용

| **❸** ㅊㅅ ㅈㅇ | 흐르는 물에 의해 지표의 바위나 돌, 흙 등이 깎이는 것 |
|---|---|
| 운반 작용 | 깎인 돌이나 흙 등이 옮겨지는 것 |
| **❹** ㅌㅈ ㅈㅇ | 깎여서 운반된 돌이나 흙 등이 쌓이는 것 |

→ 흐르는 물에 의해 일어나요.

## 개념 ④ 강 주변 지형의 특징

① 강 주변 지형의 특징

| 구분 | 강 상류 | 강 하류 |
|---|---|---|
| 모습 | | |
| 강폭 | 강 하류보다 좁음. | 강 상류보다 넓음. |
| 강의 경사 | 강 하류보다 급함. | 강 상류보다 완만함. |
| 많이 볼 수 있는 것 | **❺** ㅂㅇ 나 큰 돌 | **❻** ㅁㄹ 나 고운 흙 |
| 강물의 작용 | 침식 작용이 퇴적 작용보다 활발하게 일어남. | 퇴적 작용이 침식 작용보다 활발하게 일어남. |

② 강 상류와 강 하류 주변 지형의 특징이 서로 다른 까닭: 강 상류와 강 하류에서 주로 일어나는 강물의 작용이 다르기 때문입니다.
③ 강 주변 지형은 **❼** ㄱㅁ 에 의한 침식 작용과 운반 작용, 그리고 퇴적 작용으로 오랜 시간에 걸쳐 서서히 변합니다.

## 개념 ⑤ 바닷가 주변 지형의 특징

① 바닷가 주변 지형

바닷물에 의한 침식 작용으로 만들어진 지형

⬆ 절벽　　　⬆ 동굴

바닷물에 의한 퇴적 작용으로 만들어진 지형

⬆ 갯벌　　　⬆ **❽** ㅁㄹㅅㅈ

② 바닷가 주변 지형은 바닷물에 의한 침식 작용과 운반 작용, 퇴적 작용으로 오랜 시간에 걸쳐 만들어집니다.

정답 ❶ 부식물 ❷ 오랜 ❸ 침식 작용 ❹ 퇴적 작용 ❺ 바위 ❻ 모래 ❼ 강물 ❽ 모래사장

### 자료 ① 운동장 흙과 화단 흙에 포함된 물질

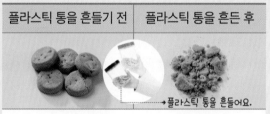

| 구분 | 운동장 흙 | 화단 흙 |
|---|---|---|
| 물에 뜬 물질의 양 | | |
| | 적음. | 많음. |
| 물에 뜬 물질의 종류 | 뜬 물질이 거의 없음. | 나뭇가지, 나뭇잎 조각, 죽은 동물 등이 썩은 부식물이 있음. |

**POINT**
**운동장 흙보다 화단 흙에서 식물이 잘 자랍니다.**

**1-1** 운동장 흙과 화단 흙이 담긴 비커에 같은 양의 물을 붓고 유리 막대로 저어 잠시 놓아두었을 때 물에 뜬 물질이 많은 흙은 어느 것인지 쓰시오.

( )

**1-2** 식물이 잘 자라는 흙에는 나뭇가지, 나뭇잎 조각, 죽은 동물 등이 썩은 ( )이/가 많이 포함되어 있습니다.

**1-3** 화단 흙보다 운동장 흙에서 식물이 잘 자랍니다.

( ○ , × )

### 자료 ② 흙이 만들어지는 과정

| 플라스틱 통을 흔들기 전 | 플라스틱 통을 흔든 후 |
|---|---|
| | → 플라스틱 통을 흔들어요. |
| 과자가 서로 부딪쳐 부서지며 크기가 작아지고, 가루가 생김. | |
| 실제 흙이 만들어지는 과정에서 바위나 돌과 비슷함. | 실제 흙이 만들어지는 과정에서 흙과 비슷함. |

**POINT**
**과자가 서로 부딪쳐 크기가 작아지는 것처럼 바위나 돌은 오랜 시간 동안 잘게 부서져 흙이 됩니다.**

**2-1** 플라스틱 통 안에 과자를 넣고 흔들면 과자의 크기가 작아지고 가루가 생깁니다. ( ○ , × )

**2-2** 플라스틱 통을 흔들기 전 과자의 모습은 ( 바위나 돌 , 흙 )과 비슷합니다.

**2-3** 바위나 돌은 오랜 시간 동안 잘게 부서져 무엇이 되는지 쓰시오.

( )

### 자료 ③ 흙 언덕에 물을 흘려보냈을 때의 변화

흙이 많이 깎임.
흙 언덕의 위쪽

구멍 뚫린 종이컵
흙이 흘러내려 쌓임.

흙 ─ 색 모래
⑦ 물을 흘려보내기 전
물에 의해 흙이 이동하는 모습을 쉽게 알아보기 위해 사용해요.

흙 언덕의 아래쪽
⑦ 물을 흘려보낸 후

**POINT**
**흐르는 물은 흙 언덕 위쪽의 흙을 깎아서 아래쪽으로 운반하여 쌓아 놓습니다.**

**3-1** 흙 언덕에 물을 흘려보냈을 때 흙이 많이 깎인 곳은 흙 언덕의 위쪽과 아래쪽 중 어디인지 쓰시오.

흙 언덕의 ( )

**3-2** 흐르는 물에 의해 지표의 바위나 돌, 흙 등이 깎이는 것을 ( ) 작용이라고 합니다.

**3-3** 흐르는 물은 바위나 돌, 흙 등을 깎고 ( 낮은 , 높은 ) 곳으로 운반하여 쌓아 놓습니다.

과
학

**01** 다음은 운동장 흙과 화단 흙 중 어느 것에 대한 설명인지 쓰시오.

> • 밝은 갈색을 띤다.
> • 주로 모래와 흙 알갱이만 보인다.
> • 큰 알갱이가 많고 손으로 만져 보면 거칠거칠하다.

( )

[02~03] 다음과 같이 장치하고 운동장 흙과 화단 흙의 물 빠짐을 비교하였습니다. 물음에 답하시오.

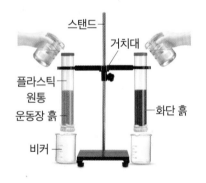

스탠드
거치대
플라스틱 원통
운동장 흙
화단 흙
비커

**02** 위 실험에 대한 설명으로 옳은 것을 에서 모두 골라 기호를 쓰시오.

> 보기
>
> ㉠ 운동장 흙과 화단 흙의 양을 다르게 한다.
> ㉡ 운동장 흙과 화단 흙에 물을 동시에 붓는다.
> ㉢ 운동장 흙과 화단 흙에 붓는 물의 양을 같게 한다.
> ㉣ 비커에 모인 물의 양이 적을수록 물이 잘 빠지는 흙이다.

( )

**꼭나와 ♥**

**03** 다음은 앞 실험에서 물을 붓고 약 3분 후 비커에 모인 물의 양을 측정한 것입니다. (가)와 (나) 중 화단 흙을 골라 기호를 쓰시오.

| 구분 | (가) | (나) |
|---|---|---|
| 모인 물의 양(mL) | 60 | 110 |

( )

**04** 다음은 운동장 흙이 든 비커와 화단 흙이 든 비커에 물을 붓고 유리 막대로 저은 뒤 잠시 놓아둔 모습입니다. ㉠과 ㉡ 중 운동장 흙이 든 비커를 골라 기호를 쓰시오.

㉠   ㉡

⬆ 물에 뜬 물질이 적음.   ⬆ 물에 뜬 물질이 많음.

( )

**서술형 ♥**

**05** 오른쪽은 화단 흙이 든 비커에 물을 붓고 유리 막대로 저은 뒤 물에 뜬 물질을 건져서 거름종이 위에 올려놓은 모습입니다.

(1) 위의 물에 뜬 물질에 있는 나뭇가지와 나뭇잎 조각, 죽은 동물 등이 썩은 것을 무엇이라고 하는지 쓰시오.

( )

(2) 위 (1)번 답을 통해 알 수 있는 식물이 잘 자라는 흙의 특징을 쓰시오.

_____

_____

**06** 운동장 흙과 화단 흙을 관찰한 내용으로 옳은 것은 어느 것입니까? ( )

① 화단 흙은 대체로 운동장 흙보다 색깔이 밝다.
② 화단 흙은 대체로 운동장 흙보다 물이 잘 빠진다.
③ 운동장 흙은 대체로 화단 흙보다 알갱이의 크기가 작다.
④ 화단 흙은 대체로 운동장 흙보다 물에 뜬 물질의 양이 많다.
⑤ 운동장 흙에는 나뭇가지나 나뭇잎 조각과 같은 물질이 많이 포함되어 있다.

**[07~08]** 다음은 투명한 플라스틱 통에 과자를 넣고 뚜껑을 닫은 뒤 흔드는 모습입니다. 물음에 답하시오.

과자

**07** 위 실험 결과에 대한 설명으로 옳은 것을 보기에서 모두 골라 기호를 쓰시오.

보기

㉠ 플라스틱 통을 흔들면 과자의 크기가 작아진다.
㉡ 플라스틱 통을 흔들어도 과자의 모양은 변하지 않는다.
㉢ 흙이 만들어지는 과정을 알아보기 위한 모형실험이다.
㉣ 바위가 만들어지는 과정을 알아보기 위한 모형실험이다.

( )

**08** 문제 7번에서 플라스틱 통을 흔든 후의 과자의 모습과 비슷한 것은 어느 것입니까? ( )

① 물 ② 흙
③ 바위 ④ 공기
⑤ 나무

꼭나와 ♡

**09** 흙이 만들어지는 과정에 대한 설명으로 옳은 것은 어느 것입니까? ( )

① 모래가 뭉쳐져 흙이 된다.
② 바위나 돌이 뭉쳐져 흙이 된다.
③ 바위나 돌이 햇빛을 오래 받으면 부서져 흙이 된다.
④ 바위나 돌이 오랜 시간 동안 잘게 부서져 흙이 된다.
⑤ 바위나 돌이 매우 짧은 시간 동안 잘게 부서져 흙이 된다.

**10** 다음 ㉠과 ㉡에서 바위를 부서지게 만든 것을 알맞게 짝 지은 것은 어느 것입니까? ( )

㉠   ㉡

① ㉠ - 공기 ② ㉠ - 물
③ ㉠ - 햇빛 ④ ㉡ - 물
⑤ ㉡ - 나무뿌리

[11~13] 다음과 같이 색 모래를 뿌린 흙 언덕의 위쪽에서 물을 흘려보냈습니다. 물음에 답하시오.

구멍 뚫린 종이컵

흙 — 색 모래

**11** 위 실험에서 흙 언덕 위쪽에 색 모래를 뿌린 까닭으로 옳은 것을 에서 골라 기호를 쓰시오.

보기

㉠ 흙이 많이 깎이게 하기 위해서
㉡ 물이 잘 흘러내리게 하기 위해서
㉢ 물에 의해 흙이 이동하는 모습을 쉽게 알아보기 위해서

( )

**12** 물을 흘려보낸 후 색 모래를 관찰한 결과로 옳은 것은 어느 것입니까? ( )

① 색 모래의 색깔이 변한다.
② 색 모래의 알갱이의 크기가 작아진다.
③ 색 모래의 위치는 물을 붓기 전과 같다.
④ 색 모래가 흙 언덕의 위쪽으로 모인다.
⑤ 색 모래가 흙 언덕의 위쪽에서 아래쪽으로 이동한다.

**13** 다음은 위 실험의 결과입니다. 흙 언덕의 모습을 변화시킨 것은 무엇인지 쓰시오.

▲ 흙 언덕의 위쪽       ▲ 흙 언덕의 아래쪽

( )

**14** 다음 ㉠~㉢에 들어갈 알맞은 말을 쓰시오.

• 흐르는 물에 의해 깎인 돌이나 흙 등이 옮겨지는 것을 ( ㉠ ) 작용이라고 한다.
• 흐르는 물에 의해 지표의 바위나 돌, 흙 등이 깎이는 것을 ( ㉡ ) 작용이라고 한다.
• 흐르는 물에 의해 깎여서 운반된 돌이나 흙 등이 쌓이는 것을 ( ㉢ ) 작용이라고 한다.

㉠: ( ), ㉡: ( ), ㉢: ( )

서술형

**15** 다음은 강 주변의 지형을 나타낸 것입니다.

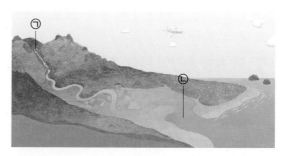

(1) 위 ㉠과 ㉡ 중 강 상류는 어느 곳인지 기호를 쓰시오.

( )

(2) 강 상류는 강 하류에 비해 강폭과 강의 경사가 어떻게 다른지 쓰시오.

_____

_____

➡ 바른답·알찬풀이 47쪽

**16** 다음은 강 상류와 강 하류 중 어느 곳의 모습인지 각각 쓰시오.

(1)

(2)

(        ) (        )

**17** 강 주변 지형에 대한 설명으로 옳지 <u>않은</u> 것은 어느 것입니까? (      )

① 강 상류와 강 하류의 모습은 같다.
② 강 하류는 강 상류보다 강폭이 넓다.
③ 강 하류는 강 상류보다 강의 경사가 완만하다.
④ 강 하류에는 강 상류에 비해 모래나 고운 흙이 많다.
⑤ 강 하류에서는 퇴적 작용이 침식 작용보다 활발하게 일어난다.

**18** 바닷가 지형에 대한 설명으로 옳은 것을 에서 모두 골라 기호를 쓰시오.

보기
㉠ 바닷가에서는 바닷물에 의한 운반 작용이 일어나지 않는다.
㉡ 바닷가 주변 지형은 오랜 시간에 걸쳐 만들어진다.
㉢ 바닷물에 의한 침식 작용으로 갯벌이 만들어진다.
㉣ 모래사장은 바닷물에 의해 운반된 모래가 넓게 쌓인 것이다.

(        )

**꼭나와 ㉑**

**19** 다음과 같은 과정을 통해 만들어진 바닷가 지형은 어느 것입니까? (      )

바닷물에 의해 운반된 가는 모래나 고운 흙이 넓게 쌓여 만들어진다.

①

②

③

④

**20** 다음과 같이 바닷가에서 볼 수 있는 지형에 대한 설명으로 옳은 것을 두 가지 고르시오.

(    ,    )

① 강물에 의한 침식 작용으로 만들어졌다.
② 바닷물에 의한 침식 작용으로 만들어졌다.
③ 바닷물에 의한 퇴적 작용으로 만들어졌다.
④ 바닷물에 의해 운반된 모래가 넓게 쌓여 만들어졌다.
⑤ 바닷물에 의해 절벽이 깎여 커다란 구멍이 생겨 만들어졌다.

과학

**01** 다음 운동장 흙과 화단 흙의 특징을 선으로 알맞게 이으시오.

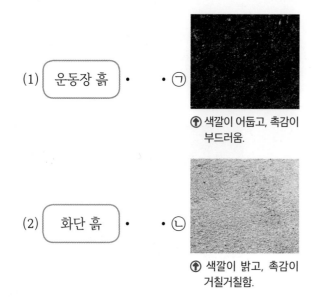

(1) 운동장 흙 •

• ㉠

↑ 색깔이 어둡고, 촉감이 부드러움.

(2) 화단 흙 •

• ㉡

↑ 색깔이 밝고, 촉감이 거칠거칠함.

**[02~03]** 다음과 같이 장치하고 운동장 흙과 화단 흙의 물 빠짐을 비교하였습니다. 물음에 답하시오.

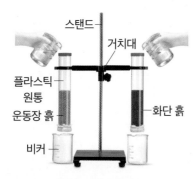

스탠드
거치대
플라스틱 원통
운동장 흙
화단 흙
비커

**02** 위 실험 결과 물이 빠져 나온 모습입니다. 운동장 흙에서 빠진 물이 비커에 모인 양으로 알맞은 것을 골라 기호를 쓰시오.

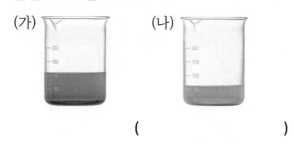

(가)        (나)

(            )

**03** 문제 2번과 같이 운동장 흙과 화단 흙의 물 빠짐이 다른 까닭으로 옳은 것을 에서 골라 기호를 쓰시오.

보기

㉠ 운동장 흙과 화단 흙의 색깔이 다르기 때문이다.
㉡ 운동장 흙과 화단 흙의 알갱이의 크기가 다르기 때문이다.
㉢ 운동장 흙과 화단 흙의 손으로 만져본 느낌이 다르기 때문이다.

(            )

**04** 다음은 운동장 흙과 화단 흙이 든 비커에 물을 부었을 때 물에 뜬 물질을 건져 낸 것입니다. 식물이 잘 자라는 흙에 포함된 물질을 골라 기호를 쓰시오.

㉠              ㉡

↑ 뜬 물질이 거의 없음.    ↑ 나뭇가지, 나뭇잎 조각 같은 물질이 많음.

(            )

어려워 🤔

**05** 부식물에 대한 설명으로 옳은 것은 어느 것입니까? (            )

① 물을 부으면 대체로 가라앉는다.
② 화단 흙보다 운동장 흙에 많이 포함되어 있다.
③ 나뭇가지, 나뭇잎 조각, 죽은 동물 등이 썩은 것이다.
④ 부식물이 많이 포함된 흙에서는 식물이 잘 자라지 못한다.
⑤ 알갱이의 크기가 큰 운동장 흙에 부식물이 많이 포함되어 있다.

**06** 다음은 운동장 흙과 화단 흙의 특징을 설명한 것입니다. **잘못** 설명한 친구의 이름을 쓰고, 바르게 고쳐 쓰시오.

화단 흙은 운동장 흙보다 알갱이의 크기가 대체로 작아.
유미

화단 흙보다 운동장 흙에서 식물이 더 잘 자라.
지훈

화단 흙에는 나뭇가지, 나뭇잎 조각 등이 섞여 있어.
민수

_____

_____

**07** 다음은 투명한 통 안에 과자를 넣고 흔드는 모습입니다. 이 실험과 실제 자연에서 비슷한 것끼리 선으로 알맞게 이으시오.

과자

(1) 통을 흔들기 전 과자의 모습 • • ㉠ 흙

(2) 통을 흔든 후 과자의 모습 • • ㉡ 바위나 돌

**08** 다음 두 모습의 공통점으로 옳은 것은 어느 것입니까? ( )

㉠ 투명한 플라스틱 통에 과자 넣고 흔들기   ㉠ 바위틈에 스며든 물이 바위 깨기

① 짧은 시간 동안 이루어진다.
② 오랜 시간 동안 이루어진다.
③ 작은 알갱이를 큰 덩어리로 합친다.
④ 큰 덩어리를 작은 알갱이로 부순다.
⑤ 시간이 지나도 크기가 변하지 않는다.

**09** 흙이 만들어지는 과정에 대한 설명으로 옳은 것을  에서 모두 골라 기호를 쓰시오.

보기

㉠ 바위나 돌이 부딪치면 합쳐져 흙이 된다.
㉡ 바위틈에 들어간 나무뿌리가 자라면 바위틈이 넓어지면서 바위가 부서져 흙이 만들어진다.
㉢ 바위틈에 스며든 물이 얼고 녹기를 반복하면 바위틈이 넓어지면서 바위가 부서져 흙이 만들어진다.

( )

**10** 오른쪽에서 바위를 부서지게 한 것은 무엇인지 쓰시오.

( )

[11~12] 다음과 같이 흙 언덕을 만들고 흙 언덕의 위쪽에서 물을 흘려보냈습니다. 물음에 답하시오.

구멍 뚫린 종이컵
흙 ── 색 모래

**11** 흙 언덕의 위쪽에서 물을 흘려보낼 때 색 모래의 이동 방향으로 옳은 것을 골라 기호를 쓰시오.

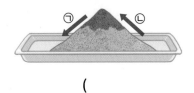

(                    )

서술형 어려워

**12** 흙 언덕의 위쪽에서 물을 흘려보낼 때 흙 언덕의 모습이 다음과 같이 변하는 까닭을 쓰시오.

 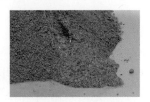

↑ 흙 언덕의 위쪽        ↑ 흙 언덕의 아래쪽

_____

_____

**13** 다음 ㉠, ㉡에 들어갈 말을 알맞게 짝 지은 것은 어느 것입니까? (                    )

흐르는 (    ㉠    )은/는 바위나 돌, 흙 등을 깎고, (    ㉡    ) 곳으로 운반하여 쌓아 놓는다.

| | ㉠ | ㉡ | | ㉠ | ㉡ |
|---|---|---|---|---|---|
| ① | 물 | 낮은 | ② | 물 | 높은 |
| ③ | 공기 | 낮은 | ④ | 공기 | 높은 |
| ⑤ | 바람 | 낮은 | | | |

**14** 다음은 흐르는 물에 의한 지표의 변화에 대한 설명입니다. 밑줄 친 부분이 옳은 것을 골라 기호를 쓰시오.

흐르는 물에 의해 지표의 바위나 돌, 흙 등이 깎이는 것을 ㉠ 침식 작용이라고 하고, 깎여서 운반된 돌이나 흙 등이 쌓이는 것을 ㉡ 운반 작용이라고 한다.

(                    )

**15** 다음 중 강물에 의한 퇴적 작용이 침식 작용보다 더 활발하게 일어나는 곳을 골라 기호를 쓰시오.

㉠   ㉡

(                    )

➡ 바른답·알찬풀이 48쪽

**[16~17]** 다음은 강 주변의 지형을 나타낸 것입니다. 물음에 답하시오.

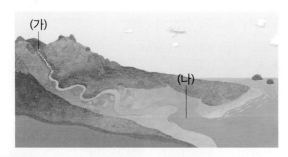

**어려워 ⌄**

**16** (가) 지역의 모습에 대한 설명으로 옳지 <u>않은</u> 것은 어느 것입니까? (       )

① 바위나 큰 돌이 많다.
② (나)보다 강폭이 좁다.
③ (나)보다 강의 경사가 급하다.
④ 모래나 고운 흙이 많이 쌓여 있다.
⑤ (나)보다 침식 작용이 활발하게 일어난다.

**17** (가)와 (나)에서 볼 수 있는 지형의 특징이 다른 까닭입니다. ㉠, ㉡에 들어갈 알맞은 말을 쓰시오.

> (가)에서는 강물에 의한 ( ㉠ ) 작용이 ( ㉡ ) 작용보다 활발하게 일어나고, (나)에서는 강물에 의한 ( ㉡ ) 작용이 ( ㉠ ) 작용보다 활발하게 일어나기 때문이다.

㉠: (               ), ㉡: (               )

**18** 다음 두 지형을 볼 수 있는 곳에서 공통적으로 활발하게 일어나는 바닷물의 작용을 쓰시오.

⬆ 갯벌          ⬆ 모래사장

바닷물의 (               )

서술형 ⌄
**19** 바닷가 주변에서 다음과 같은 모래사장이 만들어지는 과정을 바닷물의 작용과 관련지어 쓰시오.

_____

_____

**20** 다음은 바닷물의 작용으로 만들어진 지형입니다. 나머지와 다른 바닷물의 작용으로 만들어진 것은 어느 것입니까? (       )

①
②
③
④

과학

### 개념 1 고체의 성질

① 고체: 담는 용기가 바뀌어도 모양과 부피가 변하지 않는 물질의 상태

② 고체의 성질

• **❶ ㄴ** 으로 볼 수 있고 손으로 잡을 수 있습니다.

• 여러 가지 모양의 용기에 담아도 **❷ ㅁㅇ** 과 부피가 변하지 않습니다.

③ 우리 주변에서 볼 수 있는 고체의 예: 시계, 색연필, 의자, 책상, 모래, 설탕 등

⊕ 시계　　⊕ 색연필　　⊕ 의자

→ 가루 물질을 여러 가지 모양의 용기에 옮겨 담아도 알갱이 하나하나의 모양과 부피는 변하지 않아요.

### 개념 2 액체의 성질

① 액체: 담는 용기에 따라 모양은 변하지만 부피는 변하지 않는 물질의 상태

② 액체의 성질

• 흐를 수 있고 눈으로 볼 수 있지만, **❸ ㅅ** 으로 잡을 수 없습니다.

• 여러 가지 모양의 용기에 담으면 용기에 따라 모양은 변하지만, **❹ ㅂㅍ** 는 변하지 않습니다.

③ 우리 주변에서 볼 수 있는 액체의 예: 식용유, 우유, 간장, 주스 등

⊕ 식용유　　⊕ 우유　　⊕ 간장

### 개념 3 공기를 확인하는 방법

① 공기를 느낄 수 있는 방법: 공기가 든 풍선의 입구를 손으로 쥐었다가 손등 가까이에서 놓아봅니다.

② 공기가 있는 것을 알 수 있는 현상

공기는 눈에 보이지 않지만 우리 주변에 있어요.

• 나뭇가지가 흔들립니다.

• 깃발이 휘날리거나 바람개비가 돌아갑니다.

### 개념 4 기체의 성질

① 기체: 담는 용기에 따라 모양이 변하고, 담긴 용기를 가득 채우는 물질의 상태

② 기체의 성질 → 공기처럼 눈에 보이지 않고 손으로 잡을 수 없어요.

• **❺ ㄱㄱ** 을 차지하며 공간을 **❻ ㅇㄷ** 할 수 있습니다.

• 담긴 용기에 따라 **❼ ㅁㅇ** 이 변합니다.

⊕ 서로 다른 모양의 풍선에 공기가 담긴 모습

③ 공기를 이용하는 예: 풍선, 공기 침대, 자전거 바퀴 타이어, 축구공, 바람 인형, 풍선 미끄럼틀 등

### 개념 5 기체의 무게

① 기체의 무게: 기체도 **❽ ㅁㄱ** 가 있습니다.

| 공기를 넣기 전의 무게 | 공기를 넣은 후의 무게 |
|---|---|
|  | |
| 49.4g | 50.0g |

공기 주입 마개 / 페트병 / 전자저울

• 공기 주입 마개로 페트병에 공기를 넣으면 페트병이 팽팽해짐.

• 공기 주입 마개로 공기를 넣기 전보다 넣은 후의 페트병의 무게가 더 무거움.

② 기체가 무게가 있음을 알 수 있는 예: 고무보트에 공기를 넣으면 공기를 넣기 전보다 무겁게 느껴집니다.

### 개념 6 주변의 물질 분류하기

| 고체 | 의자, 고깔모자, 접시, 선물 상자, 장난감 블록 등 |
|---|---|
| 액체 | 우유, 딸기주스, 오렌지주스, 비눗물 등 |
| 기체 | 풍선 속 공기, 비눗방울 속 공기, 축구공 속 공기, 자전거 타이어 속 공기 등 |

정답 ❶ 눈 ❷ 모양 ❸ 손 ❹ 부피 ❺ 공간 ❻ 이동 ❼ 모양 ❽ 무게

➡ 바른답·알찬풀이 49쪽

### 자료 ① 고체의 성질

| 나무 막대를 여러 가지 모양의 용기에<br>옮겨 담을 때의 변화 ||
|---|---|
| 모양 | 부피 |
| 변하지 않음. | 변하지 않음. |

**POINT**
고체는 담는 용기가 바뀌어도 모양과 부피가 변하지 않습니다.

**1-1** 담는 용기가 바뀌어도 모양과 부피가 변하지 않는 물질의 상태를 고체라고 합니다. (  ○ , ×  )

**1-2** 고체와 액체 중 눈으로 볼 수 있고 손으로 잡을 수 있는 것은 어느 것인지 쓰시오.
(                    )

**1-3** 간장, 우유, 책상 중 고체인 것은 어느 것인지 쓰시오.
(                    )

### 자료 ② 액체의 성질

| 주스를 여러 가지 모양의 용기에 옮겨 담을 때의 변화 ||
|---|---|
| 모양 | 부피 |
| 변함. | 변하지 않음. |

**POINT**
액체는 담는 용기에 따라 모양은 변하지만 부피는 변하지 않습니다.

**2-1** 왼쪽과 같이 투명한 용기에 담은 주스를 모양이 다른 용기에 옮겨 담으면 ( 모양 , 부피 )이/가 변합니다.

**2-2** 액체는 흐를 수 있고 눈으로 볼 수 있지만, 손으로 잡을 수 없습니다. (  ○ , ×  )

**2-3** 시계, 주스, 의자 중 액체인 것은 어느 것인지 쓰시오.
(                    )

### 자료 ③ 기체의 성질

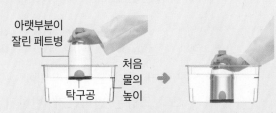

⬆ 페트병 속 공기가 공간을 차지하므로 탁구공이 수조 바닥으로 가라앉음.

⬆ 집게를 빼면 페트병 속 공기가 비닐장갑 속으로 이동하여 비닐장갑이 부풂.

**POINT**
기체는 공간을 차지하며, 공간을 이동할 수 있습니다.

**3-1** 공기는 공간을 차지하며 공간을 이동할 수 있습니다.
(  ○ , ×  )

**3-2** 왼쪽 위와 같이 아랫부분이 잘린 페트병의 뚜껑을 닫고 물속에 밀어 넣으면 수조 안 물의 높이가 ( 높아 , 낮아 )집니다.

**3-3** 왼쪽 아래와 같이 아랫부분이 잘린 페트병의 입구에 비닐장갑을 고무줄로 묶어 입구를 집게로 막은 후, 페트병을 물이 담긴 수조에 밀어 넣었다가 집게를 빼면 비닐장갑이 쪼그라듭니다.
(  ○ , ×  )

**01** 다음과 같이 플라스틱 막대를 여러 가지 모양의 투명한 용기에 옮겨 담으면서 모양과 부피 변화를 관찰하였습니다. 실험을 통해 알 수 있는 내용으로 옳은 것을 보기 에서 골라 기호를 쓰시오.

플라스틱 막대

보기
㉠ 담는 용기에 따라 플라스틱 막대의 모양이 변한다.
㉡ 담는 용기에 따라 플라스틱 막대의 크기가 변한다.
㉢ 담는 용기가 바뀌어도 플라스틱 막대의 모양과 크기가 변하지 않는다.

(            )

꼭나와 ♥
**02** 나무 막대와 플라스틱 막대의 공통적인 성질로 옳지 <u>않은</u> 것은 어느 것입니까? (      )

① 단단하다.
② 눈으로 볼 수 없다.
③ 손으로 잡을 수 있다.
④ 담는 용기가 바뀌어도 모양이 변하지 않는다.
⑤ 담는 용기가 바뀌어도 부피가 변하지 않는다.

**03** (      ) 안에 들어갈 알맞은 말을 쓰시오.

담는 용기가 바뀌어도 모양과 부피가 변하지 않는 물질의 상태를 (      )(이)라고 한다.

(            )

**04** 고체가 <u>아닌</u> 것은 어느 것입니까? (      )

① ⬆ 의자
② ⬆ 시계
③ ⬆ 우유
④ ⬆ 색연필

서술형 ♥
**05** 다음과 같이 (가) 그릇에 담긴 주스를 여러 가지 모양의 용기에 옮겨 담으면서 주스의 모양과 높이 변화를 관찰하였습니다.

처음 주스의 높이
(가)

(1) 주스를 여러 가지 모양의 용기에 옮겨 담을 때 주스의 모양은 변하는지, 변하지 않는지 쓰시오.

(            )

(2) 위 실험을 통해 알 수 있는 액체의 성질을 쓰시오.

_____
_____

**꼭나와 ♥**

**06** 오른쪽 우유의 성질로 옳은 것은 어느 것입니까? (      )

① 단단하다.
② 흐를 수 있다.
③ 쌓을 수 있다.
④ 눈으로 볼 수 없다.
⑤ 손으로 잡을 수 있다.

**[07~08]** 다음은 물질의 상태에 대한 설명입니다. 물음에 답하시오.

- 눈으로 볼 수 있다.
- 흐를 수 있고 손으로 잡을 수 없다.
- 담는 용기에 따라 모양은 변하지만 부피는 변하지 않는다.

**07** 위에서 설명한 물질의 상태를 쓰시오.

(                    )

**08** ㉠~㉢ 중 문제 **7**번의 상태에 해당하는 물질이 아닌 것을 골라 기호를 쓰시오.

| ㉠ | ㉡ | ㉢ |
|---|---|---|
|  |  |  |
| ⬆ 간장 | ⬆ 식용유 | ⬆ 철 클립 |

(                    )

**09** 다음은 우리 주변에서 볼 수 있는 현상입니다. (      ) 안에 들어갈 알맞은 말을 쓰시오.

|  |  |
|---|---|
| ⬆ 바람개비가 돌아감. | ⬆ 나뭇가지가 흔들림. |

위 현상을 통해 눈에 보이지 않지만 우리 주변에 (          )이/가 있음을 알 수 있다.

(                    )

**서술형 ♥**

**10** 다음과 같이 공기가 든 풍선의 입구를 쥐었다가 손등 가까이에서 놓았습니다.

(1) (      ) 안에 들어갈 알맞은 말을 쓰시오.

위 실험 결과 (          )이/가 손등 주변으로 지나가는 느낌이 든다.

(                    )

(2) 위 실험을 통해 알 수 있는 내용을 한 가지만 쓰시오.

_____

_____

[11~12] 다음과 같이 물 위에 탁구공을 띄운 뒤, 아랫부분이 잘린 페트병의 뚜껑을 닫고 페트병으로 탁구공을 덮어 수조 바닥까지 밀어 넣었습니다. 물음에 답하시오.

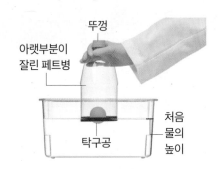

뚜껑

아랫부분이
잘린 페트병

처음
물의
높이

탁구공

**11** 위 실험의 결과로 옳은 것을 골라 기호를 쓰시오.

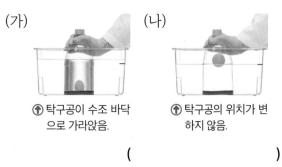

(가)

⬆ 탁구공이 수조 바닥으로 가라앉음.

(나)

⬆ 탁구공의 위치가 변하지 않음.

( )

**12** 문제 11번 답과 같은 결과가 나타나는 까닭으로 옳은 것을 보기에서 골라 기호를 쓰시오.

보기
㉠ 페트병 속 공기가 빠져나가기 때문이다.
㉡ 페트병 속 공기가 무게를 가지고 있기 때문이다.
㉢ 페트병 속 물이 공간을 차지하고 있기 때문이다.
㉣ 페트병 속 공기가 공간을 차지하고 있기 때문이다.

( )

**13** 오른쪽과 같이 장치한 후 집게를 뺄 때의 변화에 대한 설명으로 옳은 것을 두 가지 고르시오. ( , )

집게

비닐장갑

아랫부분이
잘린 페트병

① 비닐장갑이 쭈그러든다.
② 비닐장갑이 부풀어 오른다.
③ 비닐장갑 속 공기가 페트병 속으로 이동한다.
④ 페트병 속 공기가 비닐장갑 속으로 이동한다.
⑤ 실험 결과 공기는 무게가 있다는 것을 알 수 있다.

**14** 기체에 대한 설명으로 옳은 것은 어느 것입니까?
( )

① 눈에 잘 보인다.
② 손으로 잡을 수 있다.
③ 공간을 이동할 수 없다.
④ 담긴 용기를 가득 채운다.
⑤ 담는 용기에 따라 모양이 변하지 않는다.

**15** 우리 주변에서 공기를 이용한 물체가 아닌 것은 어느 것입니까? ( )

① ⬆ 바람 인형

② ⬆ 책상

③ ⬆ 공기 침대

④ ⬆ 자전거 바퀴 타이어

➡ 바른답·알찬풀이 49쪽

**16** 오른쪽과 같이 페트병의 입구에 공기 주입 마개를 끼우고 공기 주입 마개를 눌러 공기를 넣었습니다. 페트병의 무게가 무거운 것부터 순서에 맞게 기호를 쓰시오.

공기 주입 마개

> ㉠ 공기 주입 마개를 열 번 눌렀을 때
> ㉡ 공기 주입 마개를 누르지 않았을 때
> ㉢ 공기 주입 마개를 서른 번 눌렀을 때

(      ) → (      ) → (      )

꼭나와 ㉂

**17** 다음은 공기가 든 페트병의 무게를 측정한 결과입니다. ㉠과 ㉡ 중 공기가 더 많이 들어 있는 것을 골라 기호를 쓰시오.

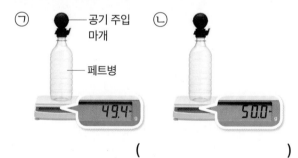
㉠
공기 주입 마개
페트병
㉡
49.4 g
50.0 g

(            )

**18** 공기를 넣기 전과 넣은 후의 고무보트 중 더 무거운 것을 골라 기호를 쓰시오.

㉠
⬆ 공기를 넣기 전 고무보트
㉡
⬆ 공기를 넣은 후 고무보트

(            )

서술형 ㉃

**19** 다음은 물질의 세 가지 상태의 모양과 부피에 대한 설명입니다.

| 고체 | 담는 용기가 바뀌어도 (    ㉠    ) |
|---|---|
| ㉡ | 담는 용기에 따라 모양은 변하지만 부피는 변하지 않음. |
| ㉢ | 담는 용기에 따라 모양이 변하고 담긴 용기를 가득 채움. |

(1) 위 ㉡과 ㉢에 해당하는 물질의 상태를 쓰시오.

㉡: (              )

㉢: (              )

(2) 위의 ㉠에 들어갈 고체의 모양과 부피 변화를 쓰시오.

_____

_____

**20** 다음 물질과 물질의 상태를 선으로 알맞게 이으시오.

(1)
⬆ 비눗물
•

• ㉠ 고체

(2)
⬆ 축구공 속 공기
•

• ㉡ 액체

(3)
⬆ 고깔모자
•

• ㉢ 기체

과학

**01** 다음 ㉠~㉢ 중 투명한 용기에 담긴 플라스틱 막대를 다른 용기에 옮길 때의 결과로 옳은 것을 골라 기호를 쓰시오.

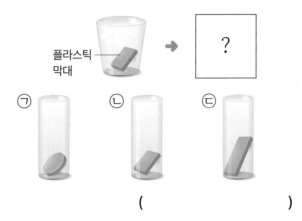

플라스틱 막대 → ?

㉠  ㉡  ㉢

(                    )

**어려워** ⌢

**02** 나무 막대와 플라스틱 막대를 각각 여러 가지 모양의 용기에 담았을 때에 대한 설명으로 옳은 것은 어느 것입니까? (          )

① 플라스틱 막대는 일정한 공간을 차지한다.
② 나무 막대는 담는 용기에 따라 색깔이 변한다.
③ 플라스틱 막대는 담는 용기에 따라 모양이 변한다.
④ 나무 막대는 담는 용기에 따라 모양은 변하지만 부피는 변하지 않는다.
⑤ 나무 막대와 플라스틱 막대는 모두 담는 용기에 따라 모양은 변하지만 부피는 변하지 않는다.

**03** 고체에 대한 설명으로 옳은 것은 어느 것입니까? (          )

① 흐를 수 있다.
② 눈으로 볼 수 있다.
③ 손으로 잡을 수 없다.
④ 담는 용기가 바뀌면 모양이 변한다.
⑤ 담는 용기가 바뀌면 부피가 변한다.

**04** 고체에 대하여 잘못 말한 친구의 이름을 쓰고, 바르게 고쳐 쓰시오.

책상과 색연필은 고체야.

고체는 담는 용기에 따라 모양이 변하지 않아.

모래와 설탕 같은 가루 물질은 고체가 아니야.

유미   지훈   민수

_____

_____

**05** 고체인 것을 두 가지 고르시오.
(      ,      )

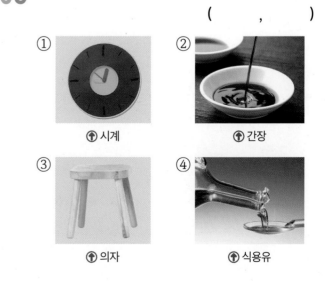

① ⊙ 시계   ② ⊙ 간장

③ ⊙ 의자   ④ ⊙ 식용유

**06** 다음과 같이 주스를 모양이 다른 용기에 옮겨 담았다가 다시 처음에 사용한 용기에 담았습니다. ( ) 안에 들어갈 알맞은 말을 쓰시오.

처음 주스의 높이

주스는 담는 용기가 바뀌어도 ( )은/는 변하지 않는다.

( )

어려워 💧

**07** 물과 주스의 공통적인 성질로 옳지 <u>않은</u> 것은 어느 것입니까? ( )

① 액체이다.
② 눈으로 볼 수 있다.
③ 손으로 잡을 수 있다.
④ 담는 용기에 따라 모양이 변한다.
⑤ 담는 용기가 바뀌어도 부피는 변하지 않는다.

**08** 다음 우유가 액체인 까닭으로 옳은 것을 <보기>에서 모두 골라 기호를 쓰시오.

**보기**

㉠ 단단하기 때문이다.
㉡ 흐를 수 있기 때문이다.
㉢ 손으로 잡을 수 없기 때문이다.
㉣ 공간을 이동할 수 있기 때문이다.

( )

**09** 다음과 같이 공기가 든 풍선의 입구를 쥐었다가 손등 가까이에서 놓았을 때 나타나는 현상으로 옳은 것을 두 가지 고르시오. ( , )

① 풍선의 크기가 점점 커진다.
② 풍선의 크기는 변하지 않는다.
③ 공기가 손등 주변으로 지나가는 느낌이 든다.
④ 풍선 속으로 공기가 들어가며 소리가 난다.
⑤ 풍선 속 공기가 빠져나오면서 손등이 시원해진다.

**10** 다음 두 현상을 통해 공통적으로 알 수 있는 것은 어느 것입니까? ( )

⬆ 깃발이 휘날림.　　⬆ 바람개비가 돌아감.

① 공기는 가볍다.
② 공기는 눈에 보인다.
③ 우리 주변에 물이 있다.
④ 우리 주변에 공기가 있다.
⑤ 우리 주변에 고체가 있다.

[11~12] 다음과 같이 물 위에 탁구공을 띄운 뒤, 아랫부분이 잘린 페트병의 뚜껑을 닫고 페트병으로 탁구공을 덮어 수조 바닥까지 밀어 넣었습니다. 물음에 답하시오.

**11** 다음은 위 실험의 결과입니다. ( ) 안에 들어갈 알맞은 말을 골라 ○표 하시오.

(1) 탁구공이 ( 그대로 있다 , 바닥으로 가라앉는다 ).
(2) 수조 안 물의 높이가 ( 낮아진다 , 높아진다 , 변하지 않는다 ).

**12** 문제 11번 답과 같은 결과가 나타난 까닭입니다. ( ) 안에 들어갈 알맞은 말을 쓰시오.

페트병 속 공기가 ( )을/를 차지하고 있기 때문이다.

( )

**13** 다음과 같은 성질이 있는 물질의 상태를 쓰시오.

• 담는 용기에 따라 모양이 변한다.
• 공간을 차지하며 공간을 이동할 수 있다.
• 대부분 눈에 보이지 않고 손으로 잡을 수 없다.

( )

어려워
**14** 다음은 공기의 성질을 알아보기 위한 실험입니다. 집게를 뺐을 때 비닐장갑이 부풀어 오르는 까닭으로 옳은 것은 어느 것입니까? ( )

① 비닐장갑 속 공기가 부풀어 오르기 때문이다.
② 바깥의 공기가 비닐장갑 속으로 들어오기 때문이다.
③ 페트병 속 물이 비닐장갑 속으로 이동하기 때문이다.
④ 비닐장갑 속 공기가 페트병 속으로 이동하기 때문이다.
⑤ 페트병 속 공기가 비닐장갑 속으로 이동하기 때문이다.

서술형
**15** 다음과 같이 공기 주입기를 이용하여 풍선을 부풀어 오르게 할 때 이용되는 기체의 성질을 두 가지 쓰시오.

_____

_____

**16** 다음의 물체에 공통으로 들어 있는 물질은 무엇입니까? (          )

↑ 축구공          ↑ 바람 인형          ↑ 풍선 미끄럼틀

① 물
② 흙
③ 공기
④ 나무
⑤ 아무 것도 들어 있지 않다.

어려워 ☺

**17** 다음과 같이 공기 주입 마개로 페트병에 공기를 넣기 전과 넣은 후의 무게가 다른 까닭으로 옳은 것을 보기 에서 골라 기호를 쓰시오.

공기 주입 마개
페트병
전자저울

49.4 g          50.0 g

↑ 공기를 넣기 전          ↑ 공기를 넣은 후

보기

㉠ 공기는 무게가 있기 때문이다.
㉡ 공기는 공간을 차지하기 때문이다.
㉢ 공기는 공간을 이동하기 때문이다.
㉣ 공기는 담는 용기에 따라 모양이 변하기 때문이다.

(                    )

서술형 낭

**18** 다음과 같이 고무보트에 공기를 넣으면 고무보트가 더 무겁게 느껴지는 까닭을 쓰시오.

고무보트

_____

_____

**19** 다음 밑줄 친 물질 중 물질의 상태가 나머지와 다른 것을 골라 쓰시오.

친구들과 함께 여러 가지 색깔의 플라스틱 컵에 담긴 음료수를 마시며 나무 막대 쌓기 놀이를 하였다.

(                    )

**20** 물질과 물질의 상태를 알맞게 짝 지은 것을 두 가지 고르시오. (        ,        )

① 비눗물 - 고체
② 고깔모자 - 액체
③ 장난감 블록 - 고체
④ 풍선 속 공기 - 기체
⑤ 비눗방울 속 공기 - 액체

### 개념 1 소리가 나는 물체

① 소리를 내는 물체의 특징

| 목소리를 낼 때 | 스피커에서 소리가 날 때 |
|---|---|
| 아 | 붙임쪽지 |
| 손에 떨림이 느껴짐. | 붙임쪽지가 떨림. |

② 물체에서 소리가 날 때의 공통점: 물체가 떨립니다.

### 개념 2 소리의 세기와 높낮이

① 소리의 ❶ ㅅㄱ : 소리의 크고 작은 정도

| 소리굽쇠를 세게 칠 때 | 소리굽쇠를 약하게 칠 때 |
|---|---|
| 큰 소리가 남. | 작은 소리가 남. |
| 소리굽쇠가 크게 떨림. | 소리굽쇠가 작게 떨림. |

② 소리의 ❷ ㄴㄴㅇ : 소리의 높고 낮은 정도
- 빨대 팬파이프: 빨대의 길이에 따라 소리의 높낮이가 달라집니다.
- 칼림바, 실로폰: 음판의 길이에 따라 소리의 높낮이가 달라집니다.
  →음판을 치는 세기에 따라 소리의 세기가 달라지기도 해요.

긴급 자동차의 경보음, 수영장 안전 요원의 호루라기 등은 높은 소리를 이용해요.

### 개념 3 소리의 전달

① 여러 가지 물체를 통해 소리 전달하기
- 책상을 두드린 소리는 책상을 통해 전달됩니다.
- 물 밖에 있는 스피커의 소리는 공기를 통해 전달됩니다.
- 물속에 있는 스피커의 소리를 물 밖에서 플라스틱 관을 통해 들을 때 물과 플라스틱 관, 관 속의 공기를 통해 소리가 전달됩니다.

② 소리를 전달하는 물질
- 소리는 고체, 액체, 기체 상태의 물질을 통해 전달됩니다.
- 우리가 듣는 대부분의 소리는 기체인 ❸ ㄱㄱ 를 통해 전달됩니다.
  →나무, 철과 같은 고체, 물과 같은 액체를 통해서도 전달돼요.

③ 소리가 전달되는 과정

물체가 떨림. → 주변의 공기가 떨림. → 우리 귀에 소리가 전달됨.

④ 실 전화기로 소리 전달하기: 실 전화기에서는 종이컵과 연결된 ❹ ㅅ 을 통해서 소리가 전달됩니다.

### 개념 4 소리의 반사

① 소리의 ❺ ㅂㅅ : 소리가 나아가다가 물체에 부딪쳐 되돌아오는 성질

② 소리가 물체에 부딪쳤을 때 나타나는 현상
- 아무것도 놓지 않았을 때보다 나무판을 세워 놓았을 때 소리가 잘 들립니다.
- 소리는 스펀지 판처럼 푹신한 물체보다 나무판처럼 딱딱한 물체에서 더 잘 반사됩니다.

③ 소리의 반사를 경험한 예
- 공연장에 설치된 반사판에서 소리가 반사되어 공연장 전체에 골고루 전달됩니다.
- 텅 빈 체육관에서 소리를 내면 소리가 딱딱한 벽에서 반사되어 울립니다.

### 개념 5 우리 주변의 소음

① ❻ ㅅㅇ : 사람의 기분을 좋지 않게 하거나 건강을 해칠 수 있는 시끄러운 소리

② 소음을 줄이는 방법: 소리의 세기를 줄이거나 소리가 잘 전달되지 않게 하거나 소리가 반사하는 성질을 이용하면 소음을 줄일 수 있습니다.

| 소리의 ❼ ㅅㄱ 조절 | 스피커의 소리가 소음으로 느껴지면 소리의 세기를 조절함. |
|---|---|
| 녹음실의 ❽ ㅂㅇㅂ | 방음벽을 설치해 소리가 잘 전달되지 않도록 함. |
| 도로의 방음벽 | 방음벽을 설치해 도로에서 생기는 소리를 반사함. |

정답 ❶ 세기 ❷ 높낮이 ❸ 공기 ❹ 실 ❺ 반사 ❻ 소음 ❼ 세기 ❽ 방음벽

### 자료 ① 소리의 높낮이

빨대 팬파이프에서
높은 소리가 날 때
빨대의 길이가 짧음.

빨대 팬파이프에서
낮은 소리가 날 때
빨대의 길이가 긺.

⬆ 빨대 팬파이프: 빨대의 길이가 짧을수록 높은 소리가 남.

칼림바에서
높은 소리가 날 때
음판의 길이가 짧음.

칼림바에서
낮은 소리가 날 때
음판의 길이가 긺.

⬆ 칼림바: 음판의 길이가 짧을수록 높은 소리가 남.

**POINT**
소리의 높고 낮은 정도를 소리의 높낮이라고 합니다.

**1-1** 북과 칼림바 중 소리의 높낮이를 이용한 악기는 어느 것인지 쓰시오.

(            )

**1-2** 빨대 팬파이프는 빨대의 ( 굵기 , 길이 )에 따라 소리의 높낮이가 달라집니다.

**1-3** 칼림바에서 높은 소리가 날 때 음판의 길이는 긺니다. (   ○ , ×    )

**1-4** 긴급 자동차의 경보음이나 수영장 안전 요원의 호루라기 등은 모두 높은 소리를 이용한 것입니다. (   ○ , ×    )

### 자료 ② 소리의 전달

철봉(고체)    수중 스피커    공기(기체)

물
(액체)

⬆ 철(고체)을 통한
소리의 전달

⬆ 물(액체)을 통한
소리의 전달

⬆ 공기(기체)를 통한
소리의 전달

➡ 소리는 고체, 액체, 기체 상태의 물질을 통해 전달되며, 우리가 듣는 대부분의 소리는 기체인 공기를 통해 전달됩니다.

**POINT**
소리는 고체, 액체, 기체 상태의 물질을 통해 전달됩니다.

**2-1** 철봉에 귀를 대고 두드리는 소리를 들었을 때 소리를 전달하는 물질은 무엇인지 쓰시오.

(            )

**2-2** 소리는 기체 상태의 물질을 통해서만 전달됩니다. (   ○ , ×    )

**2-3** 우리 생활에서 들리는 대부분의 소리는 기체인 (        )을/를 통해서 전달됩니다.

### 자료 ③ 소리의 반사

스타이로폼 판    스펀지 판

스마트 기기

나무판

➡ 나무판을 세워 놓으면 소리가 나아가다가 나무판에 부딪쳐 반사돼요.

이어폰

휴지 심

⬆ 판의 종류에 따라 소리가 크게 들리는 순서:
나무판 > 스타이로폼 판 > 스펀지 판
아무것도 들고 있지 않을 때보다 소리가 더 크게 들려요.

**POINT**
소리가 나아가다가 물체에 부딪쳐 되돌아오는 성질을 소리의 반사라고 합니다.

**3-1** 소리가 나아가다가 물체에 부딪쳐 되돌아오는 성질을 소리의 (       )(이)라고 합니다.

**3-2** 딱딱한 물체와 푹신한 물체 중 소리를 더 잘 반사하는 것은 어느 것인지 쓰시오.

(            )

**3-3** 물체의 종류에 관계없이 소리가 반사되는 정도는 같습니다. (   ○ , ×    )

**01** 다음과 같이 목에 손을 대고 소리를 낼 때 손의 느낌으로 옳은 것을 보기 에서 골라 기호를 쓰시오.

보기

㉠ 손에 떨림이 느껴진다.
㉡ 손에 아무 느낌이 나지 않는다.

(       )

꼭나와 ♥

**02** 오른쪽과 같이 소리가 나는 스피커에 붙임쪽지를 붙였을 때 나타나는 현상으로 옳은 것은 어느 것입니까? (     )

붙임쪽지

① 붙임쪽지가 떨린다.
② 붙임쪽지의 색깔이 변한다.
③ 붙임쪽지의 크기가 커진다.
④ 스피커 소리가 커진다.
⑤ 스피커에서 소리가 나지 않는다.

**03** (     ) 안에 공통으로 들어갈 말을 쓰시오.

• 소리가 나는 물체는 (     )이/가 있다.
• 소리가 나는 물체의 (     )을/를 멈추게 하면 소리가 나지 않는다.

(       )

서술형 ♥

**04** 다음은 소리가 나는 소리굽쇠와 소리가 나지 않는 소리굽쇠를 물에 댄 모습입니다.

㉠                 ㉡
⬆ 아무 변화가 없음.     ⬆ 물이 튀어오름.

(1) 위 ㉠과 ㉡ 중 소리가 나는 소리굽쇠를 물에 대었을 때의 모습으로 옳은 것을 골라 기호를 쓰시오.

(       )

(2) 위 (1)번의 답과 같이 생각한 까닭을 쓰시오.

_____

_____

**05** 소리의 세기에 대하여 이야기하고 있는 친구의 이름을 쓰시오.

악기 소리가 낮아졌다 높아졌어.     음악 소리가 작아서 소리를 크게 했어.     말이 너무 빨라서 이해하기 힘들었어.

유미        지훈        민수

(       )

**06** 소리굽쇠를 고무망치로 치는 세기를 다르게 하였더니 다음과 같았습니다. ㉠과 ㉡ 중 더 작은 소리가 나는 것을 골라 기호를 쓰시오.

㉠ — 소리굽쇠

⬆ 소리굽쇠를 세게 칠 때

⬆ 소리굽쇠를 약하게 칠 때

(                              )

**07** 소리의 세기에 대한 설명으로 옳은 것을 보기에서 모두 골라 기호를 쓰시오.

보기
㉠ 소리의 높고 낮은 정도를 말한다.
㉡ 소리의 크고 작은 정도를 말한다.
㉢ 물체가 크게 떨리면 작은 소리가 난다.
㉣ 물체가 떨리는 정도에 따라 소리의 세기가 달라진다.

(                              )

꼭나와 ㄴ

**08** 소리의 높낮이에 대한 설명으로 옳지 <u>않은</u> 것은 어느 것입니까? (              )

① 소리의 높고 낮은 정도이다.
② 칼림바는 음판의 무게에 따라 소리의 높낮이가 달라진다.
③ 실로폰은 음판의 길이에 따라 소리의 높낮이가 달라진다.
④ 높은 소리를 이용해 사람들에게 위급한 상황을 알리기도 한다.
⑤ 빨대 팬파이프는 빨대의 길이에 따라 소리의 높낮이가 달라진다.

서술형 ㅇ

**09** 다음은 빨대 팬파이프의 모습입니다.

㉠ ㉡ ㉢

(1) ㉠~㉢ 중 같은 힘으로 불었을 때 가장 높은 소리가 나는 것을 골라 기호를 쓰시오.

(                              )

(2) 위 빨대 팬파이프를 불었을 때의 소리의 높낮이를 빨대의 길이와 관련지어 쓰시오.

_____

_____

**10** 위급한 상황을 알리기 위해 높은 소리를 이용하는 경우가 <u>아닌</u> 것은 어느 것입니까? (              )

①
⬆ 긴급 자동차의 경보음

②
⬆ 화재경보기의 경보음

③
⬆ 피아노 연주회의 피아노 소리

④
⬆ 수영장 안전 요원의 호루라기 소리

**11** 다음과 같이 책상에 귀를 대고 책상을 두드리는 소리를 들었습니다. 이때 소리를 전달한 물질은 무엇인지 쓰시오.

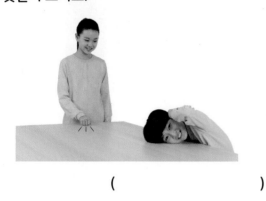

(            )

**12** 다음과 같이 소리가 나는 방수 스피커를 물이 든 수조에 넣고 긴 플라스틱 관을 스피커에 가까이 하였습니다. ㉠, ㉡에 들어갈 알맞은 말을 쓰시오.

긴 플라스틱 관

방수 스피커

> 물속 스피커의 소리는 ( ㉠ )을/를 통해 전달되고, 플라스틱 관과 관 속의 ( ㉡ )을/를 통해서도 전달된다.

㉠: (      ), ㉡: (      )

**13** 소리를 전달하는 물질의 상태가 액체인 것은 어느 것입니까? (     )

① 공연장에서 가수의 노랫소리를 듣는다.
② 실 전화기를 이용해 친구와 이야기한다.
③ 멀리 있는 친구가 부르는 소리가 들린다.
④ 철봉에 귀를 대고 철봉을 두드리는 소리를 듣는다.
⑤ 바닷속에서 잠수부가 멀리서 오는 배의 소리를 듣는다.

**14** ㉠과 ㉡ 중 소리가 잘 전달되지 않는 경우를 골라 기호를 쓰시오.

㉠

⊙ 실 전화기로 멀리 있는 친구와 이야기할 때

㉡

⊙ 통 안에 소리가 나는 스피커를 넣고 공기를 뺄 때

(          )

**15** 다음과 관계있는 소리의 성질은 어느 것입니까?
(     )

⊙ 텅 빈 체육관에서 울리는 박수 소리

⊙ 공연장 전체에 골고루 전달되는 소리

① 소리의 세기      ② 소리의 크기
③ 소리의 흡수      ④ 소리의 반사
⑤ 소리의 높낮이

→ 바른답·알찬풀이 51쪽

**16** 다음과 같이 소리가 나는 이어폰을 한쪽 휴지심 안에 넣고 다른 쪽 휴지 심에 귀를 대고 소리를 들었습니다.

ⓖ 나무판을 세워 놓았을 때

ⓖ 스펀지 판을 세워 놓았을 때

(1) 위 ㉠과 ㉡ 중 소리가 더 크게 들리는 경우를 골라 기호를 쓰시오.

( )

(2) 위 (1)번의 답과 같이 소리의 세기가 다른 까닭을 쓰시오.

_____

_____

**17** 다음과 같이 소리가 나는 스피커를 통 속에 넣은 후 통의 위쪽에서 나무판을 비스듬히 들고 소리를 들었습니다. 이에 대한 설명으로 옳은 것에 ○표, 옳지 않은 것에 ×표 하시오.

(1) 아무것도 들고 있지 않을 때보다 소리가 더 크게 들린다. ( )

(2) 나무판 대신 스타이로폼 판을 들고 소리를 들으면 소리가 더 크게 들린다. ( )

**18** 일상생활에서 소음을 줄이는 방법으로 옳지 않은 것은 어느 것입니까? ( )

① 공사장에 방음벽을 설치한다.

② 공항은 도시에서 떨어진 곳에 짓는다.

③ 공사장에서 소음이 적은 기계를 사용한다.

④ 도로의 가게에서 사용하는 확성기의 소리를 줄인다.

⑤ 피아노 학원 벽에 소리가 잘 전달되는 물질을 붙인다.

**19** 다음은 도로의 방음벽에 대한 설명입니다. ( ) 안에 들어갈 알맞은 말을 골라 ○표 하시오.

도로에 방음벽을 설치하면 도로에서 생기는 소리를 ( 전달 , 반사 )하여 소음을 줄일 수 있다.

**20** 다음 성질을 이용하여 소음을 줄이는 경우를 골라 기호를 쓰시오.

소리가 잘 전달되지 않게 하면 소음을 줄일 수 있다.

ⓖ 녹음실의 방음벽

ⓖ 스피커의 세기 조절

( )

**01** 다음과 같이 스피커에서 소리가 날 때와 소리가 나지 않을 때 붙임쪽지의 변화를 선으로 알맞게 이으시오.

(1) •

↑ 스피커에서 소리가 날 때

• ㉠ 붙임쪽지가 가만히 있음.

(2) •

↑ 스피커에서 소리가 나지 않을 때

• ㉡ 붙임쪽지가 떨림.

**02** 다음 물체에 손을 대었을 때 손에 떨림이 느껴지는 것은 어느 것입니까? (        )

① ↑ 불지 않는 빨대 팬파이프

② ↑ 음악 소리가 나오는 스피커

③ ↑ 놓여 있는 트라이앵글

④ ↑ 놓여 있는 휴대 전화

서술형

**03** 다음과 같이 기타 줄을 퉁기거나 종을 칠 때 소리가 났습니다. 소리가 나는 물체의 공통점을 쓰시오.

↑ 기타 줄을 퉁길 때          ↑ 종을 칠 때

_____

_____

어려워

**04** 오른쪽의 소리가 나는 핸드 벨을 손으로 세게 잡았을 때 나타나는 현상을 잘못 말한 친구의 이름을 쓰시오.

핸드 벨의 떨림이 멈췄어.

핸드 벨 소리가 나지 않아.

핸드 벨의 소리가 커졌어.

유미          지훈          민수

(                    )

**05** (      ) 안에 들어갈 알맞은 말을 쓰시오.

북이나 심벌즈를 연주할 때 큰 소리가 나기도 하고 작은 소리가 나기도 한다. 이와 같은 소리의 크고 작은 정도를 소리의 (      ) (이)라고 한다.

(                    )

**06** 작은북을 치는 세기를 다르게 할 때 ⊙과 ⓒ 중 좁쌀이 더 높게 튀어 오르는 것의 기호를 쓰시오.

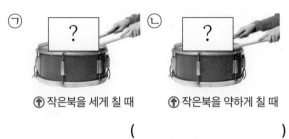

⊙ ⬆ 작은북을 세게 칠 때    ⓒ ⬆ 작은북을 약하게 칠 때

(                    )

**07** 다음은 소리굽쇠를 고무망치로 다른 세기로 친 뒤, 소리굽쇠에 실에 매단 스타이로폼 공을 살짝 대었을 때의 모습입니다. ⊙과 ⓒ 중 큰 소리가 나는 경우를 골라 기호를 쓰시오.

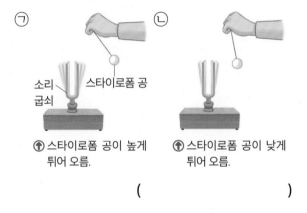

⊙ ⬆ 스타이로폼 공이 높게 튀어 오름.    ⓒ ⬆ 스타이로폼 공이 낮게 튀어 오름.

(                    )

**08** 작은 소리를 내는 경우는 어느 것입니까?

(          )

①
⬆ 수업 시간에 발표할 때

②
⬆ 멀리 있는 친구를 부를 때

③
⬆ 도서관에서 친구와 이야기할 때

④
⬆ 운동회에서 응원할 때

어려워 ✌

**09** 다음 빨대 팬파이프를 같은 힘으로 불고 칼림바를 같은 힘으로 퉁겼을 때 가장 높은 소리가 나는 부분을 골라 각각 기호를 쓰시오.

(1) ⊙ ⓒ ⓒ    (2)

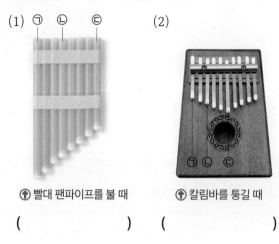

⬆ 빨대 팬파이프를 불 때    ⬆ 칼림바를 퉁길 때

(                    )    (                    )

**10** 다음 수영장 안전 요원의 호루라기와 같이 높은 소리를 이용해 위급한 상황을 알리는 경우를 보기 에서 모두 골라 기호를 쓰시오.

 보기

⊙ 산 정상에 올라가 '야호' 하고 소리친다.
ⓒ 음악 시간에 북을 세게 쳐서 소리를 낸다.
ⓒ 불이 나면 건물에 설치된 화재경보기에서 경보음이 울린다.
ⓒ 위급한 환자가 타고 있음을 알리기 위해 구급차가 경보음을 울린다.

(                    )

[11~12] 다음은 물체를 통해 소리를 전달하는 실험입니다. 물음에 답하시오.

(가)

⬆ 책상을 두드리는 소리 듣기

(나)
긴 플라스틱 관

방수 스피커
⬆ 물속에 있는 스피커 소리 듣기

**11** (나) 실험에서 소리를 전달하는 물질이 <u>아닌</u> 것을 골라 쓰시오.

> 물, 책상, 플라스틱 관, 관 속의 공기

(       )

**12** 위의 (가)와 (나) 실험을 통해 알 수 있는 점으로 옳은 것을 보기 에서 모두 골라 기호를 쓰시오.

> **보기**
> ㉠ 소리는 기체를 통해서만 전달된다.
> ㉡ 소리는 물질을 통하지 않아도 전달된다.
> ㉢ 소리는 고체, 액체, 기체 상태의 물질을 통해 전달된다.
> ㉣ 소리는 나무와 같은 고체, 물과 같은 액체를 통해서도 전달된다.

(       )

**13** (    ) 안에 들어갈 알맞은 말을 골라 ○표 하시오.

> 오른쪽과 같이 공기를 뺄 수 있는 장치에 소리가 나는 스피커를 넣고 공기를 빼면 소리의 크기가 ( 커진다 , 작아진다 ).
>
> 소리가 나는 스피커

**14** 다음과 같이 실 전화기의 한쪽 종이컵에 입을 대고 작은 소리를 냈을 때 다른 쪽에서 소리를 들을 수 있는 까닭을 쓰시오.

_____

_____

**15** 소리를 전달하는 물질의 상태가 나머지와 다른 것은 어느 것입니까? (      )

①
⬆ 철봉에 귀를 대고 철봉을 두드리는 소리를 들을 때

②
⬆ 땅에 귀를 대고 소리를 들을 때

③
⬆ 바닷속 잠수부에게 들리는 배의 소리

④
⬆ 실 전화기로 친구와 이야기할 때

➜ 바른답·알찬풀이 52쪽

[16~17] 다음과 같이 소리가 나는 이어폰을 한쪽 휴지심 안에 넣고 다른 쪽 휴지 심에 귀를 대고 소리를 들었습니다. 물음에 답하시오.

⊙ 아무것도 놓지 않았을 때

ⓒ 스펀지 판을 세워 놓았을 때

ⓒ 나무판을 세워 놓았을 때

ⓒ 스타이로폼 판을 세워 놓았을 때

**어려워 ☂**

**16** ⊙~ⓒ에서 들리는 소리의 세기를 비교하여 크게 들리는 것부터 순서에 맞게 기호를 쓰시오.

(     ) > (     ) > (     ) > (     )

**17** 위 실험 결과 알 수 있는 내용을 잘못 말한 친구의 이름을 쓰시오.

푹신한 물체일수록 소리가 잘 반사돼.

소리가 나아가다가 물체를 만나면 반사돼.

물체의 종류에 따라 소리가 반사되는 정도가 달라.

유미      지훈      민수

(        )

**18** 소리의 반사와 관계없는 경우는 어느 것입니까?

(     )

①

⊙ 바닷속 잠수부에게 들리는 배의 소리

② 

⊙ 동굴에서 울리는 목소리

③

⊙ 암벽 산에서 들려오는 메아리

④

⊙ 목욕탕에서 울리는 목소리

**19** 소음을 줄이는 방법으로 옳은 것을 에서 모두 골라 기호를 쓰시오.

**보기**

⊙ 확성기를 사용한다.
ⓒ 소리의 세기를 크게 한다.
ⓒ 소리가 잘 전달되지 않게 한다.
ⓒ 소리가 반사하는 성질을 이용한다.

(        )

**20** 우리 주변에서 발생하는 소음을 줄이기 위한 방법으로 옳지 않은 것은 어느 것입니까?

(     )

① 집 안에서는 낮에만 공을 찬다.
② 집 안에서는 방문을 살살 닫는다.
③ 교실에서 헤드폰으로 음악을 듣는다.
④ 늦은 밤에는 악기를 연주하지 않는다.
⑤ 바닥에 카펫을 깔거나 실내화를 신는다.

과학

# 이 책의 출처

 제재 출처

| 제재명 | 지은이 | 출처 | 쪽수 |
|---|---|---|---|
| 「거인 부벨라와 지렁이 친구」 | 조 프리드먼 글,<br>지혜연 옮김 | 『거인 부벨라와 지렁이 친구』, 주니어RHK, 2016. | 8쪽 |
| 「장금이의 꿈」 | 희원엔터테인먼트 | 「장금이의 꿈 1기」 제1화, ㈜문화방송, 2005. | 9쪽 |
| 「나도 말을 잘하고 싶다」 | 한국교육방송공사 | 「EBS 다큐 프라임: 언어 발달의 수수께끼」 제3부, 한국교육방송공사, 2011. | 12쪽 |
| 「줄넘기」(원제목: 「꼬마야 꼬마야, 줄넘기」) | 서해경 | 『들썩들썩 우리 놀이 한마당』, ㈜현암사, 2012. | 16쪽 |
| 「감기」 | 정유경 | 『까불고 싶은 날』, ㈜창비, 2010. | 32쪽 |
| 「진짜 투명 인간」 | 레미 쿠르종 글,<br>이정주 옮김 | 『진짜 투명 인간』, 씨드북, 2015. | 32쪽 |
| 「지구도 대답해 주는구나」 | 박행신 | 『눈 코 귀 입 손!』, 위즈덤북, 2009. | 34쪽 |
| 「천둥소리」 | 유강희 | 『지렁이 일기 예보』, ㈜비룡소, 2013. | 35쪽 |
| 「꼴찌라도 괜찮아!」 | 유계영 | 『꼴찌라도 괜찮아!』, 휴이넘, 2010. | 48쪽 |
| 「화해하기」 | 한국교육방송공사 | 「스쿨랜드 초등 생활 매너 백서: 화해하기」, 한국교육방송공사, 2017. | 48쪽 |
| 「온 세상 국기가 펄럭펄럭」 | 서정훈 | 『온 세상 국기가 펄럭펄럭』, 웅진주니어, 2010. | 58쪽 |
| 「베짱베짱 베 짜는 베짱이」 | 임혜령 | 『이야기 할아버지의 이상한 밤』, 한림출판사, 2012. | 64쪽 |
| 「대단한 줄다리기」 | 베벌리 나이두 글,<br>강미라 옮김 | 『무툴라는 못 말려!』, 국민서관㈜, 2008. | 72쪽 |
| 「토끼의 재판」 | 방정환 | 『어린이』 제1권 제10호, 1923. | 72쪽 |

 사진 출처

국립광주박물관, 국립부여박물관, 국립중앙박물관, 셔터스톡, 연합뉴스, 이미지투데이, 클립아트코리아

# 퍼즐 학습으로 재미있게 초등 어휘력을 키우자!

하루 4개씩
25일 완성!

어휘력을 키워야 문해력이 자랍니다.
문해력은 국어는 물론 모든 공부의 기본이 됩니다.

**퍼즐런 시리즈로**
재미와 학습 효과 두 마리 토끼를 잡으며,
문해력과 함께 공부의 기본을
확실하게 다져 놓으세요.

## Fun! Puzzle! Learn!
재미있게!        퍼즐로!        배워요!

**맞춤법**
초등학생이 자주 틀리는
헷갈리는 맞춤법 100

**속담**
초등 교과 학습에 꼭 필요한
빈출 속담 100

**사자성어**
생활에서 자주 접하는
초등 필수 사자성어 100

# 미래엔 초등 도서 목록

## 초코

### 교과서 달달 쓰기 · 교과서 달달 풀기
1~2학년 국어 · 수학 교과 학습력을 향상시키고
초등 코어를 탄탄하게 세우는 기본 학습서
[4책] 국어 1~2학년 학기별
[4책] 수학 1~2학년 학기별

### 미래엔 교과서 길잡이, 초코
초등 공부의 핵심[CORE]를 탄탄하게 해 주는
슬림 & 심플한 교과 필수 학습서
[8책] 국어 3~6학년 학기별, [8책] 수학 3~6학년 학기별
[8책] 사회 3~6학년 학기별, [8책] 과학 3~6학년 학기별

### 전과목 단원평가
빠르게 단원 핵심을 정리하고, 수준별 문제로 실전력을 키우는
교과 평가 대비 학습서
[8책] 3~6학년 학기별

## 문제 해결의 길잡이

**원리**  8가지 문제 해결 전략으로 문장제와 서술형 문제 정복
[12책] 1~6학년 학기별

**심화**  문장제 유형 정복으로 초등 수학 최고 수준에 도전
[6책] 1~6학년 학년별

초등 필수 어휘를 퍼즐로 재미있게 익히는 학습서
[3책] 사자성어, 속담, 맞춤법

## 하루한장 예비 초등

### 한글완성
초등학교 입학 전 한글 읽기·쓰기 동시에 끝내기
[3책] 기본 자모음, 받침, 복잡한 자모음

### 예비초등
기본 학습 능력을 향상하며 초등학교 입학을 준비하기
[4책] 국어, 수학, 통합교과, 학교생활

## 하루한장 독해

### 독해 시작편
초등학교 입학 전 기본 문해력 익히기 30일 완성
[2책] 문장으로 시작하기, 짧은 글 독해하기

### 어휘
문해력의 기초를 다지는 초등 필수 어휘 학습서
[6책] 1~6학년 단계별

### 독해
국어 교과서와 연계하여 문해력의 기초를 다지는 독해 기본서
[6책] 1~6학년 단계별

### 독해+플러스
본격적인 독해 훈련으로 문해력을 향상시키는 독해 실전서
[6책] 1~6학년 단계별

### 비문학 독해 (사회편·과학편)
비문학 독해로 배경지식을 확장하고 문해력을 완성시키는
독해 심화서
[사회편 6책, 과학편 6책] 1~6학년 단계별

국어·수학·사회·과학

# 바른답·알찬풀이

## 3·2

Mirae N에듀

# 전과목 단원평가 3·2
## 바른답·알찬풀이

이렇게 활용해요!

꼼꼼하고 자세한 해설로 문제의 답을 바로 확인할 수 있어요.
부족한 부분을 확인하고, 왜 틀렸는지 다시 한 번 문제를 살펴봐요.

초등 공부의 핵심 코어를 탄탄하게!

# 바른답·알찬풀이

## 1 작품을 보고 느낌을 나누어요

핵심 개념 ●━━━━━━━━━━━━━━● 8쪽 ●

1 (3) ○          2 재희          3 ④

1 고맙다는 말은 활짝 웃는 표정을 지으며 하는 것이 알맞습니다.

2 인물의 표정, 몸짓, 말투에 주의하며 만화 영화를 본 다고 해서 만화 영화를 자주 볼 수 있는 것은 아닙 니다.

3 아프던 몸이 나은 정원사가 덩실덩실 춤을 추면서 한 말에 어울리는 표정이나 몸짓, 말투는 ④입니다.

단원평가 기본 ●━━━━━━━━━━━━━● 9~11쪽 ●

01 (1) 라 (2) 나      02 (1) ㉮ (2) ㉮ (3) ㉯
(4) ㉯      03 ④      04 (2) ○      05 나리
06 ②, ③      07 ③      08 (1) 꾸중 (2) 예 죄송하
다는 표정으로 고개를 숙이며 낮고 작은 목소리로
말해야 알맞을 것 같습니다.      09 ④
10 ④      11 ⑤      12 (1) 지렁이 (2) 예 쪼그
리고 앉아서 놀란 표정으로 목소리를 높여 말할 것
같습니다.      13 ②      14 ⑤      15 ④

01 (1) 그림 라에서 여자아이가 남자아이의 발을 밟았 습니다.
　(2) 그림 나에서 여자아이가 상처를 치료해 주신 보 건 선생님께 인사하고 있습니다.

02 그림 ㉮와 나는 고마운 마음, 그림 다와 라는 미안 한 마음을 전하는 말이 들어가야 하는 상황입니다.

03 그림 다에서 여자아이는 남자아이의 우유를 엎질렀 습니다. 따라서 여자아이는 미안해하는 말투로 말 해야 합니다.

04 처음으로 수라간 상궁을 보고 놀라움과 호기심을 느낀 장금이의 표정으로 알맞은 것은 (2)입니다.

05 장금이가 처음으로 수라간 상궁을 보는 장면에 어 울리는 말투를 바르게 말한 친구는 나리입니다.

06 ㉠은 장금이를 꾸중하며 한 말이므로, 화가 난 표정 과 높고 큰 목소리가 어울립니다.

07 자신의 강아지 때문에 국수를 못 먹게 되어 장금이 는 죄송한 마음, 속상한 마음이 들었을 것입니다.

08 상궁에게 꾸중을 듣는 장금이의 얼굴 표정이나 행 동 등을 살펴봅니다.

| 채점 기준 | |
|---|---|
| 상 | (1)에 '꾸중'을 쓰고, (2)에 상황에 알맞은 장금이의 표 정, 몸짓, 말투를 모두 바르게 쓴 경우 |
| 중 | (1)에 '꾸중'을 썼지만, (2)에 장금이의 표정, 몸짓, 말투 중에 한두 가지만 바르게 쓴 경우 |
| 하 | (1)에 '꾸중'만 쓴 경우 |

09 시험을 볼 수 있다는 소식을 듣고 뒷산에 홀로 올라 가며 눈물을 글썽인 것으로 보아, 장금이는 시험을 보러 궁으로 가게 된 것이 무척 기쁜 마음임을 짐작 할 수 있습니다.

10 궁에 갈 수 있게 되었다는 장금이의 말에 어울리는 몸짓은 ④입니다.

11 부벨라는 모든 사람이 무서워하는 거인입니다.

12 거인 부벨라가 발 근처 땅바닥을 들여다보며 지렁 이에게 묻는 상황에 어울리는 표정, 몸짓, 말투를 써 봅니다.

| 채점 기준 | |
|---|---|
| 상 | (1)에 '지렁이'를 쓰고, (2)에 ㉠을 말하는 부벨라의 표 정, 몸짓, 말투를 모두 바르게 쓴 경우 |
| 중 | (1)에 '지렁이'를 썼지만, (2)에 ㉠을 말하는 부벨라의 표정, 몸짓, 말투 중에 한두 가지만 바르게 쓴 경우 |
| 하 | (1)에 '지렁이'만 쓴 경우 |

13 ㉠은 정원사가 부벨라의 걱정거리에 대해 묻는 말 이므로, 궁금한 표정이 알맞습니다.

14 부벨라는 자신의 집에 차를 마시러 오기로 한 지렁 이가 무얼 먹고 사는지, 무슨 음식을 좋아하는지 모 르는 것이 고민입니다.

15 아우를 알아보고 깜짝 놀라며 한 말에 어울리는 몸 짓은 ④입니다.

**01** ㉢, ㉣  **02** ①  **03** ㉯, ㉣  **04** ⑤
**05** ⑩ 그림 ㉯에서는 풀이 죽은 표정으로 몸을 움츠리고 있지만 그림 ㉰에서는 빈정거리는 표정으로 고개를 쳐들고 있습니다.  **06** ③  **07** ①, ④
**08** (1) ○  **09** ④  **10** ③, ⑤  **11** ②
**12** ⑤  **13** ③  **14** 정원  **15** ⑩ 울지 않고 "내 이름을 불러 줘."라고 말했을 거야.
**16** ⑤  **17** ㉢  **18** ⑩ 활짝 웃으며 덩실덩실 춤을 추고 큰 소리로 외치며 말합니다.
**19** ②, ③  **20** 검은흙

**01** ㉠에는 "고마워.", ㉡에는 "고맙습니다."라는 말이 들어가기에 알맞습니다.

**02** 그림 ㉯의 여자아이는 상처를 치료해 주신 보건 선생님께 활짝 웃는 표정으로 고마운 마음을 전하는 말을 해야 합니다.

**03** 그림 ㉣에서 남자아이의 발을 밟은 여자아이는 미안한 마음을 전하는 말을 해야 합니다. 미안한 마음을 전할 때 알맞은 표정, 몸짓, 말투는 ㉯와 ㉣입니다.

**04** 그림 ㉮에서 남자아이가 실수로 친구의 필통을 바닥에 떨어뜨려 당황했습니다.

**05** 남자아이의 표정과 몸짓의 차이점을 비교하여 써 봅니다.

| 채점 기준 | |
| --- | --- |
| 상 | 그림 ㉯와 ㉰에 나오는 남자아이의 표정과 몸짓을 바르게 파악하고 차이점을 자세하게 쓴 경우 |
| 중 | 그림 ㉯와 ㉰에 나오는 남자아이의 표정과 몸짓이 어떻게 다른지 썼지만, 문장이 매끄럽지 않은 경우 |
| 하 | 그림 ㉯와 ㉰에 나오는 남자아이의 표정과 몸짓 중 한 가지만 골라 차이점을 쓴 경우 |

**06** 장금이는 임금님이 보내신 수라간 상궁을 처음으로 보았습니다.

**07** 장금이는 처음 보는 수라간 상궁을 신기하게 바라보았다고 했으므로, 놀라움과 호기심을 느꼈을 것입니다.

**08** 장금이는 놀라움과 호기심에 눈을 크게 뜨고 입을 벌리는 표정을 지었을 것입니다.

**09** 장금이는 수라간의 생각시 선발 시험을 볼 수 있게 되어서 기뻤습니다.

**10** 시험을 볼 수 있다는 소식을 듣고 뒷산에 홀로 올라가는 장면에 어울리는 장금이의 표정, 몸짓, 말투는 ③과 ⑤입니다.

**11** 미미는 어른들이 엄마를 '자두 엄마'로만 불러서 섭섭한 마음이 들었습니다.

**12** 미미는 학교 친구와 선생님도 언니 자두에게만 관심을 기울여서 화가 났습니다.

**13** 속삭이는 목소리는 화난 미미의 마음을 나타내기에 어울리지 않습니다.

**14** 세아와 연석이는 만화 영화의 내용과 맞지 않는 느낌을 말했습니다.

**15** 자신이 미미라면 사람들에게 어떤 말과 행동을 했을지 정리해서 써 봅니다.

| 채점 기준 | |
| --- | --- |
| 상 | 자신이라면 미미가 처한 상황에서 어떤 말과 행동을 했을지 바르게 쓴 경우 |
| 중 | 자신이라면 미미가 처한 상황에서 어떤 말과 행동을 했을지 썼지만 문장에 어색한 점이 있는 경우 |
| 하 | 상황에 어울리는 말과 행동 중 한 가지만 답한 경우 |

**16** 정원사는 정원 세 곳에서 각기 다른 종류의 흙을 담아서 부벨라에게 주었습니다.

**17** 주어진 내용은 부벨라가 자신의 고민을 해결해 준 정원사에게 고마운 마음을 전하며 한 말인 ㉢에 어울리는 표정, 몸짓, 말투입니다.

**18** ㉣은 아프던 몸이 나은 정원사가 기뻐서 춤을 추며 한 말입니다. ㉣에 어울리는 표정, 몸짓, 말투를 정리해서 써 봅니다.

| 채점 기준 | |
| --- | --- |
| 상 | 상황에 어울리는 표정, 몸짓, 말투를 모두 바르게 쓴 경우 |
| 중 | 상황에 어울리는 표정, 몸짓, 말투 중 두 가지만 바르게 쓴 경우 |
| 하 | 상황에 어울리는 표정, 몸짓, 말투 중 한 가지만 바르게 쓴 경우 |

**19** 부벨라는 자신을 무서워하지 않고 늘 진실을 말해 줄 수 있는 좋은 친구인 지렁이와 헤어지고 싶지 않다고 하였습니다.

**20** 부벨라는 지렁이에게 가죽 줄이 달려 있고 안은 근사한 검은흙으로 채워져 있는 성냥갑으로 만든 작은 상자를 선물하였습니다.

# 2 중심 생각을 찾아요

**1** (3) ○　　　　**2** ⑤　　　　**3** (1) ○

**1** 줄넘기에 대해 설명하는 글이므로, 줄넘기를 한 경험이나 줄넘기에 대해 아는 내용을 떠올리며 읽어야 합니다.

**2** 갯벌이 주는 좋은 점을 알고 소중한 갯벌을 잘 보존하자는 것이 이 글의 중심 생각입니다.

**3** 옛날과 오늘날의 옷차림을 비교하여 설명하는 글의 내용과 관계있는 것은 (1)입니다. (2)는 글의 내용과 관계없는 내용입니다.

## 단원평가 기본 ●────────────● 17~19쪽 ●

**01** ④　　　　**02** 외발 싸움, 깨금발 싸움, 무릎 싸움
**03** 병현　　**04** ④, ⑤　　**05** (1) 선생님 (2) **예** 과학 실험 안전 수칙이 많다는 것을 알았습니다.
**06** ④　　　**07** ②　　　**08** ㉰　　　**09** ②
**10** ①　　　**11** 함박눈　　**12** (1) ㉠, ㉢ (2) **예** 날씨를 나타내는 토박이말이 많이 있으니 이를 알고 자주 사용합시다.　　　　**13** ②　　　**14** ③, ⑤
**15** (3) ○

**01** 닭싸움 놀이는 준비물이 필요하지 않고 놀이 방법이 간단해 요즘도 어린이는 물론 청소년과 어른도 즐기는 놀이입니다.

**02** 닭싸움 놀이는 한 발로 서서 해서 '외발 싸움', '깨금발 싸움'이라고도 부르고, 무릎을 부딪쳐 싸워서 '무릎 싸움'이라고도 부릅니다.

**03** 닭싸움 놀이에 대해 설명하는 글을 읽을 때 닭을 키웠던 경험을 떠올리는 것은 알맞지 않습니다.

**04** 과학실에서 실험을 했던 경험이나 평소에 들어 보았던 과학 실험 안전 수칙을 떠올리며 글을 읽으면 이 글의 내용을 더 쉽게 이해할 수 있습니다.

**05** 자신이 알고 있는 내용과 다른 내용을 비교해 새롭게 알게 된 내용을 써 봅니다.

| 채점 기준 | |
|---|---|
| 상 | (1)에 '선생님'을 쓰고, (2)에 글을 읽고 새롭게 안 내용을 바르게 정리하여 쓴 경우 |
| 하 | (1)에 '선생님'만 쓴 경우 |

**06** 자연과 사람에게 여러 가지 도움을 주는 갯벌에 대해 설명하는 글입니다.

**07** 글 **나**를 통해 갯벌에 게, 조개, 갯지렁이, 불가사리, 물고기 같은 생물이 살고 있음을 알 수 있습니다. 고래는 바다에 삽니다.

**08** 제목에는 갯벌을 잘 보존해야 한다는 글쓴이의 생각이 담겨 있습니다.

**09** 주어진 낱말들은 여름철 날씨를 나타내는 토박이말입니다.

**10** '덥다'와 뜻이 반대인 낱말은 '대기의 온도가 낮다.'라는 뜻을 가진 '춥다'입니다.

**11** '굵고 탐스럽게 내리는 눈.'을 뜻하는 토박이말은 '함박눈'입니다.

**12** 각 문단의 중심 문장을 찾아보고, 날씨와 관련된 토박이말에 대한 글쓴이의 생각을 파악하여 한 문장으로 간추려 써 봅니다.

| 채점 기준 | |
|---|---|
| 상 | (1)에 문단의 중심 문장에 해당하는 것 두 가지를 바르게 찾아 쓰고, (2)에 날씨와 관련된 토박이말에 대한 글쓴이의 생각을 자세하게 쓴 경우 |
| 중 | (1)에 문단의 중심 문장에 해당하는 것 두 가지를 바르게 찾아 썼지만, (2)의 답을 '토박이말을 씁시다.'와 같이 간단하게 쓴 경우 |
| 하 | (1)의 답만 바르게 쓴 경우 |

**13** 오늘날 사람들은 양복을 주로 입고, 명절이나 결혼식 같은 특별한 행사가 있을 때에만 한복을 입는 경우가 많습니다.

**14** '많다'와 뜻이 비슷한 낱말은 '매우 넉넉하여 부족함이 없다.'라는 뜻의 '풍족하다'와 '다함이 없이 굉장히 많다.'라는 뜻의 '무진장하다'입니다.

**15** 옛날과 오늘날의 옷차림에 차이가 많다는 글의 중심 생각을 잘 나타내기 위해서는 (3)과 같은 그림을 넣는 것이 알맞습니다.

**01** ② **02** ③ **03** ④ **04** ①
**05** 사고가 나는 것 **06** ④, ⑤ **07** ㉰, ㉱
**08** 예 여러 가지 실험 기구를 안전하게 다루는 방법을 더 알고 싶습니다. **09** ① **10** 생물이 살기에 적합한 환경 **11** ③ **12** ④
**13** (1) 예 갯벌은 생물이 살기에 좋은 환경이라는 것을 알았습니다. (2) 예 갯벌의 종류를 더 알고 싶습니다. **14** ②, ⑤ **15** 꽃샘추위 **16** (1) 겨울
(2) 가을 **17** (1) × **18** ② **19** 재훈
**20** 예 옛날 사람들은 신분, 남녀에 따라 옷차림이 엄격했지만 요즘에는 이런 구분이 많이 없어지고 있다.

**01** 전통 놀이 가운데에서 지금까지도 잘 보존된 놀이인 줄넘기에 대해 설명하는 글이므로, 줄넘기를 한 경험을 떠올리며 읽으면 글의 내용을 쉽게 이해할 수 있습니다.

**02** 노래에 맞추어 놀이를 하는 줄넘기는 긴 줄 넘기입니다.

**03** 아는 내용이나 겪은 일과 관련지어 글을 읽으면 글의 내용이 더 흥미롭게 느껴지고, 글의 내용을 더 쉽게 이해하고 기억할 수 있으며, 글을 읽으면서 그 모습을 잘 상상할 수 있습니다.

**04** 과학 실험 안전 수칙에는 무엇이 있는지 설명하는 글입니다.

**05** 선생님의 말씀에 따라야 사고가 나는 것을 예방할 수 있기 때문입니다.

**06** 과학실에서는 절대 장난을 치면 안 된다고 하였고, 실험할 때 책상에 바짝 다가가지 않아야 된다고 하였습니다.

**07** ㉰는 글의 내용과 맞지 않습니다.

**08** 글의 내용과 관련하여 더 알고 싶은 내용을 정리하여 써 봅니다.

| 채점 기준 | |
| --- | --- |
| 상 | 글의 내용과 관련하여 더 알고 싶은 내용을 쓴 경우 |
| 하 | 더 알고 싶은 내용을 썼으나 글의 내용과 관련이 적은 경우 |

**09** 갯벌은 바닷물이 육지로 밀려오는 밀물 때 바닷물로 덮여 있어 보이지 않습니다.

**10** 두 번째 문단에 갯벌에 다양한 생물이 살 수 있는 까닭이 나와 있습니다.

**11** ①과 ②는 글 **다**에, ④는 글 **나**에, ⑤는 글 **가**에 설명되어 있습니다.

**12** 주어진 내용은 중심 문장에 대한 설명입니다. ㉠~㉤ 중에서 중심 문장이 아닌 것은 ㉣입니다. ㉣은 뒷받침 문장에 해당합니다.

**13** 글의 내용과 관련하여 새롭게 안 내용과 더 알고 싶은 내용을 써 봅니다.

| 채점 기준 | |
| --- | --- |
| 상 | 글의 내용과 관련하여 새롭게 안 내용과 더 알고 싶은 내용을 모두 바르게 쓴 경우 |
| 하 | 글의 내용과 관련하여 새롭게 안 내용과 더 알고 싶은 내용 중 한 가지만 바르게 쓴 경우 |

**14** 봄 날씨를 나타내는 토박이말에는 '꽃샘추위', '꽃샘바람', '소소리바람' 같은 말이 있다고 하였습니다.

**15** '꽃샘추위'는 이른 봄, 꽃이 필 무렵에 찾아오는 추위를 뜻하는 토박이말입니다.

**16** '함박눈'은 겨울 날씨를, '건들장마'는 가을 날씨를 나타내는 토박이말입니다.

**17** '처음 생기는 묽은 서리.'를 뜻하는 낱말은 '무서리'입니다.

**18** '같다'와 뜻이 반대인 낱말은 '비교가 되는 두 대상이 서로 같지 않다.'라는 뜻의 '다르다'입니다.

**19** 제목에 옛날과 오늘날 사람들의 옷차림에 차이가 많다는 것을 설명하려는 글쓴이의 생각이 담겨 있습니다.

**20** 각 문단의 중심 문장과 글의 제목을 통해 옛날 사람들의 옷차림은 오늘날 사람들의 옷차림과 많이 달랐다는 것을 전하기 위해 쓴 글임을 짐작할 수 있습니다.

| 채점 기준 | |
| --- | --- |
| 상 | 옛날과 오늘날 사람들의 옷차림에 대한 글쓴이의 생각을 바르게 파악하여 쓴 경우 |
| 중 | 글의 내용을 바탕으로 중심 생각을 한 문장으로 썼으나 문장이 매끄럽지 않은 경우 |
| 하 | '옛날에는 신분에 따라 옷차림이 달랐다.' 또는 '옛날에는 성별에 따라 다른 옷차림을 입었다.' 또는 '오늘날에는 옷차림의 구분이 없어지고 있다.'와 같이 일부 내용만을 답으로 쓴 경우 |

## 3 자신의 경험을 글로 써요

**1** 재민      **2** ②      **3** ㉮, ㉰

**1** 영은이는 엄마와 떡볶이를 만든 일을, 시훈이는 아빠와 숲에 나무를 심은 일을 떠올려 말했습니다. 하지만 재민이는 자신이 겪은 일이 아닌 하고 싶은 일에 대해 말했습니다.

**2** 동생 주혁이가 장염에 걸려 아팠던 일을 정리해 쓴 글입니다.

**3** 자신이 쓴 글을 고쳐 쓸 때에는 경험한 일을 자세히 썼는지 확인해 봐야 합니다.

**01** (1) ㉯ (2) ㉮ (3) ㉰    **02** 시윤    **03** ④
**04** (1) 언제 (2) 어디에서 (3) 있었던 일 (4) 생각이나 느낌    **05** (1) 운동회 (2) 예 기억에 남는 일을 자세히 떠올릴 수 있습니다.      **06** ③
**07** (4) ○    **08** ⑤    **09** ①    **10** (1) ㉠
(2) 예 이번 가을에만 두 번째네.    **11** ㉮, ㉰
**12** 여름    **13** ②    **14** ①, ⑤    **15** ①

**01** 사진 ㉮~㉰를 보고 각각 갯벌 체험을 한 일, 축구를 한 일, 독서 그림 그리기를 한 일을 떠올릴 수 있습니다.

**02** 사진 ㉭를 보고 피자를 만들었던 경험을 떠올릴 수 있습니다.

**03** 기억에 남는 일을 정리할 때, 앞으로 바라는 것에 대한 내용은 꼭 들어가지 않아도 됩니다.

**04** ㉠에는 '언제', ㉡에는 '어디에서', ㉢에는 '있었던 일', ㉣에는 '생각이나 느낌'이 들어가기에 알맞습니다.

**05** 기억에 남는 일을 정리하면 자신이 한 일을 되돌아볼 수 있고, 기억에 남는 일을 자세히 떠올릴 수 있으며, 그 일을 글로 쓸 수도 있습니다.

| 채점 기준 | |
| --- | --- |
| 상 | (1)에 '운동회'를 쓰고, (2)에 '자신이 한 일을 되돌아볼 수 있습니다.', '기억에 남는 일을 자세히 떠올릴 수 있습니다.', '기억에 남는 일을 글로 쓸 수 있습니다.' 중에서 한 가지를 쓴 경우 |
| 중 | (1)에 '운동회'를 썼지만, (2)에서 답한 문장이 매끄럽지 않은 경우 |
| 하 | (1)에 '운동회'만 쓴 경우 |

**06** 이 그림에 서연이가 동생과 그림을 그리는 내용은 나오지 않았습니다.

**07** 그림의 내용으로 보아, 동생이 아팠던 때는 한밤중입니다.

**08** '나'는 아픈 주혁이의 이마에 차가운 물수건을 얹어 주었습니다.

**09** 아파하는 동생을 보며 가슴이 아팠다고 한 것에서 동생을 걱정하는 '나'의 마음을 짐작할 수 있습니다.

**10** ㉠은 수를 나타내는 말과 단위를 나타내는 말 사이를 띄어 쓰지 않았습니다. 따라서 "이번 가을에만 두 번째네."와 같이 고쳐 써야 합니다.

| 채점 기준 | |
| --- | --- |
| 상 | (1)에 ㉠을 쓰고, (2)에 그 문장을 띄어쓰기에 맞게 바르게 고쳐 쓴 경우 |
| 하 | (1)에 ㉠을 썼지만, (2)를 띄어쓰기에 맞게 고쳐 쓰지 못했거나 답을 쓰지 못한 경우 |

**11** 낱말과 낱말 사이는 띄어 쓰되, '을'과 같은 말은 앞말에 붙여 써야 합니다. 따라서 ㉯는 "책을∨읽으면∨지식이∨쌓인다."와 같이 '책을'과 '읽으면' 사이에 ∨표를 하고 띄어 써야 합니다.

**12** 그림 ㉯의 내용으로 보아, 가족과 바닷가에 간 것은 여름에 있었던 일입니다.

**13** 가을에 감을 딴 일에 대해 바르게 정리하지 못한 것은 ②입니다. 수영장은 감을 따기에 알맞은 장소가 아닙니다.

**14** 글을 쓴 뒤에 고쳐쓰기를 하면 자신이 전하고자 한 내용을 효과적으로 표현했는지 확인할 수 있고, 잘못된 띄어쓰기나 표현을 고칠 수 있습니다.

**15** ① → ④ → ⑤ → ② → ③의 순서대로 우리 반 소식지를 만들어야 합니다. 따라서 우리 반 소식지를 만들려면 먼저 지금까지 우리 반에서 있었던 일을 떠올려야 합니다.

| 01 ① | 02 ① | 03 ④ | 04 ② |

**05** (1) 예 가족과 간 바다 여행 (2) 예 여름방학에 (3) 예 부산 해운대에서 (4) 예 바닷가에서 동생과 공놀이를 하였습니다. (5) 예 시원한 파도 소리를 들으며 공놀이를 한 것이 재미있었습니다.

| 06 ① | 07 ②, ④ | 08 예 친구와 놀이터에서 |

술래잡기를 하며 재미있게 놀았던 일입니다.

| 09 ④ | 10 ㉮ | 11 ② | 12 ㉢ |
| 13 ㉯ | 14 ④ | 15 서아, 승현 | |
| 16 ㉭ | 17 ⑤ | 18 (1) 예 여름에 사촌동생 | |

과 워터파크를 간 일 (2) 예 그 일이 새롭고 재미있었기 때문입니다.

| 19 ④ | 20 ③ |

**01** 김밥을 먹은 일은 제시된 사진의 내용과 관계없는 경험입니다.

**02** 갯벌 체험을 한 사진을 보고, ①과 같은 일을 떠올릴 수 있습니다.

**03** 기억에 남는 일을 정리할 때에는 언제, 어디에서, 누구와 어떤 일이 있었으며 그때 어떤 생각이나 마음이 들었는지를 정리합니다.

**04** 이 표는 5월에 학교 운동장에서 했던 운동회에 대해 정리한 것입니다.

**05** 기억에 남는 일을 떠올려 언제, 어디에서, 누구와 무슨 일을 하였는지 구체적으로 쓰고, 그때 생각이나 느낌도 정리해 봅니다.

| 채점 기준 | |
|---|---|
| 상 | 자신이 겪은 일 가운데에서 기억에 남는 일을 떠올려 (1)~(5)를 모두 바르게 정리하여 쓴 경우 |
| 중 | 자신이 겪은 일 가운데에서 기억에 남는 일을 떠올려 썼지만, (1)~(5) 중 서너 가지만 바르게 쓴 경우 |
| 하 | 자신이 겪은 일 가운데에서 기억에 남는 일을 떠올려 썼지만, (1)~(5) 중 한두 가지만 바르게 쓴 경우 |

**06** 서연이는 여러 가지 겪은 일 가운데에서 동생이 아팠던 일을 골라서 글을 쓰려고 합니다.

**07** 동생이 아팠을 때 평소와 다른 느낌이 들었고, 동생에게 잘 못해 준 것이 생각나서 미안했기 때문입니다.

**08** 겪은 일 가운데에서 글로 쓰고 싶은 일을 한 가지 떠올려 써 봅니다.

| 채점 기준 | |
|---|---|
| 상 | 자신이 겪은 일 가운데에서 글로 쓰고 싶은 일을 떠올려 바르게 쓴 경우 |
| 하 | 자신이 겪은 일 가운데에서 글로 쓰고 싶은 일을 떠올려 썼으나 어색한 점이 있는 경우 |

**09** '나'는 동생 주혁이가 끙끙 앓는 소리에 잠에서 깨었습니다.

**10** ㉠은 쉼표( , ) 뒤에 오는 말을 띄어 "아이고, 배야." 와 같이 고쳐 써야 합니다.

**11** 동생이 아팠던 일을 쓴 글이므로, 「동생이 아파요」 가 글의 제목으로 알맞습니다.

**12** 낱말과 낱말 사이는 띄어 써야 하므로 ㉢은 "주혁이가 눈물이 그렁그렁한 얼굴로 말했다."와 같이 고쳐 써야 합니다.

**13** 마침표( . ) 뒤에 오는 말을 띄어 ㉯와 같이 고쳐 써야 합니다.

**14** '을'이나 '이'와 같은 말은 앞말에 붙여 써야 합니다. 따라서 ㉠과 ㉣은 Ⅴ표를 하고 띄어 써야 하는 부분이 아닙니다.

**15** 띄어쓰기를 바르게 하면 전하고자 하는 뜻을 정확히 전할 수 있고, 글을 읽는 사람도 편하게 읽을 수 있습니다.

**16** 인상 깊은 일을 글로 쓰기 위해서는 먼저 어떤 일을 글로 쓸지 정한 뒤 쓸 내용을 정리합니다. 그리고 글을 쓴 뒤 고쳐쓰기를 합니다.

**17** 봄에 있었던 인상 깊은 일로 도자기를 만들었던 일을 떠올렸습니다.

**18** 그림 ㉯는 여름에 있었떤 인상 깊은 일을 떠올린 것입니다. 따라서 여름에 자신이 경험한 일 가운데에서 인상 깊은 일과 그 일을 고른 까닭을 정리하여 써 봅니다.

| 채점 기준 | |
|---|---|
| 상 | 여름에 경험한 일 중에서 인상 깊은 일과 그 까닭을 모두 바르게 정리하여 쓴 경우 |
| 하 | 여름에 경험한 일 중에서 인상 깊은 일을 썼지만 그 까닭을 쓰지 못한 경우 |

**19** ①, ②, ③, ⑤의 내용은 이미 정리하였습니다.

**20** 인상 깊은 일을 글로 쓸 때 글을 쓴 날짜를 반드시 써야 할 필요는 없습니다.

# 4 감동을 나타내요

**1** ⑤    **2** ㉢    **3** (2) ○

**1** 사진에 나온 대상인 곰 인형에 어울리는 표현은 '푹신푹신'입니다. '푹신푹신'은 곰 인형을 만졌을 때의 느낌을 나타내기에 알맞습니다.

**2** 이 시의 말하는 이는 감기약을 먹고 졸린 상태를 "까무룩, / 잠꾸러기도 들어왔다."라고 감각적으로 표현하였습니다.

**3** 이 글에 아저씨를 안타깝게 여기는 에밀의 마음이 나타나 있지는 않습니다.

**단원평가** (기본) ●────────── ● 33~35쪽 ●

**01** ②    **02** ⑤    **03** ③    **04** (1) 느릿느릿 (2) ⑩ 넣고 읽을 때 표현이 더 구체적입니다.
**05** ①    **06** ②    **07** ㉠    **08** 지영
**09** (1) ○    **10** (1) 헤엄치는 것 (2) ⑩ 한여름 바다에서 물장구치는 소리    **11** (1) 색깔 (2) 연주
**12** ②    **13** ㉮    **14** ⑤    **15** ⑤

**01** '요리조리'는 동그란 사과에 어울리는 표현이 아닙니다.

**02** 말하는 이는 감기 때문에 힘들어하고 있습니다.

**03** 말하는 이는 감기에 걸려 몸에서 열이 나는 상태를 불덩이가 들어왔다고 표현하였습니다.

**04** 말하는 이는 감기약을 먹고 몸이 무거운 상태를 "느릿느릿, / 거북이도 들어오고"라고 감각적으로 표현했습니다. 감각적 표현을 넣고 읽으면 표현이 더 구체적이고 재미있고 느낌이 생생합니다.

| 채점 기준 |
|---|
| **상** | (1)에 '느릿느릿'을 쓰고, (2)에 감각적 표현을 빼고 읽을 때 또는 넣고 읽을 때의 느낀 점을 바르게 쓴 경우 |
| **중** | (1)에 '느릿느릿'을 썼지만, (2)에 '구체적이다.'와 같이 답을 간단하게 쓴 경우 |
| **하** | (1)에 '느릿느릿'만 쓴 경우 |

**05** 감기에 걸려 열이 나고 몸이 무겁고 졸린 상태를 표

현한 시이므로, 힘없는 목소리로 낭송하는 것이 어울립니다.

**06** 1연을 통해 말하는 이가 두더지처럼 강가 모래밭을 파고들고 있음을 알 수 있습니다.

**07** ㉡은 발가락을 자꾸 움직여 모래밭을 파고드는 모습을, ㉢은 모래가 움직이는 모습을 감각적으로 표현한 부분입니다.

**08** 지구가 파괴되는 것을 안타까워하는 말하는 이의 마음이 잘 느껴진다는 것은 시의 내용에 맞지 않는 생각이나 느낌입니다.

**09** '나'는 할아버지 밭에서 나는 토마토를 가지고 블링크 아저씨 집을 찾아갔습니다. 그리고 블링크 아저씨가 토마토를 맛있게 먹자 그 맛이 붉은색이라고 했습니다.

**10** '나'는 블링크 아저씨에게 푸른색을 알려 주기 위해 옆집 수영장에서 헤엄치는 것을 떠올렸습니다. 이 글의 '나'처럼 푸른색을 설명하기에 알맞은 대상을 떠올려 써 봅니다.

| 채점 기준 |
|---|
| **상** | (1)에 '헤엄치는 것'을 쓰고, (2)에 푸른색을 감각적으로 표현할 수 있는 대상을 알맞게 떠올려 쓴 경우 |
| **중** | (1)에 '헤엄치는 것'을 쓰고, (2)에 푸른색을 감각적으로 표현할 수 있는 대상을 썼지만 '바다'와 같이 간단하게 쓴 경우 |
| **하** | (1)에 '헤엄치는 것'을 썼지만 (2)의 답이 푸른색과 어울리지 않거나 답을 쓰지 못한 경우 |

**11** 네 번째 문장에 아저씨와 '내'가 한 놀이가 무엇인지 나와 있습니다. '나'는 아저씨에게 색깔을 설명해 주었고 아저씨는 색깔을 떠올리고 자신의 느낌을 악기로 연주하였습니다.

**12** 작은 점으로 된 글씨가 오톨도톨 나 있는 점자책을 만져 본 '나'는 감자를 갈 때 쓰는 강판을 만지는 것 같다고 하였습니다.

**13** 이 글에 '내'가 아저씨에게 색깔을 알려 주는 것이 어려운 일임을 깨닫는 장면은 나오지 않으므로 ㉯는 이 글을 읽은 생각이나 느낌으로 알맞지 않습니다.

**14** 말하는 이는 천둥소리를 하늘에 사는 아이들이 운동장으로 뛰쳐나가는 소리 같다고 했습니다.

**15** 시는 대상에 대한 생각이나 느낌을 짧은 글로 표현합니다.

**01** ③, ⑤  **02** ②  **03** ④  **04** ㉡
**05** 영준, 예서  **06** 굼질굼질
**07** ②  **08** ⑩ 추석날 밤에 할머니 댁에서 풀벌레 소리를 들으니 그 소리가 마치 지구가 숨 쉬는 소리 같았습니다.  **09** ⑤  **10** ㉢
**11** ①  **12** ⑤  **13** ①, ⑤  **14** ②
**15** ⑩ 블링크 아저씨가 에밀에게 에밀이 마치 투명 인간처럼 느껴진다고 말한 장면이 인상 깊습니다.
**16** ⑤  **17** 블링크 아저씨(아저씨) **18** ④
**19** ⑩ 에밀이 블링크 아저씨를 위해 피아노 연습을 많이 한 점에 감동 받았습니다.  **20** ②, ④

**01** 곰 인형에 대한 느낌을 표현하는 말로 알맞은 것은 '물렁물렁'과 '보들보들'입니다.

**02** ②는 귤에 대한 느낌을 표현한 말로 알맞지 않습니다.

**03** 감기에 걸려 몸에 '불덩이, 몹시 추운 사람, 거북이, 잠꾸러기'가 들어왔다고 표현하였습니다.

**04** 말하는 이는 감기에 걸려 몹시 추운 상태를 몸에 몹시 추운 사람도 들어왔다고 감각적으로 표현하였습니다.

**05** '까무룩'이라는 표현은 졸린 상태를 잘 나타내 주는 말입니다. 그리고 이 시에 감기에 걸렸다가 몸이 다 나은 모습은 나오지 않습니다. 따라서 정아와 찬호는 시에 대한 생각이나 느낌을 바르게 말하지 못했습니다.

**06** 이 시에 쓰인 흉내 내는 말로, 모래가 움직이는 모습을 지구가 천천히 움직이는 모습이라고 생각하여 사용한 말은 '굼질굼질'입니다.

**07** 말하는 이는 모래의 움직임을 지구가 움직여 대답해 주는 것으로 생각하였습니다.

**08** 지구가 생명을 가지고 있다고 생각했던 경험을 떠올려 써 봅니다.

| 채점 기준 | |
|---|---|
| 상 | 지구가 생명을 가지고 있다고 생각했던 경험을 바르게 쓴 경우 |
| 하 | 지구가 살아 있다는 생각과 관련이 적은 경험을 쓴 경우 |

**09** 피아노 선생님인 엄마는 엄마의 제자 중에서 '내'가 피아노를 제일 잘 치기를 원했습니다.

**10** ㉢은 블링크 아저씨의 웃음소리를 감각적으로 표현한 부분입니다.

**11** 비(b) 플랫이 이상해서 왔다고 한 것으로 보아, 에밀이 피아노 조율을 부탁하기 위해서 블링크 아저씨의 집을 찾아왔음을 알 수 있습니다.

**12** 블링크 아저씨는 태어날 때부터 앞을 보지 못한 대신 어릴 적부터 다른 감각들이 아주 발달되어 있다고 하였습니다.

**13** 블링크 아저씨는 에밀의 집 냄새와 에밀의 바지가 구겨지는 소리를 듣고 자신의 집에 에밀이 왔음을 알았습니다.

**14** 블링크 아저씨는 앞이 보이지 않아서 에밀이 투명 인간과 같다고 말한 것입니다.

**15** 글의 내용에 맞게 기억에 남는 장면 한 가지를 떠올려 써 봅니다.

| 채점 기준 | |
|---|---|
| 상 | 글의 내용에 맞게 기억에 남는 장면 한 가지를 바르게 떠올려 쓴 경우 |
| 하 | 인상 깊은 장면을 썼지만 글의 내용에 맞지 않는 부분이 있는 경우 |

**16** 에밀은 블링크 아저씨가 돌아오면 세상 모든 색을 들려주려고 피아노 연습을 많이 했습니다.

**17** 엄마와 얘기하고 있던 투명 인간은 얼굴을 붕대로 칭칭 감은 블링크 아저씨였습니다.

**18** ④는 조용해진 거실을 감각적으로 표현한 문장입니다.

**19** 글을 읽고 재미있거나 감동 받은 부분, 인상 깊은 장면 등을 써 봅니다.

| 채점 기준 | |
|---|---|
| 상 | 글의 내용에 맞게 재미있거나 감동 받은 부분, 기억에 남는 장면 등을 잘 정리하여 쓴 경우 |
| 중 | 글의 내용과 관련이 있도록 재미있거나 감동 받은 부분, 기억에 남는 장면 등을 썼으나 문장 표현이 매끄럽지 않은 경우 |
| 하 | 글의 내용과 관련이 없는 생각이나 느낌을 쓴 경우 |

**20** 이 시는 천둥소리를 하늘에 사는 아이들이 운동장으로 뛰쳐나가는 소리에 빗대어 표현한 것으로, 천둥소리에 대한 느낌을 감각적 표현을 사용하여 짧은 글로 표현하였습니다.

# 5 바르게 대화해요

핵심 개념 ────────────── ● 40쪽

**1** (1) ○     **2** ④     **3** ④

**1** 사과주스는 사물이므로 높임 표현을 사용할 수 없습니다.

**2** 전화를 건 지원이가 자신이 누구인지를 밝히지 않았기 때문에 민지는 전화를 건 사람이 누구인지 몰랐습니다.

**3** 강이가 놀라는 상황이므로 강이에게는 놀라면서 당황하는 표정이 어울립니다.

단원평가 기본 ────────────── ● 41~43쪽

**01** ⑤     **02** ③     **03** (1) 드시고 계세요
(2) **예** 할아버지와 어머니가 웃어른이므로 높임 표현을 사용해야 하기 때문입니다.     **04** (1) ㉮
(2) ㉯     **05** ③     **06** ⑤     **07** (1) 지원(이)
(2) **예** 정확하고 구체적으로 표현해야 합니다.
**08** ③     **09** ⑤     **10** ㉯     **11** ③
**12** ④     **13** 밝은색 옷     **14** 할아버지
**15** ①

**01** 진수는 수정이에게 전화로 준비물이 무엇인지 물어보았습니다.

**02** 수정이가 준비물만 알려 준 뒤에 진수의 말을 더 듣지 않고 전화를 끊어 당황했을 것입니다.

**03** 승민이가 높여야 하는 대상이 할아버지와 어머니이므로, 높임 표현을 사용해 "드시고 계세요."라고 말해야 합니다.

| 채점 기준 | |
|---|---|
| 상 | (1)에 "드시고 계세요."를 고르고, (2)에 높임 표현을 고른 까닭을 정확하게 쓴 경우 |
| 중 | (1)의 답을 알맞게 골랐지만, (2)의 답을 '웃어른이어서'와 같이 간단하게 쓴 경우 |
| 하 | (1)의 답만 알맞게 고른 경우 |

**04** 첫 번째 그림에서 대화 상대는 친구이므로, 승민이는 ㉮와 같이 말해야 합니다. 두 번째 그림에서 대화 상대는 웃어른인 선생님이므로, 승민이는 높임 표현을 사용하여 ㉯와 같이 말해야 합니다.

**05** 대화를 나눌 때에는 상대를 바라보고 상대가 하는 말을 존중해야 합니다.

**06** 민지는 ㉠과 같은 지원이의 말을 듣고 지원이가 정확히 무엇을 말하는지 몰라서 물통과 물감 모두를 생각했습니다.

**07** 지원이는 물통을 들고 학교 앞 문구점에서 미술 준비물을 산 것이라고 말했지만, 전화로는 상황을 볼 수 없기 때문에 상황을 정확하고 구체적으로 표현해야 합니다.

| 채점 기준 | |
|---|---|
| 상 | (1)에 '지원(이)'을 쓰고, (2)에 그 친구가 고쳐야 할 점을 바르게 쓴 경우 |
| 하 | (1)에만 '지원(이)'을 쓴 경우 |

**08** 전화를 건 지수가 전화를 받은 정아의 상황을 헤아리지 않고 책 당번을 정하는 문제에 대해 계속 자신이 할 말만 했기 때문입니다.

**09** 지수는 전화를 받는 상대의 상황을 헤아리고 상대의 말을 귀 기울여 들어야 합니다.

**10** 자신이 할 말만 계속한 지수는 ㉯와 같이 말해야 합니다.

**11** 훈이가 차가 오는지 잘 보지 않고 횡단보도를 뛰어가다가 교통사고가 날 뻔했으므로, 훈이와 운전하던 사람 모두 놀라면서 당황하는 마음이 들었을 것입니다.

**12** 훈이가 차에 치일 뻔한 장면에서 강이는 훈이를 말리려고 뛰어가며 잡으려는 몸짓이 어울릴 것 같습니다.

**13** ❷에서 강이는 훈이에게 비가 오는 날에는 밝은색 옷을 입어야 한다고 말했습니다.

**14** 미나는 이번 주 금요일까지 우리 주위 사람들이 좋아하는 음식을 조사해 오라는 선생님의 말씀을 듣고 ❷에서 할아버지와 대화를 나누었습니다.

**15** 할아버지께 좋아하시는 음식이 무엇인지 물어보는 상황에 어울리는 표정이나 몸짓, 말투로 알맞은 것은 ①입니다.

**01** (1) 엄마 (2) 문구점 주인아저씨 (3) 여자아이
**02** ④　　　**03** 예 친구가 까닭 없이 준비물을 빌려
주지 않아서 섭섭했던 적이 있었습니다.
**04** (1) 고마워. (2) 고맙습니다.　　　**05** ①
**06** ⑤　　　**07** ②, ⑤　　**08** 예 사과주스가 사물이
라 높임 표현을 사용할 수 없기 때문입니다.
**09** ①, ④　**10** ④　　　**11** 민지　　　**12** ②
**13** ①, ⑤　**14** ④　　　**15** ③　　　**16** 예 훈이가
유치원생 같다고 놀렸기 때문에　　**17** ④, ⑤
**18** ④　　　**19** ②, ③　**20** 예 놀라는 표정으로
가슴에 손을 얹으며 떨리는 말투로 말하는 것이 어
울립니다.

**01** 진수는 대화 **1**에서 엄마, 대화 **2**에서 문구점 주인
아저씨, 대화 **3**에서 여자아이와 대화를 하고 있습
니다.

**02** 대화 **1**에서 진수는 엄마께 높임 표현을 사용하지
않고 말했습니다.

**03** 웃어른과 이야기했던 경험, 상대방이 물건을 빌려
주지 않았던 경험 등을 떠올려 써 봅니다.

| | 채점 기준 |
|---|---|
| 상 | 일상생활에서 웃어른께 높임 표현을 사용하지 않았던 경험 또는 웃어른께 높임 표현을 사용해서 말했던 경험, 자신이나 다른 사람이 물건을 빌려주지 않았던 경험을 떠올려 쓴 경우 |
| 하 | 진수가 한 경험과 비슷한 경험을 떠올려 답을 쓰지 못한 경우 |

**04** ㉠은 친구의 말을 듣고 한 대답이므로 "고마워.",
㉡은 선생님의 말씀을 듣고 한 대답이므로 "고맙습
니다."와 같이 말해야 합니다.

**05** 대화 상대가 친구인 경우와 선생님인 경우로 다르
기 때문입니다.

**06** 승민이가 높여야 할 대상은 대화 상대인 할머니입
니다.

**07** 승민이는 할머니의 눈을 바라보며 공손한 태도로
대화하고 있습니다. 또 할머니의 말씀을 잘 들으며
대화하고 있습니다.

**08** 아저씨가 사람이 아닌 사물을 높여 말했기 때문입
니다.

| | 채점 기준 |
|---|---|
| 상 | 높임 표현을 사용할 수 없는 경우를 알고, 사과주스가 사물이어서 높임 표현을 사용할 수 없기 때문이라는 내용으로 답을 쓴 경우 |
| 하 | '사물이어서'와 같이 답을 구체적으로 쓰지 않은 경우 |

**09** 승민이는 대화 **가**에서 친구와, 대화 **나**에서 선생님
과 대화하고 있습니다.

**10** ㉠에 들어갈 알맞은 높임 표현은 '재미있습니다'입
니다.

**11** 전화를 건 사람은 지원이이고, 전화를 받는 사람은
민지입니다.

**12** 전화를 건 지원이가 자신이 누구인지를 밝히지 않
아 민지가 전화를 건 사람이 누구인지 몰랐기 때문
입니다.

**13** ②, ③, ④는 전화 대화의 특징으로 알맞지 않습니다.

**14** 할 말이 남아 있는데 유진이가 그것을 듣지 않고 갑
자기 전화를 끊었기 때문에 할머니께서는 당황하셨
을 것입니다.

**15** 유진이는 할머니의 말을 끝까지 들어야 합니다.

**16** 강이가 노란색 옷을 입고 노란색 우산을 든 것을 보
고 훈이가 유치원생 같다고 놀렸기 때문입니다.

**17** 강이의 엄마께서는 강이에게 우산으로 얼굴을 가리
거나 땅을 쳐다보며 걷지 말라고 당부하셨습니다.

**18** 훈이는 어두운색 옷을 입고 차가 오는지 잘 보지 않
고 횡단보도로 뛰어가다가 교통사고가 날 뻔했습니
다.

**19** 훈이가 차가 오는지 보지 않고 횡단보도로 뛰어가
는 것을 보고 강이가 놀라는 상황에 어울리는 표정,
몸짓, 말투는 ②와 ③입니다.

**20** 교통사고가 날 뻔해서 차를 운전하던 사람도 많이
놀랐을 것입니다. 놀란 상황에 어울리는 표정, 몸짓,
말투를 써 봅니다.

| | 채점 기준 |
|---|---|
| 상 | 깜짝 놀란 상황에 어울리는 표정이나 몸짓, 말투를 모두 바르게 쓴 경우 |
| 중 | 깜짝 놀란 상황에 어울리는 표정이나 몸짓, 말투 중 두 가지만 쓴 경우 |
| 하 | 깜짝 놀란 상황에 어울리는 표정이나 몸짓, 말투 중 한 가지만 쓴 경우 |

# 6 마음을 담아 글을 써요

핵심 개념 ━━━━━━━━━━━━━━━━━━━━━━━━━━━ 48쪽

1 **나**　　　2 ①　　　3 ⑵ ○

1 글 **가**에는 속상한 마음, 화나는 마음이 드러나 있고, 글 **나**에는 걱정스러운 마음, 불안한 마음이 드러나 있습니다.

2 교문 밖으로 달려 나갈 때 달리기를 못한다며 친구들이 놀려서 기찬이는 속상하고 외로운 마음이 들었을 것입니다.

3 주은이가 원호에게 준 사과하는 쪽지의 내용으로 알맞은 것은 ⑵입니다.

단원평가 (기본) ━━━━━━━━━━━━━━ 49~51쪽

01 준우　　02 ⑴ 정말 미안해. ⑵ 빨리 나아야 해.　　03 ③　　04 소연　　05 ⑴ 예 리코더 연주 방법 ⑵ 예 자랑스럽고 뿌듯한 마음이 들었을 것입니다.　　06 ⑤　　07 ⑴ 이어달리기 ⑵ 예 이어달리기가 가장 점수가 높은데 달리기를 잘하지 못해서 마음이 무거웠을 것 같습니다.　　08 ⑤　　09 ④　　10 ②
11 예의 없는　　12 **가**, **나**　　13 ⑴ 미안한 ⑵ 진심으로　　14 마음을 전하는 우리 반
15 ⑤

01 약속 시간에 늦은 준우는 친구에게 미안한 마음을 전해야 하고, 수아는 아픈 친구를 걱정하는 마음을 전해야 합니다.

02 그림 **가**에서 준우는 약속 시간에 늦어서 미안한 마음을 전해야 하기 때문에 "정말 미안해."와 같이 말해야 하고, 그림 **나**에서 수아는 친구가 아파서 걱정되기 때문에 "빨리 나아야 해."와 같이 말해야 합니다.

03 사회 시간에 모둠의 발표자인 규리는 우리 지역의 자랑거리에 대해 발표하였습니다.

04 발표할 때 실수할까 봐 걱정했던 규리와 비슷한 경험을 떠올린 친구는 소연이입니다.

05 민호에게 리코더 연주 방법을 가르쳐 준 규리는 자신이 가르쳐 준 대로 민호가 잘 따라 해서 자랑스럽고 뿌듯한 마음이 들었을 것입니다.

| 채점 기준 | |
|---|---|
| 상 | ⑴에 '리코더 연주 방법'과 비슷한 답을 쓰고, ⑵에 음악 시간에 든 규리의 마음을 바르게 파악하여 쓴 경우 |
| 하 | ⑴에 '리코더 연주 방법'과 비슷한 답을 쓴 경우 |

06 선생님께서는 누구나 한 경기씩 나갈 수 있도록 제비뽑기로 선수를 뽑자고 하셨습니다.

07 '이어달리기'가 쓰인 쪽지를 뽑은 기찬이는 울상이 되었습니다.

| 채점 기준 | |
|---|---|
| 상 | ⑴에 '이어달리기'를 쓰고, ⑵에 이어달리기가 쓰인 쪽지를 뽑았을 때 기찬이의 마음을 알맞게 헤아려 쓴 경우 |
| 하 | ⑴에 '이어달리기'만 쓴 경우 |

08 이호는 이어달리기를 잘할 자신이 있어서 ㉠과 같이 말한 것입니다.

09 기찬이가 마지막 백군 선수보다 한발 앞서 나가자 기찬이네 반 친구들은 백군을 이긴 것으로 착각했습니다. 하지만 기찬이가 한 바퀴를 더 도는 것을 보고 이긴 것이 아니라는 것을 알게 되었습니다.

10 기찬이는 최선을 다해서 결과와 상관없이 뿌듯한 마음이 들었을 것입니다.

11 주은이는 딱지치기가 마음대로 되지 않자 "다시 해.", "집에 갈 거야."와 같은 예의 없는 말과 행동을 했습니다.

12 진심을 담아서 사과하는 쪽지를 쓰더라도 표현 방법을 생각해야 합니다.

13 주은이는 사과를 그린 그림과 미안한 마음을 전하는 쪽지를 솔직하게 써서 원호에게 주었습니다.

14 전교 어린이회에서는 자신의 마음을 다른 사람에게 전하는 '마음을 전하는 우리 반'이라는 행사를 함께 하기로 결정했습니다.

15 마음을 전하는 방법은 다양하지만 예쁜 종이에 마음을 담아 손 편지를 써서 전하자는 의견이 많았습니다.

## 단원평가 실전

**01** (1) 라 (2) 다     **02** (1) 나 (2) 다 (3) 가
(4) 라     **03** 경아     **04** ③     **05** 예 넘어져
서 많이 아프지? 내가 가방을 들어 줄게.
**06** ⑤     **07** 아정     **08** ④     **09** ①
**10** 예 규리야, 나도 강아지랑 놀 때 기분이 좋은데
너도 강아지랑 노는 것을 좋아하는구나.
**11** ②     **12** 수찬     **13** ④     **14** ⑤
**15** ⑤     **16** 예 원호가 주은이의 예의 없는 말과
행동에 화가 많이 났기 때문입니다.     **17** ⑤
**18** ②, ④     **19** ②     **20** ①

**01** 그림 가는 이웃집 아주머니께서 주시는 음식을 받는 상황이고, 그림 나는 약속 시간에 늦어서 뛰어가는 상황입니다.

**02** 그림 가~라는 각각 고마운 마음, 미안한 마음, 기쁜 마음, 걱정하는 마음을 전해야 하는 상황입니다.

**03** 선호와 미진이는 있었던 일만 말하였습니다.

**04** 달리기를 하다가 넘어진 친구에게는 위로하는 마음을 전하는 것이 알맞습니다.

**05** 달리기를 하다가 넘어진 친구의 마음을 헤아리며 그 친구를 위로하는 말을 써 봅니다.

| 채점 기준 | |
| --- | --- |
| 상 | 넘어진 친구를 위로하는 말을 바르게 쓴 경우 |
| 하 | 넘어진 친구를 위로하는 말로 알맞지 않은 점이 있는 경우 |

**06** 글 나에서 규리는 짝인 민호에게 리코더 연주 방법을 가르쳐 주었습니다.

**07** 사회 시간에 발표할 때 실수할까 봐 걱정하는 마음이 들었던 규리와 비슷한 마음을 느낀 친구는 아정이입니다.

**08** 규리는 집으로 가는 길에 수호네 엄마와 수호네 강아지를 보았습니다.

**09** 글 가에서 발표할 차례가 다가왔을 때 규리는 걱정스러운 마음, 불안한 마음이 들었고, 글 나에서 민호에게 리코더 연주 방법을 가르쳐 주었을 때에는 자랑스러운 마음, 뿌듯한 마음이 들었습니다. 또 글 다에서 수호네 강아지의 하얀 털을 쓰다듬어 주었을 때에는 행복한 마음이 들었습니다.

**10** 규리와 비슷한 경험을 했을 때 어떤 마음이 들었는지 떠올려 보고 그때의 마음을 생각하며 규리에게 하고 싶은 말을 써 봅니다.

| 채점 기준 | |
| --- | --- |
| 상 | 규리가 한 경험과 비슷한 경험을 했을 때의 마음을 떠올리며 규리에게 하고 싶은 말을 바르게 쓴 경우 |
| 중 | 규리가 한 경험과 비슷한 경험을 했을 때의 마음을 떠올리며 규리에게 하고 싶은 말을 썼지만 표현에 어색한 점이 있는 경우 |
| 하 | 규리가 한 경험과 비슷한 경험이나 그때의 마음만 쓴 경우 |

**11** 운동에 자신이 없는데 운동회가 다가와서 심술이 났기 때문입니다.

**12** 공책과 연필을 맞은 친구들은 화가 나서 기찬이에게 방해하지 말고 집에나 가라고 하였습니다.

**13** 친구들은 달리기가 느린 기찬이를 거북이라고 불렀습니다.

**14** 아무도 기찬이를 응원하지 않고 딴전을 부렸을 때에도 기찬이는 이를 악물고 열심히 뛰었습니다.

**15** 자신의 다음으로 달려야 하는 이호가 화장실에 가 버리고 없어서 기찬이는 무척 당황하는 마음이 들었을 것입니다.

**16** 딱지치기가 마음대로 되지 않자 주은이가 "다시 해.", "집에 갈 거야."와 같은 예의 없는 말과 행동을 해서 원호가 화가 났기 때문입니다.

| 채점 기준 | |
| --- | --- |
| 상 | 원호가 화가 난 일과 그 까닭을 한 문장으로 바르게 정리하여 쓴 경우 |
| 하 | '원호가 화가 나서'와 같이 답을 간단하게 쓴 경우 |

**17** 주은이가 말로는 사과한다고 했지만 표정이나 분위기, 말한 내용이나 행동이 사과하는 것처럼 느껴지지 않았기 때문입니다.

**18** 주은이는 원호와 있었던 일, 원호에게 전하고 싶은 마음, 앞으로 원호에게 바라는 점 등을 쪽지에 썼을 것입니다.

**19** 10월 넷째 주에 열리는 '마음을 전하는 우리 반' 행사는 각 반에서 열립니다.

**20** 우리 학교 지킴이 선생님께는 고마운 마음이나 존경하는 마음을 전하는 것이 좋습니다.

# 7 글을 읽고 소개해요

1 시현, 진영    2 ❸    3 ⑤

1 주희는 자신이 읽은 글을 다른 사람에게 소개하지는 않았습니다.

2 주어진 내용은 책에서 가장 인상 깊은 부분과 그 까닭을 말한 내용입니다.

3 주어진 내용은 책을 읽고 나서 떠올린 생각이나 느낌을 쓴 부분입니다.

---

**단원평가** 기본 ●————————————● 57~59쪽 ●

01 앉아서 하는 피구    02 (1) (놀이를 위해) 준비할 내용 (2) ⑩ 교실에 있는 책상을 모두 뒤로 밀어 가로로 긴 네모 모양으로 피구장을 만들고 학급 친구 전체를 두 편으로 나눕니다.    03 ⑤
04 ⑤    05 ④    06 ⑤    07 ㉯
08 (1) 캐나다 (2) ⑩ 캐나다에서 많이 자라는 설탕단풍 나무의 잎이 국기에 그려져 있기 때문입니다.
09 ①    10 ②, ⑤    11 『바위나리와 아기별』
12 ④    13 ②    14 (3) ○    15 ②

01 글쓴이는 공 하나로 교실에서 쉽게 즐길 수 있는 놀이인 '앉아서 하는 피구'에 대해 소개하고 있습니다.

02 글 ㉮에는 놀이 이름과 놀이를 위해 준비할 내용이 소개되어 있습니다. 앉아서 하는 피구를 하려면 가로로 긴 네모 모양으로 피구장을 만들고 학급 친구 전체를 두 편으로 나누어야 한다고 했습니다.

| 채점 기준 | |
|---|---|
| 상 | (1)에 '(놀이를 위해) 준비할 내용'을 쓰고, (2)에 '앉아서 하는 피구'를 하기 위해 준비할 내용을 모두 바르게 정리하여 쓴 경우 |
| 중 | (1)에 '(놀이를 위해) 준비할 내용'을 썼지만, (2)에 '교실에 있는 책상을 모두 뒤로 민다.'와 같이 준비할 내용을 일부만 쓴 경우 |
| 하 | (1)에 '(놀이를 위해) 준비할 내용'만 쓴 경우 |

03 공을 던져서 맞히면 맞은 사람은 밖으로 나가지 않습니다.

04 앉은 자세에서 무릎을 한쪽이라도 펴서 일어나는 자세가 되면 누구든 피구장 밖으로 나가야 합니다. ②와 같이 튀긴 공에 맞았을 때에는 밖으로 나가지 않습니다.

05 진혁이와 희아는 자신이 읽은 글을 어머니와 친구에게 소개한 경험을 말했습니다.

06 국기는 그 나라를 나타내는 깃발이기 때문에 월드컵 개막식 때 각 나라를 대표하는 선수들이 국기를 들고 입장합니다.

07 캐나다 사람들은 국기에 빨간 단풍잎을 그려 넣었습니다.

08 글 ㉯에서 캐나다 국기에 빨간 단풍잎이 그려진 것을 예로 들며 국기에는 그 나라의 자연이 담겨 있다고 하였습니다.

| 채점 기준 | |
|---|---|
| 상 | (1)에 '캐나다'를 쓰고, (2)에 그 나라의 국기에 자연이 담겨 있다고 한 까닭을 바르게 파악하여 쓴 경우 |
| 하 | (1)에 '캐나다'를 썼지만, (2)에 자연과 관계없는 내용을 쓰거나 답을 쓰지 못한 경우 |

09 글에서 나라를 세운 이야기를 국기에 그려 넣었다고 한 것으로 보아, ㉠에는 '전설'이 들어가기에 알맞습니다.

10 멕시코 국기에는 독수리와 독사와 선인장이 나오는 아즈텍족의 전설이 담겨 있다고 하였으므로, 독수리와 독사, 선인장이 그려져 있을 것입니다.

11 글쓴이가 학교에서 『바위나리와 아기별』이라는 책을 읽고 쓴 독서 감상문입니다.

12 ㉠은 글쓴이가 책을 어떻게 읽게 되었는지를 쓴 부분입니다.

13 주어진 뜻을 가진 낱말은 '간호하다'입니다.

14 아이들은 나뭇잎 모양으로 만든 책 나무 환경판에 독서 감상문을 써서 교실을 꾸몄습니다.

15 친구들이 쓴 독서 감상문을 보면서 하는 말이므로, ㉠에는 독서 감상문의 특징과 관련된 말이 들어가기에 알맞습니다. 독서 감상문의 특징으로 알맞은 것은 ②입니다.

**01** ③, ④  **02** 교실  **03** ⑤  **04** ①, ④
**05** ①  **06** 예 학습 만화를 보고 비가 왜 내리는지를 새롭게 알아서 동생에게 얘기해 준 적이 있습니다.  **07** ③  **08** ④  **09** 예 독수리와 독사와 선인장이 나오는 아즈텍족의 전설이 담겨 있습니다. **10** 수지  **11** ㉮  **12** 1949년
**13** (1) 조화로운 우주 (2) 우리나라 사람들의 평화를 사랑하는 마음 (3) 하늘, 땅, 물, 불  **14** ①
**15** ③  **16** ①, ③  **17** ①  **18** (1) 바위나리 (2) 아기별 (3) 바다 **19** 예 독서 감상문에는 책을 읽은 뒤에 든 생각이나 느낌을 씁니다.
**20** 준현

**01** ①은 두 번째 문단, 세 번째 문단, 네 번째 문단에서 소개하였고, ②와 ⑤는 첫 번째 문단에서 소개하였습니다.

**02** 앉아서 하는 피구는 공 하나로 교실에서 쉽게 즐길 수 있는 놀이입니다.

**03** 앉아서 하는 피구는 규칙이 피구와 같으며, 놀이를 하다가 밖으로 나간 친구는 놀이가 끝날 때까지 놀이를 지켜봐야 합니다. 또한 책상을 모두 뒤로 민 뒤 학급 친구 전체를 두 편으로 나누고, 공 하나로 놀이를 합니다.

**04** 앉아서 하는 피구를 할 때 밖으로 나가는 경우에 해당하는 것은 ①과 ④입니다.

**05** 글의 마지막 문단에서 앉아서 하는 피구는 어느 한 편의 친구 모두가 밖으로 나가면 놀이가 끝난다고 하였습니다.

**06** 글을 읽고 새롭게 안 내용과 그 내용을 누구에게 소개했는지 정리하여 써 봅니다.

| 채점 기준 | |
| --- | --- |
| 상 | 글을 읽고 새롭게 안 내용과 그 내용을 누구에게 소개했는지 한 문장으로 바르게 정리하여 쓴 경우 |
| 중 | 글을 읽고 새롭게 안 내용과 그 내용을 누구에게 소개했는지 썼지만 문장이 매끄럽지 않은 경우 |
| 하 | 글을 읽고 새롭게 안 내용만 쓴 경우 |

**07** 캐나다 국기에는 캐나다에서 많이 자라는 설탕단풍 나무의 잎이 그려져 있습니다. 그리고 캐나다 국기를 통해 국기에는 그 나라의 자연이 담겨 있음을 알 수 있습니다.

**08** 캐나다에는 설탕단풍 나무가 많이 자라서 캐나다 국기에 빨간 단풍잎을 그려 넣은 것입니다.

**09** 멕시코 국기에는 독수리, 독사, 선인장이 나오는 아즈텍족의 전설이 담겨 있습니다.

| 채점 기준 | |
| --- | --- |
| 상 | 독수리, 독사, 선인장이 나오는 아즈텍족의 전설이 담겨 있다는 내용을 포함하여 쓴 경우 |
| 하 | '아즈텍족의 전설'과 같이 답을 간단하게 쓴 경우 |

**10** 캐나다와 멕시코 국기를 예로 들어 국기에 담긴 뜻을 설명한 글을 읽고 소개할 내용을 바르게 말한 친구는 수지입니다.

**11** 미국 국기는 미국 땅이 점점 커져 주가 생길 때마다 국기의 별이 하나씩 늘어나 처음과 현재의 국기 모양이 다릅니다.

**12** 그동안 무늬가 조금씩 달랐던 태극기는 1949년에 지금의 태극기 모습으로 정해졌습니다.

**13** 태극기의 흰색은 우리나라 사람들의 평화를 사랑하는 마음을, 태극 문양은 조화로운 우주를, 네 모서리의 사괘는 하늘, 땅, 물, 불을 뜻합니다.

**14** 그림 속 친구는 '책 보여 주며 말하기' 방법으로 책 표지를 보여 주며 제목을 말하고 있습니다.

**15** 독서 감상문에 책을 읽게 된 까닭, 책 내용, 인상 깊은 부분, 책을 읽은 뒤에 든 생각이나 느낌을 씁니다. 책을 읽는 사람을 쓸 필요는 없습니다.

**16** 글 **가**에는 책 제목과 그 책을 읽게 된 까닭을, 글 **나**에는 책 내용을, 글 **다**에는 인상 깊은 부분을 썼습니다.

**17** 친구가 없어 늘 외로웠던 것은 바닷가에 핀 바위나리입니다.

**18** 글 **다**에서 글쓴이가 가장 기억에 남는다고 한 장면은 무엇인지 찾아봅니다.

**19** 주어진 글의 내용은 『바위나리와 아기별』이라는 책을 읽고 든 생각이나 느낌을 쓴 것입니다.

| 채점 기준 | |
| --- | --- |
| 상 | '생각이나 느낌을 쓴다'는 내용을 포함하여 쓴 경우 |
| 하 | 주어진 내용과 관련이 없는 독서 감상문의 특징을 나열하여 쓴 경우 |

**20** 선영이와 주하가 말한 내용은 독서 감상문을 쓰는 방법과 맞지 않습니다.

# 8 글의 흐름을 생각해요

1 ㉠~㉢ 중에서 시간을 짐작할 수 있게 해 주는 말은 ㉡입니다. ㉠은 이야기에 나온 인물을 알 수 있게 해 주는 말이고, ㉢은 인물이 한 일(사건)을 알 수 있게 해 주는 말입니다.

2 이 글은 장소가 바뀌면서 사건이 변하는 글입니다. 따라서 이동한 장소와 각 장소에서 한 일을 중심으로 간추려야 합니다.

3 이 글에는 시간 흐름과 장소 변화가 잘 드러나 있습니다. '학교, 직업 체험관, 소품 설계관'은 장소 변화를 알 수 있는 부분이고, '열 시'는 시간 흐름을 알 수 있는 부분입니다.

01 할아버지는 베짱이의 말을 듣고 자신이 작게 줄어들었다는 것을 알았습니다.

02 ㉠~㉢ 중 시간의 흐름을 알 수 있는 말은 ㉡'그날 밤'입니다.

03 이 글은 실 여러 가지 색깔 실을 엮어 만든 팔찌를 만드는 차례를 설명하는 글입니다.

04 '길거나 복잡하지 않다.'라는 뜻의 '간단하다'와 뜻이 비슷한 낱말은 '쉽다'입니다. '쉽다'는 '하기가 까다롭거나 힘들지 않다.'라는 뜻입니다.

05 문단 ㉯는 차례를 나타내는 말인 '첫 번째' 뒤에 문단의 중요한 내용이 나와 있습니다.

| 채점 기준 | |
|---|---|
| 상 | (1)에 '첫 번째'를 쓰고, (2)에 (1)에서 답한 차례를 나타내는 말인 '첫 번째'를 넣어 문단 ㉯의 내용을 바르게 간추려 쓴 경우 |
| 중 | (1)에 '첫 번째'라고 썼지만, (2)에 (1)의 차례를 나타내는 말을 넣지 않고 답을 쓴 경우 |
| 하 | (1)에 '첫 번째'만 쓴 경우 |

06 이 글을 읽고 감기약을 먹는 방법에 대해 알 수 있습니다.

07 두 번째 문단에서 감기약을 먹다가 몸이 나았다고 생각해 약을 그만 먹으면 감기가 더 심해지거나 나중에 감기약을 먹어도 낫지 않을 수 있다고 하였습니다.

08 글쓴이는 가장 먼저 고인돌 박물관에 간 뒤 동림 저수지에 갔습니다. 그리고 마지막으로 선운사에 갔습니다.

09 글쓴이는 동림 저수지에서 간간이 물 위로 날아오르는 가창오리들을 보았습니다. ②와 ④는 선운사에서 본 것이고, ③과 ⑤는 고인돌 박물관에서 본 것입니다.

10 여행한 장소 변화에 따라 쓴 글이므로, 장소 변화와 각 장소에서 한 일에 주의하며 글의 내용을 간추려야 합니다.

11 체험 학습 계획을 세울 때 민기가 낸 의견에 따라 집안 어른들께 선물로 드릴 만한 물건을 만들기 위해서 소품 설계관을 첫 번째 체험 활동 장소로 정했습니다.

12 글쓴이가 간 곳을 알 수 있는 부분은 ㉠'소품 설계관'입니다.

13 글쓴이네 모둠은 열한 시에 제빵 학원에 가서 체험관 선생님께서 알려 주시는 차례를 그대로 따라 해서 크림빵을 만들었습니다.

| 채점 기준 | |
|---|---|
| 상 | (1)에 '제빵 학원'을 쓰고, (2)에 글쓴이가 그곳에서 한 일을 바르게 쓴 경우 |
| 하 | (1)에 '제빵 학원'만 쓴 경우 |

14 '괴산'이라는 지명의 변화 과정을 소개하기 위해 쓴 글입니다.

15 '괴산'이라는 지명의 변화를 시간 차례대로 쓴 글입니다.

**01** ④　　**02** 예 할아버지는 마법 열매를 먹고 몸이 본래 크기로 돌아왔습니다.　　**03** ①
**04** (1) ○　**05** ㉢　**06** ②, ③　**07** ①
**08** 곤충관 → 야행관　　**09** 예 톱사슴벌레는 몸 색깔이 갈색이고 톱날 모양의 큰턱이 있습니다. 먹이를 먹는 톱사슴벌레를 볼 수 있었습니다.
**10** ②　　**11** (1) ㉡ (2) ㉠, ㉢, ㉣, ㉤
**12** 소방서　**13** ④　　**14** ①, ②　**15** 예 방송국에서 아나운서가 되어 뉴스를 전하는 체험을 하고 싶습니다.　**16** 가　　**17** ①
**18** 소나무 동산　　**19** ②　　**20** ⑤

**01** '다음 날 밤'을 통해 시간의 흐름을 알 수 있습니다.

**02** 쥐들에게서 마법 열매를 얻은 이야기 할아버지에게 일어난 일을 정리하여 써 봅니다.

| 채점 기준 | |
|---|---|
| 상 | 할아버지가 마법 열매를 먹은 일과 할아버지의 몸이 본래 크기로 돌아온 일을 모두 넣어 한 문장으로 바르게 쓴 경우 |
| 하 | '마법 열매를 먹었습니다.' 또는 '몸이 본래 크기로 돌아왔습니다.' 중에서 한 가지만 쓴 경우 |

**03** 글 가와 나 모두 일 차례를 알려 주는 글로, 글 가는 세 가닥 땋기를 하는 차례를, 글 나는 실 팔찌를 만드는 차례를 설명하는 글입니다.

**04** 글 나에서 실 팔찌를 만들려면 서로 다른 색깔의 털실 세 줄과 셀로판테이프만 있으면 된다고 하였습니다.

**05** ㉠'먼저', ㉡'두 번째', ㉣'세 번째', ㉤'첫 번째'는 차례를 나타내는 말입니다.

**06** 감기약을 먹는 방법을 알려 주는 글로, 일의 차례가 정해져 있지 않고 차례를 나타내는 말도 나오지 않습니다.

**07** ㉠은 감기약을 먹는 방법에 대해 설명한 부분이 아닙니다.

**08** 글쓴이는 가장 먼저 곤충관을 갔고 이어서 야행관을 갔습니다.

**09** 글쓴이가 곤충관에서 관찰한 톱사슴벌레에 대한 내용을 간추려 써 봅니다.

| 채점 기준 | |
|---|---|
| 상 | 곤충관에서 관찰한 톱사슴벌레에 대한 내용을 자세히 정리하여 쓴 경우 |
| 중 | 톱사슴벌레에 대한 내용 중 일부 내용만을 답으로 쓴 경우 |
| 하 | '톱사슴벌레를 보았다.'와 같이 곤충관에서 관찰한 것만 쓴 경우 |

**10** 수리부엉이는 주로 밤에 활동하는 동물들이 있는 야행관에 있습니다.

**11** ㉡은 시간 흐름을 알 수 있는 부분에 해당하고, 나머지는 장소 변화를 알 수 있는 부분에 해당합니다.

**12** 글쓴이는 오후 한 시에 소방서에 가서 소방관 체험을 하였습니다.

**13** 글쓴이는 소품 설계관에서 소품을 만들고 열한 시에 제빵 학원에 가서 크림빵을 만들었습니다. 그리고 열두 시에 중앙 광장에서 점심을 먹고, 한 시에 소방서에 가서 소방관 체험을 하였습니다.

**14** 글쓴이는 원래 소방관에는 관심이 없었는데, 체험해 보니 적성에도 잘 맞고 보람도 있어서 미래에 소방관이 되어도 좋겠다고 생각했습니다.

**15** 자신이 미래에 되고 싶거나 관심 있는 직업을 체험할 수 있는 곳과 그곳에서 하고 싶은 일을 정리하여 써 봅니다.

| 채점 기준 | |
|---|---|
| 상 | 직업 체험관에서 가고 싶은 장소와 그곳에서 하고 싶은 일을 한 문장으로 바르게 정리하여 쓴 경우 |
| 중 | 직업 체험관에서 가고 싶은 장소와 그곳에서 하고 싶은 일을 한 문장으로 썼지만 문장이 매끄럽지 않은 경우 |
| 하 | 직업 체험관에서 가고 싶은 장소만 쓴 경우 |

**16** 글 가는 지역 특산물인 한지에 대해 소개하는 글이고, 글 나는 산막이 옛길을 안내하는 글입니다.

**17** 한지를 만들려면 가장 먼저 닥나무를 잘라야 합니다.

**18** 글 나에서 차돌 바위 나루를 지나면 소나무 동산에 이를 수 있다고 하였습니다.

**19** 지역 특산물인 한지를 소개하는 글 가는 일 차례대로, 산막이 옛길을 안내하는 글 나는 장소 변화대로 쓰였습니다.

**20** ⑤는 다 쓴 글을 친구들과 바꾸어 읽은 뒤에 할 일입니다.

# 9 작품 속 인물이 되어

**1** ⑤      **2** ㉠      **3** (2) ○

**1** 투루에게 자신만만하게 말하는 것으로 보아, 무툴라는 자신감이 있는 성격입니다.

**2** 호랑이가 자신을 구해 달라고 사정하며 한 말인 ㉠을 간절한 말투로 읽어야 합니다. ㉡은 나그네가 궤짝 안에 호랑이가 있는 것을 보고 놀라며 한 말이므로, 깜짝 놀란 말투로 읽는 것이 어울립니다.

**3** 토끼가 ㉠과 같은 행동을 한 뒤 웃으면서 알았다고 한 것으로 보아, 기쁜 표정으로 ㉠과 같은 행동을 했음을 짐작할 수 있습니다.

**단원 평가 기본** ● 73~75쪽 ●

**01** 무툴라    **02** ④    **03** ②    **04** 재은
**05** ①    **06** ⑤    **07** (1) 나그네 (2) 예 남을 걱정하고 잘 돕는 성격입니다.    **08** ③
**09** (3) ○    **10** ②    **11** ④, ㉐    **12** 토끼
**13** (1) ㉡ (2) 예 답답한 표정으로 가슴을 치며 큰 소리로 말할 것 같습니다.    **14** ③, ⑤    **15** ①

**01** 코로로 언덕의 굴속에 살고 있는 산토끼는 무툴라입니다.

**02** 몸집이 크고 자신을 무시하는 투루에게 크게 소리친 것으로 보아, 무툴라는 용기 있는 성격이라는 것을 짐작할 수 있습니다.

**03** ㉡은 무툴라를 무시하며 한 말이므로, 거만한 표정으로 읽는 것이 어울립니다.

**04** ㉠은 무툴라가 투루와 쿠부를 골려 주기 위해 한 말이므로, 웃음이 나오려는 것을 억지로 참으며 말하는 것이 어울립니다.

**05** 무툴라는 자신의 꾀에 넘어간 투루와 쿠부를 보면서 통쾌한 마음이 들었을 것입니다.

**06** 호랑이는 궤짝에서 나오더라도 절대로 나그네를 잡아먹지 않겠다고 약속했습니다.

**07** 호랑이의 부탁을 무시하지 못하고 궤짝 문을 열어 준 것은 나그네입니다. 이런 행동으로 보아 나그네가 남을 걱정하고 잘 돕는 성격임을 알 수 있습니다.

| 채점 기준 | |
| --- | --- |
| 상 | (1)에 '나그네'를 쓰고, (2)에 나그네의 성격을 바르게 파악하여 쓴 경우 |
| 하 | (1)에 '나그네'만 쓴 경우 |

**08** 호랑이가 약속을 지키지 않고 나그네를 잡아먹으려고 하는 상황이므로, ㉠과 같은 나그네의 말은 억울해하는 말투로 읽는 것이 좋습니다.

**09** 소나무는 자신이 사람에게 맑은 공기를 마시게 해 주는데도 사람이 자신을 마구 꺾고 베어 버리기 때문에 호랑이가 옳다고 하였습니다.

**10** 약속을 지키지 않았으면서도 은혜 모르기는 사람이 더하다며 오히려 당당하게 행동한 것으로 보아, 호랑이가 뻔뻔한 성격임을 짐작할 수 있습니다.

**11** 나그네가 설명을 잘 못한 것이 아니라 토끼가 호랑이를 다시 궤짝에 가두려고 나그네의 말을 일부러 못 알아듣는 척한 것입니다. 따라서 ㉐는 글의 내용을 바르게 이해하지 못한 것입니다.

**12** 나그네는 지나가던 토끼에게 궤짝 속에 갇힌 호랑이를 살려 준 자신과 자신을 잡아먹으려는 호랑이 중에서 누가 옳은지 재판을 해 달라고 부탁하였습니다.

**13** ㉡은 나그네의 말을 계속 이해하지 못하는 토끼를 보고 호랑이가 답답해하며 한 말입니다. 호랑이의 마음을 잘 나타낼 수 있는 표정, 몸짓, 말투를 써 봅니다.

| 채점 기준 | |
| --- | --- |
| 상 | (1)에 '㉡'을 쓰고, (2)에 상황에 어울리는 호랑이의 표정, 몸짓, 말투를 모두 바르게 쓴 경우 |
| 중 | (1)에 '㉡'을 썼지만, (2)에 상황에 어울리는 호랑이의 표정, 몸짓, 말투 중 한두 가지만 바르게 쓴 경우 |
| 하 | (1)에 '㉡'만 쓴 경우 |

**14** 토끼가 웃으며 사라진 까닭은 호랑이가 자신의 꾀에 속아 다시 궤짝 속에 갇혔고, 죄 없는 나그네를 구할 수 있게 되었기 때문입니다.

**15** 꾀를 내어 호랑이를 다시 궤짝 속에 들어가게 한 것으로 보아, 토끼는 지혜로운 성격임을 짐작할 수 있습니다.

**01** ①　　**02** ㉠　　**03** 예 자신만만한 표정으로 팔짱을 끼면서 큰 목소리로 말할 것 같습니다.
**04** ②　　**05** (1) 투루, 쿠부　(2) 무툴라
**06** ⑤　　**07** ④　　**08** 예 나그네가 호랑이를 궤짝에서 꺼내 주자 호랑이가 나그네를 잡아먹으려고 함.　**09** ④　　**10** 현수, 민영
**11** ①　　**12** ③　　**13** ②　　**14** 호랑이
**15** (1) 예 통쾌하다.　(2) 예 즐거운 표정으로 빠르게 움직이며 기쁜 말투로　**16** ④　　**17** ⑤
**18** ㉮, ㉯　　**19** 민재, 연아　　**20** (1) ㉮
(2) ㉰　(3) ㉯

---

**01** "감히 내 아침잠을 방해하다니!"라는 말을 통해 쿠부가 화가 난 까닭을 짐작할 수 있습니다.

**02** ㉠은 잘난 체하는 쿠부의 성격이 드러난 행동이 아닙니다.

**03** ㉣은 무툴라가 자신만만해하며 한 말입니다. 자신감이 넘칠 때 어떤 표정, 몸짓, 말투로 말하는지 떠올려 봅니다.

| 채점 기준 | |
|---|---|
| 상 | 상황에 어울리는 무툴라의 표정, 몸짓, 말투를 모두 바르게 쓴 경우 |
| 중 | 상황에 어울리는 무툴라의 표정, 몸짓, 말투 중 두 가지만 바르게 쓴 경우 |
| 하 | 상황에 어울리는 무툴라의 표정, 몸짓, 말투 중 한 가지만 바르게 쓴 경우 |

**04** 줄다리기를 한 인물은 투루와 쿠부입니다. 무툴라는 투루와 쿠부에게 줄다리기를 하게 만든 인물입니다.

**05** 해가 질 때까지 줄다리기를 한 투루와 쿠부는 어리석은 성격이고, 투루와 쿠부가 줄다리기를 하게 만들고 덤불숲에서 이를 지켜본 무툴라는 꾀가 많은 성격입니다.

**06** 나그네에게 궤짝 문을 열어 주면 절대 나그네를 잡아먹지 않겠다고 약속하는 상황에 어울리는 몸짓은 ⑤입니다.

**07** 나그네는 호랑이를 구해 준 것을 후회하는 마음이 들었을 것입니다.

**08** 호랑이가 나그네에게 부탁을 한 뒤에 일어난 일을 정리하여 한 문장으로 써 봅니다.

| 채점 기준 | |
|---|---|
| 상 | 나그네가 호랑이를 궤짝에서 꺼내 주었다는 내용과 호랑이가 나그네를 잡아먹으려고 했다는 내용을 한 문장으로 정리하여 쓴 경우 |
| 중 | 호랑이가 나그네에게 구해 달라는 부탁을 한 뒤에 일어난 일을 썼으나 문장이 매끄럽지 않은 경우 |
| 하 | 나그네가 호랑이를 궤짝에서 꺼내 주었다는 내용과 호랑이가 나그네를 잡아먹으려고 했다는 내용 중에서 한 가지만 쓴 경우 |

**09** ㉠과 ㉡은 억울한 말투가, ㉢과 ㉤은 다급한 말투가 어울립니다.

**10** 상황을 다 알면서도 호랑이가 옳다고 한 소나무는 냉정하고 이기적인 성격입니다.

**11** ㉠에는 손을 젓는 몸짓이 어울립니다.

**12** 호랑이는 나그네의 설명을 잘 못 알아듣는 토끼가 답답하였습니다.

**13** ㉡은 나그네가 토끼에게 고마움을 표현하는 말이므로, 기쁜 표정이 어울립니다.

**14** 말귀를 못 알아듣는 토끼에게 답답해하며 화를 낸 호랑이가 화를 잘 내는 성격입니다.

**15** 호랑이를 다시 궤짝 속에 들어가게 한 뒤 궤짝을 재빨리 잠그는 상황에서 토끼는 어떤 마음이 들었을지, 그때 어떤 표정과 몸짓, 말투를 하였을지 상상해 봅니다.

| 채점 기준 | |
|---|---|
| 상 | (1)에 상황에 어울리는 토끼의 마음을 쓰고, (2)에 그때의 표정, 몸짓, 말투를 모두 바르게 답한 경우 |
| 하 | (1)에 상황에 어울리는 토끼의 마음만 파악하여 간단히 쓴 경우 |

**16** 연극 발표회 때 소품은 실제 극본 속의 것과 똑같이 준비하지 않아도 됩니다.

**17** 극본에 있는 인물들의 역할을 정해 연습해야 합니다. 한 사람이 여러 가지 역할을 맡거나 한 가지 역할을 여러 명이 나누어 맡아도 됩니다.

**18** 다른 친구들이 발표할 때 연습하지 않아야 하고, 발표를 끝낸 후에 친구에게 박수를 보내야 합니다.

**19** 상대를 바라보면서 말과 행동을 해야 하므로, 다운이처럼 바닥만 보는 것은 바르지 않습니다.

**20** 연극을 준비할 때, 연극 발표회를 할 때, 연극을 관람할 때 해야 할 일을 차례대로 확인합니다.

# 수학

## 1 곱셈

**단원평가 기본 1회** ●————— 83~85쪽 ●

01  
$$\begin{array}{r} \overset{2}{\phantom{0}}2\,1\,6 \\ \times\phantom{00}4 \\ \hline 8\,6\,4 \end{array}$$

**02** 528  **03** >

**04** 366개  **05** 1825

**06** (위에서부터) 240 / 10 / 2400

**07** (1) 800 (2) 960

**08** (선 연결)

**09** 1240분  **10** ㉡  **11** 102

**12** 524  **13** ㉠, ㉢, ㉡  **14** 279쪽

**15** 504  **16** ( )( ○ )  **17** 1386

**18** 37, 53에 색칠  **19** 991

**20** 2425

**03** $251 \times 7 = 1757$, $468 \times 3 = 1404$ ➡ $1757 > 1404$

**04** (산 전체 아몬드의 수)=$122 \times 3 = 366$(개)

**05** ❶ 100이 3개, 10이 6개, 1이 5개인 수는
$300 + 60 + 5 = 365$입니다.
❷ 365의 5배는 $365 \times 5 = 1825$입니다.

| 채점 기준 | |
|---|---|
| 상 | 풀이 과정을 완성하여 설명하는 수의 5배는 얼마인지 구한 경우 |
| 중 | 풀이 과정을 완성했지만 일부가 틀린 경우 |
| 하 | 답만 쓴 경우 |

**09** $40 \times 31 = 31 \times 40 = 1240$(분)

**10** ❶ ㉠ $39 \times 50 = 1950$  ㉡ $40 \times 40 = 1600$
❷ $1950 > 1600$이므로 계산 결과가 더 작은 것은 ㉡
입니다.

| 채점 기준 | |
|---|---|
| 상 | 풀이 과정을 완성하여 계산 결과가 더 작은 것의 기호를 쓴 경우 |
| 중 | 풀이 과정을 완성했지만 일부가 틀린 경우 |
| 하 | 답만 쓴 경우 |

**12** $9 \times 32 = 288$, $4 \times 59 = 236$ ➡ $288 + 236 = 524$

**13** 235(㉠) > 196(㉢) > 192(㉡)

**14** 7월은 31일까지 있습니다.
➡ $9 \times 31 = 279$(쪽)

**16** $39 \times 11 = 429$, $26 \times 16 = \boxed{416}$

**17** $22 < 30 < 45 < 63$이므로 가장 작은 수는 22이고,
가장 큰 수는 63입니다. ➡ $22 \times 63 = 1386$

**18** $37 \times 64 = 2368$, $37 \times 53 = 1961$, $64 \times 53 = 3392$
이므로 곱하여 1961이 되는 두 수는 37과 53입니다.

**19** $45 \times 22 = 990$
따라서 $990 < \square$이므로 $\square$ 안에 들어갈 수 있는 가
장 작은 세 자리 수는 991입니다.

**20** ❶ $9 > 7 > 5 > 2$이므로 만들 수 있는 두 자리 수 중
에서 가장 큰 수는 97, 가장 작은 수는 25입니다.
❷ 두 수의 곱은 $97 \times 25 = 2425$입니다.

| 채점 기준 | |
|---|---|
| 상 | 풀이 과정을 완성하여 만들 수 있는 두 자리 수 중에서 가장 큰 수와 가장 작은 수의 곱을 구한 경우 |
| 중 | 풀이 과정을 완성했지만 일부가 틀린 경우 |
| 하 | 답만 맞은 경우 |

**단원평가 기본 2회** ●————— 86~88쪽 ●

**01** 3, 963  **02** 408, 1224  **03** 1317 cm

**04** 526 / 532, 1064  **05** ㉠

**06** 3200  **07** 수림

**08** $55 \times 60$에 색칠  **09** 550

**10** 나 제과점  **11** 234

**12** (왼쪽에서부터) 2, 1, 3  **13** 7

**14** 260개  **15** 1943  **16** ( )( ○ )

**17** ㉠, ㉣  **18** 1995  **19** 567쪽

**20** 2205

**03** (삼각형의 세 변의 길이의 합)
$$=439+439+439=439\times3=1317\,(cm)$$

**04** $263\times2=526,\ 526+6=532,\ 532\times2=1064$

**05** ❶ ㉠ 378을 5번 더한 수는 $378\times5$와 같습니다.
$$\Rightarrow 378\times5=1890$$
㉡ 725와 3의 곱 ➡ $725\times3=2175$
❷ $2000-1890=110,\ 2175-2000=175$이므로
계산 결과가 2000에 더 가까운 것은 ㉠입니다.

| 채점 기준 | |
|---|---|
| 상 | 풀이 과정을 완성하여 계산 결과가 2000에 더 가까운 것의 기호를 쓴 경우 |
| 중 | 풀이 과정을 완성했지만 일부가 틀린 경우 |
| 하 | 답만 쓴 경우 |

**07** 혜성: $72\times60=4320$

**08** $36\times90=3240,\ 55\times60=\boxed{3300}$

**09** • $40\times30=1200$이므로 ㉠$=1200$입니다.
• $25\times70=1750$이므로 ㉡$=1750$입니다.
➡ ㉡$-$㉠$=1750-1200=550$

**10** • 가 제과점: $32\times40=1280$(개)
• 나 제과점: $24\times70=\boxed{1680}$(개)

**12** $5\times53=265,\ 6\times49=294,\ 8\times27=216$
➡ $294>265>216$

**13** • 일의 자리 계산: $4\times8=32$
• 십의 자리 계산: $4\times\square$와 올림한 수 3을 더한 값
이 31이 되어야 하므로
$4\times\square=28$입니다. ➡ $\square=7$

**14** ❶ (봉지에 담은 귤의 수)$=7\times36=252$(개)
❷ 봉지에 담고 남은 귤이 8개이므로 귤은 모두
$252+8=260$(개)입니다.

| 채점 기준 | |
|---|---|
| 상 | 풀이 과정을 완성하여 귤은 모두 몇 개인지 구한 경우 |
| 중 | 풀이 과정을 완성했지만 일부가 틀린 경우 |
| 하 | 답만 쓴 경우 |

**15** 사각형 안에 있는 수는 67, 29입니다.
➡ $67\times29=1943$

**16** $68\times29=1972,\ 42\times56=2352$이므로 계산 결과
가 2352인 것은 $42\times56$입니다.

**17** ㉠ $61\times38=\boxed{2318}$ ㉡ $59\times55=3245$
㉢ $74\times43=3182$ ㉣ $92\times26=\boxed{2392}$

**18** ㉠ 10이 5개, 1이 7개인 수는 57입니다.
㉡ 10이 3개, 1이 5개인 수는 35입니다.
➡ ㉠$\times$㉡$=57\times35=1995$

**19** 3주는 $7\times3=21$(일)이므로 3주 동안 읽을 수 있는
역사책은 모두 $27\times21=567$(쪽)입니다.

**20** ❶ 어떤 수를 $\square$라고 하면
$\square+49=94,\ \square=94-49=45$입니다.
❷ 바르게 계산한 값은 $45\times49=2205$입니다.

| 채점 기준 | |
|---|---|
| 상 | 풀이 과정을 완성하여 바르게 계산한 값은 얼마인지 구한 경우 |
| 중 | 풀이 과정을 완성했지만 일부가 틀린 경우 |
| 하 | 답만 쓴 경우 |

**단원평가 실전** • 89~91쪽

| | | |
|---|---|---|
| **01** 369, 774 | **02** 859에 ○표 | **03** 9 |
| **04** 590원 | **05** 3 | **06** 2200 |
| **07** ㉡ | **08** 가지, 120개 | **09** 3760 |
| **10** 1, 2, 3, 4 | **11** 592 | **12** 기, 러, 기 |
| **13** 413개 | **14** 267분 | **15** 2100 |
| **16** ③ | **17** 3개 | **18** 1247 m |
| **19** 821 cm | **20** 36쪽, 37쪽 | |

**02** $215\times4=860$이므로 $\square$ 안에 들어갈 수 있는 수는
860보다 더 작은 859입니다.

**03** $\square\times6$의 일의 자리 수가 4이므로 $4\times6=24$,
$9\times6=54$에서 $\square=4$ 또는 $\square=9$입니다.
• $\square=4$일 때: $464\times6=2784\,(\times)$
• $\square=9$일 때: $469\times6=2814\,(\bigcirc)$

**04** (지우개 5개의 값)$=550\times5=2750$(원)
(연필 2자루의 값)$=830\times2=1660$(원)
(지우개와 연필 값의 합)$=2750+1660=4410$(원)
➡ (받아야 할 거스름돈)$=5000-4410=590$(원)

**05** (현진이가 걸은 거리)$=950\times5=4750\,(m)$
(찬호가 걸은 거리)$=7120-4750=2370\,(m)$
따라서 $790\times\blacktriangle=2370$에서 $790\times3=2370$이므
로 $\blacktriangle$에 알맞은 수는 3입니다.

**06** · $40 \times 50 = 2000$    · $60 \times 70 = 4200$

➡ $4200 - 2000 = 2200$

**07** ㉠ $80 \times 90 = 72\underline{00}$ ➡ 2개

㉡ $50 \times 80 = 4\underline{000}$ ➡ 3개

㉢ $75 \times 60 = 45\underline{00}$ ➡ 2개

따라서 0의 개수가 가장 많은 것은 ㉡입니다.

| 채점 기준 | |
|---|---|
| 상 | 풀이 과정을 완성하여 0의 개수가 가장 많은 것을 찾아 기호를 쓴 경우 |
| 중 | 풀이 과정을 완성했지만 일부가 틀린 경우 |
| 하 | 답만 쓴 경우 |

**08** (가지의 수) $= 24 \times 50 = 1200$(개)

(당근의 수) $= 36 \times 30 = 1080$(개)

따라서 $1200 > 1080$이므로 가지가 당근보다
$1200 - 1080 = 120$(개) 더 많습니다.

**09** · $38 \heartsuit 8 = $ (38과 8의 합) × (8의 5배인 수)

         $= 46 \times 40 = 1840$

· $92 \heartsuit 4 = $ (92와 4의 합) × (4의 5배인 수)

         $= 96 \times 20 = 1920$

➡ $1840 + 1920 = 3760$

**10** 42를 40으로 생각할 때 $40 \times \square 0 = 2000$의 □ 안에
알맞은 수를 알아보면 $40 \times \boxed{5}0 = 2000$입니다.

□ = 5이면 $42 \times 50 = 2100$으로 2000보다 크고

□ = 4이면 $42 \times 40 = 1680$으로 2000보다 작습니다.

따라서 □ 안에 들어갈 수 있는 수는 1, 2, 3, 4입니다.

**11** 짝수는 8과 74입니다. ➡ $8 \times 74 = 592$

**12** · $9 \times 36 = 324$ ➡ 기    · $13 \times 20 = 260$ ➡ 러

· $6 \times 54 = 324$ ➡ 기

**13** 4주일은 $7 \times 4 = 28$(일)이므로 윤재가 먹은 딸기는
$8 \times 28 = 224$(개)입니다.

3주일은 $7 \times 3 = 21$(일)이므로 지우가 먹은 딸기는
$9 \times 21 = 189$(개)입니다.

따라서 두 친구가 먹은 딸기는 모두
$224 + 189 = 413$(개)입니다.

| 채점 기준 | |
|---|---|
| 상 | 풀이 과정을 완성하여 두 친구가 먹은 딸기는 모두 몇 개인지 구한 경우 |
| 중 | 풀이 과정을 완성했지만 일부가 틀린 경우 |
| 하 | 답만 맞은 경우 |

**14** (자르는 횟수) $= 28 - 1 = 27$(번)

(나무를 자르는 데 걸리는 시간의 합)
$= 7 \times 27 = 189$(분)

(쉬는 횟수) $= 27 - 1 = 26$(번)

(쉬는 시간의 합) $= 3 \times 26 = 78$(분)

➡ (나무를 모두 자르는 데 걸리는 시간)
     $= 189 + 78 = 267$(분)

**15** 3과 7은 십의 자리 수이므로 두 수는 각각 30과 70
을 나타냅니다.

따라서 □ 안의 두 수의 곱은 실제로
$30 \times 70 = 2100$을 나타냅니다.

**16** ① 1360   ② 1287   ③ 930   ④ 1092   ⑤ 1458

**17** $28 \times 15 = 420$, $28 \times 25 = 700$, $28 \times 35 = 980$,
$28 \times 45 = 1260$, …이므로 계산 결과가 세 자리 수인
경우는 $28 \times \boxed{1}5 = 420$, $28 \times \boxed{2}5 = 700$,
$28 \times \boxed{3}5 = 980$입니다.

따라서 □ 안에 들어갈 수 있는 수는 1, 2, 3으로 모
두 3개입니다.

**18** $30 + 30 = 60$이므로 도로의 한쪽에 세울 가로등은
30개입니다. 도로의 처음부터 끝까지 가로등을 세
우므로 가로등 사이의 간격은 $30 - 1 = 29$(군데)입
니다. ➡ (도로의 길이) $= 43 \times 29 = 1247$ (m)

| 채점 기준 | |
|---|---|
| 상 | 풀이 과정을 완성하여 도로의 길이는 몇 m인지 구한 경우 |
| 중 | 풀이 과정을 완성했지만 일부가 틀린 경우 |
| 하 | 답만 맞은 경우 |

**19** (색 테이프 15장의 길이의 합) $= 65 \times 15 = 975$ (cm)

겹친 부분은 $15 - 1 = 14$(군데)이고 겹친 부분의 길
이의 합은 $11 \times 14 = 154$ (cm)입니다.

➡ (이어 붙인 색 테이프의 전체 길이)
     $= 975 - 154 = 821$ (cm)

**20** $30 \times 30 = 900$, $40 \times 40 = 1600$이므로 곱이 1332
인 두 수는 30과 40 사이에 있는 수입니다.

| 왼쪽 면의 쪽수(쪽) | 30 | 32 | 34 | 36 | … |
|---|---|---|---|---|---|
| 오른쪽 면의 쪽수(쪽) | 31 | 33 | 35 | 37 | … |
| 두 수의 곱 | 930 | 1056 | 1190 | 1332 | … |

따라서 $36 \times 37 = 1332$이므로 펼쳐진 두 면의 쪽
수는 각각 36쪽, 37쪽입니다.

# 2 원

## 핵심 개념 ●—————————● 92쪽

1 중심에 ○표     2 2 / 2, 8
3 2             4 점 ㄱ

## 단원평가 기본 1회 ●—————————● 93~95쪽

01 ㉠          02 (1) ㅇ (2) ㅇㄴ, ㅇㄷ
03 9, 9       04 민희
05 (예)

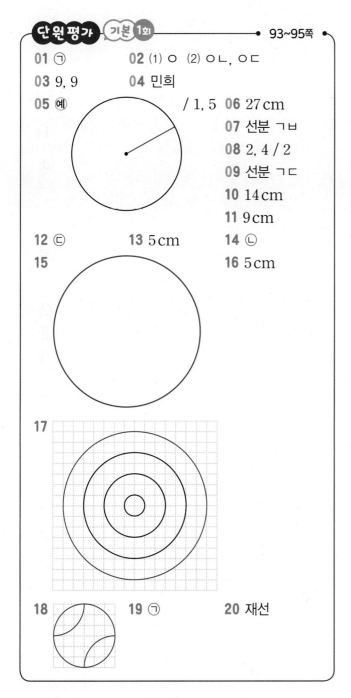

/ 1, 5   06 27 cm
07 선분 ㄱㅂ
08 2, 4 / 2
09 선분 ㄱㄷ
10 14 cm
11 9 cm
12 ㉢         13 5 cm      14 ㉡
15                          16 5 cm

17

18          19 ㉠          20 재선

03 한 원에서 반지름의 길이는 모두 같습니다.

04 민희: 한 원에서 원의 중심은 1개입니다.

06 ❶ 가의 지름: 12 cm, 나의 지름: 15 cm
   ❷ (가와 나의 지름의 길이의 합)
     =12+15=27 (cm)

---

| 채점 기준 | |
| --- | --- |
| 상 | 풀이 과정을 완성하여 가와 나의 지름의 길이의 합은 몇 cm인지 구한 경우 |
| 중 | 풀이 과정을 완성했지만 일부가 틀린 경우 |
| 하 | 답만 쓴 경우 |

09 지름은 원을 둘로 똑같이 나눕니다.

10 (지름)=(반지름)×2=7×2=14 (cm)

11 정사각형의 한 변의 길이는 원의 지름의 길이와 같으므로 반지름은 18÷2=9 (cm)입니다.

12 ❶ ㉡ 8×2=16 (cm)   ㉢ 10×2=20 (cm)
   ❷ ㉢ 14 cm< ㉠ 15 cm< ㉡ 16 cm< ㉣ 20 cm
   이므로 크기가 가장 작은 원은 ㉢입니다.

| 채점 기준 | |
| --- | --- |
| 상 | 풀이 과정을 완성하여 크기가 가장 작은 원을 찾아 기호를 쓴 경우 |
| 중 | 풀이 과정을 완성했지만 일부가 틀린 경우 |
| 하 | 답만 쓴 경우 |

13 컴퍼스를 벌린 길이는 원의 반지름의 길이와 같으므로 반지름은 5 cm입니다.

14 원의 중심인 점을 찾으면 ㉡입니다.

15 컴퍼스를 원의 반지름인 2 cm만큼 벌리고 원을 그립니다.

16 원의 지름은 10 cm이므로 원의 반지름은
   10÷2=5 (cm)입니다.
   따라서 컴퍼스를 원의 반지름인 5 cm만큼 벌려야 합니다.

17 원의 중심은 같고, 반지름이 모눈 2칸씩 늘어나는 원을 그리는 규칙입니다.

18 주어진 모양을 그리기 위해 컴퍼스의 침을 꽂아야 할 곳을 찾아 똑같은 모양을 그립니다.

19 ㉡은 원의 중심은 같고 반지름이 다른 원을 그린 모양입니다.

20 ❶

재선 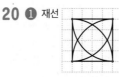          우진

4군데                5군데

❷ 4<5이므로 컴퍼스의 침을 꽂아야 할 곳이 더 적은 친구는 재선이입니다.

| 채점 기준 | |
|---|---|
| 상 | 풀이 과정을 완성하여 컴퍼스의 침을 꽂아야 할 곳이 더 적은 친구는 누구인지 쓴 경우 |
| 중 | 풀이 과정을 완성했지만 일부가 틀린 경우 |
| 하 | 답만 쓴 경우 |

**단원평가 기본 2회** ●──── 96~98쪽 ●

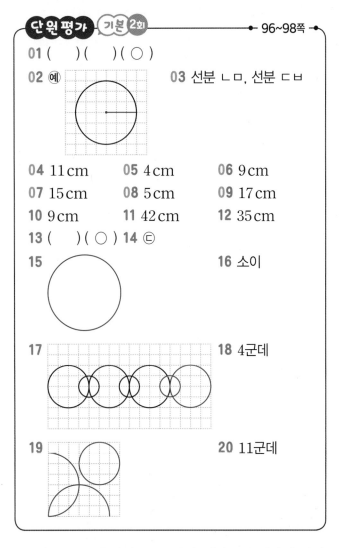

01 ( ) ( ) ( ○ )

02 ⓔ

03 선분 ㄴㅁ, 선분 ㄷㅂ

04 11 cm    05 4 cm    06 9 cm

07 15 cm    08 5 cm    09 17 cm

10 9 cm    11 42 cm    12 35 cm

13 ( ) ( ○ )    14 ㉢

15

16 소이

17

18 4군데

19

20 11군데

**04** 선분 ㄱㄴ의 길이는 두 원의 반지름의 길이의 합과 같으므로 7+4=11 (cm)입니다.

**05** ❶ 경아가 그린 원의 반지름은 8 cm이고, 민수가 그린 원의 반지름은 12 cm입니다.
❷ (두 원의 반지름의 길이의 차)
= 12−8=4 (cm)

| 채점 기준 | |
|---|---|
| 상 | 풀이 과정을 완성하여 두 원의 반지름의 길이의 차는 몇 cm인지 구한 경우 |
| 중 | 풀이 과정을 완성했지만 일부가 틀린 경우 |
| 하 | 답만 쓴 경우 |

**06** 삼각형 ㄱㄴㄷ의 한 변의 길이는 원의 반지름의 길이와 같으므로 삼각형 ㄱㄴㄷ의 세 변의 길이는 모두 같습니다.
삼각형 ㄱㄴㄷ의 세 변의 길이의 합이 27 cm이므로 원의 반지름은 27÷3=9 (cm)입니다.

**07** 원 안에 그을 수 있는 가장 긴 선분은 지름입니다.

**08** (반지름)=(지름)÷2=10÷2=5 (cm)

**09** (큰 접시의 반지름)=18÷2=9 (cm)
(작은 접시의 반지름)=16÷2=8 (cm)
➡ 9+8=17 (cm)

**10** 큰 원의 지름의 길이는 작은 원의 반지름의 길이의 4배입니다. ➡ (작은 원의 반지름)=36÷4=9 (cm)

**11** 선분 ㄱㅁ의 길이는 세 원의 지름의 길이의 합과 같으므로 18+10+14=42 (cm)입니다.

**12** ❶ (원의 반지름)=14÷2=7 (cm)
❷ 선분 ㄱㄴ의 길이는 반지름의 길이의 5배이므로 7×5=35 (cm)입니다.

| 채점 기준 | |
|---|---|
| 상 | 풀이 과정을 완성하여 선분 ㄱㄴ의 길이는 몇 cm인지 구한 경우 |
| 중 | 풀이 과정을 완성했지만 일부가 틀린 경우 |
| 하 | 답만 쓴 경우 |

**14** 컴퍼스를 7 cm만큼 벌려서 그린 원의 지름은 7×2=14 (cm)입니다.

**15** 주어진 선분의 길이를 재어 보면 1 cm입니다.
따라서 컴퍼스를 1 cm만큼 벌려서 원을 그립니다.

**16** 준우가 그린 원의 반지름은 6 cm, 다솜이가 그린 원의 반지름은 14÷2=7 (cm)입니다.
따라서 원의 반지름의 길이를 비교하면
8 cm>7 cm>6 cm이므로 가장 큰 원을 그린 친구는 소이입니다.

**17** 원의 중심은 오른쪽으로 모눈 2칸씩 이동하고, 반지름이 모눈 2칸, 1칸인 원을 차례대로 그리는 규칙입니다.

**18** 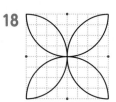 컴퍼스의 침을 꽂아야 할 곳은 모두 4군데입니다.

**19** 주어진 모양을 그리기 위해 컴퍼스의 침을 꽂아야 할 곳을 찾아 똑같은 모양을 그립니다.

**20** ❶

 가

 나

4군데       7군데

❷ (컴퍼스의 침을 꽂아야 할 곳의 수의 합)
=4+7=11(군데)

| 채점 기준 | |
| --- | --- |
| 상 | 풀이 과정을 완성하여 컴퍼스의 침을 꽂아야 할 곳의 수의 합은 몇 군데인지 구한 경우 |
| 중 | 풀이 과정을 완성했지만 일부가 틀린 경우 |
| 하 | 답만 쓴 경우 |

**단원평가 실전** ●99~101쪽●

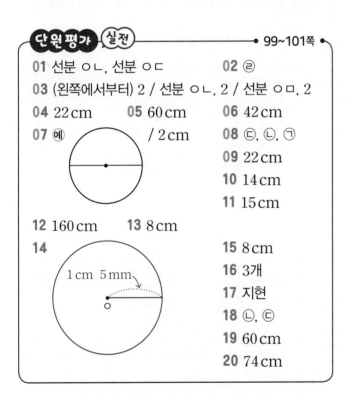

**01** 선분 ㅇㄴ, 선분 ㅇㄷ     **02** ㄹ
**03** (왼쪽에서부터) 2 / 선분 ㅇㄴ, 2 / 선분 ㅇㅁ, 2
**04** 22 cm     **05** 60 cm     **06** 42 cm
**07** 예             / 2 cm     **08** ㄷ, ㄴ, ㄱ
**09** 22 cm
**10** 14 cm
**11** 15 cm
**12** 160 cm     **13** 8 cm
**14**                 **15** 8 cm
            **16** 3개
            **17** 지현
            **18** ㄴ, ㄷ
            **19** 60 cm
            **20** 74 cm

**02** 누름 못과 연필을 넣는 구멍 사이의 거리가 멀수록 큰 원을 그릴 수 있습니다.
따라서 가장 큰 원을 그리려면 ㄹ에 연필을 넣어야 합니다.

**03** 반지름은 원의 중심과 원 위의 한 점을 이은 선분입니다. 반지름은 모두 2 cm입니다.

**04** •(선분 ㅇㄷ)=(선분 ㅇㄱ)=8 cm
•(선분 ㅂㅊ)=(선분 ㄹㅅ)=14 cm
➡ (선분 ㅇㄷ)+(선분 ㅂㅊ)=8+14=22 (cm)

**05** 정사각형의 한 변의 길이는 원의 지름인 15 cm와 같습니다.
따라서 정사각형의 네 변의 길이의 합은
15×4=60 (cm)입니다.

| 채점 기준 | |
| --- | --- |
| 상 | 풀이 과정을 완성하여 정사각형의 네 변의 길이의 합은 몇 cm인지 구한 경우 |
| 중 | 풀이 과정을 완성했지만 일부가 틀린 경우 |
| 하 | 답만 쓴 경우 |

**06** (변 ㄴㄱ)=(변 ㄴㄷ)=12 cm,
(변 ㄹㄷ)=(변 ㄹㄱ)=9 cm
➡ (사각형 ㄱㄴㄷㄹ의 네 변의 길이의 합)
=12+12+9+9=42 (cm)

**07** 원 안에 그을 수 있는 가장 긴 선분은 원의 지름입니다.
따라서 원의 중심을 지나도록 원 위의 두 점을 이은 선분을 긋고, 그 길이를 잽니다.

**08** ㄱ (반지름)=7 cm
ㄴ (반지름)=18÷2=9 (cm)
ㄷ (반지름)=10 cm
➡ ㄷ 10 cm > ㄴ 9 cm > ㄱ 7 cm

**09** 선분 ㄱㄷ의 길이는 큰 원의 반지름의 길이와 작은 원의 지름의 길이의 합과 같으므로
10+12=22 (cm)입니다.

**10** (큰 원의 반지름)=42÷2=21 (cm)
큰 원의 지름의 길이는 작은 원의 반지름의 길이의 6배입니다.
(작은 원의 반지름)=42÷6=7 (cm)
따라서 큰 원과 작은 원의 반지름의 길이의 차는
21-7=14 (cm)입니다.

| 채점 기준 | |
| --- | --- |
| 상 | 풀이 과정을 완성하여 큰 원과 작은 원의 반지름의 길이의 차는 몇 cm인지 구한 경우 |
| 중 | 풀이 과정을 완성했지만 일부가 틀린 경우 |
| 하 | 답만 쓴 경우 |

**11** 가장 큰 원의 반지름이 20 cm이므로
(선분 ㄱㄴ)=20÷2=10 (cm),
(선분 ㄴㄷ)=10÷2=5 (cm)입니다.
➡ (선분 ㄱㄷ)=(선분 ㄱㄴ)+(선분 ㄴㄷ)
=10+5=15 (cm)

**12** (직사각형의 가로)$=8×8=64$ (cm)

(직사각형의 세로)$=8×2=16$ (cm)

➡ (직사각형의 네 변의 길이의 합)

$=64+16+64+16=160$ (cm)

**13** 컴퍼스를 원의 반지름의 길이만큼 벌려 원을 그리므로 반지름이 4 cm인 원이 됩니다.

➡ (지름)$=4×2=8$ (cm)

**14** 시계의 중심에 컴퍼스의 침을 꽂고 반지름의 길이만큼 컴퍼스를 벌립니다.

컴퍼스의 침을 점 ㅇ에 꽂고 원을 그립니다.

**15** 희재가 그리려고 하는 원의 지름은

$10+6=16$ (cm)입니다.

따라서 반지름이 $16÷2=8$ (cm)인 원을 그려야 하므로 컴퍼스를 8 cm만큼 벌려서 그려야 합니다.

| | 채점 기준 |
|---|---|
| 상 | 풀이 과정을 완성하여 희재는 컴퍼스를 몇 cm만큼 벌려서 그려야 하는지 구한 경우 |
| 중 | 풀이 과정을 완성했지만 일부가 틀린 경우 |
| 하 | 답만 쓴 경우 |

**16** 직사각형 안에 꼭 맞게 그리려면 원의 지름을 직사각형의 세로와 같은 4 cm로 그려야 합니다.

원을 겹치지 않도록 그리려면 서로 맞닿게 그려야 하므로 원은

(직사각형의 가로)÷(원의 지름)$=12÷4=3$ (개)

까지 그릴 수 있습니다.

**17** 원의 중심은 오른쪽으로 모눈 1칸씩 이동하고, 반지름은 모눈 1칸씩 늘어나게 그린 그림이므로 바르게 설명한 친구는 지현이입니다.

**18** ㉠, ㉣은 원의 중심은 다르지만 반지름의 길이가 같지 않습니다.

**19** 반지름이 모눈 1칸씩 늘어나므로 3 cm씩 늘어나는 규칙이 있습니다.

가장 작은 원의 반지름이 3 cm이므로 10번째 원의 반지름은 $3×10=30$ (cm)입니다.

➡ (10번째 원의 지름)$=30×2=60$ (cm)

**20** (직사각형의 가로)

$=3+5+3+5+3+5+3+5=32$ (cm)

(직사각형의 세로)=(큰 원의 지름)=5 cm

➡ (직사각형의 네 변의 길이의 합)

$=32+5+32+5=74$ (cm)

---

# 3 나눗셈

핵심 개념 ●102쪽●

**1** 2 / 20  **2** (위에서부터) 3 / 3 / 9 / 9, 3

**3** 6, 192  **4** 14 / 5, 103

단원 평가 기본 1회 ●103~105쪽●

**01** (1) 10 (2) 20  **02** ( ) ( ○ ) ( )

**03** >  **04** 34  **05** 7 / 3

**06** 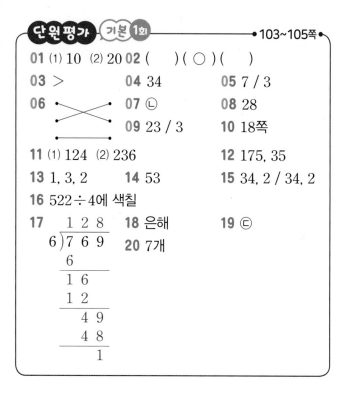  **07** ㉡  **08** 28

 **09** 23 / 3  **10** 18쪽

**11** (1) 124 (2) 236  **12** 175, 35

**13** 1, 3, 2  **14** 53  **15** 34, 2 / 34, 2

**16** $522÷4$에 색칠

**17**
```
      1 2 8
  6 ) 7 6 9
      6
      1 6
      1 2
        4 9
        4 8
          1
```
**18** 은해  **19** ㉢

**20** 7개

---

**03** $90÷6=15,\ 70÷5=14$ ➡ $15>14$

**07** ❶ ㉠ $69÷5=13…4$  ㉡ $93÷9=10…3$

❷ 나머지의 크기를 비교하면 $4>3$이므로 나머지가 더 작은 것은 ㉡입니다.

| | 채점 기준 |
|---|---|
| 상 | 풀이 과정을 완성하여 나머지가 더 작은 것의 기호를 쓴 경우 |
| 중 | 풀이 과정을 완성했지만 일부가 틀린 경우 |
| 하 | 답만 쓴 경우 |

**08** $84>72>9>3$이므로 가장 큰 수는 84이고, 가장 작은 수는 3입니다. ➡ $84÷3=28$

**09** $9>5>2$이므로 만들 수 있는 가장 큰 두 자리 수는 95입니다. ➡ $95÷4=23…3$

**10** ❶ 위인전은 모두 $15×6=90$ (쪽)입니다.

❷ (광현이가 하루에 읽어야 하는 쪽수)

$=90÷5=18$ (쪽)

| 채점 기준 | |
|---|---|
| 상 | 풀이 과정을 완성하여 광현이가 하루에 몇 쪽씩 읽어야 하는지 구한 경우 |
| 중 | 풀이 과정을 완성했지만 일부가 틀린 경우 |
| 하 | 답만 쓴 경우 |

**14** $378 \div 7 = 54$

따라서 $54 > \square$이므로 $\square$ 안에 들어갈 수 있는 두 자리 수 중에서 가장 큰 수는 53입니다.

**18** • 태인: $214 \div 6 = 35 \cdots 4$ ➡ 남는 밤: 4개
• 은해: $320 \div 7 = 45 \cdots 5$ ➡ 남는 밤: 5개

**19** $296 \div 7 = 42 \cdots 2$

㉠ 몫은 42이므로 40보다 큽니다.
㉡ $128 \div 3 = 42 \cdots 2$이므로 두 나눗셈의 몫과 나머지가 각각 같습니다.
㉢ 나머지는 2이므로 3보다 작습니다.
따라서 잘못 설명한 것은 ㉢입니다.

**20** ❶ $673 \div 8 = 84 \cdots 1$이므로 84상자에 포장하고, 남는 쿠키는 1개입니다.
❷ 쿠키를 남김없이 포장하려면 적어도 $8 - 1 = 7$(개)를 더 만들어야 합니다.

| 채점 기준 | |
|---|---|
| 상 | 풀이 과정을 완성하여 쿠키를 남김없이 포장하려면 적어도 몇 개를 더 만들어야 하는지 구한 경우 |
| 중 | 풀이 과정을 완성했지만 일부가 틀린 경우 |
| 하 | 답만 쓴 경우 |

### 단원평가 기본 2회 ●106~108쪽●

| | | | |
|---|---|---|---|
| **01** 30 | **02** 10개 | **03** ㉢ | **04** 23 |
| **05** 6, 7, 8, 9에 ○표 | | **06** 25 | **07** 87 |
| **08** 3 | **09** 지현 | | **10** 29 |
| **11** (1) 39 (2) 78 | | **12** 78 mm | **13** ㉢, ㉠, ㉡ |
| **14** 34그루 | **15** ㉡ | | |

**16**
```
    1 5 2        / 152 / 1
5 ) 7 6 1        / 5×152=760,
    5              760+1=761
    2 6
    2 5
      1 1
      1 0
        1
```

**17** ✕ (선 연결)

**18** 3 / 150 / 2

**19** 6

**20** 449

**02** (한 명이 가지게 되는 지우개의 수)
$= 40 \div 4 = 10$(개)

**03** ㉠ $80 \div 5 = 16$  ㉡ $60 \div 4 = 15$
㉢ $90 \div 5 = 18$

**07** ❶ 혜주가 설명하는 수를 $\square$라 하면
$\square \div 5 = 17 \cdots 2$입니다.
❷ $5 \times 17 = 85$, $85 + 2 = 87$이므로 혜주가 설명하는 수는 87입니다.

| 채점 기준 | |
|---|---|
| 상 | 풀이 과정을 완성하여 혜주가 설명하는 수를 구한 경우 |
| 중 | 풀이 과정을 완성했지만 일부가 틀린 경우 |
| 하 | 답만 쓴 경우 |

**08** $68 \div 4 = 17$, $98 \div 7 = 14$ ➡ $17 - 14 = 3$

**09** $92 \div 6 = 15 \cdots 2$
• 유섭: 92는 6으로 나누어떨어지지 않습니다.
• 지현: ㉠에 알맞은 수는 15이므로 20보다 작습니다.
• 로운: ㉡에 알맞은 수는 2이므로 3보다 작습니다.
따라서 바르게 설명한 친구는 지현이입니다.

**10** 나누어지는 수가 70보다 큰 수이므로 $\square$ 안에 7, 8, 9를 넣어 계산해 봅니다.
$77 \div 3 = 25 \cdots 2$, $87 \div 3 = 29$, $97 \div 3 = 32 \cdots 1$

**13** $43(㉢) < 45(㉠) < 47(㉡)$

**14** ❶ (도로의 전체 길이) ÷ (간격의 길이)
$= 264 \div 8 = 33$(군데)
❷ 심어져 있는 나무의 수는 간격의 수보다 1만큼 더 큽니다.
➡ (심어져 있는 나무의 수) $= 33 + 1 = 34$(그루)

| 채점 기준 | |
|---|---|
| 상 | 풀이 과정을 완성하여 도로 한쪽에 심어져 있는 나무는 모두 몇 그루인지 구한 경우 |
| 중 | 풀이 과정을 완성했지만 일부가 틀린 경우 |
| 하 | 답만 쓴 경우 |

**18** 나누는 수가 작을수록 몫은 커집니다. 수 카드 중에서 가장 작은 수를 고르면 3입니다.
➡ $452 \div 3 = 150 \cdots 2$

**19** ❶ 어떤 수를 $\square$라 하면 $\square \div 8 = 99 \cdots 6$입니다.
$8 \times 99 = 792$, $792 + 6 = 798$이므로 어떤 수는 798입니다.
❷ $798 \div 9 = 88 \cdots 6$

**20** 나누는 수가 6이므로 ♣이 될 수 있는 수는 1, 2, 3, 4, 5입니다. 나머지가 클수록 나누어지는 수도 크므로 ♣에 알맞은 수는 5입니다.

□÷6=74…5에서 6×74=444, 444+5=449 이므로 □=449입니다.

---

### 단원평가 실전 ●109~111쪽●

| | | |
|---|---|---|
| 01 ㉡ | 02 12명 | 03 15 cm |
| 04 ③ | 05 ㉢ | 06 14 |
| 07 97 | 08 230 cm | |
| 09 (위에서부터) 8 / 2 / 6 / 7 / 1, 6 | | |
| 10 6 / 7 / 5 | 11 ㉡ | 12 65 |
| 13 71개 | 14 5832장 | 15 ㉡ |
| 16 100 | 17 37일 | 18 137 |
| 19 6 | 20 6개 | |

**02** (전체 젤리의 수)=39+21=60(개)
(나누어 줄 수 있는 사람 수)=60÷5=12(명)

**03** (겹쳐진 부분의 길이의 합)=5×5=25(cm)
(이어 붙인 색 테이프의 전체 길이)
    =(색 테이프 6장의 길이의 합)
        −(겹쳐진 부분의 길이의 합)
➡ (색 테이프 6장의 길이의 합)
        =65+25=90(cm)
따라서 색 테이프 한 장은 90÷6=15(cm)입니다.

**06** •84÷3=28이므로 ▲에 알맞은 수는 28입니다.
•28÷2=14이므로 ■에 알맞은 수는 14입니다.

**07** 나누는 수와 몫을 곱한 값에 나머지를 더하면 나누어지는 수가 됩니다. 7×13=91, 91+6=97이므로 □ 안에 알맞은 수는 97입니다.

| | 채점 기준 |
|---|---|
| 상 | 풀이 과정을 완성하여 □ 안에 알맞은 수를 구한 경우 |
| 중 | 풀이 과정을 완성했지만 일부가 틀린 경우 |
| 하 | 답만 쓴 경우 |

**08** (작은 정사각형의 한 변)=92÷4=23(cm)
빨간색 선의 길이는 작은 정사각형의 한 변의 길이의 10배입니다.
➡ (빨간색 선의 길이)=23×10=230(cm)

**09**
```
         3  ㉠
    ㉡) 7  7
        ㉢
        1  ㉣
        ㉤ ㉥
           1
```
•7−㉢=1이므로 ㉢=6이고, ㉡×3=6이므로 ㉡=2입니다.
•㉣=7이고 나머지가 1이므로 17−㉤㉥=1에서 ㉤=1, ㉥=6입니다.
•2×㉠=16이므로 ㉠=8입니다.

**10** 나머지는 나누는 수보다 항상 작아야 합니다.
•㉡=5일 때, ㉢이 될 수 있는 수는 없습니다.
•㉡=6일 때, ㉢=5, ㉠=7이므로 나눗셈식은 97÷6=13…5가 됩니다.
    ➡ 97÷6=16…1(×)
•㉡=7일 때, ㉢=5 또는 ㉢=6입니다.
    ㉡=7, ㉢=5, ㉠=6일 때, 나눗셈식은 96÷7=13…5가 됩니다.
    ➡ 96÷7=13…5(○)
    ㉡=7, ㉢=6, ㉠=5일 때, 나눗셈식은 95÷7=13…6이 됩니다.
    ➡ 95÷7=13…4(×)
따라서 ㉠=6, ㉡=7, ㉢=5입니다.

**11** ㉠ 471÷3=157    ㉡ 676÷4=169

**12** 520>193>65>8>4이므로 가장 큰 수는 520, 두 번째로 작은 수는 8입니다.
➡ 520÷8=65

**13** (한 상자에 담은 쿠키의 수)=325÷5=65(개)
가 상자에 담은 쿠키 중 6개를 나 상자로 옮겼으므로 나 상자의 쿠키는 6개가 늘었습니다.
➡ (나 상자에 있는 쿠키의 수)=65+6=71(개)

| | 채점 기준 |
|---|---|
| 상 | 풀이 과정을 완성하여 나 상자에 있는 쿠키는 몇 개인지 구한 경우 |
| 중 | 풀이 과정을 완성했지만 일부가 틀린 경우 |
| 하 | 답만 쓴 경우 |

**14** • 가로: $432 \div 6 = 72$(장)
• 세로: $324 \div 4 = 81$(장)
➡ (만들 수 있는 카드의 수)$=72 \times 81 = 5832$(장)

**15** $653 \div 5 = 130 \cdots 3$
㉠ $755 \div 6 = 125 \cdots 5$   ㉡ $423 \div 5 = 84 \cdots 3$
따라서 $653 \div 5$와 나머지가 같은 나눗셈은 ㉡입니다.

**16** $308 \div 3 = 102 \cdots 2$이므로 ★$=102$, ♥$=2$입니다.
➡ ★$-$♥$=102-2=100$

**17** 217쪽짜리 문제집을 하루에 6쪽씩 풀면
$217 \div 6 = 36 \cdots 1$이므로 6쪽씩 36일 동안 풀고, 1쪽이 남습니다.
남은 1쪽도 풀어야 하므로 문제집 전체를 풀려면 적어도 $36+1=37$(일)이 걸립니다.

**18** $539 \div 4 = 134 \cdots 3$입니다.
$4 \times 134 = 536$, $536+3=539$이므로
㉠$=134$, ㉡$=3$입니다.
따라서 ㉠$+$㉡$=134+3=137$입니다.

| 채점 기준 | |
|---|---|
| 상 | 풀이 과정을 완성하여 ㉠과 ㉡에 알맞은 수의 합을 구한 경우 |
| 중 | 풀이 과정을 완성했지만 일부가 틀린 경우 |
| 하 | 답만 쓴 경우 |

**19** 7로 나누었을 때 가장 큰 나머지는 6입니다.
나머지가 있는 나눗셈이므로 $14\square \div 7$의 몫은 20, 21이 될 수 있습니다.
• 몫이 20인 경우: $14\square \div 7 = 20 \cdots 6$
➡ $7 \times 20 = 140$, $140+6=146$(○)
• 몫이 21인 경우: $14\square \div 7 = 21 \cdots 6$
➡ $7 \times 21 = 147$, $147+6=153$(×)
따라서 □ 안에 알맞은 수는 6입니다.

**20** $401 \div 9 = 44 \cdots 5$, $402 \div 9 = 44 \cdots 6$,
$403 \div 9 = 44 \cdots 7$, $404 \div 9 = 44 \cdots 8$이므로 400보다 크고 450보다 작은 자연수 중에서 9로 나누었을 때 나머지가 8인 가장 작은 수는 404입니다.
404를 9로 나누었을 때 나머지가 8이므로
$404+9=413$, $413+9=422$, $422+9=431$,
$431+9=440$, $440+9=449$도 9로 나누었을 때 나머지가 8입니다.
따라서 조건을 만족하는 수는 404, 413, 422, 431, 440, 449로 모두 6개입니다.

## 4 무게와 들이

핵심 개념 ●112쪽●

**1** (1) 3000  (2) 1, 400  (3) 6    **2** 3, 600
**3** (1) 7000  (2) 2  (3) 5200    **4** 5, 100

단원평가 기본 1회 ●113~115쪽●

**01** 2 kg 350 g
/ 2 킬로그램 350 그램
**02** 1700, 1, 700    **03** 배
**04** (1) kg  (2) g  (3) t    **05** ㉢    **06** ㉡, ㉢, ㉠
**07** (1) 7 kg 600 g  (2) 5 kg 500 g
**08** 8 kg 200 g / 4 kg 400 g    **09** ㉠
**10** 7 kg 400 g    **11** 물병
**12** 1 L 900 mL    **13** 양동이   **14** 용택
**15** 나    **16** (1) 6 L 600 mL  (2) 2 L 100 mL
**17** (   )( ○ )(   )( ○ )
**18** 3 L 500 mL$+$4 L 900 mL에 색칠
**19** 1 L 400 mL    **20** (위에서부터) 7, 400

**03** 사과는 키위보다 더 무겁고, 배는 사과보다 더 무거우므로 가장 무거운 것은 배입니다.

**04** 주어진 물건의 무게에 알맞은 단위를 써넣었습니다.

**05** ㉠ $7 t = 7000 kg$   ㉡ $8860 g = 8 kg 860 g$

**06** ❶ ㉡ $8 kg = 8000 g$ ➡ $8 kg 340 g = 8340 g$
❷ $8340 g < 8400 g < 8430 g$이므로 무게가 가벼운 것부터 차례대로 기호를 쓰면 ㉡, ㉢, ㉠입니다.

| 채점 기준 | |
|---|---|
| 상 | 풀이 과정을 완성하여 무게가 가벼운 것부터 차례대로 기호를 쓴 경우 |
| 중 | 풀이 과정을 완성했지만 일부가 틀린 경우 |
| 하 | 답만 쓴 경우 |

**09** $4 kg 400 g$(㉠)$>3 kg 400 g$(㉡)

**10** ❶ (준우가 딴 귤의 무게)
$=4 kg 500 g - 1 kg 600 g = 2 kg 900 g$
❷ (두 친구가 딴 귤의 무게의 합)
$=4 kg 500 g + 2 kg 900 g = 7 kg 400 g$

| 채점 기준 | |
|---|---|
| 상 | 풀이 과정을 완성하여 두 친구가 딴 귤의 무게는 모두 몇 kg 몇 g인지 구한 경우 |
| 중 | 풀이 과정을 완성했지만 일부가 틀린 경우 |
| 하 | 답만 쓴 경우 |

**13** 2L 400 mL=2400 mL입니다.
➡ 2850 mL>2400 mL>2000 mL

**14** 물병에 들어 있는 물의 양의 2배 정도가 물병의 들이이므로 물의 양을 가장 가깝게 어림한 친구는 용택이입니다.

**15** 물을 부은 횟수를 비교하면 9<12<18이므로 들이가 가장 많은 컵은 나입니다.

**19** ❶ (수조에 담겨 있는 물의 양)
=800 mL+800 mL=1L 600 mL
❷ (더 부어야 하는 물의 양)
=3L−1L 600 mL=1L 400 mL

| 채점 기준 | |
|---|---|
| 상 | 풀이 과정을 완성하여 물을 몇 L 몇 mL 더 부어야 하는지 구한 경우 |
| 중 | 풀이 과정을 완성했지만 일부가 틀린 경우 |
| 하 | 답만 쓴 경우 |

**20** • mL 단위 계산: 1000+200−□=800
➡ □=1200−800=400
• L 단위 계산: □−1−4=2 ➡ □=2+5=7

---

**단원평가 기본 2회** ●116~118쪽●

**01** 동화책 / 6　　**02** 1 kg 500 g　**03** ②
**04** (　)　　　　**05** 7420　　**06** 예 약 10배
　　( × )　　　　**07** 6, 900
**08** ✕　　　　　**09** 3 kg 800 g　**10** 10 kg 904 g
**11** 400 g　　　**12** 250 mL
**13** (1) 종이컵　(2) 냄비　(3) 주사기　**14** 가, 다, 나
**15** 예 약 2500 mL　　　**16** 2개
**17**
```
      1
   6 L 800 mL
 + 2 L 700 mL
 ─────────────
   9 L 500 mL
```
**18** 2L 900 mL
**19** ㉠
**20** 4L 200 mL

---

**03** ② 비행기는 1t=1000 kg보다 무겁습니다.

**04** • 5 kg 450 g=5450 g ➡ 5460 g>5450 g
• 7 kg 80 g=7080 g ➡ 7080 g<7700 g

**05** ❶ • 7 kg=7000 g이므로 7 kg 20 g=7020 g입니다. ➡ ㉠=7020
• 3000 g=3 kg이므로 3400 g=3 kg 400 g입니다. ➡ ㉡=400
❷ ㉠+㉡=7020+400=7420

| 채점 기준 | |
|---|---|
| 상 | 풀이 과정을 완성하여 ㉠과 ㉡에 알맞은 수의 합을 구한 경우 |
| 중 | 풀이 과정을 완성했지만 일부가 틀린 경우 |
| 하 | 답만 쓴 경우 |

**06** 1t=1000 kg이고 100×10=1000이므로 1t은 양의 무게의 약 10배쯤 됩니다.

**09** 1 kg 900 g+1 kg 900 g=3 kg 800 g

**10** ❶ 5900 g=5 kg 900 g
➡ 5 kg 4 g<5 kg 40 g<5 kg 400 g
<5 kg 900 g
❷ 5 kg 4 g+5 kg 900 g=10 kg 904 g

| 채점 기준 | |
|---|---|
| 상 | 풀이 과정을 완성하여 무게가 가장 가벼운 것과 가장 무거운 것의 합은 몇 kg 몇 g인지 구한 경우 |
| 중 | 풀이 과정을 완성했지만 일부가 틀린 경우 |
| 하 | 답만 쓴 경우 |

**11** (축구공 1개의 무게)
=1 kg 300 g−850 g=450 g
(축구공 2개의 무게)=450 g+450 g=900 g
따라서 빈 바구니의 무게는
1 kg 300 g−900 g=400 g입니다.

**14** 통에 옮겨 담은 물의 높이를 비교하여 물의 높이가 낮은 것부터 차례대로 기호를 쓰면 가, 다, 나입니다.

**15** 들이가 1L인 통 2개에 가득 차고 반만 채워진 통 1개가 있으므로 꽃병의 들이는
약 2L 500 mL=2500 mL입니다.

**16** 9L 770 mL=9770 mL이므로
9770 mL<9□20 mL에서 □ 안에 들어갈 수 있는 수는 8, 9로 모두 2개입니다.

**18** ❶ (경민이가 사용한 물의 양)
$$=2\,L\,400\,mL+1\,L\,900\,mL=4\,L\,300\,mL$$
❷ (남은 물의 양)
$$=7\,L\,200\,mL-4\,L\,300\,mL=2\,L\,900\,mL$$

| 채점 기준 | |
|---|---|
| 상 | 풀이 과정을 완성하여 남은 물의 양은 몇 L 몇 mL 인지 구한 경우 |
| 중 | 풀이 과정을 완성했지만 일부가 틀린 경우 |
| 하 | 답만 쓴 경우 |

**19** ㉠ $7\,L\,100\,mL-2\,L\,200\,mL=$ 4 L 900 mL
㉡ $2\,L\,800\,mL+2\,L\,400\,mL=5\,L\,200\,mL$

**20** (3명이 마신 오렌지주스의 양)
$$=500\,mL+500\,mL+500\,mL=1\,L\,500\,mL$$
➡ (처음에 있던 오렌지주스의 양)
$$=1\,L\,500\,mL+2\,L\,700\,mL=4\,L\,200\,mL$$

**단원평가** **실전**
●119~121쪽●

**01** 4 킬로그램 / 9 킬로그램 700 그램 / 7 t
**02** ( ○ )( )( )   **03** 3배
**04** 누리, 경민, 솔이   **05** 3채
**06** 8220   **07** ㉡   **08** 1 kg 200 g
**09** 4 kg 700 g   **10** ㉠, ㉢, ㉡
**11** ㉢ / 예 주전자의 들이는 약 2 L입니다.
**12** 나, 다, 가   **13** 17   **14** 1 L 50 mL
**15** 3, 500   **16** 1 L 300 mL   **17** 1 L 600 mL
**18** 8 L 200 mL   **19** 7 L 750 mL   **20** 400 mL

**03** $24>12>8$이므로 가장 무거운 물건은 휴대폰이고, 가장 가벼운 물건은 지우개입니다.
➡ (휴대폰의 무게)÷(지우개의 무게)
$$=24\div8=3(배)$$

| 채점 기준 | |
|---|---|
| 상 | 풀이 과정을 완성하여 가장 무거운 물건의 무게는 가장 가벼운 물건의 무게의 몇 배인지 구한 경우 |
| 중 | 풀이 과정을 완성했지만 일부가 틀린 경우 |
| 하 | 답만 쓴 경우 |

**04** 어림한 무게와 실제 무게의 차를 구하면 솔이는 500 g, 경민이는 300 g, 누리는 200 g입니다. 따라서 실제 무게와 가장 가깝게 어림한 친구부터 차례대로 이름을 쓰면 누리, 경민, 솔이입니다.

**05** (세 마을의 감 수확량)
$$=3000\,kg+3930\,kg+3070\,kg$$
$$=10000\,kg=10\,t$$
$10\div4=2\cdots2$이므로 감을 4t까지 보관할 수 있는 창고 2채에 보관하면 2t이 남습니다. 남는 2t도 보관해야 하므로 창고가 적어도 $2+1=3$(채) 필요합니다.

**08** (가방 2개의 무게)
$$=2\,kg\,950\,g-550\,g=2\,kg\,400\,g$$
$1\,kg\,200\,g+1\,kg\,200\,g=2\,kg\,400\,g$이므로 가방 1개의 무게는 1 kg 200 g입니다.

| 채점 기준 | |
|---|---|
| 상 | 풀이 과정을 완성하여 가방 1개의 무게는 몇 kg 몇 g 인지 구한 경우 |
| 중 | 풀이 과정을 완성했지만 일부가 틀린 경우 |
| 하 | 답만 쓴 경우 |

**09** 고양이의 무게를 □라 하면 강아지의 무게는 □+1 kg 400 g입니다.
고양이와 강아지의 무게의 합이 8 kg이므로
□+□+1 kg 400 g=8 kg입니다.
□+□=8 kg−1 kg 400 g=6 kg 600 g이므로
□=3 kg 300 g입니다.
따라서 강아지의 무게는
3 kg 300 g+1 kg 400 g=4 kg 700 g입니다.

**12** • 가의 물이 다에 전부 들어가고 가득 차지 않았으므로 다의 들이가 더 많습니다.
• 나의 물이 다에 넘쳤으므로 나의 들이가 더 많습니다.
따라서 들이가 많은 것부터 차례대로 기호를 쓰면 나, 다, 가입니다.

**13** $79㉠0\,mL=7\,L\,9㉠0\,mL$입니다.
$7\,L\,9㉠0\,mL<㉡\,L\,㉢20\,mL<8\,L$이므로 ㉡은 7입니다.
$7\,L\,9㉠0\,mL<7\,L\,㉢20\,mL$에서
$9㉠0\,mL<㉢20\,mL$가 성립하려면 ㉢에는 9, ㉠에는 1이 들어가야 합니다.
➡ $㉠+㉡+㉢=1+7+9=17$

**14** 물을 350 mL씩 3번 부었으므로 부은 물의 양은 모두 $350\,mL+350\,mL+350\,mL=1050\,mL$입니다. ➡ $1050\,mL=1\,L\,50\,mL$

**15** $6\,L\;200\,mL-\square\,L\;\square\,mL=2\,L\;700\,mL$

$\square\,L\;\square\,mL=6\,L\;200\,mL-2\,L\;700\,mL$

$\qquad\qquad\qquad=3\,L\;500\,mL$

**16** $2800\,mL=2\,L\;800\,mL$

물을 가장 많이 담을 수 있는 물병은 다이고, 가장 적게 담을 수 있는 물병은 나입니다.

➡ $4\,L\;100\,mL-2\,L\;800\,mL=1\,L\;300\,mL$

**17** (성하가 마신 우유의 양)

$=3\,L\;600\,mL-2\,L\;900\,mL=700\,mL$

(재희가 마신 우유의 양)

$=2\,L-1\,L\;100\,mL=900\,mL$

➡ (성하와 재희가 마신 우유의 양)

$\quad=700\,mL+900\,mL$

$\quad=1600\,mL=1\,L\;600\,mL$

| 채점 기준 | |
|---|---|
| 상 | 풀이 과정을 완성하여 성하와 재희가 마신 우유의 양은 모두 몇 L 몇 mL인지 구한 경우 |
| 중 | 풀이 과정을 완성했지만 일부가 틀린 경우 |
| 하 | 답만 쓴 경우 |

**18** (가 그릇으로 2번 부은 물의 양)

$=2\,L\;300\,mL+2\,L\;300\,mL=4\,L\;600\,mL$

(나 그릇으로 2번 부은 물의 양)

$=1\,L\;800\,mL+1\,L\;800\,mL=3\,L\;600\,mL$

➡ (수조의 들이)$=4\,L\;600\,mL+3\,L\;600\,mL$

$\qquad\qquad\qquad=8\,L\;200\,mL$

**19** (3분 동안 수도에서 나온 물의 양)

$=3\,L\;150\,mL+3\,L\;150\,mL+3\,L\;150\,mL$

$=6\,L\;300\,mL+3\,L\;150\,mL=9\,L\;450\,mL$

➡ (양동이의 들이)

$\quad=9\,L\;450\,mL-1\,L\;700\,mL=7\,L\;750\,mL$

**20** 주전자에서 어항으로 물 $900\,mL$를 옮긴 후 주전자와 어항에 들어 있는 물의 양을 각각 구합니다.

(주전자에 들어 있는 물의 양)

$=5\,L\;300\,mL-900\,mL=4\,L\;400\,mL$

(어항에 들어 있는 물의 양)

$=2\,L\;700\,mL+900\,mL=3\,L\;600\,mL$

$4\,L\;400\,mL-3\,L\;600\,mL=800\,mL$이고,

$800\,mL=400\,mL+400\,mL$이므로 주전자와 어항에 담긴 물의 양이 같아지려면 주전자에서 어항으로 물을 $400\,mL$ 더 옮기면 됩니다.

# 5 분수

핵심 개념 ●━━━━━━━━━━●122쪽●

**1** 2

**2** 6, 3

**3** $\dfrac{3}{3}$에 ○표

**4** $6\dfrac{2}{5}$에 ○표

단원평가 기본 1회 ●━━━━●123~125쪽●

**01** (1) $\dfrac{2}{3}$ (2) $\dfrac{4}{5}$

**02** (1) 2 (2) 4

**03** (1) 20 (2) 60

**04** 6개

**05** 31

**06** 6 / $\dfrac{5}{6}$

**07** $\dfrac{2}{3}$

**08** 가영

**09** $\dfrac{2}{15},\dfrac{3}{7},\dfrac{10}{21}$에 ○표 / $\dfrac{9}{4},\dfrac{11}{6}$에 △표

**10** $3\dfrac{1}{4}$

**11** (1) $\dfrac{13}{9}$ (2) $2\dfrac{3}{5}$

**12** 4개

**13** $\dfrac{5}{11}$

**14** $6\dfrac{1}{4},6\dfrac{2}{4},6\dfrac{3}{4}$

**15** $\dfrac{5}{7},\dfrac{6}{7}$

**16** (1) $<$ (2) $>$

**17** $3\dfrac{7}{8},6\dfrac{2}{8}$

**18** ㉡

**19** $1\dfrac{2}{11}$

**20** 태호

**03** (1) $1\,m=100\,cm$이므로 $100\,cm$를 똑같이 5묶음으로 나눈 것 중의 1묶음은 $20\,cm$입니다.

(2) $1\,m=100\,cm$이므로 $100\,cm$를 똑같이 5묶음으로 나눈 것 중의 3묶음은 $60\,cm$입니다.

**04** 15의 $\dfrac{2}{5}$는 15를 똑같이 5묶음으로 나눈 것 중의 2묶음이므로 6입니다. ➡ 은비가 먹은 밤: 6개

**05** ❶ ㉠ 20의 $\dfrac{3}{4}$은 20을 똑같이 4묶음으로 나눈 것 중의 3묶음이므로 15입니다.

㉡ 28의 $\dfrac{4}{7}$는 28을 똑같이 7묶음으로 나눈 것 중의 4묶음이므로 16입니다.

❷ ㉠＋㉡＝15＋16＝31

| 채점 기준 | |
|---|---|
| 상 | 풀이 과정을 완성하여 ㉠과 ㉡의 합을 구한 경우 |
| 중 | 풀이 과정을 완성했지만 일부가 틀린 경우 |
| 하 | 답만 쓴 경우 |

**07** 21을 7씩 묶으면 3묶음이 되고 14는 전체 3묶음 중의 2묶음이므로 21의 $\frac{2}{3}$입니다.

따라서 사탕 14개는 전체의 $\frac{2}{3}$입니다.

**08** 가영: 24를 6씩 묶으면 4묶음이 되고 12는 전체 4묶음 중의 2묶음이므로 24의 $\frac{2}{4}$입니다.

**11** (1) $1\frac{4}{9}$에서 1은 $\frac{9}{9}$와 같으므로 $1\frac{4}{9}=\frac{13}{9}$입니다.

(2) $\frac{13}{5}$에서 $\frac{10}{5}$은 2와 같으므로 $\frac{13}{5}=2\frac{3}{5}$입니다.

**12** 가분수: $\frac{17}{2}$, $\frac{29}{6}$, $\frac{10}{10}$, $\frac{23}{11}$ ➡ 4개

**13** • $\frac{9}{7}$: 분모와 분자의 합이 16인 가분수입니다.

• $\frac{5}{11}$: 분모와 분자의 합이 16인 진분수입니다.

**14** ❶ 분모가 4인 진분수는 $\frac{1}{4}$, $\frac{2}{4}$, $\frac{3}{4}$입니다.

❷ 자연수 부분이 6이고 분모가 4인 대분수는 $6\frac{1}{4}$, $6\frac{2}{4}$, $6\frac{3}{4}$입니다.

| 채점 기준 | |
|---|---|
| 상 | 풀이 과정을 완성하여 자연수 부분이 6이고 분모가 4인 대분수를 모두 구한 경우 |
| 중 | 풀이 과정을 완성했지만 일부가 틀린 경우 |
| 하 | 답만 쓴 경우 |

**15** 분모가 7인 진분수: $\frac{1}{7}$, $\frac{2}{7}$, $\frac{3}{7}$, $\frac{4}{7}$, $\frac{5}{7}$, $\frac{6}{7}$

**19** 대분수를 가분수로 나타내면 $1\frac{2}{11}=\frac{13}{11}$입니다.

$\frac{13}{11}>\frac{12}{11}>\frac{8}{11}$ ➡ $1\frac{2}{11}>\frac{12}{11}>\frac{8}{11}$

**20** ❶ $\frac{27}{6}=4\frac{3}{6}$입니다.

❷ $4\frac{3}{6}<4\frac{5}{6}$이므로 $\frac{27}{6}<4\frac{5}{6}$입니다.

따라서 종이를 더 많이 사용한 친구는 태호입니다.

| 채점 기준 | |
|---|---|
| 상 | 풀이 과정을 완성하여 종이를 더 많이 사용한 친구의 이름을 쓴 경우 |
| 중 | 풀이 과정을 완성했지만 일부가 틀린 경우 |
| 하 | 답만 쓴 경우 |

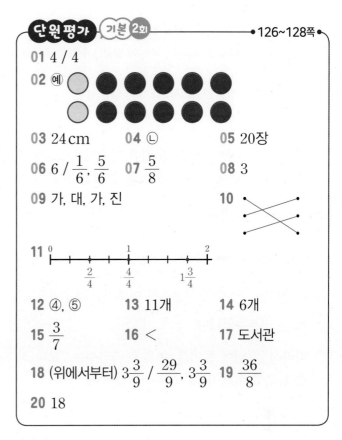

• 126~128쪽 •

**01** 4 / 4

**02** 예

**03** 24 cm  **04** ㉡  **05** 20장

**06** 6 / $\frac{1}{6}$, $\frac{5}{6}$  **07** $\frac{5}{8}$  **08** 3

**09** 가, 대, 가, 진

**10**

**11**
0 ──┼──┼──┼──┼──┼──┼──┼── 2
     $\frac{2}{4}$  $\frac{4}{4}$  $1\frac{3}{4}$  1

**12** ④, ⑤  **13** 11개  **14** 6개

**15** $\frac{3}{7}$  **16** <  **17** 도서관

**18** (위에서부터) $3\frac{3}{9}$ / $\frac{29}{9}$, $3\frac{3}{9}$  **19** $\frac{36}{8}$

**20** 18

**03** 32 cm를 똑같이 4묶음으로 나눈 것 중의 3묶음은 24 cm입니다.

**04** ㉠ 10을 똑같이 2묶음으로 나눈 것 중의 1묶음: 5
㉡ 24를 똑같이 6묶음으로 나눈 것 중의 3묶음: 12
㉢ 16을 똑같이 4묶음으로 나눈 것 중의 2묶음: 8

**05** ❶ 35의 $\frac{3}{7}$은 35를 똑같이 7묶음으로 나눈 것 중의 3묶음이므로 15입니다. ➡ 형에게 준 딱지: 15장
❷ 남은 딱지는 35-15=20(장)입니다.

| 채점 기준 | |
|---|---|
| 상 | 풀이 과정을 완성하여 남은 딱지는 몇 장인지 구한 경우 |
| 중 | 풀이 과정을 완성했지만 일부가 틀린 경우 |
| 하 | 답만 쓴 경우 |

**07** 10은 16을 똑같이 8묶음으로 나눈 것 중의 5묶음이므로 10은 16의 $\frac{5}{8}$입니다.

**08** ❶ • 6은 42를 똑같이 7묶음으로 나눈 것 중의 1묶음이므로 6은 42의 $\frac{1}{7}$입니다. ➡ ㉠=1

• 14는 42를 똑같이 6묶음으로 나눈 것 중의 2묶음이므로 14는 42의 $\frac{2}{6}$입니다. ➡ ㉡=2

❷ ㉠+㉡=1+2=3

| 채점 기준 | |
|---|---|
| 상 | 풀이 과정을 완성하여 ㉠과 ㉡에 알맞은 수의 합을 구한 경우 |
| 중 | 풀이 과정을 완성했지만 일부가 틀린 경우 |
| 하 | 답만 쓴 경우 |

**12** 진분수는 분자가 분모보다 작은 분수이므로 9와 같거나 9보다 큰 수는 ★에 들어갈 수 없습니다.

**13** $1\frac{5}{6}$에서 1은 $\frac{6}{6}$과 같으므로 $1\frac{5}{6}=\frac{11}{6}$입니다.

$\frac{11}{6}$은 $\frac{1}{6}$이 11개인 수입니다.

**14** 대분수는 자연수와 진분수로 이루어진 분수이므로 $\frac{\square}{7}$는 진분수입니다.

따라서 □ 안에 들어갈 수 있는 자연수는 7보다 작은 1, 2, 3, 4, 5, 6으로 모두 6개입니다.

**15** 합이 10인 두 수는 1과 9, 2와 8, 3과 7, 4와 6, 5와 5입니다. 이 중에서 차가 4인 두 수는 3과 7입니다. 진분수는 분자가 분모보다 작은 분수이므로 조건을 모두 만족하는 분수는 $\frac{3}{7}$입니다.

**17** $6\frac{4}{7}$와 $6\frac{6}{7}$에서 자연수는 6으로 같으므로 분자의 크기를 비교하면 4<6입니다.

따라서 $6\frac{4}{7}<6\frac{6}{7}$이므로 집에서 더 먼 곳은 도서관입니다.

**18** • $\frac{25}{9}<\frac{29}{9}$, $3\frac{3}{9}>2\frac{8}{9}$

• $\frac{29}{9}$와 $3\frac{3}{9}$의 크기를 비교하면 $\frac{29}{9}=3\frac{2}{9}$이므로

$3\frac{2}{9}<3\frac{3}{9}$입니다. ➡ $\frac{29}{9}<3\frac{3}{9}$

**19** ❶ $5\frac{3}{8}=\frac{43}{8}$입니다.

❷ $\frac{37}{8}$, $\frac{43}{8}$, $\frac{36}{8}$의 분자의 크기를 비교하면

36<37<43이므로 가장 작은 분수는 $\frac{36}{8}$입니다.

| 채점 기준 | |
|---|---|
| 상 | 풀이 과정을 완성하여 가장 작은 분수를 찾아 쓴 경우 |
| 중 | 풀이 과정을 완성했지만 일부가 틀린 경우 |
| 하 | 답만 쓴 경우 |

**20** $4\frac{3}{4}=\frac{19}{4}$이므로 $\frac{19}{4}>\frac{\square}{4}$입니다.

따라서 19>□이므로 □ 안에 들어갈 수 있는 자연수 중에서 가장 큰 수는 18입니다.

**단원평가 실전** ●129~131쪽●

**01** (1) 15 (2) 14    **02** ( ) ( ○ )
**03** 27    **04** 56 cm    **05** 24 m    **06** 민아
**07** $\frac{3}{5}$    **08** 3, 6, 2    **09** ㉢    **10** 5개
**11** 8    **12** $3\frac{7}{13}$    **13** 5개    **14** $7\frac{1}{5}$
**15** 규현    **16** 체육관    **17** 선미
**18** $4\frac{2}{6}$, $4\frac{3}{6}$, $4\frac{4}{6}$    **19** 22    **20** 29

**02** • 25 m를 똑같이 5묶음으로 나눈 것 중의 3묶음은 15 m입니다.

• 30 m를 똑같이 6묶음으로 나눈 것 중의 4묶음은 20 m입니다.

**03** ㉠의 $\frac{3}{9}$은 9이므로 ㉠의 $\frac{1}{9}$은 9÷3=3입니다.

➡ ㉠=3×9=27

| 채점 기준 | |
|---|---|
| 상 | 풀이 과정을 완성하여 ㉠에 알맞은 수를 구한 경우 |
| 중 | 풀이 과정을 완성했지만 일부가 틀린 경우 |
| 하 | 답만 쓴 경우 |

**04** 20 cm의 $\frac{2}{5}$는 20 cm를 똑같이 5묶음으로 나눈 것 중의 2묶음이므로 직사각형의 세로는 8 cm입니다.

➡ (직사각형의 네 변의 길이의 합)
= 20+8+20+8=56 (cm)

**05** • 첫 번째 튀어 오른 공의 높이는 54 m의 $\frac{4}{6}$입니다.

54 m의 $\frac{1}{6}$은 9 m이므로 54 m의 $\frac{4}{6}$는 36 m입니다.

• 두 번째 튀어 오른 공의 높이는 36 m의 $\frac{4}{6}$입니다.

36 m의 $\frac{1}{6}$은 6 m이므로 36 m의 $\frac{4}{6}$는 24 m입니다.

**07** 젤리 40개를 한 봉지에 8개씩 나누어 담으면 5봉지가 됩니다.

동생에게 준 젤리는 전체 5봉지 중의 3봉지이므로 전체의 $\frac{3}{5}$입니다.

**08** • 24를 3씩 묶으면 8묶음입니다. 9는 8묶음 중의 3묶음이므로 9는 24의 $\frac{3}{8}$입니다. ➡ ㉠=3

• 24를 4씩 묶으면 6묶음입니다. 12는 6묶음 중의 3묶음이므로 12는 24의 $\frac{3}{6}$입니다. ➡ ㉡=6

• 24를 8씩 묶으면 3묶음입니다. 16은 3묶음 중의 2묶음이므로 16은 24의 $\frac{2}{3}$입니다. ➡ ㉢=2

**09** ㉢ $\frac{16}{7}=2\frac{2}{7}$

**10** 분모가 6인 진분수는 $\frac{1}{6}, \frac{2}{6}, \frac{3}{6}, \frac{4}{6}, \frac{5}{6}$이므로 모두 5개입니다.

**11** 가분수는 분자가 분모와 같거나 분모보다 큰 분수이므로 분모는 8과 같거나 8보다 작아야 합니다.

따라서 ■가 될 수 있는 자연수 중에서 가장 큰 수는 8입니다.

**12** 분모가 13인 대분수를 가분수로 나타냈으므로 가분수는 분모가 13이고, 분자가 59-13=46입니다.

$\frac{46}{13}$에서 $\frac{39}{13}$는 3과 같으므로

$\frac{46}{13}=3\frac{7}{13}$입니다.

따라서 어떤 대분수는 $3\frac{7}{13}$입니다.

**13** $2=\frac{6}{3}$이므로 $\frac{6}{3}$보다 크고 분모가 3인 가분수는

$\frac{7}{3}, \frac{8}{3}, \frac{9}{3}(=3), \frac{10}{3}, \frac{11}{3}, \frac{12}{3}(=4), \frac{13}{3}, \ldots$입니다.

이 중에서 4보다 작은 가분수는 $\frac{7}{3}, \frac{8}{3}, \frac{9}{3}, \frac{10}{3}$,

$\frac{11}{3}$로 모두 5개입니다.

| 채점 기준 | |
|---|---|
| 상 | 풀이 과정을 완성하여 조건에 맞는 분수는 모두 몇 개인지 구한 경우 |
| 중 | 풀이 과정을 완성했지만 일부가 틀린 경우 |
| 하 | 답만 쓴 경우 |

**14** 홀수 번째에는 대분수를 놓고, 짝수 번째에는 가분수를 놓는 규칙입니다. 늘어놓은 분수를 모두 가분수로 나타내면 $\frac{6}{5}, \frac{9}{5}, \frac{12}{5}, \frac{15}{5}, \frac{18}{5}, \ldots$이므로 분자가 3씩 커지는 규칙입니다.

따라서 11번째에 놓일 가분수의 분자는 36이고, 홀수 번째에는 대분수로 나타내어야 하므로

$\frac{36}{5}=7\frac{1}{5}$입니다.

**15** 민영: 분자의 크기를 비교하면 19>10이므로

$\frac{19}{3}>\frac{10}{3}$입니다.

**16** $\frac{48}{10}=4\frac{8}{10}$입니다. $4\frac{8}{10}$과 $5\frac{2}{10}$의 자연수의 크기를 비교하면 4<5이므로 $4\frac{8}{10}<5\frac{2}{10}$입니다.

따라서 더 가까운 곳은 체육관입니다.

**17** $3\frac{2}{7}=\frac{23}{7}$이므로 분자의 크기를 비교하면

29>25>23입니다.

따라서 소설책을 가장 오래 읽은 친구는 선미입니다.

**18** $\frac{25}{6}=4\frac{1}{6}, \frac{29}{6}=4\frac{5}{6}$이므로 $4\frac{1}{6}$보다 크고 $4\frac{5}{6}$보다 작은 분모가 6인 대분수는 $4\frac{2}{6}, 4\frac{3}{6}, 4\frac{4}{6}$입니다.

| 채점 기준 | |
|---|---|
| 상 | 풀이 과정을 완성하여 분모가 6인 대분수 중에서 $\frac{25}{6}$보다 크고 $\frac{29}{6}$보다 작은 분수를 모두 구한 경우 |
| 중 | 풀이 과정을 완성했지만 일부가 틀린 경우 |
| 하 | 답만 쓴 경우 |

**19** $\frac{13}{4}=3\frac{1}{4}, \frac{69}{9}=7\frac{6}{9}$이므로 $3\frac{1}{4}$보다 크고 $7\frac{6}{9}$보다 작은 자연수는 4, 5, 6, 7입니다.

따라서 두 수 사이에 있는 자연수의 합은

4+5+6+7=22입니다.

**20** • $3\frac{2}{5}=\frac{17}{5}$이고 $\frac{12}{5}<\frac{\square}{5}<\frac{17}{5}$이므로

$\square$ 안에 들어갈 수 있는 자연수는 13, 14, 15, 16입니다.

• $1\frac{4}{9}=\frac{13}{9}$이고 $\frac{13}{9}<\frac{\square}{9}<\frac{16}{9}$이므로

$\square$ 안에 들어갈 수 있는 자연수는 14, 15입니다.

➡ 14+15=29

# 6 그림그래프

● 132쪽 ●

## 핵심 개념

**1** 그림그래프  **2** 10 / 1
**3** 나  **4** 다

## 단원평가 기본 1회

● 133~135쪽 ●

**01** 10마리 / 1마리  **02** 3군데
**03** 26마리  **04** 나 농장
**05** 45권  **06** 동화책
**07** 160권  **08** 10 kg, 100 kg에 ○표

**09**

| 농장 | 양파 생산량 |
|---|---|
| 가 | ◎◎◎◎○○ |
| 나 | ◎◎○○○○○ |
| 다 | ◎◎◎◎◎○ |
| 라 | ◎◎◎○○ |

◎ [100] kg ○ [10] kg

**10** 가 농장, 다 농장  **11** 그림그래프
**12** 250상자

**13**

| 과수원 | 사과 생산량 |
|---|---|
| 싱싱 | 🍎🍎🍎🍎🍎🍎🍎🍎 |
| 새콤 | 🍎🍎🍎🍎 |
| 달콤 | 🍎🍎🍎🍎🍎🍎🍎 |
| 행복 | 🍎🍎🍎🍎 |

🍎100상자 🍎10상자

**14** 90상자  **15** 62 kg  **16** 4960원
**17** 22 kg  **18** 15, 13, 18, 60

**19**

| 학년 | 학생 수 |
|---|---|
| 3학년 | 😊😊😊😊😊 |
| 4학년 | 😊😊😊😊😊 |
| 5학년 | 😊😊😊 |
| 6학년 | 😊😊😊😊😊😊😊😊 |

😊10명 😊1명

**20** 1980원

**03** 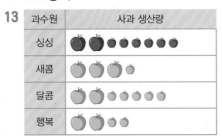이 2개, 이 6개이므로 26마리입니다.
**04** 이 4개, 이 1개인 농장은 나 농장입니다.

---

**05** 이 4개, 이 5개이므로 45권입니다.

**06** 큰 그림이 가장 많은 책을 찾으면 동화책입니다.

**07** ❶ 동화책은 54권, 위인전은 45권, 만화책은 28권, 잡지는 33권 있습니다.
❷ 54＋45＋28＋33＝160(권)

| 채점 기준 | |
|---|---|
| 상 | 풀이 과정을 완성하여 학급 문고에 있는 책은 모두 몇 권인지 구한 경우 |
| 중 | 풀이 과정을 완성했지만 일부가 틀린 경우 |
| 하 | 답만 쓴 경우 |

**10** 라 농장보다 큰 그림이 더 많은 농장을 모두 찾으면 가 농장과 다 농장입니다.

**11** 그림그래프는 표보다 자료의 수가 많고 적음을 한 눈에 비교하기 편리합니다.

**12** 1040－260－310－220＝250(상자)

**14** ❶ 사과 생산량이 가장 많은 과수원은 새콤 과수원 (310상자)이고, 가장 적은 과수원은 행복 과수원 (220상자)입니다.
❷ 310－220＝90(상자)

| 채점 기준 | |
|---|---|
| 상 | 풀이 과정을 완성하여 사과 생산량이 가장 많은 과수원과 가장 적은 과수원의 생산량의 차는 몇 상자인지 구한 경우 |
| 중 | 풀이 과정을 완성했지만 일부가 틀린 경우 |
| 하 | 답만 쓴 경우 |

**15** 3월: 23 kg, 4월: 24 kg, 5월: 15 kg
➡ 23＋24＋15＝62 (kg)

**16** 80×62＝4960(원)

**17** ❶ 이 1개, 이 5개이므로 15 kg 모았습니다.
❷ 15＋7＝22 (kg)

| 채점 기준 | |
|---|---|
| 상 | 풀이 과정을 완성하여 6월에 지아네 모둠이 모은 헌 종이는 몇 kg인지 구한 경우 |
| 중 | 풀이 과정을 완성했지만 일부가 틀린 경우 |
| 하 | 답만 쓴 경우 |

**20** (4학년과 6학년 학생 수의 합)＝15＋18＝33(명)
➡ (4학년과 6학년 학생들에게 보낸 문자 요금의 합)
＝60×33＝1980(원)

**01** 45명　　**02** 버터 쿠키　　**03** 101명
**04** 100가구 / 10가구 / 1가구　　**05** 1동
**06** 214가구　　**07** 민경　　**08** 53명
**09**

| 학년 | 학생 수 |
|---|---|
| 3학년 | ☺☺☺☺☺☺☺◡ |
| 4학년 | ☺☺☺☺☺◡◡◡ |
| 5학년 | ☺☺☺☺☺☺◡◡ |
| 6학년 | ☺☺☺☺☺☺☺☺ |

☺10명 ◡1명

**10** 19명　　**11** 동태, 조기　　**12** 127마리
**13** 조기, 동태, 갈치, 꽁치, 고등어　　**14** 고등어
**15** 20, 12, 13, 50
**16**

| 혈액형 | 학생 수 |
|---|---|
| A형 | ☺☺ |
| B형 | ☺◡◡ |
| AB형 | ☺◡◡◡ |
| O형 | ◡◡◡◡◡ |

☺10명 ◡1명

**17** ㉠ 학생 수가 가장 많은 혈액형은 A형입니다. /
　㉡ AB형인 학생은 B형인 학생보다 1명 더 많습니다.
**18** 82명
**19**

| 운동 | 학생 수 |
|---|---|
| 수영 | ♟♟♟♟♟♟♟♟♟ |
| 축구 | ♟♟♟♟♟ |
| 배구 | ♟♟♟♟♟ |

♟10명 ♟1명

**20** 74마리

**03** ❶ 버터 쿠키: 63명, 아몬드 쿠키: 38명
　　❷ 63＋38＝101(명)

| 채점 기준 | |
|---|---|
| 상 | 풀이 과정을 완성하여 버터 쿠키와 아몬드 쿠키를 좋아하는 학생은 모두 몇 명인지 구한 경우 |
| 중 | 풀이 과정을 완성했지만 일부가 틀린 경우 |
| 하 | 답만 쓴 경우 |

**07** • 동희: (아파트의 전체 가구 수)
　　　＝120＋214＋330＝664(가구)
　　• 민경: ⬜의 수가 많을수록 가구 수가 많으므로 3동의 가구 수가 가장 많습니다.

• 대호: 3동은 330가구, 1동은 120가구이므로 3동이 1동보다 330－120＝210(가구) 더 많습니다.
따라서 잘못 말한 친구는 민경이입니다.

**08** 252－46－81－72＝53(명)

**10** ❶ 휴대 전화를 가지고 있는 5학년 학생은 81명입니다.
　　❷ 100명이 되려면 100－81＝19(명)이 더 사야 합니다.

| 채점 기준 | |
|---|---|
| 상 | 풀이 과정을 완성하여 5학년 학생 몇 명이 휴대 전화를 더 사야 하는지 구한 경우 |
| 중 | 풀이 과정을 완성했지만 일부가 틀린 경우 |
| 하 | 답만 쓴 경우 |

**12** 동태: 17마리, 꽁치: 31마리, 갈치: 25마리,
　　조기: 14마리, 고등어: 40마리
　　➡ 17＋31＋25＋14＋40＝127(마리)

**14** 생선 가게에서 지난달에 가장 많이 팔린 생선은 고등어이므로 이번 달에 고등어를 가장 많이 준비하는 것이 좋겠습니다.

**17**

| 채점 기준 | |
|---|---|
| 상 | 그림그래프를 보고 알 수 있는 내용을 2가지 쓴 경우 |
| 중 | 그림그래프를 보고 알 수 있는 내용을 1가지만 쓴 경우 |

**18** 수영을 좋아하는 학생이 64명이므로 축구를 좋아하는 학생과 배구를 좋아하는 학생은 모두
146－64＝82(명)입니다.

**19** 82÷2＝41이므로 축구와 배구를 좋아하는 학생은 각각 41명입니다.
따라서 각각 ♟4개, ♟1개를 그립니다.

**20** 바람 목장의 양은 62마리입니다. 62÷2＝31이므로 구름 목장에 판 양은 31마리입니다.
　　➡ (구름 목장의 양의 수)＝43＋31＝74(마리)

**01** 95송이　　**02** 국화, 백합　　**03** 백합
**04** 1000그루, 100그루　　**05** 10000
**06** 초록 마을, 새싹 마을　　**07** 4350 kg

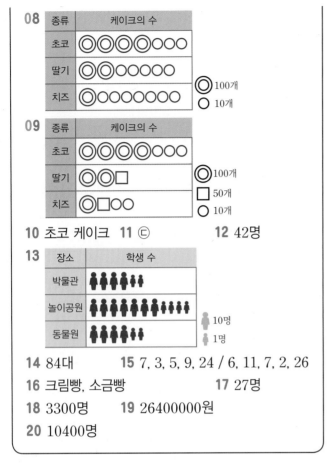

**08**

| 종류 | 케이크의 수 |
|---|---|
| 초코 | ◎◎◎◎◎○○○ |
| 딸기 | ◎◎○○○○ |
| 치즈 | ◎○○○○○○ |

◎ 100개
○ 10개

**09**

| 종류 | 케이크의 수 |
|---|---|
| 초코 | ◎◎◎◎○○○○ |
| 딸기 | ◎◎□ |
| 치즈 | ◎□○○ |

◎ 100개
□ 50개
○ 10개

**10** 초코 케이크　**11** ㉢　　　**12** 42명

**13**

| 장소 | 학생 수 |
|---|---|
| 박물관 | 👤👤👤👤👤 |
| 놀이공원 | 👤👤👤👤👤👤👤👤 |
| 동물원 | 👤👤👤👤👤 |

👤 10명
👤 1명

**14** 84대　　　　**15** 7, 3, 5, 9, 24 / 6, 11, 7, 2, 26
**16** 크림빵, 소금빵　　　**17** 27명
**18** 3300명　　　**19** 26400000원
**20** 10400명

---

**03** 팔린 튤립은 26송이입니다.
$26 \times 2 = 52$(송이)이므로 52송이 팔린 꽃을 찾으면 백합입니다.

| 채점 기준 | |
|---|---|
| 상 | 풀이 과정을 완성하여 팔린 꽃의 수가 튤립의 2배인 꽃은 무엇인지 쓴 경우 |
| 중 | 풀이 과정을 완성했지만 일부가 틀린 경우 |
| 하 | 답만 쓴 경우 |

**06** 🌳이 2개인 마을은 초록 마을과 새싹 마을입니다.

**07** 하늘 과수원: 210상자, 노을 과수원: 390상자,
바다 과수원: 270상자
(귤 생산량의 합)$= 210 + 390 + 270 = 870$(상자)
➡ (생산한 귤의 무게의 합)$= 5 \times 870 = 4350$ (kg)

**10** 100개짜리 그림이 가장 많은 것을 찾으면 초코 케이크입니다.

**11** ㉢ 2개의 단위로 그릴 때보다 그림이 줄었습니다.

**12** 놀이공원에 가고 싶은 학생이 74명이므로 박물관에 가고 싶은 학생과 동물원에 가고 싶은 학생은 $158 - 74 = 84$(명)입니다.

➡ (동물원에 가고 싶은 학생 수)
$= 84 \div 2 = 42$(명)

| 채점 기준 | |
|---|---|
| 상 | 풀이 과정을 완성하여 동물원에 가고 싶은 학생은 몇 명인지 구한 경우 |
| 중 | 풀이 과정을 완성했지만 일부가 틀린 경우 |
| 하 | 답만 쓴 경우 |

**14** 나 마을과 라 마을의 자전거는
$250 - 73 - 51 = 126$(대)입니다.
나 마을의 자전거 수를 □대라 하면 라 마을의 자전거 수는 (□+□)대입니다. □+□+□=126이고 $42 + 42 + 42 = 126$이므로 □=42입니다.
➡ (라 마을의 자전거 수)$= 42 + 42 = 84$(대)

**16** 크림빵: $7 > 6$, 단팥빵: $3 < 11$,
피자빵: $5 < 7$, 소금빵: $9 > 2$

**17** 크림빵: $7 + 6 = 13$(명), 단팥빵: $3 + 11 = 14$(명),
피자빵: $5 + 7 = 12$(명), 소금빵: $9 + 2 = 11$(명)
$14 > 13 > 12 > 11$이므로 학생들이 가장 많이 좋아하는 빵은 단팥빵이고, 두 번째로 좋아하는 빵은 크림빵입니다. ➡ $14 + 13 = 27$(명)

| 채점 기준 | |
|---|---|
| 상 | 풀이 과정을 완성하여 학생들이 가장 많이 좋아하는 빵과 두 번째로 좋아하는 빵의 학생 수의 합은 몇 명인지 구한 경우 |
| 중 | 풀이 과정을 완성했지만 일부가 틀린 경우 |
| 하 | 답만 쓴 경우 |

**18** 1관의 관객 수는 큰 그림이 2개, 중간 그림이 1개, 작은 그림이 4개입니다.
따라서 큰 그림은 1000명, 중간 그림은 500명, 작은 그림은 100명을 나타냅니다. 2관은 큰 그림이 3개, 작은 그림이 3개이므로 3300명입니다.

**19** 2관의 관객 수는 3300명입니다.
따라서 2관에서 관람한 사람들의 전체 관람료는 $3300 \times 8000 = 26400000$(원)입니다.

**20** 3관의 관객 수는 2800명입니다.
4관의 관객 수는 3관의 관객 수의 $\frac{1}{2}$이고 $1400 + 1400 = 2800$이므로 1400명입니다.
따라서 이날 영화관의 전체 관객은 $2900 + 3300 + 2800 + 1400 = 10400$(명)입니다.

# 사회

## 1 환경에 따라 다른 삶의 모습

### 1 우리 고장의 환경과 생활 모습

**확인 평가** ●146~147쪽●

01 자연환경 02 ㉠, ㉣　03 ④　04 들
05 ⑤　06 ㉘ 하천이나 바닷가로 물놀이를 갑니다.　07 ③　08 ②, ③　09 ⑤
10 ①　11 ㉘ 자연환경을 이용한 여가 생활입니다.　12 ㉢

02 ㉡, ㉢은 자연환경에 해당합니다.

03 ④ 사람들이 자연환경을 이용해 인문환경을 만들기 때문에 인문환경은 자연환경과 관계없이 만들어진 것이 아닙니다.

06

| 채점 기준 | |
| --- | --- |
| 상 | 하천이나 바닷가로 물놀이를 간다고 쓴 경우 |
| 중 | 물놀이를 간다고만 쓴 경우 |

07 사진은 바다에서 수산물을 얻는 모습으로, 이는 바다가 있는 고장에 사는 사람들의 생활 모습입니다.

09 사진은 공장 내부의 모습으로, 공장에서는 많은 사람들이 일을 하며 여러 가지 물건을 만듭니다.

10 ① 목장에서 소를 키우는 일은 산이 많은 고장에서 주로 볼 수 있습니다.

11

| 채점 기준 | |
| --- | --- |
| 상 | 자연환경을 이용한 여가 생활이라고 쓴 경우 |
| 중 | 환경을 이용한 여가 생활이라고만 쓴 경우 |

12 ㉠ 산은 자연환경, ㉡ 공원은 인문환경입니다.

### 2 환경에 따른 의식주 생활 모습

**확인 평가** ●150~151쪽●

01 의식주　02 ⑤　03 ㉡, ㉢　04 ㉘ 뜨거운 햇볕과 모래바람을 막기 위해 긴 옷을 입고, 머리에 천을 두릅니다.　05 ⑤　06 ③
07 ④, ⑤　08 ㉘ 고장마다 땅의 생김새나 날씨와 같은 자연환경이 다르고, 이에 따라 구할 수 있는 음식 재료가 다르기 때문입니다.　09 ①
10 터돋움집 11 ㉠ 덥고, ㉡ 통나무　12 ④

02 모자, 신발, 장갑, 바지, 목도리는 의생활에 해당하고, 밥, 과일, 빵, 국, 김치, 아이스크림은 식생활에 해당하며, 아파트, 통나무집, 한옥, 단독 주택은 주생활에 해당합니다.

03 ㉠, ㉣은 여름철 더운 날씨에 알맞은 옷차림입니다.

04

| 채점 기준 | |
| --- | --- |
| 상 | 긴 옷을 입고, 머리에 천을 두른다고 쓴 경우 |
| 중 | 긴 옷을 입는 것과 머리에 천을 두르는 것 중 한 가지만 쓴 경우 |

05 낮과 밤의 기온 차가 큰 고장에서는 낮의 뜨거운 햇볕을 막기 위해 모자를 쓰고, 밤의 추위를 견디기 위해 긴 겉옷을 입습니다.

07 평양 냉면의 재료인 메밀과 감자옹심이의 재료인 감자는 날씨가 서늘한 고장에서 재배하기에 알맞습니다.

08

| 채점 기준 | |
| --- | --- |
| 상 | 고장마다 자연환경이 다르고, 구할 수 있는 음식 재료가 다르기 때문이라고 쓴 경우 |
| 중 | 고장마다 자연환경이 다르기 때문이라고만 쓴 경우 |

09 우데기를 만들면 눈이 많이 내려도 집 안을 자유롭게 다닐 수 있어 과거 눈이 많이 내리는 고장에서는 우데기를 설치하였습니다.

12 화산 폭발이 있었던 고장에서는 화산재가 굳어 만들어진 바위의 속을 파서 집을 짓습니다.

01 ㉠ 자연환경, ㉡ 인문환경　　　　02 ④
03 ⓔ 산비탈에 밭을 만들어 농사를 짓습니다.
04 ㉠, ㉢　　05 ④　　　06 ④　　　07 산
08 ⑤　　　09 (1) ㉢ (2) ㉠ (3) ㉡　　10 ④
11 (1) 민준　(2) ⓔ 낮과 밤의 기온 차가 큰 고장에서는 모자로 낮의 뜨거운 햇볕을 막고, 긴 겉옷으로 밤의 추위를 막습니다.　　12 ①, ⑤　　13 바다
14 ①　　　15 ⓔ 땅에서 올라오는 열기와 습기를 막아 더위를 피하고, 벌레가 집 안으로 들어오는 것을 막기 위해 땅 위로 집을 올려 짓습니다.

02 바다가 있는 고장의 사람들은 바다를 이용해 다양한 일을 합니다.

03 사진은 산이 많은 고장에 사는 사람들의 생활 모습입니다.

| 채점 기준 | |
| --- | --- |
| 상 | 산비탈에 밭을 만들어 농사를 짓는다고 쓴 경우 |
| 중 | 산비탈에 밭을 만들었다고만 쓴 경우 |

04 ㉡ 여름에는 더위를 피해 하천이나 바닷가로 물놀이를 갑니다. ㉣ 가을에는 잘 자란 곡식과 과일을 수확합니다.

05 들이 있는 고장에 사는 사람들은 들을 논과 밭으로 이용합니다. ①, ②, ③은 산이 많은 고장, ⑤는 바다가 있는 고장에 사는 사람들이 주로 하는 일입니다.

06 도시가 발달한 고장의 사람들은 주로 공장이나 회사에서 일하거나, 백화점이나 마트에서 물건이나 음식을 파는 일을 합니다.

07 사람들은 산을 이용해 등산을 하거나 캠핑을 하는 등의 여가 생활을 합니다.

08 등산하기, 산에서 캠핑하기, 바다에서 물놀이 하기, 하천에서 래프팅 하기는 자연환경을 이용한 여가 생활입니다.

09 사람이 살아가는 데 기본적으로 필요한 옷(의), 음식(식), 집(주)을 통틀어 의식주라고 합니다.

10 그림의 사람은 추위를 견딜 수 있도록 동물의 털과 가죽으로 만든 옷을 입고, 장갑과 부츠를 착용했습니다.

11 동물의 털과 가죽으로 만든 두꺼운 옷은 춥고 눈이 많이 내리는 고장 사람들의 의생활 모습입니다.

| 채점 기준 | |
| --- | --- |
| 상 | (1)에 민준을 쓰고, (2)에 모자로 낮의 햇볕을 막고 긴 겉옷으로 밤의 추위를 막는다고 쓴 경우 |
| 중 | (1)에 민준을 쓰고, (2)에 낮의 더위와 밤의 추위를 막을 수 있는 옷차림을 한다고만 쓴 경우 |
| 하 | (1)에 민준만 쓴 경우 |

12 평양은 날씨가 서늘하고 비가 많이 내리지 않아 냉면의 재료인 메밀을 재배하기에 알맞습니다.

13 바다가 있는 고장에는 바다에서 잡은 여러 가지 수산물로 만든 음식이 많습니다.

14 과거 산이 많은 고장에서는 주변에서 쉽게 구할 수 있는 나뭇조각으로 지붕을 얹은 너와집을 지었습니다.

15 세계 여러 고장에서는 자연환경의 영향을 받아 다양한 주생활 모습이 나타납니다.

| 채점 기준 | |
| --- | --- |
| 상 | 열기와 습기를 막고, 벌레가 집 안으로 들어오는 것을 막기 위해서라고 쓴 경우 |
| 중 | 열기와 습기를 막기 위해서, 벌레가 집 안으로 들어오는 것을 막기 위해서 중 한 가지만 쓴 경우 |

01 ③　　　　02 ㉠ 들, ㉡ 항구　　　03 산
04 ①, ②　　05 ⓔ 산과 공원으로 소풍이나 꽃구경을 갑니다.　　06 ④　　　07 ②
08 예림, 은하　　　　09 ①
10 ⓔ 제주특별자치도 사람들은 반소매 옷을 입고, 강원특별자치도 평창군 사람들은 긴소매 옷을 입습니다.　　11 ③　　　12 ④　　　13 ㉠, ㉣
14 우데기　　15 ⓔ 너와집과 이즈바는 모두 고장의 자연환경에 따라 주변에서 쉽게 찾을 수 있는 재료를 이용하여 지어진 집입니다.

01 ③ 필요에 따라 만들 수 있는 환경은 인문환경입니다.

02 ㉠ 들은 땅의 생김새로, 자연환경입니다. ㉡ 항구는 사람들이 필요에 따라 만든 인문환경입니다.

04 제시된 내용은 겨울철 일기 예보입니다. 겨울에는 눈썰매 등을 즐기고, 두꺼운 옷을 입습니다.

**05** 날씨가 따뜻해지고 꽃이 피기 시작하는 봄에는 사람들이 산과 공원으로 소풍이나 꽃구경을 갑니다.

| 채점 기준 | |
|---|---|
| 상 | 산과 공원으로 소풍이나 꽃구경을 간다고 쓴 경우 |
| 중 | 소풍이나 꽃구경을 간다고만 쓴 경우 |

**06** 그림은 도시의 모습입니다. ④는 산이 많은 고장에 사는 사람들이 주로 하는 일에 해당합니다.

**07** ① 공원에서 자전거 타기, ③ 운동장에서 친구들과 축구 하기, ④ 놀이공원에서 놀이 시설 이용하기, ⑤ 박물관에서 다양한 유물 관람하기는 인문환경을 이용한 여가 생활입니다.

**08** 하늘이와 우주는 자연환경을 이용하여 여가 생활을 하였습니다.

**09** ② 우유와 ⑤ 아이스크림은 식생활, ③ 한옥과 ④ 통나무집은 주생활에 해당합니다.

**10** 고장 사람들의 옷차림은 같은 계절이라도 기온의 변화, 눈, 비 등 날씨에 따라 달라집니다.

| 채점 기준 | |
|---|---|
| 상 | 제주특별자치도 사람들의 옷차림과 강원특별자치도 평창군 사람들의 옷차림을 모두 알맞게 쓴 경우 |
| 중 | 제주특별자치도 사람들의 옷차림과 강원특별자치도 평창군 사람들의 옷차림 중 한 가지만 쓴 경우 |

**11** 그림의 사람은 바람이 잘 통하는 얇고 간단한 옷을 입고 있습니다.

**12** 제주특별자치도는 주변 바닷물 온도가 따뜻하여 옥돔이 많이 잡힙니다.

**13** ㉡ 일본은 바다로 둘러싸여 있어 바다에서 잡은 여러 가지 수산물로 만든 음식이 많습니다. ㉢ 영월은 산지가 많고 날씨가 서늘하여 감자를 재배하기에 알맞아 감자로 만든 옹심이가 발달하였습니다.

**14** ㉠은 우데기로, 과거 울릉도와 같이 겨울에 눈이 많이 내리는 고장에서 볼 수 있었습니다.

**15** 고장의 자연환경에 따라 주생활 모습은 다양하게 나타납니다.

| 채점 기준 | |
|---|---|
| 상 | 고장의 자연환경에 따라 주변에서 쉽게 찾을 수 있는 재료를 이용하여 지어진 집이라고 쓴 경우 |
| 중 | 고장의 자연환경을 이용하여 지어진 집이라고만 쓴 경우 |

## 2 시대마다 다른 삶의 모습

### ❶ 옛날과 오늘날의 생활 모습

**핵심 자료** ●159쪽

| 1-1 생활 도구 | 1-2 돌 | 1-3 농사 |
|---|---|---|
| 2-1 청동 | 2-2 ○ | 3-1 × |
| 3-2 트랙터 | 3-3 ○ | 3-4 많아 |

**확인 평가** ●160~161쪽

**01** ㉠, ㉢   **02** ④   **03** 반달 돌칼
**04** 예 전쟁에서 쉽게 이길 수 있게 되었습니다.
**05** ㉡ → ㉢ → ㉠ → ㉢   **06** ④   **07** 예 음식을 편리하고 다양하게 만들어 먹을 수 있게 되었습니다.   **08** ⑤   **09** ④   **10** 움집
**11** ①

**01** 돌을 깨뜨려 도구를 만들었던 시대의 사람들은 사나운 짐승이나 눈비 등을 피해 동굴이나 바위 그늘에서 살았습니다.

**02** ④ 먹을 것을 구하기 위해 이동 생활을 한 것은 돌을 깨뜨려 도구를 만들었던 시대의 생활 모습입니다.

**04** 철로 만든 갑옷과 검 등의 무기를 사용하면서 전쟁에서 쉽게 이길 수 있게 되었습니다.

| 채점 기준 | |
|---|---|
| 상 | 전쟁에서 쉽게 이길 수 있게 되었다고 쓴 경우 |
| 중 | 전쟁이 활발해졌다고만 쓴 경우 |

**06** 오늘날에는 곡식의 수확과 탈곡을 한꺼번에 처리하는 콤바인을 사용하여 곡식을 수확합니다.

**07**

| 채점 기준 | |
|---|---|
| 상 | 음식을 편리하고 다양하게 만들어 먹을 수 있게 되었다고 쓴 경우 |
| 중 | 생활이 편리해졌다고만 쓴 경우 |

**09** ④ 옷을 만드는 도구가 발달하면서 실을 뽑고 옷감을 만드는 시간이 줄어들게 되었습니다.

**11** 오늘날 많은 사람들이 콘크리트와 철근으로 지은 아파트, 연립 주택, 단독 주택 등에서 생활합니다. ① 아파트의 화장실은 집 안에 있습니다.

## ❷ 옛날과 오늘날의 세시 풍속

● 163쪽 ●

**핵심 자료**

1-1 세시 풍속    1-2 ○         2-1 설날
2-2 정월 대보름  2-3 송편       2-4 팥죽
3-1 윷놀이      3-2 ○

**확인 평가**

● 164~165쪽 ●

01 세시 풍속        02 ③        03 ③
04 ④        05 단오        06 ⑩ 그네뛰기, 씨름 등
의 놀이를 하였습니다.        07 ⑩ 무더위에 건강을
잃지 않기 위해서입니다.        08 쥐불놀이
09 ⑤        10 ⑤        11 윷놀이    12 ②

**02** 음력 1월 1일인 설날의 세시 풍속으로는 세배하기, 차례 지내기, 떡국 먹기, 윷놀이하기 등이 있습니다.

**03** 정월 대보름에는 풍년을 기원하는 의미로 오곡밥을 먹었습니다. ①은 추석, ②는 동지, ④는 단오에 먹었던 음식입니다.

**06** 우리 조상들은 단오에 부채를 주고받고, 창포물에 머리를 감았습니다. 또한 수리취떡을 먹고, 그네뛰기, 씨름 등의 놀이를 하였습니다.

| 채점 기준 | |
|---|---|
| 상 | 그네뛰기, 씨름 등 단오의 세시 풍속 놀이를 알맞게 쓴 경우 |
| 중 | 놀이 이외의 다른 단오의 세시 풍속을 쓴 경우 |

**07** 삼복은 초복, 중복, 말복으로 1년 중 가장 더운 시기입니다. 삼복에는 무더위에 건강을 잃지 않기 위해 삼계탕, 육개장 등 영양이 풍부한 음식을 먹었습니다.

| 채점 기준 | |
|---|---|
| 상 | 무더위에 건강을 잃지 않기 위해서라고 쓴 경우 |
| 중 | 건강을 지키기 위해서라고만 쓴 경우 |

**10** ⑤ 오늘날에는 농사와 관련된 세시 풍속이 많이 사라졌지만, 농사와 관련된 세시 풍속을 즐기지 않는 것은 아닙니다.

**11** 윷놀이는 윷, 윷판, 윷말이 있으면 누구나 즐길 수 있는 세시 풍속입니다.

**12** ② 오늘날에도 가족이나 마을 사람들이 모여 윷놀이를 합니다.

**단원 평가 (기본)**

● 166~168쪽 ●

01 ①        02 (1) 빗살무늬 토기  (2) ⑩ 음식을 보
관하거나 조리할 때 사용하였습니다.        03 ⑤
04 ⓒ → ⓔ → ⓖ → ⓛ    05 ④        06 ②
07 ②        08 ①        09 ⑤        10 ⑩ 단오
에는 더운 여름을 시원하게 보내라는 의미를 담아
부채를 주고받았습니다.    11 ②        12 (1) 동지
(2) ⑩ 나쁜 기운을 쫓기 위해서입니다.    13 ②
14 ①        15 제기차기

**01** 주먹도끼는 돌을 깨뜨려 도구를 만들었던 시대에 사용하였던 도구입니다. ① 농사는 돌을 갈아서 도구를 만들었던 시대에 시작되었습니다.

**02**

| 채점 기준 | |
|---|---|
| 상 | (1)에 빗살무늬 토기를 쓰고, (2)에 음식을 보관하거나 조리할 때 사용하였다고 쓴 경우 |
| 중 | (1)에 빗살무늬 토기를 쓰고, (2)에 음식을 보관할 때 사용하였다고만 쓴 경우 |
| 하 | (1)에 빗살무늬 토기만 쓴 경우 |

**03** 왼쪽 도구는 비파형 동검(청동 검), 오른쪽 도구는 청동 거울입니다. 옛날 사람들은 여러 가지 금속을 섞은 청동으로 무기, 장신구, 제사를 지내는 도구를 만들어 사용하였습니다.

**05** 제시된 사진은 갈돌과 갈판, 맷돌, 믹서로, 음식 재료를 가는 도구의 발달을 나타낸 것입니다.

**07** 기와집의 안채는 주로 여자들이 생활하며 밥을 짓거나 잠을 자던 곳이고, 사랑채는 남자들이 생활하며 글공부를 하거나 손님을 맞이하던 곳입니다.

**08** 명절은 설날, 추석, 정월 대보름, 동지 등 옛날부터 해마다 즐기거나 기념하는 날입니다.

**09** ⑤ 나쁜 기운을 쫓는다는 의미로 창포물에 머리를 감은 것은 단오의 세시 풍속입니다.

**10** 단오가 지나면 더워지기 때문에 조상들은 더운 여름을 시원하게 보내라는 의미로 부채를 주고받았습니다.

| 채점 기준 | |
|---|---|
| 상 | 더운 여름을 시원하게 보내라는 의미로 부채를 주고받았다고 쓴 경우 |
| 중 | 건강하게 보내라는 의미로 부채를 주고받았다고만 쓴 경우 |

**12** 동지에는 나쁜 기운을 쫓는다는 의미로 팥죽을 먹었습니다.

| 채점 기준 | |
|---|---|
| 상 | (1)에 동지를 쓰고, (2)에 나쁜 기운을 쫓기 위해서라고 쓴 경우 |
| 하 | (1)에 동지만 쓴 경우 |

**13** 추석에는 조상들께 차례를 지내고 성묘를 하며, 강강술래, 줄다리기 등의 놀이를 하였습니다. ② 건강을 빌며 부럼을 깨물어 먹은 것은 정월 대보름의 세시 풍속입니다.

**14** 오늘날에는 직업이 다양해지면서 농사를 짓는 사람들이 줄어들었기 때문에 농사와 관련된 세시 풍속이 많이 사라졌습니다.

**15** 제기차기는 한 발은 땅을 딛고, 다른 발로 제기를 차는 놀이로, 주로 설날에 어린이들이 즐겼던 놀이입니다.

**단원평가 (실전)** ●169~171쪽●

01 ④  02 예 청동은 귀하고 다루기 어려웠기 때문입니다.  03 철  04 ⑤  05 ③
06 ④  07 예 여러 재료에서 실을 뽑을 수 있게 되었습니다. 옷을 쉽고 빠르게 만들 수 있게 되었습니다.  08 ②  09 명절  10 ④
11 ①  12 ⑤  13 ③  14 예 사람들의 직업이 다양해지고 농사를 짓는 사람이 줄어들었기 때문입니다.  15 민규

**01** ④ 철로 도구를 만든 것은 돌로 도구를 만든 시대보다 시간이 흐른 뒤의 일입니다.

**02** 청동은 재료를 구하기 어렵고 만드는 일이 쉽지 않아서 일상생활이나 농사를 지을 때에는 여전히 돌과 나무로 만든 도구를 사용하였습니다.

| 채점 기준 | |
|---|---|
| 상 | 청동은 귀하고 다루기 어려웠기 때문이라고 쓴 경우 |
| 중 | 청동을 구하기 어려웠기 때문이라고만 쓴 경우 |

**04** 농사 도구가 발달하면서 한 사람이 수확할 수 있는 곡식의 양이 많아졌으며, 식량을 안정적으로 구하고 먹을 수 있게 되었습니다.

**06** 옷감을 꿰매는 도구는 '뼈바늘 → 쇠바늘 → 재봉틀'의 순서로 발달하였습니다.

**07** 옷감이나 실을 만드는 도구가 발달하면서 사람들은 여러 재료에서 실을 뽑고, 다양한 종류의 옷을 쉽고 빠르게 만들 수 있게 되었습니다.

| 채점 기준 | |
|---|---|
| 상 | 옷을 만드는 도구가 발달하면서 달라진 생활 모습을 두 가지 모두 알맞게 쓴 경우 |
| 중 | 옷을 만드는 도구가 발달하면서 달라진 생활 모습을 한 가지만 쓴 경우 |
| 하 | 생활이 편리해졌다고만 쓴 경우 |

**08** 한곳에 머물러 살면서 농사를 지었던 옛날 사람들은 움집에 살며 집 한가운데에 불을 피워 따뜻하게 지냈습니다.

**09** 명절은 설날, 추석 등 옛날부터 해마다 즐기거나 기념하는 날을 말합니다.

**10** 설날에는 윷놀이, 연날리기 등의 놀이를 하였습니다. ①은 추석, ②, ③은 정월 대보름에 즐긴 세시 풍속입니다.

**11** 단오에는 부채 주고받기, 그네뛰기, 창포물에 머리 감기, 수리취떡 먹기 등을 하였습니다. ⊙ 세배 드리기는 설날의 세시 풍속입니다.

**12** 음력 9월 9일인 중양절에는 국화로 만든 술과 떡을 먹었으며, 단풍이 든 산으로 나들이를 갔습니다.

**13** 옛날에는 추석 때 마을 사람들이 함께 모여 송편을 빚어 먹었고, 강강술래나 줄다리기 등을 즐겼습니다. 오늘날에는 추석 때 멀리 떨어져 사는 가족이 한자리에 모이고 음식을 만들거나 사 먹기도 합니다.

**14** 옛날에는 농사와 관련된 세시 풍속이 많았지만, 오늘날에는 사람들의 직업이 다양해지고 농사를 짓는 사람들이 줄어들면서 농사와 관련된 세시 풍속이 많이 사라지게 되었습니다.

| 채점 기준 | |
|---|---|
| 상 | 사람들의 직업이 다양해지고 농사를 짓는 사람이 줄어들었기 때문이라고 쓴 경우 |
| 중 | 사람들의 직업이 다양해졌기 때문이라고만 쓴 경우 |

**15** 세시 풍속은 명절날에 반복적으로 되풀이해서 하는 일, 먹는 음식 등 우리 고유의 풍속을 말합니다. 민규 - 핼러윈은 우리나라의 명절이 아닙니다.

# 3 가족의 모습과 역할 변화

## 1 가족의 구성과 역할 변화

핵심 자료 ●173쪽●

1-1 결혼    1-2 중매    2-1 핵가족

2-2 확대 가족, 핵가족    2-3 ○

3-1 할아버지    3-2 여자, 남자    3-3 역할

확인 평가 ●174~175쪽●

01 ㉢ → ㉠ → ㉣ → ㉡    02 ⑤    03 예 사람들에게 두 사람이 부부가 된 것을 알립니다. 가족과 친척들이 결혼을 축하해 줍니다.    04 ㉠ 핵가족, ㉡ 확대 가족    05 ③, ④    06 ④    07 ③    08 준현    09 예 오늘날에는 온 가족이 역할을 나누어 집안일에 참여합니다.    10 ③, ④    11 ⑤    12 ㉢

02 ① 신부 집에서 결혼식을 했습니다. ② 가족, 친척, 마을 사람들이 모여 결혼식을 했습니다. ③, ④는 오늘날의 결혼식 모습입니다.

03

| 채점 기준 | |
|---|---|
| 상 | 옛날과 오늘날 결혼식 모습의 공통점을 한 가지 알맞게 쓴 경우 |
| 중 | 부부가 되는 과정이라고만 쓴 경우 |

04 ㉠은 결혼하지 않은 자녀와 부모가 함께 사는 핵가족, ㉡은 결혼한 자녀와 부모가 함께 사는 확대 가족입니다.

05 옛날에는 오늘날보다 확대 가족이 많았지만, 핵가족도 있었습니다.

06 ④는 옛날에 확대 가족이 많았던 까닭입니다.

07 ③은 오늘날 가족 구성원의 역할에 대한 설명입니다.

08 그림의 가족 모두 각자 할 수 있는 일을 맡아서 가족 구성원으로서의 역할을 잘 하고 있습니다.

09

| 채점 기준 | |
|---|---|
| 상 | 온 가족이 역할을 나누어 집안일에 참여한다고 쓴 경우 |
| 중 | 남녀가 하는 일이 구분되지 않는다고만 쓴 경우 |

11 ⑤ 가족의 중요한 일은 가족 모두의 의견을 모아 결정하는 것이 바람직합니다.

## 2 다양한 가족이 살아가는 모습

핵심 자료 ●177쪽●

1-1 늘어나고    1-2 ×    1-3 재혼

1-4 입양    2-1 도서    2-2 ○

3-1 신문    3-2 ×

확인 평가 ●178~179쪽●

01 ④    02 예 피부색이나 태어난 나라, 국적이 서로 다른 가족입니다.    03 입양    04 ㉡ ○    05 ③    06 ㉠, ㉢, ㉣    07 예 도서 자료를 찾아봅니다. 뉴스나 신문 기사를 찾아봅니다. 영상 자료를 찾아봅니다.    08 ⑤    09 ㉠, ㉡    10 ⑤    11 ⑤    12 가족

01 우리 사회의 가족 형태는 다양하고, 함께 살아가는 구성원이 서로 비슷하기도 하고 다르기도 합니다.

02 그림의 가족은 서로 피부색이 다른 가족으로, 태어난 나라나 자란 나라가 다른 가족이라는 것을 알 수 있습니다.

| 채점 기준 | |
|---|---|
| 상 | 피부색이나 태어난 나라, 국적이 서로 다른 가족이라고 쓴 경우 |
| 중 | 다문화 가족이라고만 쓴 경우 |

04 ㉡의 대화를 통해 각각 다른 가족이었지만 서로 만나 한 가족이 된 것을 알 수 있습니다.

05 오늘날 다양한 형태의 가족을 찾아볼 수 있습니다.

06 ㉡ 모든 가족이 서로 같을 수 없다는 것을 이해해야 합니다.

07

| 채점 기준 | |
|---|---|
| 상 | 가족의 생활 모습을 찾아보는 방법을 두 가지 모두 알맞게 쓴 경우 |
| 중 | 가족의 생활 모습을 찾아보는 방법을 한 가지만 쓴 경우 |

08 영상 자료에서 가족의 생활 모습을 찾아보는 방법을 통해 가족 구성원들이 서로 대화하고 생활하는 모습을 볼 수 있습니다.

09 다양한 가족의 생활 모습을 살펴보면 다른 가족을 더 잘 이해하고 배려할 수 있습니다.

11 ⑤ 가족은 내가 잘못한 일이 있을 때, 무엇이 잘못되었는지 가르쳐 주고 타일러 줍니다.

**01** ⑤　　　　**02** ⑤　　　　**03** ㉠ 확대 가족, ㉡ 핵가족　　　　**04** (1) 확대 가족　(2) 예 옛날에는 주로 농사를 지어서 일할 사람이 많이 필요하였기 때문입니다.　　　　**05** ⑤　　　　**06** ①　　　　**07** ㉡, ㉢, ㉣　　　　**08** 예 온 가족이 역할을 나누어 집안일에 참여합니다.　　　　**09** ②　　　　**10** ①, ④　　　　**11** ㉠, ㉡, ㉣　　　　**12** 생활 모습　　　　**13** 예 영상, 영화나 드라마 등에서 실제 가족의 다양한 생활 모습을 살펴볼 수 있습니다.　　　　**14** ④, ⑤　　　　**15** 지훈, 다정

**01** 예 신랑의 집에서 신랑의 부모님께 폐백을 드렸습니다.　　　　**02** ④, ⑤　　　　**03** ⑤　　　　**04** ⑤　　　　**05** 승연　　　　**06** ㉠ 여자, ㉡ 남자　　　　**07** ⑤　　　　**08** ㉡ → ㉠ → ㉢ → ㉣　　　　**09** ④　　　　**10** 예 부모님의 재혼으로 서로 다른 두 가족이 만나서 이루어진 가족입니다.　　　　**11** 구성원　　　　**12** ③　　　　**13** 예 여러 가지 이야기, 그림과 사진이 담긴 도서 자료에서 찾아봅니다.　　　　**14** ⑤　　　　**15** ㉡, ㉣

**02** ⑤ 오늘날에는 결혼식이 끝난 후 결혼식장의 폐백실에서 신랑, 신부 부모님께 폐백을 드립니다.

**04**

| 채점 기준 | |
| --- | --- |
| 상 | (1)에 확대 가족을 쓰고, (2)에 옛날에 확대 가족이 많았던 까닭을 쓴 경우 |
| 하 | (1)에 확대 가족만 쓴 경우 |

**05** 그림에서 할아버지는 바깥으로 일하러 가시고, 아버지는 농사일을 하십니다. 또 할머니와 어머니는 집안일을 하십니다.

**06** ① 오늘날에는 부모가 함께 자녀를 돌봅니다.

**08** 가족 구성원이 집안일을 협력해서 하고, 온 가족이 역할을 나누어 집안일에 참여해야 합니다.

| 채점 기준 | |
| --- | --- |
| 상 | 온 가족이 역할을 나누어 집안일에 참여한다고 쓴 경우 |
| 중 | 가족이 함께 집안일을 한다고만 쓴 경우 |

**09** ①은 조손 가족, ③은 재혼 가족, ④는 입양 가족, ⑤는 확대 가족에 대한 설명입니다.

**10** 그림의 가족은 구성원이 네 명인 가족이며, 아이를 입양한 것으로 보입니다.

**11** ㉢ 우리 가족의 형태와 비슷하지 않은 가족도 존중해야 합니다.

**13**

| 채점 기준 | |
| --- | --- |
| 상 | 영상, 영화나 드라마 등에서 실제 가족의 다양한 생활 모습을 살펴볼 수 있다고 쓴 경우 |
| 중 | 다양한 가족의 생활 모습을 살펴볼 수 있다고만 쓴 경우 |

**14** 동시는 외모가 다르다고 문제될 것이 없는 서로 사랑하는 가족의 이야기입니다.

**01**

| 채점 기준 | |
| --- | --- |
| 상 | 신랑의 집에서 신랑의 부모님께 폐백을 드렸다고 쓴 경우 |
| 중 | 폐백을 드렸다고만 쓴 경우 |

**02** ①, ③은 옛날의 결혼식 모습, ②는 오늘날의 결혼식 모습입니다.

**04** 결혼하지 않은 자녀와 부모가 함께 사는 가족을 핵가족이라고 합니다.

**05** 승연 - 부모님이 정든 고향에서 계속 살고 싶어 하셔서 핵가족이 늘어납니다.

**07** ⑤ 아이들도 집안일에 참여해야 합니다.

**09** ④ 할아버지와 할머니가 남매 대신 방 청소를 하시는 것은 또 다른 가족 구성원을 힘들게 하는 일이므로 알맞은 해결 방법이 아닙니다.

**10**

| 채점 기준 | |
| --- | --- |
| 상 | 부모님의 재혼으로 서로 다른 두 가족이 만나서 이루어진 가족이라고 쓴 경우 |
| 중 | 재혼 가족이라고만 쓴 경우 |

**11** 우리 사회의 가족 형태가 매우 다양합니다.

**12** ③ 다양한 모습의 가족들이 서로 만나서 어울릴 수 있는 자리가 많아져야 합니다.

**13**

| 채점 기준 | |
| --- | --- |
| 상 | 여러 가지 이야기 자료, 그림과 사진이 담긴 도서 자료에서 찾는다고 쓴 경우 |
| 중 | 책에서 찾는다고만 쓴 경우 |

**14** 제시된 내용에서 두 가족이 만나 새로운 하나의 가족을 이루었고, 막내는 입양으로 한 가족이 되었다는 것을 알 수 있습니다.

# 과학

## 1 동물의 생활

### 단원 평가 기본 ●190~193쪽●

01 ㉢　　02 ㉠　　03 ④　　04 (1) 다리
(2) 예 까치, 개미는 다리가 있고, 지렁이, 뱀은 다리
가 없습니다. 05 ①, ⑤　　06 ③　　07 유라
08 ⑤　　09 ②, ③
10 (1) ㉡ (2) 예 바위나 바닥에 붙어서 기어 다닙니다.
11 (1) ㉠ (2) ㉡ (3) ㉢　12 ④　　13 ㉠, ㉡
14 ③　　15 ③　　16 ㉠, ㉣　　17 (1) ㉡ (2)
예 몸에 비해 큰 귀를 가지고 있습니다. 귓속에 털이
있습니다. 등 18 ⑤　　19 ㉡　　20 도마뱀붙이

**01** 소금쟁이는 연못에서 삽니다.

**02** 지렁이는 몸이 여러 개의 마디로 되어 있고, 기어서
이동합니다.

**03** 메뚜기는 땅 위에서 삽니다.

**04** 거미, 참새, 개구리, 고양이, 까치, 개미는 다리가 있
고, 송사리, 달팽이, 지렁이, 뱀은 다리가 없습니다.

| 채점 기준 | |
| --- | --- |
| 상 | (1)에 다리라고 쓰고, (2)에 다리가 있는 동물과 없는 동물을 바르게 분류하여 쓴 경우 |
| 하 | (1)에 다리만 쓴 경우 |

**05** 거미와 개구리는 날개가 없습니다.

**06** 다람쥐, 두더지, 개미는 모두 땅에서 살고, 게는 바
다에서 삽니다.

**07** 땅에서 사는 동물 중에는 다리가 없는 동물도 있습
니다. 땅강아지는 세 쌍의 다리로 걸어 다닙니다.

**08** 땅에서 사는 동물 중 다리가 있는 동물은 걷거나 기
어 다니고, 다리가 없는 동물은 기어 다닙니다.

**09** 오징어는 몸이 세모 모양이고 머리에 다리 열 개가
있으며, 지느러미로 헤엄쳐 이동합니다.

**10** 다슬기는 지느러미와 다리가 없어 바위나 바닥에
붙어서 기어 다닙니다.

| 채점 기준 | |
| --- | --- |
| 상 | (1)에 ㉡을 쓰고, (2)에 바위나 바닥에 붙어서 기어다닌다고 정확히 쓴 경우 |
| 하 | (1)에 ㉡만 쓴 경우 |

**11** 게는 다리로 걸어 다니고 메기는 지느러미로 헤엄
쳐 이동하며, 전복은 바위나 바닥에 붙어서 기어 다
닙니다.

**12** 달팽이는 화단에서 주로 볼 수 있으며, 기어서 이동
합니다.

**13** 날아다니는 새와 곤충은 날개가 있고 몸이 가벼우
며, 몸에 비해 날개의 크기가 큽니다.

**14** 날아다니는 동물 중 잠자리는 몸이 머리, 가슴, 배로
구분되고, 얇은 날개 두 쌍이 있습니다.

**15** 사막은 물과 먹이가 부족하고 낮과 밤의 기온 차이
가 큽니다.

**16** 사막 도마뱀은 서 있거나 이동할 때 한 번에 두 발
씩 번갈아 들어 올려 발의 열을 식힐 수 있습니다.

**17** 사막여우는 몸에 비해 큰 귀를 가지고 있어서 몸의
열을 밖으로 내보내기 쉽고, 귓속에 털이 많아 귓속
으로 모래 먼지가 잘 들어가지 않습니다.

| 채점 기준 | |
| --- | --- |
| 상 | (1)에 ㉡을 쓰고, (2)에 귀가 크거나 귓속에 털이 많다와 같이 사막여우의 특징 한 가지를 정확히 쓴 경우 |
| 하 | (1)에 ㉡만 쓴 경우 |

**18** 물에서 사는 동물 중 지느러미가 있는 동물은 헤
엄치고, 다리가 있는 동물은 걸어 다니기도 하며,
지느러미와 다리가 없는 동물은 기어 다닙니다.

**19** 수영용 오리발은 오리 발에 물갈퀴가 있어 물에서
빠르게 헤엄치는 모습을 보고 만들었습니다.

**20** 도마뱀붙이는 발바닥에 매우 가는 털이 있어 미끄
러운 물체에 잘 달라붙는데, 이러한 특징을 모방하
여 유리에 붙는 장갑을 만들었습니다.

| 01 ⑤ | 02 ④ | 03 ④ | 04 ③ |
| 05 ② | 06 ③ | 07 ㉠ | 08 ㉢ |

09 ㉠, ㉣  10 ⑩ 지느러미로 헤엄쳐 이동합니다.

11 ④  12 민찬  13 ②  14 ⑩ 날개가 있습니다. 몸이 가볍습니다. 몸에 비해 날개의 크기가 큽니다. 등  15 ㉠, ㉣

16 (1) ㉢ (2) ㉡ (3) ㉠  17 ③  18 ①, ⑤

19 ㉡  20 ⑩ 다리에 빨판이 있어 물체를 잡고 놓치지 않는 특징을 모방하여 만들었습니다.

**01** 개미는 몸이 머리, 가슴, 배의 세 부분으로 구분되고, 다리가 세 쌍 있습니다.

**02** 소금쟁이는 몸이 머리, 가슴, 배로 구분되며, 긴 다리로 물을 밀어서 이동합니다.

**03** 고양이는 몸이 털로 덮여 있고, 두 쌍의 다리가 있어 다리로 걷거나 뛰어다닙니다.

**04** 참새, 금붕어, 북극여우는 더듬이가 없습니다.

**05** 고양이, 개구리, 소금쟁이, 까치, 개, 매미는 모두 다리가 있고, 지렁이와 달팽이는 다리가 없습니다.

**06** 사막에는 낙타와 사막여우 등 여러 가지 동물이 살고 있습니다. 다슬기와 붕어는 강이나 호수에서 살고, 상어와 게는 바다에서 삽니다.

**07** 메뚜기와 너구리는 땅 위에서 살고 두더지는 땅속에서 살며, 개미는 땅 위와 땅속을 오가며 삽니다.

**08** 너구리는 입이 뾰족하고 몸이 털로 덮여 있습니다.

**09** 다람쥐는 몸이 털로 덮여 있고 몸에 무늬가 있으며, 두 쌍의 다리로 걷거나 뛰어다닙니다.

**10** 메기는 몸이 길고 표면이 매끄러우며, 지느러미가 있어 헤엄쳐 이동합니다.

| | 채점 기준 |
|---|---|
| 상 | 지느러미로 헤엄쳐 이동한다고 정확히 쓴 경우 |
| 중 | 지느러미는 쓰지 않고 헤엄쳐 이동한다고만 쓴 경우 |

**11** 다슬기는 강이나 호수의 물속에서 살고, 전복은 바다에서 삽니다.

**12** 고등어와 오징어는 바닷속에서 살고, 미꾸라지와 붕어는 강이나 호수의 물속에서 삽니다.

**13** 매미는 곤충이고, 까치, 꾀꼬리, 참새는 새입니다.

| 14 | 채점 기준 |
|---|---|
| 상 | 날개가 있고, 몸이 가볍다와 같이 날아다니는 동물의 생김새의 공통점 두 가지를 정확히 쓴 경우 |
| 중 | 날아다니는 동물의 생김새의 공통점을 한 가지만 정확히 쓴 경우 |

**15** 잠자리와 같은 곤충의 날개에는 깃털이 없고, 가슴에 다리 세 쌍이 있습니다.

**17** 사막 거북은 앞다리로 땅을 팔 수 있어 더운 낮에 땅굴에 들어가 쉴 수 있습니다.

**18** 북극여우는 귀가 작아 몸의 열을 잘 빼앗기지 않습니다. 또한 털이 두껍고 촘촘하게 나 있어 추위를 잘 견딜 수 있습니다.

**19** 집게 차는 수리의 발가락이 먹이를 잡고 놓치지 않는 모습을 보고 만들었습니다.

| 20 | 채점 기준 |
|---|---|
| 상 | 문어 다리에 있는 빨판이 물체를 잡고 놓치지 않는 특징을 모방하여 만들었다고 정확히 쓴 경우 |
| 중 | 문어 다리에 있는 빨판을 모방하여 만들었다고만 쓴 경우 |

# ② 지표의 변화

**핵심 자료** ●199쪽●

| 1-1 화단 흙 | 1-2 부식물 | 1-3 × |
| 2-1 ○ | 2-2 바위나 돌 | 2-3 흙 |
| 3-1 위쪽 | 3-2 침식 | 3-3 낮은 |

**단원평가** **기본** ●200~203쪽●

01 운동장 흙  02 ㉡, ㉢  03 (가)

04 ㉠  05 (1) 부식물 (2) ⑩ 부식물이 많이 포함되어 있습니다.  06 ④  07 ㉠, ㉢

08 ②  09 ④  10 ④  11 ㉢

12 ⑤  13 ⑩ 흐르는 물  14 ㉠ 운반, ㉡ 침식, ㉢ 퇴적  15 (1) ㉠ (2) ⑩ 강 상류는 강 하류보다 강폭이 좁고 강의 경사가 급합니다.

16 (1) 강 하류 (2) 강 상류  17 ①

18 ㉡, ㉣  19 ③  20 ②, ⑤

**01** 운동장 흙은 밝은 갈색을 띠고 큰 알갱이가 많으며, 손으로 만져 보면 거칠거칠합니다.

**02** 일정한 시간 동안 비커에 모인 물의 양이 많을수록 물이 잘 빠지는 흙입니다.

**03** 비커에 모인 물의 양이 적은 (가)가 화단 흙입니다.

**04** 운동장 흙이 든 비커는 물에 뜬 물질이 적습니다.

**05**

| 채점 기준 | |
|---|---|
| 상 | (1)에 부식물을 쓰고, (2)에 식물이 잘 자라는 흙에는 부식물이 많이 포함되어 있음을 정확히 쓴 경우 |
| 중 | (1)에 부식물을 쓰고, (2)에 식물이 잘 자라는 흙의 특징을 부식물과 관련지어 쓰지 못한 경우 |

**06** 화단 흙에는 나뭇가지나 나뭇잎 조각, 죽은 동물 등이 썩은 부식물이 많이 포함되어 있습니다.

**07** 바위나 돌 등이 잘게 부서져 흙이 만들어지는 과정을 알아보기 위한 모형실험입니다.

**08** 실제 자연에서 바위나 돌이 부서져 흙이 되는 과정과 비슷합니다.

**09** 바위나 돌이 오랜 시간 동안 물, 바람, 나무뿌리 등에 의해 부서지면 흙이 됩니다.

**10** ㉠은 나무뿌리에 의해 ㉡은 물에 위해 바위가 부서진 것입니다.

**11** 색 모래를 뿌리면 물에 의해 흙이 이동하는 모습을 쉽게 알 수 있습니다.

**12** 색 모래가 흙 언덕의 위쪽에서 아래쪽으로 물과 함께 이동합니다.

**13** 흐르는 물은 흙 언덕 위쪽의 흙을 깎아 낮은 곳으로 운반하여 쌓아 놓습니다.

**14** 흐르는 물은 침식 작용과 운반 작용 그리고 퇴적 작용으로 지표의 모습을 변화시킵니다.

**15** 강 상류는 강이 시작하는 곳에 가까운 부분으로, 강의 위쪽 부분입니다.

| 채점 기준 | |
|---|---|
| 상 | (1)에 ㉠을 쓰고, (2)에 강 상류는 강 하류보다 강폭이 좁고 강의 경사가 급하다고 정확히 쓴 경우 |
| 중 | (1)에 ㉠을 쓰고, (2)에 강 상류와 강 하류의 강폭과 강의 경사 중 하나만 바르게 비교하여 쓴 경우 |

**16** 강 상류에는 바위나 큰 돌이 많고, 강 하류에는 모래나 고운 흙이 많이 쌓여 있습니다.

**17** 강 상류와 강 하류에서는 주로 일어나는 강물의 작용이 달라 주변 지형의 특징이 다르게 나타납니다.

**18** 바닷가 주변 지형은 바닷물에 의한 침식 작용과 운반 작용, 퇴적 작용으로 오랜 시간에 걸쳐 만들어집니다.

**19** 바닷물에 의해 운반된 가는 모래나 고운 흙이 넓게 쌓여 갯벌이 만들어집니다.

**20** 동굴은 바닷물에 의해 절벽이 깎여 커다란 구멍이 생겨 만들어집니다.

**단원평가 실전** ●204~207쪽●

**01** (1) ㉡ (2) ㉠   **02** (가)   **03** ㉡
**04** ㉡   **05** ③   **06** 지훈, 예 운동장 흙보다 화단 흙에서 식물이 더 잘 자랍니다.
**07** (1) ㉡ (2) ㉠   **08** ④   **09** ㉡, ㉢
**10** 예 나무뿌리   **11** ㉠
**12** 예 흐르는 물이 흙 언덕 위쪽의 흙을 깎아서 아래쪽으로 옮겨 쌓아 놓았기 때문입니다.
**13** ①   **14** ㉠   **15** ㉡   **16** ④
**17** ㉠ 침식, ㉡ 퇴적   **18** 퇴적 작용
**19** 예 바닷물에 의해 운반된 모래가 넓게 쌓여 만들어집니다.   **20** ①

**01** 화단 흙은 운동장 흙에 비해 색깔이 어둡습니다.

**02** 운동장 흙이 화단 흙보다 대체로 물이 잘 빠집니다.

**03** 대체로 크기가 큰 알갱이가 많은 운동장 흙에서 물 빠짐이 더 좋습니다.

**04** 화단 흙에는 나뭇가지, 나뭇잎 조각, 죽은 동물 등이 썩은 부식물이 많이 포함되어 있습니다.

**05** 나뭇가지, 나뭇잎 조각, 죽은 동물 등이 썩은 것을 부식물이라고 하며, 화단 흙과 같이 부식물이 많이 포함되어 있는 흙에서 식물이 잘 자랍니다.

**06**

| 채점 기준 | |
|---|---|
| 상 | 지훈이라고 쓰고, 운동장 흙보다 화단 흙에서 식물이 더 잘 자란다고 정확히 쓴 경우 |
| 중 | 지훈이라고 쓰고, 운동장 흙에서는 식물이 잘 자라지 않는다고 쓴 경우 |

**07** 바위나 돌이 부서져 흙이 만들어지는 과정을 알아보기 위한 모형실험입니다.

**08** 플라스틱 통을 흔들었을 때 과자가 부서지고 크기가 작아지는 것은 실제 자연에서 바위나 돌이 잘게 부서져 흙이 되는 것과 비슷합니다.

**09** 바위나 돌이 잘게 부서져 흙이 됩니다.

**10** 바위틈에 들어간 나무뿌리가 자라면서 바위틈이 넓어져 바위가 부서지기도 합니다.

**11** 흙 언덕에 물을 흘려보냈을 때 색 모래는 흙 언덕의 위쪽에서 흙 언덕의 아래쪽으로 이동합니다.

**12** 물이 흐르면서 흙 언덕의 흙을 위쪽에서 아래쪽으로 옮겨 쌓아 놓습니다.

| 채점 기준 | |
|---|---|
| 상 | 흐르는 물의 침식 작용, 운반 작용, 퇴적 작용에 의해 흙 언덕의 모습이 변했음을 정확히 쓴 경우 |
| 중 | 흐르는 물에 의해 흙 언덕의 모습이 변했다고만 쓴 경우 |

**13** 흐르는 물은 바위나 돌, 흙 등을 깎아 낮은 곳으로 운반하여 쌓아 놓습니다.

**14** 흐르는 물에 의해 깎여서 운반된 돌이나 흙 등이 쌓이는 것을 퇴적 작용이라고 합니다.

**15** 강 하류(ⓒ)에서는 강물에 의한 퇴적 작용이 침식 작용보다 활발하게 일어납니다.

**16** 모래나 고운 흙은 강 하류((나))에 많이 쌓여 있습니다.

**17** 강 상류에서는 강물에 의한 침식 작용이 퇴적 작용보다 활발하게 일어나고, 강 하류에서는 강물에 의한 퇴적 작용이 침식 작용보다 활발하게 일어납니다.

**18** 갯벌과 모래사장은 바닷물에 의한 퇴적 작용으로 만들어진 지형입니다.

**19** 바닷물에 의한 퇴적 작용으로 모래사장이나 갯벌이 만들어집니다.

| 채점 기준 | |
|---|---|
| 상 | 바닷물에 의한 퇴적 작용으로 모래사장이 만들어지는 과정을 정확히 쓴 경우 |
| 중 | 바닷물에 의해 모래가 운반되어 만들어졌다고 간단히 쓴 경우 |

**20** ①은 바닷물의 퇴적 작용으로 만들어진 지형이고, ②~④는 바닷물의 침식 작용으로 만들어진 지형입니다.

# ❸ 물질의 상태

**핵심 자료** ●209쪽●

| | | |
|---|---|---|
| 1-1 ○ | 1-2 고체 | 1-3 책상 |
| 2-1 모양 | 2-2 ○ | 2-3 주스 |
| 3-1 ○ | 3-2 높아 | 3-3 × |

**단원평가 (기본)** ●210~213쪽●

**01** ⓒ **02** ② **03** 고체 **04** ③
**05** (1) 예 변한다. (2) 예 액체는 담는 용기에 따라 모양은 변하지만 부피는 변하지 않습니다.
**06** ② **07** 액체 **08** ⓒ **09** 공기
**10** (1) 예 공기 (2) 예 우리 주변에 공기가 있다는 것을 알 수 있습니다. **11** (가) **12** ②
**13** ②, ④ **14** ④ **15** ②
**16** ⓒ → ⓐ → ⓑ **17** ⓑ **18** ⓑ
**19** (1) ⓑ 액체, ⓒ 기체 (2) 예 모양과 부피는 변하지 않습니다. **20** (1) ⓑ (2) ⓒ (3) ⓐ

**01** 담는 용기가 바뀌어도 플라스틱 막대의 모양과 크기가 변하지 않음을 알 수 있습니다.

**02** 나무 막대와 플라스틱 막대는 단단하고 눈으로 볼 수 있으며, 손으로 잡을 수 있습니다. 또한 담는 용기가 바뀌어도 모양과 부피가 변하지 않습니다.

**03** 담는 용기가 바뀌어도 모양과 부피가 변하지 않는 물질의 상태를 고체라고 합니다.

**04** 의자, 시계, 색연필은 고체이고, 우유는 액체입니다.

**05**

| 채점 기준 | |
|---|---|
| 상 | (1)에 변한다고 쓰고, (2)에 액체의 모양과 부피 변화에 대해 정확히 쓴 경우 |
| 하 | (1)에 변한다만 쓴 경우 |

**06** 우유는 흐를 수 있고 눈으로 볼 수 있으며, 손으로 잡을 수 없습니다.

**07** 액체를 여러 가지 모양의 용기에 담으면 담는 용기에 따라 모양은 변하지만 부피는 변하지 않습니다.

**08** 철 클립은 고체입니다.

**09** 바람개비가 돌아가거나 나뭇가지가 흔들리는 것을 통해 우리 주변에 공기가 있음을 알 수 있습니다.

| 10 | 채점 기준 |
|---|---|
| 상 | (1)에 공기를 쓰고, (2)에 우리 주변에 공기가 있다는 내용을 정확히 쓴 경우 |
| 하 | (1)에 공기만 쓴 경우 |

**11** 페트병으로 탁구공을 덮어 수조 바닥까지 밀어 넣으면 탁구공이 수조 바닥으로 가라앉습니다.

**12** 페트병 속 공기가 공간을 차지하고 있기 때문입니다.

**13** 집게를 빼면 페트병 속 공기가 비닐장갑 속으로 이동하므로 비닐장갑이 부풀어 오릅니다.

**14** 공기는 눈에 보이지 않고 손으로 잡을 수 없으며, 공간을 이동할 수 있습니다. 또한 담는 용기에 따라 모양이 변합니다.

**15** 바람 인형, 공기 침대, 자전거 바퀴 타이어는 공기를 이용하는 물체입니다.

**16** 공기에 무게가 있어서 공기 주입 마개를 많이 눌러 공기를 많이 넣을수록 페트병의 무게가 무겁습니다.

**17** 공기에 무게가 있기 때문에 공기가 많이 들어 있을수록 페트병의 무게가 무겁습니다.

**18** 고무보트에 공기를 넣으면 고무보트가 무거워집니다.

**19** 고체는 담는 용기가 바뀌어도 모양과 부피가 변하지 않습니다.

| | 채점 기준 |
|---|---|
| 상 | (1)의 ⓒ과 ⓒ에 액체와 기체를 각각 쓰고, (2)에 모양과 부피 변회가 변하지 않는다고 정확히 쓴 경우 |
| 하 | (1)의 ⓒ과 ⓒ에 액체와 기체만 쓴 경우 |

**20** 비눗물은 액체, 축구공 속 공기는 기체, 고깔모자는 고체 상태의 물질입니다.

### 단원평가 실전

●214~217쪽●

**01** ⓒ  **02** ①  **03** ②
**04** 민수, 예 모래와 설탕 같은 가루 물질도 고체입니다.  **05** ①, ③  **06** 부피  **07** ③
**08** ⓒ, ⓒ  **09** ③, ⑤  **10** ④  **11** (1) 바닥으로 가라앉는다 (2) 높아진다  **12** 공간
**13** 기체  **14** ⑤  **15** 예 기체는 공간을 차지합니다. 기체는 공간을 이동할 수 있습니다. 등
**16** ③  **17** ㉠  **18** 예 공기에 무게가 있기 때문입니다.  **19** 음료수  **20** ③, ④

**01** 플라스틱 막대는 담는 용기가 바뀌어도 모양이 변하지 않습니다.

**02** 나무 막대와 플라스틱 막대는 고체이고, 담는 용기에 따라 모양과 부피가 변하지 않습니다.

**03** 고체는 흐르지 않고, 손으로 잡을 수 있습니다.

**04** 모래나 설탕 같은 가루 물질을 여러 가지 모양의 용기에 옮겨 담으면 가루 전체의 모양은 변하지만 알갱이 하나하나의 모양과 부피는 변하지 않습니다.

| | 채점 기준 |
|---|---|
| 상 | 민수라고 쓰고, 잘못된 부분을 바르게 고쳐 쓴 경우 |
| 중 | 민수라고만 쓴 경우 |

**05** 시계, 의자와 같이 담는 용기가 바뀌어도 모양과 부피가 변하지 않는 물질의 상태를 고체라고 합니다.

**06** 주스는 담는 용기가 바뀌어도 주스의 부피는 처음과 같습니다.

**07** 물과 주스와 같은 액체는 흐르는 성질이 있어 손으로 잡을 수 없습니다.

**08** ㉠은 고체의 성질이고, ㉣은 기체의 성질입니다.

**09** 공기가 든 풍선의 입구를 쥐었다가 손등 가까이에서 놓으면 풍선 속 공기가 빠져나오면서 손등이 시원해지고 풍선이 점점 작아집니다.

**10** 공기는 눈에 보이지 않지만 우리 주변에 있습니다.

**11** 탁구공이 수조 바닥으로 가라앉고, 페트병 속 공기의 부피만큼 물이 밀려 나와 수조 안 물의 높이가 높아집니다.

**12** 페트병 속 공기가 공간을 차지하고 있기 때문에 물을 밀어 내어 탁구공이 바닥으로 가라앉습니다.

**13** 담는 용기에 따라 모양이 변하고 담긴 용기를 가득 채우는 물질의 상태를 기체라고 합니다.

**14** 집게를 빼면 페트병 속의 공기가 비닐장갑 속으로 이동하여 비닐장갑이 부풀어 오릅니다.

**15** 풍선 밖에 있던 공기가 공기 주입기를 통해 풍선 속으로 이동하고, 공기가 풍선을 가득 채우기 때문에 풍선이 부풀어 오릅니다.

| | 채점 기준 |
|---|---|
| 상 | 기체는 공간을 차지하고 이동한다고 정확히 쓴 경우 |
| 중 | 기체의 성질을 한 가지만 정확히 쓴 경우 |

**16** 축구공, 바람 인형, 풍선 미끄럼틀에는 공기가 들어 있습니다.

**17** 공기는 무게가 있기 때문에 공기 주입 마개로 공기를 넣은 후에 페트병의 무게가 더 무겁습니다.

**18** 고무보트에 공기를 넣은 후 고무보트를 들면 공기를 넣기 전보다 더 무겁게 느껴지는데, 그 까닭은 공기에 무게가 있기 때문입니다.

| 채점 기준 | |
|---|---|
| 상 | 공기에 무게가 있기 때문이라고 정확히 쓴 경우 |
| 중 | 공기를 더 넣었기 때문이다 등과 같이 무게를 언급하지 않고 쓴 경우 |

**19** 플라스틱 컵과 나무 막대는 고체이고, 음료수는 액체입니다.

**20** 비눗물은 액체, 고깔모자는 고체, 비눗방울 속 공기는 기체입니다.

# ④ 소리의 성질

## 핵심 자료
●219쪽●

| | | |
|---|---|---|
| 1-1 칼림바 | 1-2 길이 | 1-3 × |
| 1-4 ○ | 2-1 철 | 2-2 × |
| 2-3 공기 | 3-1 반사 | 3-2 딱딱한 물체 |
| 3-3 × | | |

## 단원 평가 (기본)
●220~223쪽●

**01** ㉠  **02** ①  **03** ㉔ 떨림  **04** (1) ㉡ (2)
㉔ 소리가 나는 소리굽쇠는 떨림이 있기 때문입니다.
**05** 지훈  **06** ㉡  **07** ㉡, ㉣  **08** ②
**09** (1) ㉢ (2) ㉔ 빨대의 길이가 짧을수록 높은 소리가 나고, 빨대의 길이가 길수록 낮은 소리가 납니다.
**10** ③  **11** 책상  **12** ㉠ 물, ㉡ 공기
**13** ⑤  **14** ㉡  **15** ④
**16** (1) ㉠ (2) ㉔ 소리는 푹신한 스펀지 판보다 딱딱한 나무판에서 더 잘 반사되기 때문입니다.
**17** (1) ○ (2) ×  **18** ⑤  **19** 반사
**20** ㉠

**01** 소리가 나는 물체는 떨림이 있으므로, 소리가 나는 목에 손을 대면 떨림이 느껴집니다.

**02** 소리가 나는 스피커에 붙인 붙임쪽지가 떨립니다.

**03** 소리가 나는 물체는 떨림이 있으며, 소리가 나는 물체의 떨림을 멈추게 하면 소리가 나지 않습니다.

**04** 소리가 나는 소리굽쇠는 떨림이 있으므로 물에 대면 물이 튀어 오릅니다.

| 채점 기준 | |
|---|---|
| 상 | (1)에 ㉡을 쓰고, (2)에 소리가 나는 물체는 떨림이 있다는 내용을 정확히 쓴 경우 |
| 하 | (1)에 ㉡만 쓴 경우 |

**05** 소리의 크고 작은 정도를 소리의 세기라고 합니다.

**06** 소리굽쇠를 고무망치로 약하게 치면 소리굽쇠가 작게 떨리면서 작은 소리가 나고, 소리굽쇠를 고무망치로 세게 치면 소리굽쇠가 크게 떨리면서 큰 소리가 납니다.

**07** 소리의 크고 작은 정도를 소리의 세기라고 하며, 물체가 크게 떨리면 큰 소리가 납니다.

**08** 칼림바는 음판의 길이에 따라 소리의 높낮이가 달라집니다. 실로폰은 음판을 치는 세기에 따라 소리의 세기가 달라지고, 음판의 길이에 따라 소리의 높낮이가 달라집니다.

**09** 빨대 팬파이프는 빨대의 길이가 짧을수록 높은 소리가 납니다.

| 채점 기준 | |
|---|---|
| 상 | (1)에 ㉢을 쓰고, (2)에 빨대 팬파이프의 길이가 길 때와 짧을 때 소리의 높낮이를 각각 정확히 쓴 경우 |
| 하 | (1)에 ㉢만 쓴 경우 |

**10** 피아노 소리는 높은 소리와 낮은 소리, 큰 소리와 작은 소리 등 다양한 소리를 이용합니다.

**11** 책상을 두드리는 소리는 책상을 통해 전달됩니다.

**12** 물속에 있는 스피커의 소리는 물과 플라스틱 관, 관 속의 공기를 통해 전달됩니다.

**13** ①은 공기(기체), ②는 실(고체), ③은 공기(기체), ④는 철(고체)을 통해 소리가 전달되는 경우입니다.

**14** 통 안에서는 공기를 통해 소리가 전달되는데, 공기를 빼는 장치로 통 안의 공기를 빼면 소리가 들리지 않습니다.

**15** 소리가 물체에 부딪쳐 되돌아오는 성질을 소리의 반사라고 합니다.

**16** 소리는 푹신한 스펀지 판보다 딱딱한 나무판에서 더 잘 반사되기 때문에 나무판을 세운 경우 소리가 더 크게 들립니다.

| 채점 기준 | |
| --- | --- |
| 상 | ⑴에 ㉠을 쓰고, ⑵에 소리는 푹신한 스펀지 판보다 딱딱한 나무판에서 더 잘 반사되기 때문이라고 정확히 쓴 경우 |
| 하 | ⑴에 ㉠만 쓴 경우 |

**17** 물체가 딱딱할수록 소리가 더 잘 반사되기 때문에 나무판을 들고 있을 때 소리가 더 잘 들립니다.

**18** 소리의 세기를 줄이거나 소리가 잘 전달되지 않게 하거나, 소리의 반사를 이용하여 소음을 줄일 수 있습니다.

**19** 도로에 방음벽을 설치하면 도로에서 생기는 소리를 반사하여 소음을 줄일 수 있습니다.

**20** 녹음실에 방음벽을 설치하면 소리가 잘 전달되지 않아 소음을 줄일 수 있습니다.

**단원평가 실전** ●224~227쪽●

**01** ⑴ ㉡ ⑵ ㉠  **02** ②  **03** ⒨ 물체에서 소리가 날 때 물체가 떨립니다.  **04** 민수
**05** 세기  **06** ㉠  **07** ㉠  **08** ③
**09** ⑴ ㉢ ⑵ ㉠  **10** ㉢, ㉣  **11** 책상
**12** ㉢, ㉣  **13** 작아진다  **14** ⒨ 종이컵에 연결된 실을 통해 소리가 전달되기 때문입니다.
**15** ③  **16** ㉢, ㉣, ㉡, ㉠  **17** 유미
**18** ①  **19** ㉢, ㉣  **20** ①

**01** 스피커에서 소리가 날 때는 붙임쪽지가 떨리고 소리가 나지 않을 때는 붙임쪽지가 가만히 있습니다.

**02** 소리가 나는 물체는 떨림이 있습니다.

**03**

| 채점 기준 | |
| --- | --- |
| 상 | 물체에서 소리가 날 때 물체가 떨린다고 정확히 쓴 경우 |
| 하 | 두 상황의 공통점을 정확히 쓰지 못한 경우 |

**04** 소리가 나는 핸드 벨을 손으로 세게 잡으면 핸드 벨의 떨림이 멈추므로 소리가 나지 않습니다.

**05** 소리의 크고 작은 정도를 소리의 세기라고 합니다.

**06** 작은북을 세게 치면 북이 크게 떨리면서 좁쌀이 높이 튀어 오릅니다.

**07** 소리굽쇠를 고무망치로 세게 치면 소리굽쇠가 크게 떨리므로 스타이로폼 공이 높게 튀어 오르고 큰 소리가 납니다.

**08** 도서관에서 친구와 이야기할 때는 귓속말로 작은 소리를 냅니다.

**09** 빨대 팬파이프를 불 때는 빨대의 길이가 짧을수록 높은 소리가 나고, 칼림바를 퉁길 때는 음판의 길이가 짧을수록 높은 소리가 납니다.

**10** 북을 세게 치면 높은 소리가 아니라 큰 소리가 납니다.

**11** 물속에 있는 스피커의 소리는 물과 플라스틱 관, 관 속의 공기를 통해 전달됩니다.

**12** 우리 생활에서 들리는 대부분의 소리는 기체를 통해 전달되고, 고체나 액체를 통해서도 전달됩니다.

**13** 공기를 빼면 통 안의 공기의 양이 줄어들므로 소리의 크기가 작아집니다.

**14** 소리는 고체, 액체, 기체를 통해 전달되며, 실 전화기에서는 종이컵과 연결된 실(고체)이 소리를 전달합니다.

| 채점 기준 | |
| --- | --- |
| 상 | 종이컵에 연결된 실을 통해 소리가 전달되었기 때문이라고 정확히 쓴 경우 |
| 중 | 소리가 전달되었기 때문이다 등과 같이 소리를 전달한 물질을 구체적으로 쓰지 않은 경우 |

**15** 바닷속에서 배의 소리를 들을 때는 액체인 물을 통해 소리가 전달되지만, 나머지 경우는 고체 물질을 통해 소리가 전달됩니다.

**16** 아무것도 놓지 않았을 때(㉠)보다 스펀지 판(㉡)이나 나무판(㉢), 스타이로폼 판(㉣)을 세워 놓았을 때 소리가 크게 들립니다.

**17** 소리는 푹신한 물체보다 딱딱한 물체에서 더 잘 반사됩니다.

**18** 바닷속 잠수부에게 멀리서 오는 배의 소리가 들리는 까닭은 물을 통해 소리가 전달되기 때문입니다.

**19** 소리의 세기를 줄이거나 소리가 잘 전달되지 않게 하거나 소리가 반사하는 성질을 이용하면 소음을 줄일 수 있습니다.

**20** 낮에도 집 안에서 공을 차면 소음이 발생하므로, 집 안에서는 공을 차지 않도록 합니다.

# 하루 한장 문해력 향상 프로젝트

## 하루한장 어휘

**구　성** 1~6학년 단계별 [6책]

**콘셉트** 문해력의 기초를 다지는 초등 필수 어휘 학습서

**키워드** 필수 어휘 익히기

## 하루한장 독해

**구　성** 1~6학년 단계별 [6책]

**콘셉트** 교과서와 연계된 읽기 목표를 바탕으로 기본 문해력을 다지는
독해 기본서

**키워드** 기본 문해력 다지기

## 하루한장 독해+ 플러스

**구　성** 1~6학년 단계별 [6책]

**콘셉트** 본격적인 독해 훈련으로 실전 문해력을 높이는 독해 실전서

**키워드** 실전 문해력 높이기

## 하루한장 독해 비문학 독해

**구　성** 1~6학년 단계별 [사회편 6책, 과학편 6책]

**콘셉트** 사회·과학 교과 연계 읽기로 교과 공부력과
문해력을 확장하는 독해 심화서

**키워드** 비문학 독해력 강화하기

# www.mirae-n.com

학습하다가 이해되지 않는 부분이나 정오표 등의 궁금한 사항이 있나요?
**미래엔 홈페이지**에서 해결해 드립니다.

**교재 내용 문의**
나의 교재 문의 | 수학 과외쌤 | 자주하는 질문 | 기타 문의

**교재 자료 및 정답**
동영상 강의 | 쌍둥이 문제 | 정답과 해설 | 정오표

바른 공부법 캠페인

궁금해요!
교재 질문 & 학습 고민 타파

미래엔 에듀 초·중등 교재

참여해요!
선물이 마구 쏟아지는 이벤트

| | | 초등학교 |
|---|---|---|
| 학년 | 반 | 이름 |

초등학교에서 탄탄하게 닦아 놓은
공부력이 중·고등 학습의 실력을 가릅니다.

# 하루한장 쏙셈

## 쏙셈 시작편
초등학교 입학 전 연산 시작하기
[2책] 수 세기, 셈하기

## 쏙셈
교과서에 따른 수·연산·도형·측정까지 계산력 향상하기
[12책] 1~6학년 학기별

## 쏙셈+플러스
문장제 문제부터 창의·사고력 문제까지 수학 역량 키우기
[12책] 1~6학년 학기별

## 쏙셈 분수·소수
3~6학년 분수·소수의 개념과 연산 원리를 집중 훈련하기
[분수 2책, 소수 2책] 3~6학년 학년군별

# 하루한장 한자

그림 연상 한자로 교과서 어휘를 익히고 급수 시험까지 대비하기
[4책] 1~2학년 학기별

# 하루한장 한국사

## 큰별★쌤 최태성의 한국사
최태성 선생님의 재미있는 강의와 시각 자료로
역사의 흐름과 사건을 이해하기
[3책] 3~6학년 시대별

# 하루한장 ENGLISH BITE

## ENGLISH BITE 알파벳 쓰기
알파벳을 보고 듣고 따라쓰며 읽기·쓰기 한 번에 끝내기
[1책]

## ENGLISH BITE 파닉스
자음과 모음 결합 과정의 발음 규칙 학습으로
영어 단어 읽기 완성
[2책] 자음과 모음, 이중자음과 이중모음

## ENGLISH BITE 사이트 워드
192개 사이트 워드 학습으로 리딩 자신감 키우기
[2책] 단계별

## ENGLISH BITE 영문법
문법 개념 확인 영상과 함께 영문법 기초 실력 다지기
[Starter 2책 , Basic 2책] 3~6학년 단계별

## ENGLISH BITE 영단어
초등 영어 교육과정의 학년별 필수 영단어를
다양한 활동으로 익히기
[4책] 3~6학년 단계별

초등 교과서 발행사 미래엔의
교재로 초등 시기에 길러야 하는
공부력을 강화해 주세요.

# "문제 해결의 길잡이"와 함께 문제 해결 전략을 익히며 수학 사고력을 향상시켜요!

## 초등 수학 상위권 진입을 위한
## "문제 해결의 길잡이" 비법 전략 4가지

**비법 전략 1**  문제 분석을 통한 **수학 독해력 향상**

문제에서 구하고자 하는 것과 주어진 조건을 찾아내는 훈련으로 수학 독해력을 키웁니다.

**비법 전략 2**  해결 전략 집중 학습으로 **수학적 사고력 향상**

문해길에서 제시하는 8가지 문제 해결 전략을 익히고 적용하는 과정을 집중 연습함으로써 수학적 사고력을 키웁니다.

**비법 전략 3**  문장제 유형 정복으로 **고난도 수학 자신감 향상**

문장제 및 서술형 유형을 풀이하는 연습을 반복적으로 함으로써 어려운 문제도 흔들림 없이 해결하는 자신감을 키웁니다.

**비법 전략 4**  스스로 학습이 가능한 **문제 풀이 동영상 제공**

해결 전략에 따라 단계별로 문제를 풀이하는 동영상 제공으로 자기 주도 학습 능력을 키웁니다.